마음이 머무는 인성의 사계절

상담교사가 들려주는 계절 속에 담긴 따뜻한 마음 성장 이야기

마음이 머무는 인성의 사계절

상담교사가 들려주는 계절 속에
담긴 따뜻한 마음 성장 이야기

오정윤 지음

도서출판 디자인21

프롤로그

너의 사계절을 함께 걷다.

새벽 공기에는 언제나 계절의 첫 숨결이 고요히 스며 있습니다.

봄은 아직 드러나지 않은 가능성을 품은 채 다가와,
우리의 마음에 잔잔한 설렘을 띄웁니다.

그 설렘은 여름으로 이어져, 뜨거운 햇살 속에서 흔들리면서도
스스로에게 책임을 지고 단단해지는 법을 가르쳐 줍니다.

시간이 깊어지면 가을은 조용히 다가와,
하루를 저마다의 색으로 물들이며
성숙과 예절의 아름다움을 알려줍니다.

그리고 겨울은 모든 것을 멈춘 듯한 고요 속에서 우리를 품어 주며,
멈춤이 곧 다시 시작을 준비하는 시간임을 일깨워 줍니다.

아이들의 마음도 계절을 닮아 있었습니다.
어떤 아이는 봄처럼 환한 눈빛으로 새로운 시작을 알리며
정직하게 자신을 표현했고,
어떤 아이는 여름처럼 열정 속에서 서로에게 말을 건네며
소통의 힘을 배워 갔습니다.
가을처럼 묵묵히 자신만의 결실을 키워가며 배려와 존중을
실천한 아이도 있었고,
겨울처럼 말없이 앉아 있기만 해도 깊은 울림을 전하며
협동과 효도의 마음을 품은 아이도 있었습니다.
모습은 서로 달랐지만,
그 모든 계절은 이어져 하나의 소중한 이야기가 되었습니다.

이 책은 그 계절의 기록입니다.
두려움과 용기, 눈물과 웃음, 멈춤과 다시 걸음을 떼는 순간 속에서
우리가 함께 발견한 작은 진실들을 담았습니다.
그것은 특별한 누군가의 이야기가 아니라,
바로 당신의 마음에도 스며 있는 인성의 계절이기도 합니다.

지금 당신의 마음은 어떤 계절에 머물러 있나요?
새로운 시작을 꿈꾸는 봄에 서 있나요?
스스로를 시험하며 책임을 다하는 여름의 한가운데 있나요?
차분히 빛깔을 찾아가며 예절과 존중을 배우는
가을의 길 위에 있나요?
아니면 다시 움트기 위해 고요 속에서 협동과
효도의 마음을 간직한 겨울에 있나요?

마음의 계절은 늘 그렇게 흐릅니다.
때로는 불안이 스쳐 가고, 때로는 희망이 머뭅니다.
슬픔과 기쁨이 번갈아 찾아오면서,
결국 우리를 조금 더 단단하게, 조금 더 따뜻하게,
그리고 조금 더 배려와 소통이 깊은 사람으로 이끌어 줍니다.

그래서 저는 책의 첫 장을 열며 이렇게 속삭이고 싶습니다.
"당신이 지나온 모든 계절은 결코 헛되지 않았습니다.
그 시간들은 여전히 당신 안에서 숨 쉬며,
당신을 조금 더 깊고 따뜻한 사람으로 자라게 하고 있습니다.

앞으로의 길 위에서도 존중은 향기처럼 머물고,
책임은 든든한 기둥이 되어 줄 것입니다.
배려와 소통은 마음과 마음을 이어 주는 다리가 되고,
협동과 예절은 일상의 빛깔을 더욱 곱게 물들일 것입니다.
그리고 효도와 정직은 늘 변함없는 등불이 되어,
당신의 걸음을 은은히 밝혀 줄 것입니다."

"이제, 당신의 마음이 머무는 계절을 함께 천천히 걸어가 볼까요?"

추천글1

여러분은 어린 시절부터 '공부한다'는 말을 일상적으로 하며 살아왔을 것입니다. 여러분이 지금껏 말해 온 '공부'는 언제, 어디에서, 무엇을, 어떻게 해 온 것인가요? 여러분이 수행했던 공부는 일상적 삶에서 일어난 것인가요? 아니면 일상적 삶과 떨어진 독서, 수업, 시험 준비를 위한 것이었나요? 이 책을 읽어 나가다 보면, 공부가 있어야 할 본래 자리는 우리가 일상에서 만나는 인연들과의 체험에서 비롯되는 것임을 자각하게 해 줍니다. 또한 이 책은 교육이 기존의 지식과 가치를 학생들에게 가르치는 것이 아니라 학습자가 자신의 일상적 삶을 스스로 묻고 답하면서 자신과 사회의 공존을 위한 폭넓고 깊이 있는 지식과 가치를 자연스럽게 창조할 수 있다는 것도 깨닫게 해 줍니다.

학생들은 일상에서 만나는 사람, 사물, 공간, 시간, 관계를 '내 삶의 문제해결 과정'으로 탐구하고, 표현하고, 대화하고, 실현하면서 자기다운 생명성을 찾아 세상 가운데 꽃 피울 수 있습니다. 또한 인간은 자신의 삶을 타자와 함께 나누고 공동의 목적으로 구현하는 과정에서 서로를 '남'이 아닌 '우리' 공동체로 창조하는 인성적 태도, 지혜, 실천력을 형성할 수 있습니다. 특히 학생들은 교실이라는 공간에서 다양한 사건들을 경험하고, 그것으로부터 다채로운 생각, 마음, 감정들을 체험합니다. 어떤 학생들에게 그 사건들은 기회, 설렘, 행복으로 체험되기도 하지만, 또 어떤 학생들에게 그 사건들은 불안, 힘듦, 위축의 체험되기도 합니다.

이 책은 상담교사인 저자가 부적응을 겪는 다양한 학생들의 몸짓, 마음, 상황을 실제 관찰, 면접을 통해 이해해 나가면서 학생들의 체험들 속에 묻혀 있는 그들 삶의 본질을 찾고 상담하면서 축적해 온 교육적 지혜가 담긴 86개의 일화에 기초해 인성교육 이야기를 시작합니다. 학생들이 학교에서 생활하는 1년의 四季를 人生(태어나기-성장하기-열매맺기-마무리하기)에 비유하고, 그들이 한 생애 동안 공동체 속에서 사유하고 살아내면 좋을 인성교육 주제들을 초등, 중등, 고등 수준에서 각각 28가지 일화들로 구성한 것입니다. 86개의 구체적인 상담 일화들을 하나씩 하나씩 읽어 나가다 보면, 학생들이 학교에서 접하는 일상적 사건들은 더 이상 권태롭거나 지루한 시선이 아니라 호기심 어리고, 다채롭고, 긍정적이고, 가능성이 담긴 시선으로 학생들의 삶을 바라보고 있는 독자 자신을 만나게 될 것입니다.

각각의 일화는 '마음 결 따라 쓰기'라는 학습활동으로 이어집니다. 학생들은 1) '개인별 세팅'에서는 일화와 공명되는 자신의 체험 사례를 찾아 짧은 글과 그림으로 표현하고, 2) '짝 및 모둠 세팅'에서는 자신의 표현물을 친구와 함께 공유, 대화, 성찰하고, 3) '전체 세팅'에서 학생들의 글과 그림들을 함께 전시하고, 감상, 피드백, 놀이 활동을 수행하는 교육방법을 구체적으로 소개하고 있습니다. 학생들은 자신의 학습을 개인별, 짝 및 모둠별, 전체 학습으로 확장하는 과정에서 자신, 타자, 교사, 텍스트, 표현물과의 대화를 통해 자신과 타자의 체험 속에 누비고 묻힌 '생명의 목소리'를 반 친구들, 선생님과 함께 자연스럽게 직관, 교감, 표현, 대화, 사유해 나갈 수 있도록 합니다. 이렇게 서로의 삶을 공유하는 과정에서 학생들은 자신은 물론이고 서로의 존재를 폭넓고 깊이 있게 이해, 수용, 지지하는 체험을 하면서 인성적 성장을 일구어 나갈 수 있습니다.

세월이 흐를수록 우리 사회의 가정, 또래집단, 학교, 마을, 직장은 점점 정이 메마르고 소통 또한 어려워지고 있습니다. 특히 대학입시 준비를 위해 하루 종일 빡빡한 공부 일정을 소화해야 하는 초·중·고 학생들은 과도한 경쟁, 권태로움, 불안, 억압을 십수 년간 일상적으로 경험하고 있습니다. 이 책은 이러한 권태로운 환경에 놓인 학생들이 교실에서 접하는 평범한 사건과 주제들을 삶의 문제로 삼고 해명하면서 자기다운 정체성을 찾고 그 의미를 친구들과 함께 교감하면서 공동체적 삶으로 구현해 나가는 기회를 제공해 줍니다.

인간이 자기다운 삶을 사는 힘은 저마다 다른 기질, 성격, 재능, 관심, 세계관, 환경을 가진 학생들이 자신의 가치를 공동체 속에서 온전히 이해, 수용, 지지 받는 체험에서 길러집니다. 그런 체험 가운데서 학생들은 자신과 세상을 믿고, 소망하고, 사랑하며 서로의 삶을 능동적으로 돌보는 인성을 자연적 성품으로 형성할 수 있습니다. 이 책은 이러한 교육의 가치를 믿고 구현하고자 하는 교육자, 부모(보호자)님들께 활용하기 쉬우면서도 질 높은 인성교육 지도서가 되어 줄 것이며, 그동안 대화가 부족했던 학생들과 깊은 삶의 이야기를 나누고 싶은 어른들께는 생명적 눈빛, 몸짓, 소리를 교감하는 공간을 마련해 줄 것입니다.

박세원
대구교육대학교 교수, 존재론적탐구연구소장

추천글2

『마음이 머무는 인성의 사계절』은 교실과 상담실에서 매일 아이들과 마주하는 한 교육자의 시선으로, 성장의 순간들을 사계절의 흐름처럼 섬세하게 담아낸 책입니다. 장면 하나하나가 아이들의 숨결과 마음의 결을 그대로 품고 있어, 책장을 넘기는 동안 독자는 자연스럽게 "아이들의 마음은 어떻게 자라나는가"라는 질문을 함께 떠올리게 됩니다.

저자는 오랜 현장 경험 속에서 '존중·책임·배려·소통·협동·예절·정직·효도'라는 인성의 핵심 덕목들이 거창한 이론이 아니라 아이들의 일상 속 작은 대화와 행동에서 자란다는 사실을 따뜻한 언어로 보여줍니다. 때로는 갈등 앞에서 흔들리고, 때로는 용기 내어 한 걸음 내딛는 아이들의 모습이 조심스러운 문장으로 담겨 있어, 읽는 이로 하여금 자연스럽게 아이들의 마음에 귀 기울이게 합니다.

특히 "너의 자리는 여기야"라는 한 문장이 한 아이의 삶을 어떻게 지켜주는지에 대한 저자의 성찰은 깊은 울림을 줍니다. 아이가 자기 존재를 인정받는 경험이 얼마나 큰 힘이 되는지, 그리고 그 순간이 교실 공동체의 분위기를 얼마나 따뜻하게 변화시키는지를 저자는 실제 사례를 통해 차분하게 들려줍니다. 인성교육이란 결국 '마음을 이해받는 경험'을 중심에 둘 때 비로소 살아난다는 메시지는 학교 현장의 본질을 정확히 짚어 줍니다.

이 책의 가장 큰 장점은 실천 가능성입니다. 책 속의 활동, 질문, 글쓰기와 대화 예시는 담임교사와 상담교사뿐만 아니라 학부모(보호자)에게도 쉽게 적용할 수 있는 내용들로 구성되어 있습니다. 아이가 스스로 감정을 이해하고 표현하는 법을 배우고, 친구와의 관계를 회복하며, 학급 공동체 속에서 자기 자리의 의미를 찾아가도록 돕는 과정이 누구나 따라 할 수 있을 만큼 친절하게 제시되어 있습니다. 읽는 것만으로도 교실과 가정에서 '오늘 할 수 있는 작은 변화'를 떠올리게 하는 책입니다.

우리 학교는 학생들이 자기 자신을 이해하고 타인을 존중할 수 있는 마음을 기르는 것을 교육의 핵심 가치로 삼고 있습니다. 그런 점에서 『마음이 머무는 인성의 사계절』은 교사 연수 자료로도, 학급 경영 지침서로도, 학부모(보호자) 교육 자료로도 손색이 없는 책입니다. 아이들의 마음을 소중하게 바라보는 시선이 곳곳에 스며 있어, 독자는 책을 읽는 동안 자연스럽게 '교육이란 결국 사람을 이해하는 일'임을 다시 확인하게 됩니다.

이에 『마음이 머무는 인성의 사계절』을 모든 학교와 가정에서 함께 읽고 나누기를 권합니다. 이 책이 더 많은 아이들의 마음에 잔잔한 용기와 따뜻한 성장을 불어넣어 줄 것이라 확신합니다.

우경환
동산여자중학교 교장

차례

〈중학생〉 | 변화와 성장통의 계절

〈고등학생〉 | 미래를 향한 성숙의 계절

인성이 자라는 계절의 길 <초등학생>

교실에서 시작된 작은 순간은 집으로, 또 내일로 이어집니다.
아이는 먼저 인사하며 마음의 문을 열고,
어른은 서둘러 답 대신 "네 마음은 어때?"하고 묻습니다.
"미안해"와 "고마워"가 오갈 때 하루의 온도는 부드러워지고,
이름을 예쁘게 부르는 일은 서로의 거리를 줄입니다.

이 책은 그런 장면 곁에 오늘 바로 해 볼 작은 실천을 놓습니다.
한 번 더 들어 주기, 약속 하나 지키기, 비교 대신 나의 속도에 귀 기울이기.
아이와 어른이 나란히 걸을 때, 인성은 사계절을 건너 조용히 깊어집니다.
오늘의 다정함이 내일의 힘이 되기를.

마음을
피워내는 계절

새로운 꿈이 움트는 봄

1. 새로운 교실, 설레는 시작

새 학년 첫날, 아이들은 교실 문 앞에서 잠시 멈춥니다.
새로운 책상과 의자, 아직 잘 모르는 친구들, 그리고 처음 만나는 선생님.
모든 것이 낯설어서 가슴이 두근거리고, 설렘과 두려움이 함께 찾아옵니다.

상담실에 온 한 아이가 조용히 말했습니다.
"교실에 들어갔는데, 다들 벌써 친한 친구들처럼 보였어요. 그래서 저는 제 자리가 없는 것 같았어요."

그 말은 웃는 듯했지만, 눈가가 금세 붉어졌습니다.
새 교실에서 혼자라는 기분은 생각보다 더 쓸쓸하고 속상하게 느껴지기 때문이지요.

저는 다정하게 물었습니다.
"그때 어떤 마음이 제일 크게 느껴졌을까?"

아이는 잠시 고개를 숙이다가 작은 목소리로 대답했습니다.
"그냥 제가 혼자인 것 같았어요. 목소리도 작아지고, 괜히 말하면 친구들이 어색해할까 봐, 그냥 구석에 앉아 있었어요."

저는 고개를 끄덕이며 말했습니다.

"맞아. 새로운 곳에 가면 누구나 그런 기분을 느껴. 이런 마음을 '적응 스트레스'라고 해. 낯선 곳에 익숙해지려고 할 때 생기는 불안과 긴장이란다. 그런데 이건 잘못된 게 아니야. 오히려 네가 새로운 곳에서 자리를 찾아가고 있다는 신호야."

그리고 따뜻하게 덧붙였습니다.
"우리 마음은 새싹 같아. 흙을 뚫고 나올 때 제일 큰 힘이 필요하거든. 네가 느끼는 낯섦과 두려움도 사실은 자라나는 힘의 또 다른 이름일 거야."

아이는 조용히 고개를 끄덕였습니다.
아직 두렵지만, 그 말속에서 조금은 용기를 얻은 듯했습니다.

사실, 처음 교실에 들어설 때는 누구나 어색합니다.
하지만 시간이 지나면 하나둘 친구가 생기고, 교실은 금세 따뜻한 공간이 됩니다.
낯섦은 새로운 우정을 만나기 전에 꼭 지나야 하는 문 같은 거예요.
그 문을 지나야만 친구라는 선물을 받을 수 있지요.

"같이 놀래?", "우리랑 함께할래?"
짧은 이 한마디가 외로운 친구에게 "너의 자리는 여기야."라고 알려줍니다.
그 말 한마디가, 혼자라고 느끼던 마음을 환하게 비춰 주기도 합니다.
철학자 마르틴 하이데거(Martin Heidegger)는 사람이 언제나 어떤 '자리' 속에서 살아간다고 말했습니다.
교실 자리도 그냥 의자가 아니라, 내가 누구인지 보여주는 특별한 공간입니다.

저는 아이에게 이렇게 말했습니다.
"네가 앉은 자리는 그냥 빈자리가 아니야. 네가 누구인지, 또 앞으로 어떤 친구가 될지를 보여주는 소중한 자리야. 그러니까 네가 느끼는 낯섦은 네가 새로운 세상에서 자기 자리를 찾아가고 있다는 뜻이란다."

아이는 눈을 반짝이며 고개를 끄덕였습니다.
자신의 자리가 단순한 의자가 아니라, 자신의 존재를 보여주는 특별한 자리라는 걸 알게 된 것입니다.

상담실에서 나눈 우리의 대화도 그 아이에게 또 하나의 작은 초대장이 되었을 것입니다.
자기 자리를 찾아가는 길에 용기를 더해 주었을 테니까요.

새로운 교실에서 자리를 찾는다는 것은 단순히 의자에 앉는 일이 아닙니다.
그것은 내가 누구인지, 어떤 친구들과 함께 살아갈지를 배우는 중요한 과정입니다.
낯설고 두렵더라도, 결국 우리는 자기 자리를 찾게 됩니다.
그리고 그 자리는 언제나 우리를 기다리고 있습니다.
"너의 자리는 여기야."

이 말은 단순히 자리를 알려주는 말이 아니라, 너의 존재를 인정해 주는 가장 따뜻한 말입니다. 교실 안에서, 또 우리의 마음 안에서 이 말이 자주 오간다면 아이들의 마음은 더욱 단단하고 따뜻하게 자라날 것입니다.

이제, 스스로에게 이렇게 물어보세요.

- 처음 교실에 들어섰을 때, 내 마음은 어땠나요?
- 지금 내 친구는 어떤 마음으로 자기 자리를 찾고 있을까요?
- 나는 어떻게 하면 친구에게 "너의 자리는 여기야"라고 말해줄 수 있을까요?

마음 결 따라 쓰기

1. 마음 열기 질문

♡ 새 교실에 처음 들어왔을 때, 내 마음은 어떤 모습이었나요?

□ 두근두근 설렘　□ 조금 긴장됨　□ 외로운 느낌

□ 신나고 즐거움　□ 다른 기분: ________________

2. 짧은 글쓰기 활동

① "처음 교실에 들어왔을 때, 나는 ________________라고 느꼈다."

② "내가 교실에서 제일 먼저 하고 싶은 일은 ________________이다."

③ "친구에게 이런 말을 들으면 마음이 편할 것 같아요: ________________"

3. 그림 활동

〈나의 자리, 내 마음의 그림〉

♡ 내가 앉고 싶은 자리나 지금 앉아 있는 자리를 그림으로 표현하고, 그 자리에 앉은 내 표정도 함께 그려 보세요.

4. 함께하는 활동

♡ 짝꿍과 서로 물어보세요.

① "처음 교실에 왔을 때 네 기분은 어땠어?"

② "네가 편안해지는 말 한마디는 뭐야?"

→ 대답을 들은 뒤, 서로에게 "너의 자리는 여기야."라는 말을 따뜻하게 해 주세요.

5. 마무리 성찰

① 교실은 나에게 어떤 공간일까요?

"교실은 ______________________________ 이다."

교사 TIP

- 활동이 끝난 뒤 아이들의 그림과 글을 모아 "우리 교실 자리 찾기 마음 전시판"을 만들어 보세요.
- 낯선 교실이 점점 익숙한 나의 공간이 되어 간다는 걸 함께 확인할 수 있습니다.

2. 이름을 불러준 따뜻한 순간

교실에서 마음이 가장 먼저 움직이는 순간은 언제일까요?
바로 누군가가 내 이름을 불러줄 때입니다.

"○○야, 같이 놀자!"

짧은 한마디이지만, 그 속에는 큰 힘이 담겨 있습니다.
"아, 나는 여기서 환영받고 있구나." 하는 마음이 생기고, 낯설고 어색했던 교실이 갑자기 따뜻하게 느껴집니다.

이름은 단순한 소리가 아니라, 나를 인정해 주는 초대장이 됩니다.

상담실에 온 한 아이도 이런 이야기를 들려주었습니다.
"처음에는 너무 어색했어요. 그런데 어떤 친구가 제 이름을 불러줬을 때, 그 순간 마음이 갑자기 편해졌어요."

그 고백은 마치 얼어 있던 얼음이 햇살에 스르르 녹아내리는 장면을 떠올리게 했습니다.
저는 아이를 바라보며 부드럽게 말했습니다.
"그럴 수 있지. 이름이 불릴 때 마음이 편해지는 건 아주 자연스러운 일이야. 이름을 불러주는 건 단순히 소리를 내는 게 아니거든. '나는 너를 기억하고 있어.'라는 뜻이야. 그래서 이름을 들으면 혼자가 아니라 함께 있다는 걸 느끼게 돼.”

아이는 고개를 끄덕이며 말했습니다.
“그냥… 안심이 됐어요. 제가 여기 있어도 괜찮구나, 혼자가 아니구나… 그런 기분이었어요.”

저는 따뜻하게 웃으며 덧붙였습니다.
“맞아. 바로 그게 ‘함께 있음’을 느끼는 순간이야. 네가 환영받고 있다는 마음이 이름 속에 담겨 있었던 거지.”

그 말을 들은 아이는 작은 미소를 지었습니다.
이름이 불린다는 게 단순한 소리가 아니라, 마음과 마음을 이어주는 다리라는 사실을 깨달은 듯했습니다.

사람은 누구나 함께 있고 싶어 합니다. 누군가 내 이름을 불러주는 순간, 그것은 “너는 이곳의 소중한 한 부분이야.”라는 신호가 됩니다.

아이들의 눈길로 본다면, 이름을 불러주는 건 운동 경기에서 내 번호를 크게 외쳐 주는 응원과 비슷합니다. 그 순간 우리는 “아, 나를 지켜봐 주고 있구나. 나를 필요로 하는구나.” 하는 마음을 갖게 됩니다. 이 경험은 불안을 줄여 주고, 스스로에 대한 믿음을 키워주며, 친구 관계 속에서 마음을 안전하게 시켜주는 힘이 됩니다.

그래서 이름을 불러주는 일은 작아 보이지만, 사실은 큰 힘을 가지고 있습니다.
한 번의 이름 부르기는 또 다른 대화로 이어지고, 대화는 곧 관계가 되어 새로운 우정의 씨앗이 싹트게 합니다.

예를 들어, "○○야, 같이 앉자.", "○○야, 우리랑 놀래?"라는 말은 혼자라고 느끼던 친구에게 "너의 자리는 여기야."라고 알려주는 따뜻한 초대장이 됩니다.
그 초대장은 외로움을 지우고, 마음을 환하게 밝혀 줍니다.

저는 다시 아이에게 물었습니다.
"네 이름이 불렸을 때, 어떤 느낌이 들었니?"

아이는 잠시 생각하다가 대답했습니다.
"교실이 갑자기 따뜻해진 것 같았어요. 혼자인 줄 알았는데, 그 순간 제가 여기에 있어도 괜찮다는 생각이 들었어요."

저는 고개를 끄덕이며 말했습니다.
"그래, 그게 바로 이름의 힘이야. 네가 이 교실에서 소중한 한 부분이라는 메시지가 담겨 있었던 거지."

아이의 얼굴은 점점 밝아졌습니다.
이름이 단순한 소리가 아니라, 마음을 잇는 다리라는 것을 깨달았기 때문입니다.
"○○야."

짧지만 따뜻한 이 부름 속에서 우리는 잊히지 않았음을, 환영받고 있음을, 그리고 함께할 수 있음을 배웁니다.

이제, 스스로에게 이렇게 물어보세요.

- 오늘 나는 누군가의 이름을 따뜻하게 불러준 적이 있었을까요?
- 누군가 내 이름을 불러주었을 때, 나는 어떤 위로의 힘을 얻었나요?
- 지금 내 곁에서 이름 불림을 기다리고 있는 사람은 누구일까요?

마음 결 따라 쓰기

1. 마음 열기 질문

♡ 내 이름을 불러줬을 때, 내 마음은 어떤 색깔일까요?

□ 빨강(신남) □ 파랑(편안함) □ 노랑(즐거움)

□ 초록(안정감) □ 다른 색: ____________

2. 짧은 글쓰기 활동

① "내 이름이 불렸을 때 나는 ____________라고 느꼈다."

② "오늘 내가 꼭 불러주고 싶은 친구 이름은 ____________이다."

③ 그 친구의 이름을 불러주고 싶은 이유는 ____________.

3. 그림 활동

〈내 이름이 불릴 때 마음 그림〉

♡ 내 이름이 불릴 때 떠오르는 기분을 그림으로 표현해 보세요.

4. 함께하는 활동

① 옆 친구와 서로 이름을 불러주며 "너의 자리는 여기야."라고 말해 보세요.

② 이름을 불러줄 때, 내 표정은 어땠는지?

□ 웃었다. □ 부끄러웠다. □ 기분이 좋아졌다.

□ 다른 느낌: ____________________

5. 마무리 성찰

① 이름은 나에게 어떤 힘을 주나요?

"이름은 ______________________________ 이다."

교사 TIP

- **활동 후, 아이들이 쓴 짧은 글이나 그림을 모아 "이름 불러주기 마음 전시판"을 만들어 교실 벽에 붙여 보세요.**
- **서로의 이름을 따뜻하게 불러주는 연습을 하며 긍정적인 학급 분위기를 만들어 갈 수 있습니다.**

3. 작은 두려움이 키운 큰 용기

자기소개 시간이 되면 교실 안은 묘한 긴장으로 가득 찹니다.
아이들의 목소리는 떨리고, 손끝은 차갑게 식고, 어떤 친구는 울음을 꾹 참다가 겨우 이름만 말하기도 합니다. 겉으로 보기엔 사소해 보일지 몰라도, 자기소개는 아이에게 세상 앞에 자신을 내어놓는 큰 도전입니다.

상담실에서 만난 한 아이가 조심스럽게 말했습니다.
"교실에서 자기소개를 하려는데 목이 꽉 막히는 것 같았어요. 그래도 끝까지 해내고 나니까 속이 시원했어요."

짧은 말이었지만 그 속에는 많은 감정이 담겨 있었고, 두려움과 해방, 긴장과 성취가 뒤섞여 있었습니다. 비록 작은 목소리였지만, 그것은 스스로를 이겨낸 멋진 순간이었기에, 아이는 두려움을 피하지 않고 맞섰고, 결국 자신이 해낼 수 있다는 사실을 깨달았습니다.

사실, 불안은 나쁜 게 아닙니다.
새로운 시도를 앞둔 누구나 느끼는 자연스러운 신호이자, "지금 네가 중요한 순간에 서 있어."라고 알려주는 마음의 표시입니다.

예를 들어, 무대에 올라가기 전 배우가 긴장하는 것, 시험을 보기 전 가슴이 두근거리는 것 모두 같은 마음입니다.

그런데 이 불안을 피하지 않고 끝까지 해냈을 때, 아이들은 이렇게 말할 수 있습니다.
"나도 할 수 있구나."

이 깨달음은 앞으로 새로운 도전을 만났을 때 큰 힘이 됩니다.
"나는 해낼 수 있어."라는 믿음은 아이들이 흔들리지 않고 나아갈 수 있도록 든든한 버팀목이 되어 주기 때문입니다.

철학자 쇠렌 키에르케고르(Søren Kierkegaard)는 불안을 '자유의 어지럼증'이라고 불렀습니다. 두려움을 느낀다는 것은 곧 새로운 선택의 문 앞에 서 있다는 뜻입니다.
예를 들어, 높은 미끄럼틀 위에 서 있을 때 무서운 건, 내가 내려갈 수도 있고 내려가지 않을 수도 있기 때문이지요.

그 두려움은 사실 "너에게는 선택할 힘이 있어."라는 삶의 신호입니다.
그리고 그 문을 넘는 순간, 아이들은 한 걸음 더 성장하게 됩니다.

자기소개 시간에 용기를 내어 이름을 말하고, 좋아하는 것을 이야기하는 경험은 단순한 수업 활동이 아닙니다. 그것은 아이가 자기 자신을 세상에 들려주는 첫 번째 작은 선언입니다.

때로는 떨리는 목소리 하나, 손을 들어 본 짧은 순간이 평생의 자신감을 키우는 씨앗이 됩니다. 작은 두려움을 넘어선 작은 용기는 아이에게 세상을 살아갈 큰 힘이 됩니다.

저는 아이에게 물었습니다.

“자기소개를 마치고 나니까 어떤 기분이 들었어?”

아이는 살짝 웃으며 대답했습니다.

“마치 무거운 짐을 내려놓은 것 같았어요. 긴장이 사라지고, 제가 조금 더 용감해진 기분이었어요.”

저는 고개를 끄덕이며 말했습니다.

“맞아. 중요한 건 두려움이 없어지는 게 아니야. 두려움이 있어도 해낸다는 게 훨씬 더 큰 힘이야. 네가 오늘 경험한 용기는 앞으로 다른 도전을 만날 때 큰 힘이 되어 줄 거야.”

아이는 그 말을 들으며 조금 더 당당한 표정을 지었습니다.

자기소개라는 작은 경험이 자기 자신을 지탱해 줄 큰 힘으로 남을 수 있다는 걸 스스로 느낀 듯했습니다.

작은 두려움 속에서 피어난 작은 용기, 그 용기는 아이에게 세상을 살아갈 힘이 됩니다.

불안은 성장으로 가는 문 앞에서 누구나 마주치는 자연스러운 친구입니다.

그리고 두려움을 이겨낸 순간, 아이들은 알게 됩니다.

“나는 할 수 있다.”

교실 속 자기소개는 단순한 의식이 아니라, 아이가 자기 존재를 세상에 알리는 첫 번째 당당한 외침일지도 모릅니다.

이제, 스스로에게 이렇게 물어보세요.

- 나는 언제 두려움을 가장 크게 느끼나요?
- 그 순간 내가 선택한 길은 나를 어떻게 바꾸어 놓았나요?
- 지금 내 앞에 있는 '작은 두려움'을 넘어설 단 한 걸음은 무엇일까요?

마음 결 따라 쓰기

1. 마음 열기 질문

♡ 자기소개나 발표를 해야 할 때, 나는 어떤 기분이 들었나요?

□ 목소리가 떨렸어요. □ 가슴이 두근두근 뛰었어요.

□ 손이 차갑게 식었어요. □ 걱정도 되었지만 조금 설레었어요.

□ 다른 기분: ________________

2. 짧은 글쓰기 활동

① "내가 가장 두려웠던 순간은 ________________________ 이었어요."

② "그 순간 내가 끝까지 해냈을 때 내 마음은 ________________ 해졌어요."

③ "앞으로 내가 작은 두려움을 이겨내기 위해 해 보고 싶은 용기는 ________ 입니다."

3. 그림 활동

〈내 용기의 순간 그림〉

♡ 내가 두려움을 느꼈지만 끝까지 해냈던 순간을 그림으로 표현해 보세요.

4. 함께하는 활동

〈짝과 함께 용기 나누기〉

① 짝꿍에게 "나는 이런 순간이 두려웠어."라고 말해 보세요.

② 짝꿍은 "하지만 네가 해낸 게 참 멋졌어!"라고 응답해 주세요.

③ 활동 후, 내 마음은 ______________________

5. 마무리 성찰

① 두려움은 나쁜 게 아니에요. 두려움은 ____________________이다.

② 용기는 거창한 게 아니에요. 용기는 ____________________이다.

③ 오늘 수업에서 내가 배운 것은 __________________________이다.

교사 TIP

- **아이들이 쓴 글과 그림을 모아 "우리 반 용기 벽"을 꾸며 보세요.**
- **작은 용기를 내었던 경험을 서로 발표하게 하면, 아이들끼리 격려와 공감이 활발해집니다.**
- **발표가 어려운 친구는 그림이나 글로 대신 발표할 수 있도록 배려해 주세요.**

4. 봄바람에 실려온 내 마음의 비밀

교실 창문을 열면, 아직은 차갑지만 부드러운 봄바람이 살짝 들어와 커튼을 흔듭니다.
아이들은 그 바람을 맞으며 괜히 웃음이 나기도 하고, 마음 한쪽이 간질간질 설레기도 하지요. 바람은 그냥 스쳐 지나가는 것이 아니라, 우리 마음을 두드리고 지나가는 것 같습니다.
마치 다정한 친구가 조용히 다가와 묻는 듯합니다.
"너의 마음속에는 어떤 비밀이 숨어 있니?"

그때 한 아이가 제게 다가와 작은 목소리로 말했습니다.
"선생님, 저만 아는 비밀이 있어요. 친구들 앞에서는 웃는데, 혼자 있으면 괜히 울적해져요. 그래서 그냥 속으로만 삼키고 있어요."

저는 아이의 말을 조용히 들으며 고개를 끄덕였습니다.
"네가 이렇게 말해 준 것만으로도 참 큰 용기를 낸 거야. 비밀이 있다는 건 약한 게 아니라, 오히려 네 마음이 자라고 있다는 뜻일 수도 있단다."

아이는 제 눈을 바라보다가 조금 안도한 듯 숨을 고르더니, 다시 조심스럽게 물었습니다.
"근데 선생님, 이 비밀을 계속 혼자만 간직해야 할까요?"

저는 미소를 지으며 하얀 종이를 건넸습니다.

"혹시 네 마음속 이야기를 편지처럼 적어 볼래? 꼭 다른 사람에게 보여 주지 않아도 괜찮아. 네가 너 자신에게 쓰는 편지라고 생각하면 돼."

아이는 잠시 망설였지만 이내 펜을 들어 또박또박 적어 내려갔습니다.
"나는 사실 친구들보다 뒤처질까 봐 불안해요. 그런데 속으로는 더 잘 하고 싶어요. 언젠가는 제 진짜 마음을 말할 수 있겠죠?"

편지를 다 쓴 아이는 얼굴이 조금 밝아지며 말했습니다.
"선생님, 마음이 조금은 가벼워졌어요. 마치 바람이 제 속마음을 가져 간 것 같아요."
저는 고개를 끄덕이며 부드럽게 말했습니다.

"그래, 이제 네 안에 새로운 용기가 피어나고 있구나. 봄바람이 네 마음을 감싸 주고, 그 안에는 희망이 자라고 있는 거야."

심리학자 도널드 위니콧(Donald Winnicott)은 사람의 마음속에는 누구에게나 '참자기(True Self)'라는 게 숨어 있다고 했습니다. 여기서 '참자기'는 다른 사람에게 잘 보이기 위해 꾸며낸 모습이 아니라, 정말로 내가 나답게 느끼는 진짜 모습이지요.
예를 들어, 친구들 앞에서는 씩씩한 척 웃고 있어도, 집에 와서는 혼자 울고 싶을 때가 있지요. 그럴 때 "나는 왜 이렇게 두 얼굴 같을까?" 하고 걱정할 수도 있어요. 그런데 위니콧은 그것이 잘못된 게 아니라고 말합니다. 오히려 그 속에서 조금씩 '나다운 나'를 찾아가는 중이라고 했지요.

비밀이 꼭 나쁜 건 아닙니다.
친구에게 다 말하지 않아도 괜찮고, 어른들에게 전부 다 보여주지 않아도 괜찮습니다. 마음의 비밀은 오히려 우리를 지켜주는 울타리 같은 것이에요. 울타리가 있으면 꽃이 안전하게 자라는 것처럼, 비밀도 우리 마음을 다치지 않게 지켜주기도 합니다.

또, 철학자 시몬 드 보부아르(Simone de Beauvoir)는 사람은 고정된 모습으로 완성된 존재가 아니라, 늘 자라나는 씨앗 같은 존재라고 말했습니다. 꽃이 한 번에 피지 않고 햇빛, 바람, 비를 맞으며 천천히 자라듯이, 우리도 날마다 조금씩 달라지고 자라나는 것이지요.

오늘은 비밀 때문에 마음이 답답하고 무거울 수 있습니다.
하지만 시간이 지나면 그 비밀이 나를 단단하게 만들기도 합니다. 예를 들어, 지금은 '나는 친구들보다 잘 못할까 봐 불안해' 하는 마음이 있을 수 있어요. 하지만 그 마음을 혼자 곱씹고, 또 누군가와 나누면서 "아, 나만 이런 게 아니구나. 나도 괜찮은 사람이구나." 하는 깨달음을 얻을 수 있습니다.

보부아르는 바로 이런 과정을 '성숙'이라고 말했습니다.
오늘 힘들었던 마음이 내일은 나를 키우는 밑거름이 되는 것이지요.
마치 작은 나무가 바람을 맞으면서 뿌리를 더 깊게 내리는 것처럼요.

봄바람은 눈에 보이지 않아도 우리를 감싸 주듯, 마음의 비밀도 그렇습니다.

혼자 꼭 쥐고 있으면 짐처럼 무겁지만, 누군가와 나누거나 글로 풀어낼 때는 오히려 우리를 더 자유롭게 합니다.

비밀은 때로는 조용한 그림자처럼 우리를 따라다니지만, 용기를 내어 꺼내놓는 순간 작은 빛이 되어 길을 밝혀 줍니다. 아이들이 그 빛을 두려워하지 않고 서로 나눌 수 있다면, 이미 성숙으로 한 걸음 내디딘 것이겠지요.

이제, 스스로에게 이렇게 물어보세요.

- **나는 언제 마음속 비밀을 느껴본 적 있나요?**
- **그 비밀은 내게 어떤 신호를 주고 있었을까요?**
- **만약 그 비밀을 봄바람처럼 살짝 흘려보낸다면, 나는 어떤 새로운 용기를 얻을 수 있을까요?**

마음 결 따라 쓰기

1. 마음 열기 질문

♡ 따뜻한 봄바람이 불어올 때, 내 마음속에 떠오르는 감정은 무엇인가요?

□ 설레고 두근거렸어요.

□ 겨울 동안 숨겨 두었던 마음이 열리는 것 같았어요.

□ 새로운 시작을 하고 싶다는 용기가 생겼어요.

□ 봄 햇살처럼 따뜻하고 편안했어요.

□ 다른 느낌: ______________

2. 짧은 글쓰기 활동

① "나는 __________ 순간에 봄바람처럼 가벼운 마음의 비밀을 느꼈어요."

② "그때 내 마음은 ______________________________ 했어요."

③ "그 경험을 통해 나의 마음은 ______________ 라는 것을 깨달았어요."

3. 그림 활동

〈봄바람 속 마음의 비밀 그림〉

♡ 봄바람에 실려 전하고 싶은 나의 마음, 혹은 나만의 비밀을 그림이나 상징으로 표현해 보세요.

4. 함께하는 활동

〈짝과 함께 마음의 비밀 나누기〉

① 짝꿍에게 "나는 ____ 순간에 내 마음의 비밀을 느꼈어."라고 말해 보세요.

② 이어서 "그 마음은 봄바람처럼 ___라는 기분이었어."라고 이야기해 보세요.

③ 활동 후, 내 마음은 ________________________

5. 마무리 성찰

① 나에게 봄바람에 실려온 마음의 비밀은 ________________과 같다.

② 그 마음을 떠올릴수록 내 마음은 ________________ 해진다.

③ 오늘 활동을 통해 내가 가장 깊이 깨달은 것은 ________________이다.

교사 TIP

- 아이들이 쓴 글과 그림을 모아 "우리 반 손잡기 나무"를 꾸며 보세요.
- 짝 활동을 할 때는 아이들이 자연스럽게 웃으며 손을 잡을 수 있도록 분위기를 만들어 주세요.
- 손을 잡기 어려워하는 친구는 그림이나 글로 대신 표현할 수 있도록 배려해 주세요.

5. 작은 성취가 피워낸 자신감

교실 속에서 아이들이 가장 환하게 웃는 순간은 언제일까요?
그건 바로 "내가 해냈다!"는 기분을 느낄 때입니다.

수업 시간 받아쓰기를 하던 한 아이가 있었습니다.
지난번보다 실수를 줄여서 선생님께 칭찬을 받자, 그 아이의 얼굴은 금세 햇살처럼 빛났습니다. "잘했어!"라는 선생님의 한마디는 짧았지만, 아이의 마음속에는 오래도록 남아 힘이 되었습니다.

또 다른 아이는 그림 그리기 대회에서 상을 받지 못했습니다.
그러나 그림을 끝까지 완성하고 나서 밝게 말했습니다.
"선생님, 이번엔 정말 포기하지 않고 끝까지 다 그렸어요."

그 말에는 상을 받지 못해도 괜찮다는 듯한, 스스로를 지켜낸 자부심이 담겨 있었습니다.
겉으로는 작은 성취처럼 보일지 몰라도, 그 순간 아이의 마음속에는 큰 용기와 자신감이 자리 잡았습니다.

심리학에서는 이런 경험을 자기효능감(Self-Efficacy)이라고 부릅니다. 쉽게 말해, "나는 할 수 있어."라는 믿음입니다. 아이들은 작은 성공을 하나씩 쌓아 가면서, 조금씩 더 큰 도전에 나아갈 수 있는 힘을 얻게 됩니다.

예를 들어,
받아쓰기에서 지난번보다 더 잘했을 때,
발표할 때 목소리를 조금 더 크게 낼 수 있었을 때,
어려운 문제를 혼자 풀어냈을 때,
책 한 권을 끝까지 다 읽어냈을 때,

이런 작은 성취들은 쌓이고 쌓여 결국 커다란 성취로 이어지는 튼튼한 발판이 됩니다.

아이들의 눈높이에서 바라보면, 작은 성취는 씨앗과 같습니다.
씨앗 하나는 작아 보이지만, 심고 가꾸면 언젠가 큰 나무가 됩니다.
작은 성공들이 모여 아이 마음속에 "나는 할 수 있어!"라는 나무를 키워 주는 것이지요.

철학자 임마누엘 칸트(Immanuel Kant)는 인간을 "스스로 목적이 되는 존재"라고 했습니다.
이 말은 다른 사람의 칭찬이나 상을 받아야만 가치가 있는 게 아니라, 내가 스스로 해낸 경험 자체가 존중받아야 한다는 뜻입니다.

아이들이 느끼는 작은 성취가 큰 의미가 되는 이유가 바로 여기에 있습니다.
상장을 받지 않아도, 1등을 하지 않아도, "나는 포기하지 않고 끝까지 해냈다."는 경험은 그 자체로 소중하고 존중받아야 합니다.

아이들의 시선에서, 작은 성취는 마음속 보물 상자와 같습니다.
다른 사람은 보지 못해도, 그 안에 담긴 보물은 나를 더 빛나게 해 주지요.
교실을 자세히 들여다보면, 작은 성취들이 곳곳에 숨어 있습니다.

받아쓰기를 끝까지 해낸 순간,
손을 들고 발표한 용기,
그림 한 장을 완성한 뿌듯함,
책을 포기하지 않고 끝까지 읽어낸 성취,

이 모든 순간은 아이들의 마음에 속삭입니다.
"너는 할 수 있어. 너는 이미 충분히 잘하고 있어."

상담실에서 한 아이에게 물었습니다.
"너 스스로 가장 자랑스러웠던 순간은 언제였니?"

아이는 잠시 생각하다가 말했습니다.
"어려운 문제를 혼자 풀었을 때요. 아무도 도와주지 않았는데 끝까지 풀고 나니까, 기분이 진짜 좋았어요."

저는 따뜻하게 고개를 끄덕이며 대답했습니다.
"그게 바로 성취야. 큰 상을 받지 않아도, 네가 끝까지 해낸 그 경험이 가장 멋진 성취야."

아이는 미소 지으며 말했습니다.
"저도 이제 다른 문제에도 도전해 보고 싶어요."

작은 성취가 더 큰 도전으로 이어지는 순간이었습니다.
작은 성취는 단순한 성공이 아닙니다.
그것은 "나는 할 수 있다."는 믿음을 키워 주는 소중한 경험입니다.

씨앗이 모여 큰 나무가 되듯, 작은 성취가 모여 큰 자신감이 됩니다.
아이들이 교실에서 경험하는 작은 칭찬 하나, 완성한 그림 한 장, 끝까지 읽어낸 책 한 권은 모두 말해줍니다.

"너는 할 수 있어. 너는 이미 충분히 잘하고 있어."
이 깨달음이 아이들을 단단하게 하고, 앞으로 더 큰 세상으로 나아가게 하는 힘이 될 것입니다.

이제, 스스로에게 이렇게 물어보세요.

- 나는 최근 어떤 작은 성취를 경험했나요?
- 그 성취는 내 마음에 어떤 변화를 가져왔나요?
- 오늘 이후, 내가 스스로 해내고 싶은 작은 도전은 무엇인가요?

마음 결 따라 쓰기

1. 마음 열기 질문

♡ 내가 경험한 작은 성취는 어떤 기분을 주었나요?

□ 설레고 두근거렸어요.

□ 뿌듯했어요.

□ 용기가 생겼어요.

□ 더 큰 도전을 하고 싶어졌어요.

□ 선생님과 친구들이 나를 인정해 준 것 같아 기뻤어요.

□ 다른 느낌: ____________

2. 짧은 글쓰기 활동

① "내가 최근에 경험한 작은 성취는 ____________ 입니다."

② "그 성취를 했을 때 내 마음은 ____________ 했어요."

③ "앞으로 내가 도전해 보고 싶은 작은 성취는 ____________ 입니다."

3. 그림 활동

〈나의 작은 성취 그림〉

♡ 내가 성취를 느꼈던 순간을 그림으로 표현해 보세요.

4. 함께하는 활동

〈짝과 함께 성취 나누기〉

① 짝꿍에게 "내가 경험한 작은 성취는 ____였어."라고 말해 보세요.

② 짝꿍은 "와, 정말 멋지다! 네가 해낸 걸 인정해!"라고 대답해 주세요.

③ 활동 후, 내 마음은 ______________________

5. 마무리 성찰

① 작은 성취는 나에게 ______________________ 과 같다.

② 성취의 경험은 내 마음을 ______________________ 해 준다.

③ 오늘 수업에서 내가 배운 것은 ______________________ 이다.

교사 TIP

- 아이들이 쓴 글과 그림을 모아 "우리 반 성취 보드"를 만들어 보세요.
- 서로의 성취를 들으며 칭찬하는 시간을 가지면 교실에 긍정적인 분위기가 생깁니다.
- 성취가 크고 작음을 따지지 않고, "끝까지 해낸 것 자체"를 존중해 주세요.

6. 배려와 나눔으로 물드는 첫걸음

쉬는 시간, 교실 안에서 작은 장면이 펼쳐집니다.
한 아이가 과자 봉지를 열어 조심스럽게 한 조각을 떼어 친구에게 내밉니다.
"먹어봐, 이거 내가 제일 좋아하는 거야."

간식을 받은 친구는 눈을 반짝이며 웃습니다.
"고마워!"

작은 나눔이었지만, 그 순간 두 아이의 마음은 더 가까워졌습니다.

또 다른 날, 한 아이가 지우개를 잃어버려 당황하고 있었습니다.
그 모습을 본 옆자리 친구가 망설임 없이 자기 지우개를 건네며 말했습니다.
"괜찮아, 같이 쓰자."

짧은 한마디였지만, 그 말에는 물건을 빌려주는 것을 넘어 친구 마음의 빈자리를 채워주는 따뜻함이 담겨 있었습니다.

작은 지우개 하나가 두 아이 사이에 다리처럼 놓인 순간이었습니다.

심리학에서는 이런 행동을 친사회적 행동(Prosocial Behavior)이라고 부릅니다.
쉽게 말해, 다른 사람을 돕고 싶은 마음이 행동으로 나타나는 것입니다.

아이들이 간식을 나누거나 지우개를 빌려줄 때, 그 안에는 이런 힘이 숨어 있습니다.

신뢰 : "이 친구는 나를 도와줬어. 나도 믿을 수 있구나."
안도감 : "나는 혼자가 아니야. 함께할 수 있는 친구가 있어."
자존감 : "나도 누군가에게 도움이 될 수 있구나."

이런 경험이 쌓일수록 아이들은 자기 자신을 긍정적으로 바라보게 되고, 친구 관계 속에서 안정감을 느낍니다.

철학자 임마누엘 칸트(Immanuel Kant)는 이렇게 말했습니다.
"사람을 단순히 수단이 아니라, 그 자체로 존중해야 한다."
즉, 누군가를 이용하기 위해서가 아니라, 그 사람이 소중하기 때문에 존중해야 한다는 뜻입니다.

아이들의 작은 나눔 속에도 이런 지혜가 담겨 있습니다.
내가 좋아하는 것을 친구에게 내어줄 때, 그것은 단순한 물건이 아니라 "너도 소중한 존재야."라는 메시지가 됩니다.

배려와 나눔은 거창한 것이 아닙니다.
간식 한 조각을 나누는 것,

연필을 함께 쓰는 것,
힘들어하는 친구에게 "괜찮아."라고 말해주는 것

이처럼 아주 작은 행동들이 바로 나눔의 시작입니다.

아이들의 눈높이로 들여다보면, 배려는 비밀 친구가 주는 작은 선물과 같습니다.
선물은 크지 않아도 마음을 따뜻하게 해 주지요.
그처럼 작은 나눔이 교실 전체를 더 밝고 따뜻하게 만듭니다.

한 아이가 상담실에서 이런 이야기를 했습니다.
"제가 원래 물건을 잘 나누지 않았는데, 한번 친구한테 나눠 줬더니 그 친구가 정말 고마워했어요. 그때 저도 마음이 기뻤어요."

저는 아이에게 말했습니다.
"맞아. 네가 준 건 물건 하나였지만, 그 안에는 마음이 담겨 있었던 거야. 그래서 친구가 더 기뻤던 거지."

아이는 고개를 끄덕이며 웃었습니다.
작은 나눔이 자신을 기쁘게 하고, 또 친구를 기쁘게 만든다는 것을 깨달은 순간이었습니다.
배려와 나눔은 특별하거나 거대한 것이 아닙니다.
작은 간식, 지우개 하나, 따뜻한 말 한마디로 시작됩니다.
하지만 그 작은 행동이 마음속에 씨앗이 되어 자라면, 언젠가 큰 나무가 되어 더 넓은 세상 속에서 사람들을 이어주는 힘이 됩니다.

교실 안에서의 작은 나눔은 아이들에게 이렇게 속삭입니다.
"너는 소중한 사람이고, 너도 누군가에게 힘이 될 수 있어."

이 깨달음이 아이들을 더 따뜻하고 단단하게 만들어 줍니다.

이제, 스스로에게 이렇게 물어보세요.

- 나는 최근 누구와 무엇을 나누었나요?
- 그 작은 나눔이 내 마음을 어떻게 바꾸어 주었나요?
- 앞으로 나는 어떤 상황에서 먼저 배려와 나눔을 실천해 보고 싶나요?

마음 결 따라 쓰기

1. 마음 열기 질문

♡ 내가 배려하거나 나눔을 했을 때 어떤 기분이 들었나요?

□ 마음이 따뜻해졌어요.

□ 내가 누군가에게 도움이 될 수 있어 뿌듯했어요.

□ 친구와 더 가까워진 것 같았어요.

□ 작은 행동이지만 큰 기쁨이 되었어요.

□ 다른 느낌: ________________

2. 짧은 글쓰기 활동

① "나는 최근에 ______________________________를 친구와 나누었어요."

② "그 순간 내 마음은 ______________________________ 했어요."

③ "앞으로 내가 먼저 배려하고 나누고 싶은 상황은 ______________ 입니다."

3. 그림 활동

〈배려와 나눔 그림〉

♡ 내가 친구와 나누거나 배려했던 순간을 그림으로 표현해 보세요.

4. 함께하는 활동

〈짝과 함께 나눔 이야기 나누기〉

① 짝꿍에게 "나는 이런 배려(나눔)를 했어."라고 말해 보세요.

② 짝꿍은 "정말 멋지다! 네 마음이 잘 전해졌어."라고 대답해 주세요.

③ 활동 후, 내 마음은 ______________________

5. 마무리 성찰

① 배려는 나에게 ______________________ 과 같다.

② 나눔은 내 마음을 ______________________ 해 준다.

③ 오늘 수업에서 내가 배운 것은 ______________________ 이다.

교사 TIP

- 아이들이 쓴 글과 그림을 모아 "우리 반 배려 나무"를 만들어 보세요.
- 나눔의 순간을 칭찬하는 시간을 가지면 교실이 더 따뜻해집니다.
- 나눔이 크고 작음을 따지지 않고, 작은 배려라도 소중히 여기는 분위기를 만들어 주세요.

7. 씨앗처럼 싹트는 내 마음 이해

미술 시간, 선생님이 아이들에게 말합니다.
"이제 자신을 표현하는 그림을 그려 보자."

아이들은 저마다 크레파스와 색연필을 꺼내 들고 마음을 담기 시작합니다.

한 아이는 노란 크레파스를 집어 들고 환하게 말합니다.
"저는 해바라기를 그릴래요. 밝고 싶고 햇빛을 좋아하니까요."

또 다른 아이는 푸른 색연필을 꼭 쥐며 조용히 말합니다.
"저는 파란 바다를 그릴래요. 시원하고 자유로운 게 좋아요."

해바라기와 바다는 단순한 그림이 아닙니다.
그 속에는 이미 '나는 이런 사람이 되고 싶어'라는 마음이 담겨 있습니다.

아직 서툴고 단순하지만, 이 선택은 아이가 스스로를 이해하고 표현하는 첫걸음입니다.

심리학에서는 이런 과정을 자기 개념(Self-Concept)의 발달이라고 부릅니다.
자기 개념이란, '나는 어떤 사람일까?'에 대한 스스로의 생각입니다.

초등학교 시절, 아이들은 자신이 좋아하는 것, 잘하는 것, 원하는 것을 스스로와 연결하며 자기 이해의 씨앗을 뿌리기 시작합니다.

"나는 그림을 좋아해."
"나는 친구를 웃게 하는 게 좋아."
"나는 운동장에서 뛰어놀 때 행복해."

이런 작은 경험들이 쌓이며 아이들 마음속에는 자존감의 씨앗이 심어지고, 시간이 지나 큰 나무처럼 정체성으로 자라납니다.

아이들의 마음에 비춰보면, 자기 이해는 나만의 색깔 찾기입니다.
어떤 아이는 노랑 같은 따뜻함을, 또 어떤 아이는 파랑 같은 시원함을 닮아 갑니다.
작은 선택 하나가 결국 "나는 어떤 사람일까?"라는 질문의 답으로 다가가게 되는 것이지요.

철학자 소크라테스(Socrates)는 오래전 "너 자신을 알라."라는 말을 남겼습니다.
이 말은 어른들의 철학 공부에서만 필요한 것이 아닙니다.

아이들이 좋아하는 색을 고르고, 자신을 닮은 그림을 그리며 조금씩 자기 모습을 발견하는 순간에도 살아 있는 지혜입니다.
해바라기, 바다, 별, 나무, 구름, 강아지…
이 모든 그림은 단순한 낙서가 아니라 "나는 이런 사람이야."라는 자기만의 대답입니다.

아이들에게 자기 이해는 거창하지 않습니다.
그림 한 장, 색깔 하나가 곧 나 자신을 찾아가는 열쇠가 됩니다.

자기 이해는 단숨에 완성되지 않습니다.
마치 흙 속 씨앗이 햇빛과 물을 받아 천천히 싹을 틔우듯, 아이들의 자기 이해도 작은 경험과 표현 속에서 조금씩 자라납니다.

내가 좋아하는 걸 선택할 때,
내가 싫어하는 걸 표현할 때,
내가 잘하는 걸 알게 될 때,

이 모든 순간은 씨앗에 물을 주는 일과 같습니다.

시간이 지나 싹이 트고, 줄기가 뻗고, 잎이 자라듯, 아이들의 자기 이해도 점점 커집니다.
그리고 언젠가 그 씨앗은 큰 나무가 되어 어떤 바람에도 흔들리지 않는 뿌리가 될 것입니다.

교실에는 자기 이해의 순간들이 가득합니다.

미술 시간, 자신을 닮은 그림을 그릴 때,
글쓰기 시간, '나의 장점'을 적어 볼 때,

체육 시간, 뛰는 걸 좋아하는 자신을 발견할 때,
음악 시간, 노래를 즐기는 자신을 알게 될 때,

이 순간들은 모두 아이들의 마음에 속삭입니다.
"너는 이런 사람이야. 너만의 색깔이 있어."

오늘 해바라기를 그린 아이는 내일 별을 그릴 수도 있습니다.
오늘 바다를 좋아한 아이가 내일은 숲을 좋아할 수도 있습니다.
변해도 괜찮습니다.
씨앗이 자라면서 모습이 달라지듯, 자기 이해도 경험 속에서 계속 자라나기 때문입니다.

아이들이 자기 자신을 찾고 이해하는 과정은 평생 이어질 여정입니다.
그리고 지금의 작은 그림 한 장, 짧은 말 한마디가 그 여정의 첫걸음을 밝혀 줍니다.

이제, 스스로에게 이렇게 물어보세요.

- **나는 나를 표현할 때 어떤 색깔이나 그림으로 나타내고 싶나요?**
- **내가 좋아하는 것, 잘하는 것, 원하는 것은 무엇인가요?**
- **내가 심은 자기 이해의 작은 씨앗을 더 잘 키우기 위해 앞으로 어떤 노력을 해보고 싶나요?**

마음 결 따라 쓰기

1. 마음 열기 질문

♡ 나는 나를 어떤 색깔이나 이미지로 표현할 수 있을까요?

□ 밝은 해바라기 같아요. □ 시원한 바다 같아요. □ 자유로운 구름 같아요.

□ 튼튼한 나무 같아요. □ 다른 모습: ______________

2. 짧은 글쓰기 활동

① "나는 나를 ______________________(으)로 표현하고 싶어요."

② "왜냐하면 나는 ______________________________하기 때문이에요."

③ "앞으로 나는 ______________________________사람이 되고 싶어요."

3. 그림 활동

〈나를 표현하는 그림〉

♡ 내가 생각하는 '나의 모습'을 그림으로 표현해 보세요.

4. 함께하는 활동

〈짝과 함께 자기 이해 나누기〉

① 짝꿍에게 "나는 나를 ____처럼 표현했어. 왜냐하면 ____ 때문이야."라고 말해 보세요.

② 짝꿍은 "네가 그런 이유로 그렇게 표현했구나. 멋지다!"라고 대답해 주세요.

③ 활동 후, 내 마음은 ____________________

5. 마무리 성찰

① 나를 이해한다는 것은 ____________________과 같다.

② 나를 표현하는 것은 내 마음을 ____________________해 준다.

③ 오늘 수업에서 내가 배운 것은 ____________________이다.

교사 TIP

- 아이들이 쓴 글과 그림을 모아 "우리 반 배려 나무"를 만들어 보세요.
- 나눔의 순간을 칭찬하는 시간을 가지면 교실이 더 따뜻해집니다.
- 나눔이 크고 작음을 따지지 않고, 작은 배려라도 소중히 여기는 분위기를 만들어 주세요.

함께해서 더 즐거운 여름

8. 땀방울 속에 피어나는 즐거움

운동장에는 아이들의 웃음소리가 가득합니다.
아이들은 공 하나를 두고 서로 앞다투어 달려갑니다.
숨은 가쁘게 차오르고, 얼굴은 빨갛게 달아 오르지만 웃음소리는 맑은 종소리처럼 운동장을 넘어 하늘로 퍼져 나갑니다.

그런데 달리던 중 한 아이가 그만 넘어지고 말았습니다.
순간 주변이 조용해지는 듯했지만, 곧 옆에 있던 친구가 다가와 손을 내밀며 말했습니다.
"괜찮아? 같이 하자."

넘어진 아이는 친구의 손을 잡고 다시 일어섭니다.
그리고 곧 다시 뛰기 시작합니다.
이 경험은 단순히 공을 차는 즐거움에 그치지 않습니다.

넘어짐은 실패가 아니라, "함께라면 다시 일어설 수 있다."는 것을 배우는 소중한 시간이 됩니다.

운동장에서 뛰고 놀며 흘리는 땀방울은 아이들의 마음을 단단하게 합니다.

몸을 움직이며 답답했던 마음을 풀고,

친구와 부딪히며 협동의 의미를 배우고,
함께 웃고 달리며 세상 속에서 어울리는 법을 자연스럽게 익히게 됩니다.

심리학에서는 이런 과정을 정서적 해소(Emotional Release)라고 부릅니다.
아이들 눈높이로 풀어보면, 마음속에 쌓인 답답함이나 걱정을 몸을 움직이며 풀어내는 것입니다.

운동장에서 뛰놀며 땀을 흘리는 순간, 아이들은 단순히 운동을 하는 것이 아니라 마음을 건강하게 하는 연습을 하고 있는 셈이지요.

철학자 아리스토텔레스(Aristotle)는 인간의 행복을 "움직이는 삶 속에서 실현된다."고 말했습니다. 즉, 가만히 앉아 있기만 해서는 행복이 오지 않고, 몸과 마음이 함께 활동할 때 비로소 행복이 자라난다는 뜻입니다.

아이들이 운동장에서 달리며 흘리는 땀은 단순한 신체 활동이 아닙니다.
그 속에는 협력과 배려, 도전과 회복이 담겨 있습니다.
운동장은 단순한 놀이터가 아니라, 아이들이 삶의 중요한 가치를 몸으로 배우는 살아 있는 교실인 셈입니다.

아이들이 마음껏 뛰놀 때, 그 웃음 속에는 자유가 있습니다.
공을 따라 달리며 환하게 웃는 얼굴, "괜찮아!"하고 외치는 목소리, 친구의 손을 잡고 다시 일어서는 모습 속에는 자유로운 마음과 성장의 힘이 깃들어 있습니다.

아이들이 흘린 땀은 금세 마르고, 웃음소리도 곧 잠잠해지지만, 그 순간의 기쁨과 배움은 마음속에 깊이 새겨져 평생의 자산이 됩니다.
넘어지고, 다시 일어서고, 함께 달리는 과정 속에서 아이들은 이렇게 배웁니다.

"나는 할 수 있어."
"함께라서 더 즐거워."

상담실에서 한 아이가 이렇게 말한 적이 있습니다.
"운동장에서 뛰고 나면 힘들기도 한데, 속이 시원해져요. 그리고 친구랑 같이 뛰니까 더 재미있어요."

저는 아이에게 말했습니다.
"맞아. 몸을 움직이는 건 네 마음을 더 튼튼하게 해주는 거야. 땀을 흘리면서 웃는 순간, 네 안에 있던 걱정도 같이 사라지는 거지."

아이는 고개를 끄덕이며 다시 환하게 웃었습니다.
이처럼 운동장은 단순히 뛰어노는 곳이 아닙니다.
아이들이 마음을 건강하게 하고, 친구와 더 깊이 연결되는 작은 치유의 공간입니다.
아이들의 웃음 속에는 자유가 있고, 땀방울 속에는 성장이 있습니다.

넘어져도 괜찮습니다. 친구의 손을 잡고 다시 일어설 수 있기 때문입니다.

운동장에서의 경험은 단순한 놀이가 아니라, 삶에서 꼭 필요한 힘을 길러주는 배움의 시간입니다. 땀방울은 금세 마르지만, 그 순간의 기쁨과 교훈은 오래도록 남아 아이들의 마음을 키워 줍니다.

이제, 스스로에게 이렇게 물어보세요.

- 나는 운동장에서 뛰놀 때 어떤 기분이 드나요?
- 나는 언제 친구와 함께 손을 잡고 다시 일어난 경험이 있었나요?
- 앞으로 나는 운동장에서 어떤 모습으로 뛰고 놀고 싶나요?

마음 결 따라 쓰기

1. 마음 열기 질문

♡ 나는 운동장에서 뛰놀 때 어떤 기분이 들었나요?

□ 신나고 즐거웠어요.

□ 힘들었지만 뿌듯했어요.

□ 친구들과 함께라서 행복했어요.

□ 넘어졌지만 다시 일어서서 용기가 생겼어요.

□ 다른 느낌: ______________

2. 짧은 글쓰기 활동

① "나는 운동장에서 ________________ 할 때 가장 즐거웠어요."

② "그 순간 내 마음은 ______________________________ 했어요."

③ "앞으로 운동장에서 나는 __________________________ 하고 싶어요."

3. 그림 활동

〈나의 운동장 이야기 그림〉

♡ 운동장에서 뛰놀며 즐거웠던 순간을 그림으로 표현해 보세요.

4. 함께하는 활동

〈짝과 함께 운동장 이야기 나누기〉

① 짝꿍에게 "나는 운동장에서 _____ 했을 때 즐거웠어."라고 말해 보세요.

② 짝꿍은 "정말 신났겠다! 나도 그런 순간이 있어."라고 대답해 주세요.

③ 활동 후, 내 마음은 ______________________________

5. 마무리 성찰

① 운동장에서 땀 흘리며 노는 것은 ______________________________ 과 같다.

② 친구와 함께 뛰놀면 내 마음은 ______________________________ 해 준다.

③ 오늘 수업에서 내가 깨달은 것은 ______________________________ 이다.

교사 TIP

- 아이들이 쓴 글과 그림을 모아 "우리 반 운동장 추억 벽"을 꾸며 보세요.
- 넘어짐·실패도 함께 나누며, "넘어져도 괜찮아. 다시 일어나면 돼."라는 메시지를 전달해 주세요.
- 활동이 끝난 뒤, 아이들과 함께 짧게 몸을 움직이는 게임을 해도 좋습니다.

9. 함께 지키며 배우는 약속

운동장에서 아이들이 술래잡기를 시작합니다.
"너 술래야! 그런데 벽은 안전지대야."

짧은 대화 속에서 금세 규칙이 만들어지고, 아이들은 그 규칙을 지키며 놀이를 이어갑니다.

어떤 아이는 "그건 불공평해!"라며 투덜거리기도 하지만, 곧 모두가 다시 이야기하며 규칙을 조정합니다.

아이들은 놀이가 즐겁게 이어지려면 누구도 예외 없이 규칙을 지켜야 한다는 사실을 몸으로 배우게 됩니다.
처음에는 규칙이 답답하게 느껴질 수 있습니다.

"왜 꼭 이렇게 해야 해?"
"그냥 마음대로 하면 안 돼?"

하지만 곧 알게 됩니다.
규칙이 없으면 술래잡기도, 숨바꼭질도, 축구도 제대로 이어지지 않는다는 것을요.

만약 술래잡기를 하다 누군가 "난 규칙 안 지켜!" 하고 엉뚱한 곳에 숨어버린다면 어떻게 될까요?
술래는 화가 나고, 다른 친구들은 흥미를 잃게 됩니다.
결국 놀이 자체가 재미없어지고 맙니다.

심리학에서는 규칙을 '제한'이 아니라 '약속'이라고 설명합니다.
규칙은 나를 가두는 틀이 아니라, 모두가 함께 즐길 수 있도록 돕는 울타리입니다.

울타리가 있기에 우리는 더 자유롭게 뛰어놀 수 있습니다.
아이들이 놀이를 하면서 규칙을 정하는 순간은 단순한 게임의 장면이 아닙니다.

그 안에는 이미 작은 민주주의의 연습이 숨어 있습니다.

어떤 규칙이 공평할지 이야기하며 정하기
모두가 동의할 수 있는 방법으로 바꾸기
규칙을 어겼을 때 함께 다시 조율하기

이 과정을 통해 아이들은 자연스럽게 배웁니다.
"내 마음대로만 하면 안 되고, 다 같이 지킬 수 있어야 한다."

철학자 아리스토텔레스(Aristotle)는 인간을 '사회적 존재(zōon politikon)'라고 불렀습니다.
사람은 혼자 살아가는 것이 아니라, 관계와 규칙 속에서 자라난다는 뜻입니다.
술래잡기의 작은 규칙 하나에도 사실은 "서로의 자유를 존중하며 함께 살아가는 법"이 담겨 있는 것입니다.
규칙은 불편함을 주는 것이 아니라, 오히려 안전과 즐거움을 지켜 줍니다.

예를 들어, 축구할 때 규칙이 없다면 공을 손으로 들고 달릴 수도 있고, 친구를 심하게 밀쳐 버릴 수도 있습니다.
그럼 경기는 엉망이 되고, 다치는 아이도 생길 수 있습니다.

하지만 "손은 쓰지 않기", "심하게 밀지 않기" 같은 규칙이 있기에 경기가 더 안전하고 재미있어집니다.
결국 규칙이 있기에 모두가 끝까지 웃으며 함께 놀 수 있는 것이지요.

아이들은 놀이 속에서 점점 알게 됩니다.
"우리의 즐거움은 혼자가 아니라, 우리가 함께 만들어가는 거구나."

상담실에서 한 아이가 이렇게 말한 적이 있습니다.
"처음엔 규칙이 귀찮았어요. 그냥 제가 하고 싶은 대로 하고 싶었거든요. 그런데 규칙을 안 지키니까 친구들이 화를 내더라고요. 그때 알았어요. 규칙이 있어야 우리 모두가 즐겁구나 하고요."

저는 아이에게 말했습니다.
"맞아. 규칙은 네 자유를 빼앗는 게 아니야. 네 자유도 지켜주고, 다른 친구들의 자유도 지켜주는 거란다."

아이는 고개를 끄덕이며 다시 놀이터로 달려갔습니다.
그 순간, 규칙이 단순히 '지켜야 하는 것'이 아니라, 모두가 웃을 수 있게 하는 약속임을 조금은 깨달은 듯했습니다. 아이들은 공 하나, 술래 한 명, 그리고 '안전지대'라는 규칙만으로도 세상을 작게 축소해 살아갑니다.

그 작은 세계 속에서 아이들은 스스로 깨닫습니다.
규칙은 나를 묶는 것이 아니라, 우리 모두를 이어주는 다리라는 것을요.

이제, 스스로에게 이렇게 물어보세요.

- 나는 놀이할 때 규칙을 지키면 어떤 기분이 드나요?
- 규칙 덕분에 더 즐겁거나 안전했던 경험이 있나요?
- 내가 속한 교실이나 놀이터에서 더 나은 규칙을 만든다면, 어떤 규칙을 넣고 싶나요?

마음 결 따라 쓰기

1. 마음 열기 질문

♡ 나는 놀이할 때 규칙을 지킬 때 어떤 기분이 들었나요?

☐ 안전하고 편안했어요.

☐ 모두가 함께 즐겁게 놀 수 있어서 좋았어요.

☐ 처음에는 귀찮았지만 나중에는 필요하다고 느꼈어요.

☐ 규칙을 지켜서 뿌듯했어요.

☐ 다른 느낌: ________________

2. 짧은 글쓰기 활동

① "나는 놀이할 때 ________________________ 규칙을 지켰어요."

② "그때 내 마음은 ________________________ 했어요."

③ "앞으로 내가 친구들과 만들고 싶은 새로운 규칙은 _____________ 입니다."

3. 그림 활동

〈우리 놀이 규칙 그림〉

♡ 내가 놀이터나 운동장에서 지켰던 규칙, 또는 만들고 싶은 규칙을 그림으로 표현해 보세요.

4. 함께하는 활동

〈짝과 함께 규칙 나누기〉

① 짝꿍에게 "나는 _____ 규칙이 있어서 놀이가 재미있었어."라고 말해 보세요.

② 짝꿍은 "맞아, 그 규칙 덕분에 우리 모두가 즐거웠지."라고 대답해 주세요.

③ 활동 후, 내 마음은 ______________________________

5. 마무리 성찰

① 규칙은 우리에게 ______________________________과 같다.

② 규칙을 지키면 내 마음은 ______________________________해 준다.

③ 오늘 수업에서 내가 배운 것은 ______________________________이다.

교사 TIP

- **아이들이 쓴 글과 그림을 모아 "우리 반 규칙 나무"를 만들어 보세요.**
- **규칙을 잘 지킨 경험을 서로 칭찬하며, "규칙은 우리 모두를 위한 약속"이라는 메시지를 강조해 주세요.**
- **규칙을 만드는 작은 모둠 활동을 시도하면, 민주적인 의사소통의 경험으로 이어질 수 있습니다.**

10. 이기고 나누며 함께 웃는 기쁨

체육 시간, 운동장은 두 팀으로 나뉘어 달리기 시합을 준비합니다.
"우리 팀이 꼭 이겨야 해!"라며 눈빛을 반짝이는 아이도 있고, 실수할까 두려워 발끝만 바라보는 아이도 있습니다.

시합을 앞둔 운동장에는 긴장감이 가득 차고, 아이들의 가슴은 두근두근 빠르게 뜁니다.
작은 한 발자국 조차도 그 순간에는 아주 큰 의미로 다가옵니다.

달리기가 시작되면 모두가 힘껏 달립니다.
누군가는 앞서가고, 누군가는 뒤처지기도 합니다.
하지만 시합이 끝나고 나면 분위기는 금세 달라집니다.

"수고했어!"
"괜찮아, 잘했어."

아이들은 승패와 상관없이 서로의 등을 두드리며 웃습니다.

운동장은 승리와 패배를 넘어, 경쟁과 협력이 함께 어우러지는 배움의 공간이 됩니다.
경쟁은 아이들에게 도전의 힘을 줍니다.

"이번에는 꼭 더 빨리 달려야지."
"내가 저 친구를 따라잡아 보겠어."

이런 마음은 아이들이 자신의 한계를 시험하고, 어제보다 더 나아지도록 돕습니다.

심리학에서는 경쟁을 자신을 성장시키는 계기라고 설명합니다.
경쟁이 없다면 새로운 목표를 세우기 어렵고, 발전하려는 마음도 약해질 수 있습니다.

하지만 경쟁만 너무 강조되면 어떨까요?
경기에서 졌을 때 크게 속상해하거나, 실수를 두려워해 도전조차 하지 못할 수 있습니다.

경쟁은 자극이 되기도 하지만, 지나치면 불안의 원인이 되기도 합니다.
반대로 협력은 아이들에게 안정감과 따뜻함을 줍니다.

"괜찮아, 네가 있어서 우리 팀이 든든했어."
"같이 힘을 합쳐서 이겨냈잖아!"

친구와 함께하는 순간, 아이들은 혼자가 아니라는 마음을 느낍니다.
협력은 서로를 응원하게 만들고, 넘어졌을 때 다시 일어날 수 있는 힘을 줍니다.

교육심리학자 레프 비고츠키(Lev Vygotsky)는 아이의 발달이 타인과의 협력 속에서 이루어진다고 했습니다.
친구의 응원, 함께하는 연습, 서로의 격려 속에서 아이들은 더 멀리 성장할 수 있습니다.

그렇다면 경쟁과 협력은 서로 반대일까요?

사실은 그렇지 않습니다.
경쟁은 아이들을 앞으로 나아가게 하고, 협력은 아이들을 함께 걷게 합니다.
두 가지가 만나야 진짜 균형이 이루어집니다.

예를 들어, 달리기에서 1등을 하지 못했더라도 팀원들과 함께 “우리 모두 끝까지 달렸어!”라는 기쁨을 나눈다면, 그것은 혼자 이긴 것보다 더 큰 성취가 됩니다.

경쟁이 개인의 성장을 돕는다면, 협력은 그 성장을 오래 이어가게 만드는 힘이 됩니다.

상담실에서 만난 한 아이는 이렇게 말했습니다.
“경기할 때는 너무 떨려서 실수할까 걱정됐는데, 끝나고 친구들이 ‘괜찮아, 잘했어’라고 해줘서 마음이 편해졌어요.”

저는 고개를 끄덕이며 대답했습니다.
“맞아. 이기는 것도 중요하지만, 서로를 격려해 주는 순간이 더 큰 힘이 돼. 그게 바로 진짜 팀워크야.”

그 아이는 미소를 지으며 말했습니다.
"앞으로는 이기지 못해도 괜찮아요. 같이 했다는 게 더 좋아요."

그 대화 속에서 아이는 중요한 것을 배웠습니다.
승리보다 값진 것, 그것은 함께하는 기쁨과 서로를 지켜주는 힘이라는 사실입니다.

아이들이 교실과 운동장에서 배우는 이기고 나누며 함께 웃는 기쁨은 단순한 놀이가 아닙니다. 앞으로 살아갈 세상에서도 꼭 필요한 지혜입니다.

경쟁은 나를 한 걸음 더 앞서게 하고, 협력은 우리가 끝까지 함께 걷게 합니다.
이 균형을 이해하고 경험한 아이들은, 이기지 못했더라도 웃을 수 있고, 지더라도 친구를 응원할 수 있는 넓은 마음을 가진 사람으로 성장할 것입니다.

이제, 스스로에게 이렇게 물어보세요.

- ○ 나는 경쟁할 때 어떤 기분이 드나요?
- ○ 친구와 함께 협력해서 얻은 성취는 혼자 이룬 성취와 어떻게 달랐나요?
- ○ 내가 속한 교실이나 운동장에서 건강한 경쟁과 협력이 함께 이루어지려면 나는 어떤 노력을 할 수 있을까요?

마음 결 따라 쓰기

1. 마음 열기 질문

♡ 나는 경쟁하거나 친구와 협력할 때 어떤 기분이 들었나요?

□ 떨리고 긴장됐어요. □ 이겨서 기뻤어요. □ 함께 힘을 합쳐서 뿌듯했어요.

□ 졌지만 친구들이 응원해 줘서 마음이 편해졌어요.

□ 다른 느낌: ____________

2. 짧은 글쓰기 활동

① "나는 경쟁할 때 ________________라는 기분이 들었어요."

② "협력해서 함께 해냈을 때 내 마음은 ________________했어요."

③ "앞으로 나는 ______________ 상황에서 친구와 힘을 합치고 싶어요."

3. 그림 활동

〈경쟁과 협력 그림〉

♡ 내가 경쟁하거나 친구와 협력했던 순간을 그림으로 표현해 보세요.

4. 함께하는 활동

〈짝과 함께 경쟁·협력 이야기 나누기〉

① 짝꿍에게 "나는 _____상황에서 경쟁하거나 협력했어."라고 말해 보세요.

② 짝꿍은 "그때 네가 참 멋있었겠다! 나도 그런 경험이 있어."라고 대답해 주세요.

③ 활동 후, 내 마음은 ______________________________

5. 마무리 성찰

① 경쟁은 나에게 ______________________________과 같다.

② 협력은 내 마음을 ______________________________해 준다.

③ 오늘 수업에서 내가 배운 것은 ______________________________이다.

교사 TIP

- **아이들이 쓴 글과 그림을 모아 "우리 반 팀워크 보드"를 꾸며 보세요.**
- **승패보다는 서로 격려했던 순간을 발표하도록 유도하면, 교실 분위기가 따뜻해집니다.**
- **경쟁이 불편했던 경험도 나누어 보게 하여, 경쟁과 협력이 어떻게 균형을 이루는지 함께 이야기 나누면 좋습니다.**

11. 서로 다투고 다시 손잡는 연습

쉬는 시간, 운동장에서 두 아이가 같은 공을 잡으려다 얼굴이 붉어졌습니다.

"내가 먼저 쓰려고 했잖아!"

"아니야, 내가 먼저 잡았어!"

목소리는 점점 커지고, 표정은 굳어 갑니다.

마치 작은 불씨가 금세 큰 불로 번질 듯한 순간이었습니다.

하지만 옆에 있던 또 다른 친구가 한 발 다가와 조심스럽게 말했습니다.

"같이 쓰면 되잖아."

짧은 정적이 흐른 뒤, 두 아이는 마지못해 고개를 끄덕입니다.

그리고 함께 공을 차며 다시 웃기 시작합니다.

겉보기에는 아주 사소한 일처럼 보이지만, 이 순간은 아이들 마음속에 오래 남는 중요한 배움이 됩니다.

"싸웠지만, 다시 함께할 수 있구나."

이 경험은 관계를 지켜내는 큰 힘이 되기 때문입니다.

상담실에서 만난 한 아이도 비슷한 이야기를 들려주었습니다.

"친구랑 싸우면 그냥 피하고 싶어요. 괜히 더 멀어질까 봐 무서워요."

저는 아이의 눈을 바라보며 조용히 말했습니다.
"맞아. 갈등은 누구에게나 불편하고 두려운 마음을 주지. 하지만 갈등을 무조건 피하는 게 답은 아니야. 오히려 갈등 속에서 서로의 마음을 조금씩 알아가는 게 더 중요하단다.
네가 네 마음을 솔직히 말하고, 친구의 마음을 들어줄 때 진짜 화해가 시작되는 거야."

아이는 잠시 멈칫 했지만 곧 천천히 고개를 끄덕였습니다.

마음속 어딘가에 "피하지 않고 마주해 보는 것도 괜찮겠다."라는 생각이 싹튼 듯했습니다.

심리학에서는 갈등을 단순히 피해야 할 문제가 아니라, 성장을 위한 자연스러운 과정으로 봅니다. 사회심리학자 모튼 도이치(Morton Deutsch)는 갈등이 잘못 다뤄지면 '파괴적 갈등'이 되지만, 잘 다루면 '창조적 갈등'이 될 수 있다고 말했습니다.

즉, 갈등은 단순한 싸움이 아니라,

다른 사람의 입장을 배우고,
내 감정을 솔직히 표현하고,
함께 새로운 해결책을 찾는 훈련의 시간입니다.

아이들이 친구와 부딪히는 순간은, 사실은 서로를 더 잘 알게 되는 기회이기도 합니다.
철학자 한스 게오르크 가다머(Hans-Georg Gadamer)는 “서로 다른 생각과 관점이 부딪힐 때 비로소 새로운 이해가 열린다.”고 말했습니다.

아이들의 시선에서 바라보면, 갈등은 단순한 다툼이 아니라 서로 다른 세계가 만나 대화하는 자리입니다. 그 자리에서 차이를 인정하고 대화를 이어갈 때, 아이들은 진짜 친구가 되어 갑니다.

예를 들어,
“내가 먼저였어!”라는 말 속에는 인정받고 싶은 마음이 있고,
“아니야, 내가 먼저야!”라는 말 속에는 공평하기를 바라는 마음이 있을 수 있습니다.

서로의 속마음을 들어줄 때, 비로소 화해는 더 깊어집니다.
아이들의 작은 다툼 속에는 삶의 중요한 진실이 숨어 있습니다.

갈등은 관계를 깨뜨리는 위험이 될 수도 있지만, 동시에 관계를 더 단단하게 만드는 기회가 되기도 합니다.

“같이 쓰자.”라는 한마디 속에서 아이들은 배웁니다.

갈등은 끝이 아니라, 새로운 만남의 시작이 될 수 있다는 것,
다툼 뒤에도 다시 웃을 수 있다는 것,

화해는 서로를 더 깊이 이해하게 해준다는 것,
갈등은 누구에게나 불편한 순간입니다.

하지만 피하기만 한다면 마음속 오해는 점점 더 커집니다.

반대로 용기 내어 대화를 시작하면, 오해가 풀리고 마음이 가까워질 수 있습니다.

아이들은 갈등과 화해의 경험을 통해 배웁니다.
"우리는 다를 수 있지만, 함께할 수 있다."

이 깨달음이 쌓일수록 친구와의 관계는 더 단단해지고, 세상 속에서도 사람들과 잘 어울릴 수 있는 힘이 자라납니다.

이제, 스스로에게 이렇게 물어보세요.

- 나는 최근 친구와 갈등이 있었을 때 내 마음을 어떻게 표현했나요?
- 나는 갈등 속에서 친구의 입장을 이해하려고 노력한 적이 있나요?
- 나는 화해한 경험을 통해 친구와의 관계가 어떻게 달라졌나요?

마음 결 따라 쓰기

1. 마음 열기 질문

♡ 나는 친구와 갈등(다툼)이 있었을 때 어떤 기분이 들었나요?

□ 화가 났어요. □ 속상했어요. □ 그냥 피하고 싶었어요.

□ 화해하고 나니 마음이 편해졌어요. □ 다른 느낌: ________________

2. 짧은 글쓰기 활동

① "나는 친구와 ____________________ 때문에 갈등이 있었어요."

② "그때 내 마음은 ____ 했어요."

③ "화해하고 나니 __________________________________ 라고 느꼈어요."

④ "앞으로 갈등이 생기면 나는 ___________________________ 하고 싶어요."

3. 그림 활동

〈갈등과 화해 그림〉

♡ 내가 친구와 갈등했던 순간 또는 화해했던 순간을 그림으로 표현해 보세요.

4. 함께하는 활동

〈짝과 함께 갈등·화해 이야기 나누기〉

① 짝꿍에게 "나는 ____ 상황에서 친구와 갈등했어."라고 말해 보세요.

② 이어서 "그런데 ____ 하면서 화해할 수 있었어."라고 이야기해 보세요.

③ 짝꿍은 "네가 용기 내어 화해한 게 참 멋지다!"라고 대답해 주세요.

④ 활동 후, 내 마음은 ____________________

5. 마무리 성찰

① 갈등은 나에게 ____________________ 과 같다.

② 화해는 내 마음을 ____________________ 해 준다.

③ 오늘 수업에서 내가 배운 것은 ____________________ 이다.

교사 TIP

- 아이들이 쓴 글과 그림을 모아 "우리 반 화해 다리"를 만들어 보세요.
- 갈등을 피하는 것보다, 화해하는 것이 더 큰 용기임을 강조해 주세요.
- 다툼이 힘들었던 경험도 안전하게 나눌 수 있도록 교사가 분위기를 따뜻하게 이끌어 주세요.

12. 실패가 남겨준 소중한 배움

운동장에서 축구공을 찬 한 아이가 속으로 다짐합니다.
"이번에는 꼭 골을 넣어야 하는데…"

온 힘을 다해 찬 공은 멋지게 날아갔지만, 아쉽게도 골대를 살짝 빗나갔습니다.
순간 아이의 어깨는 축 처지고, 얼굴에는 실망이 가득 번졌습니다.
"왜 나는 잘 못하지…"라는 속삭임이 마음속에서 울려 퍼졌습니다.

그런데 바로 그때, 옆에 있던 친구가 다가와 환하게 웃으며 말했습니다.
"괜찮아. 이번엔 정말 아깝다! 다시 해보자."

짧은 한마디였지만, 아이의 얼굴은 조금씩 풀리고 눈빛은 다시 반짝이기 시작했습니다.
실패의 순간이 끝이 아니라, 다시 시도할 수 있는 출발점으로 바뀐 것입니다.

며칠 뒤 상담실에서 한 아이가 제게 말했습니다.
"선생님, 저는 잘 못할까 봐 아예 시도도 안 해요."

저는 아이의 마음을 천천히 들어주며 고개를 끄덕였습니다.
"그 마음 충분히 이해해. 하지만 잘하지 못하는 건 당연한 거야. 누구든 처음에는 서툴러. 해보다 보면 실패할 수도 있고, 넘어질 수도 있지. 그런데 그건 네가 부족해서가 아니라, 배우고 있다는 뜻이란다."

아이는 잠시 놀란 듯 저를 바라보다가, 이내 안도한 듯 작게 웃었습니다.
"아… 그럼 저도 괜찮은 건가요?"

"그럼, 물론이지. 네가 시도해 보겠다고 말한 것만으로도 이미 멋진 거야."

심리학에서는 실패를 단순히 "못한 것"이라고 보지 않습니다.
배우고 성장하는 과정으로 바라보지요. 이것을 성장 마인드셋(Growth Mindset) 이라고 부릅니다.

스탠퍼드 대학교의 캐럴 드웩(Carol Dweck) 교수는 이렇게 말했습니다.
"실패는 능력이 부족해서가 아니라, 더 잘하기 위한 또 다른 기회를 알려주는 것"이라고요.
받아쓰기를 틀렸을 때, 그것은 "나는 못해."라는 표시가 아니라, "여기서 더 배울 수 있어."라는 신호입니다. 마치 게임에서 한 번 실패했다고 게임이 끝나는 게 아니라, 다시 도전할 기회가 주어지는 것과 같습니다.

여기서 철학자 프리드리히 니체(Friedrich Nietzsche) 는 실패와 시련에 대해 이렇게 말했습니다.
"나를 죽이지 못하는 것은 결국 나를 더 강하게 만든다."

아이들 눈높이에서 풀어 말하면, 넘어지고 실수하는 순간은 아프고 속상하지만, 그 경험이 쌓일수록 우리는 더 단단해지고 강해진다는 뜻입니다.

저는 아이들에게 물어봅니다.
"실패를 겪고 나서 네가 배운 게 뭐였니?"

"만약 그때 포기하지 않았다면, 어떤 점이 달라졌을까?"

이런 질문을 스스로에게 던지면, 실패는 단순히 아픈 기억이 아니라 나를 키우는 경험이 됩니다. 실패 속에서 얻은 깨달음은 언젠가 다시 도전할 용기가 되어 돌아옵니다.
공을 빗맞혔을 때, 시험 문제를 틀렸을 때, 발표하다가 말이 막혔을 때…
그 순간은 속상하고 부끄러울 수 있습니다.

하지만 그때 이렇게 속삭여 보세요.
"괜찮아. 이번엔 연습이야. 다음에 더 잘하면 돼."

친구가 건네는 "괜찮아, 다시 해보자!"라는 말은 아이 마음속에 새로운 용기를 심어 줍니다.
그리고 그 용기는 언젠가 더 큰 성취로 이어질 것입니다.

실패는 쓰라린 경험처럼 보이지만, 사실은 우리를 더 멀리 나아가게 하는 밑거름입니다.

한 번의 실패가 끝이 아니라, 또 다른 시작이 될 수 있다는 걸 기억한다면 아이들의 마음속에는 언제나 다시 일어설 힘이 생겨납니다.

오늘 운동장에서 넘어지고, 시험에서 틀리고, 발표에서 더듬었던 그 순간들 속에도 배움의 씨앗은 숨어 있습니다. 그리고 언젠가, 그 씨앗이 싹트고 자라 튼튼한 나무가 되듯, 아이들의 실패 속 경험도 반드시 성장으로 이어질 것입니다.

이제, 스스로에게 이렇게 물어보세요.

- 나는 최근 어떤 실패를 경험했나요? 그때 내 마음은 어땠나요?
- 그 경험을 통해 나는 무엇을 배웠나요?
- 실패를 바라보는 내 마음은 '끝'이라고 느끼나요, 아니면 '과정'이라고 느끼나요?

마음 결 따라 쓰기

1. 마음 열기 질문

♡ 나는 실패했을 때 어떤 기분이 들었나요?

□ 속상하고 눈물이 날 것 같았어요. □ 부끄럽고 다시 하기 싫었어요.

□ 아쉽지만 다시 해 보고 싶었어요. □ 친구나 선생님이 응원해 줘서 힘이 났어요.

□ 다른 느낌: ________________

2. 짧은 글쓰기 활동

① "나는 ____________________ 하다가 실패한 적이 있어요."

② "그때 내 마음은 ____ 했어요."

③ "하지만 그 경험을 통해 ______________________________ 를 배웠어요."

3. 그림 활동

〈실패와 도전 그림〉

♡ 내가 실패했지만, 다시 도전했던 순간을 그림으로 표현해 보세요.

4. 함께하는 활동

〈짝과 함께 실패·배움 이야기 나누기〉

① 짝꿍에게 "나는 ____하다가 실패했어."라고 말해 보세요.

② 이어서 "그런데 그 경험에서 ____를 배웠어."라고 이야기해 보세요.

③ 짝꿍은 "네가 포기하지 않고 배운 게 참 멋지다!"라고 대답해 주세요.

④ 활동 후, 내 마음은 ______________________

5. 마무리 성찰

① 실패는 나에게 ______________________과 같다.

② 다시 도전하는 용기는 내 마음을 ______________________해 준다.

③ 오늘 수업에서 내가 배운 것은 ______________________이다.

교사 TIP

- 아이들이 쓴 글과 그림을 모아 "우리 반 도전 보드"를 꾸며 보세요.
- 실패를 부끄럽게 여기지 않고, "다시 해보자!"라는 태도를 칭찬하는 시간을 가지면 좋습니다.
- 실패 경험이 힘들었던 아이들에게는 그림이나 간단한 단어만으로도 표현할 수 있도록 배려해 주세요.

13. 모험심이 열어주는 호기심의 길

여름 햇볕이 따뜻하게 내리쬐는 운동장. 한 아이가 철봉 앞에 섭니다.
"이번엔 꼭 뒤로 돌아볼 거야."

손바닥에는 땀이 맺히고, 가슴은 두근두근 뛰기 시작합니다.
처음에는 무서워서 발끝이 자꾸만 땅을 스칩니다.

"혹시 떨어지면 어떡하지?" 하는 걱정이 마음을 가득 채웁니다.
하지만 아이는 용기를 내어 손에 힘을 주고, 몸을 뒤로 날립니다.

찰나의 순간, 철봉 위에서 몸이 한 바퀴 돌고, 두 발이 다시 땅에 닿습니다.
아이의 얼굴에는 두려움 대신 환한 웃음이 번집니다.
실패할까 두려웠던 순간은 사라지고, 성취의 기쁨이 그 자리를 대신합니다.
땀방울 속에서 빛나는 그 웃음은 아이가 모험을 통해 한 뼘 더 자랐다는 신호였습니다.

어느 날 상담실에서 한 아이가 조심스럽게 말했습니다.
"선생님, 저는 모르는 길로 일부러 걸어가요. 괜히 가슴이 두근거리고, 뭔가 새로 발견할 것 같아서요."

저는 미소 지으며 대답했습니다.

"그 두근거림이 참 소중하단다. 새로운 길을 걸을 때마다 네 세상은 조금씩 더 넓어지는 거야. 두려움은 누구에게나 있는 거지만, 그 속에 숨어 있는 호기심이 널 자라게 하지."

아이는 고개를 끄덕이며 눈빛을 반짝였습니다.
모험은 단순히 위험을 무릅쓰는 것이 아니라, 나를 더 크게 만들고 세상을 배우는 길이라는 걸 깨달은 듯했습니다.

아이들이 새로운 것에 도전할 때, 머릿속에서는 작은 불빛들이 반짝이며 길을 만듭니다.
그래서 도전은 단순한 재미로 끝나는 게 아니라, 생각하는 힘, 문제를 해결하는 힘, 그리고 넘어져도 다시 일어나는 힘으로 이어집니다.

처음 자전거를 탈 때, 처음 수영장에 발을 담글 때, 처음 발표할 때…
이 모든 순간은 두렵고 떨리지만, 동시에 세상을 배우고 자신감을 얻는 소중한 모험입니다.

철학자 루돌프 슈타이너(Rudolf Steiner)는 아이들이 자유롭게 탐구하고 스스로 경험하는 과정에서 내적인 힘을 키운다고 보았습니다.
그는 "아이들 안에는 이미 스스로 자라날 씨앗이 있고, 교육은 그 씨앗이 빛과 물을 받아 자라도록 돕는 일"이라고 말했습니다.

아이들이 새로운 길을 걸어보고 싶어 하는 마음, 낯선 걸 만져보고 싶어 하는 마음,

"나는 어디까지 할 수 있을까?" 하고 묻는 마음속에는 이미 자기 안의 씨앗을 키우려는 힘이 숨어 있습니다.
작은 모험은 바로 그 씨앗에 햇살과 물을 주는 순간입니다.

어른들은 종종 아이들의 도전을 보며 걱정합니다.

"혹시 다치면 어떡하지?"
"실패해서 속상해하면 어떡하지?"

물론 안전은 언제나 중요하지요.
하지만 아이들이 새로운 걸 시도하려 할 때, 그 두근거림과 호기심을 존중해 줄 때 아이들은 자기 힘으로 길을 열어갑니다. 마치 씨앗이 흙 속 어둠을 뚫고 싹을 틔우듯, 모험은 두려움을 넘어야 꽃을 피울 수 있습니다.

아이들이 새로운 것에 도전하는 순간을 지켜봐 주고 응원하는 것, 그것이야말로 진짜 격려이고 배움의 동반자가 되는 길입니다. 모험은 단순히 "할 수 있다."는 자신감을 넘어, 아이들의 삶을 풍성하게 만듭니다.

작은 철봉 돌기, 낯선 길 걷기, 처음 발표하기.

그 순간마다 아이들은 자신 안에 숨어 있던 힘을 발견합니다.
그리고 깨닫습니다.

"나는 생각보다 할 수 있는 게 많구나."
"처음은 무섭지만, 해보면 즐겁구나."

이 깨달음이 바로 모험이 남기는 가장 큰 선물입니다.
아이들의 삶은 모험으로 가득 차 있습니다.

새로운 친구, 새로운 공부, 새로운 놀이.
그 속에서 아이들은 두려움과 설렘을 동시에 경험합니다.
그리고 잊지 말아야 할 사실이 있습니다.
두려움이 있다는 건 곧 새로운 가능성이 열려 있다는 신호라는 것입니다.

아이들이 두근거림 속에서 새로운 발걸음을 내딛을 때, 우리는 이렇게 말해 줄 수 있습니다.
"괜찮아, 네가 해보려는 그 용기가 이미 멋진 거야."

이제, 스스로에게 이렇게 물어보세요.

- 나는 언제 새로운 시도를 하며 두근거렸나요?
- 그 순간 나는 어떤 기분이 들었나요?
- 나는 두려움 때문에 해보지 못한 일이 있었나요?

마음 결 따라 쓰기

1. 마음 열기 질문

♡ 나는 새로운 것을 시도하려고 할 때 어떤 기분이 들었나요?

- □ 두근두근 설레고 기대됐어요. □ 무서워서 망설여졌어요.
- □ 용기를 내니 뿌듯했어요.
- □ 해보니까 즐겁고 자신감이 생겼어요. □ 다른 느낌: ________________

2. 짧은 글쓰기 활동

① "나는 ________________에 도전해 본 적이 있어요."

② "그때 내 마음은 ____________________________ 했어요."

③ "그 경험을 통해 ________________________ 를 알게 되었어요."

④ "앞으로 내가 도전해 보고 싶은 새로운 모험은 ________________ 입니다."

3. 그림 활동

〈나의 모험 그림〉

♡ 내가 호기심을 가지고 도전했던 순간을 그림으로 표현해 보세요.

4. 함께하는 활동

〈짝과 함께 모험 이야기 나누기〉

① 짝꿍에게 "나는 _____ 에 도전했어."라고 말해 보세요.

② 이어서 "그때 나는 _____ 라는 기분이 들었어."라고 말해 보세요.

③ 짝꿍은 "와, 네 용기가 참 멋지다! 나도 도전해 보고 싶어."라고 대답해 주세요.

④ 활동 후, 내 마음은 ______________________________

5. 마무리 성찰

① 모험은 나에게 __________________________ 과 같다.

② 호기심은 내 마음을 __________________________ 해 준다.

③ 오늘 수업에서 내가 배운 것은 ____________________________________ 이다.

교사 TIP

- 아이들이 쓴 글과 그림을 모아 "우리 반 모험 지도"를 꾸며 보세요.
- 아이들이 말한 도전·모험 경험을 존중하며, "네가 해본 건 작은 모험이지만 큰 의미가 있어."라는 메시지를 전달해 주세요.
- 도전이 아직 어려운 친구는 "앞으로 해보고 싶은 모험"을 글이나 그림으로 상상해 표현해도 좋습니다.

14. 내 마음이 머무는 자리 찾기

교실 안은 언제나 활기차고 떠들썩합니다.
어떤 아이들은 친구들과 장난을 치며 크게 웃고, 또 어떤 아이들은 이리저리 뛰어다니며 즐겁게 어울립니다.

그런데 그 속에서 조용히 창가에 앉아 있는 아이도 있습니다.
창밖으로 들어오는 햇살을 바라보며 잠시 마음을 가만히 내려놓는 것이지요.

그 순간, 창가 자리는 단순한 의자가 아닙니다.
바로 마음이 편안해지는 작은 쉼터, 자기만의 특별한 자리입니다.

운동장에서도 비슷한 모습이 보입니다.
많은 친구들이 뛰어다니는 와중에, 한 아이는 언제나 같은 자리를 고릅니다.
나무 그늘 아래 벤치, 철봉 옆의 한쪽 공간.
그곳은 아이에게 세상의 소음에서 잠시 벗어나 숨을 고를 수 있는 작은 세계입니다.

누구에게나 그런 '나만의 자리'가 필요합니다.

상담실에서 만난 한 아이가 제게 속마음을 털어놓았습니다.
"친구들하고 같이 노는 것도 좋아요. 그런데 가끔은 그냥 혼자 조용히 앉아서 책을 읽고 싶을 때가 있어요. 그게 제일 편해요."

저는 미소 지으며 말했습니다.
"그래, 네가 편안하게 머물 수 있는 자리를 찾는 건 아주 중요한 일이란다. 혼자 있는 시간은 외로운 게 아니야. 오히려 네 마음을 쉬게 하고 돌보는 시간이 될 수 있지. 그 자리에서 숨을 고를 때, 다시 힘이 생겨서 친구들과도 더 즐겁게 어울릴 수 있단다."

아이의 눈빛이 반짝이며 고개를 끄덕였습니다.
그 순간, 아이는 혼자 있는 시간과 함께하는 시간이 모두 자기에게 필요하다는 것을 조금은 깨달은 듯했습니다.

심리학에서는 이런 마음을 개인적 공간(Personal Space)이라고 부릅니다.
사람은 누구나 자기만의 공간을 필요로 하지요.
친구들과 어울리며 웃고 떠드는 시간도 소중하지만, 혼자만의 시간을 가지며 마음을 쉬게 하는 것도 꼭 필요합니다.

이 두 가지가 균형을 이룰 때, 아이들은 지치지 않고 건강하게 성장할 수 있습니다.
예를 들어, 친구들과 어울려 놀다가도 잠시 혼자 조용히 책을 읽거나 그림을 그리는 시간을 갖는다면, 마음이 차분해지고 다시 힘이 생깁니다.

반대로 항상 혼자만 있으려 한다면 친구 관계가 힘들어질 수도 있지요.
그래서 혼자 있는 시간과 함께 있는 시간은 서로 반대되는 것이 아니라, 나를 단단하게 해주는 두 개의 바퀴와 같습니다.

철학자 마르틴 하이데거(Martin Heidegger)는 인간을 '세계-내-존재(世界內存在)'라고 불렀습니다. 이 말은 사람이 단순히 공간에 앉아 있다는 뜻이 아니라, 공간 속에서 자기만의 의미를 만들어가는 존재라는 뜻입니다.

아이들이 교실이나 운동장에서 찾은 자리도 그냥 빈 자리가 아닙니다. 그것은 "나는 여기서 이렇게 있고 싶어."라는 자기만의 선언입니다.

창가에서 책을 읽는 아이, 나무 아래 앉아 바람을 맞는 아이, 교실 뒤에서 조용히 그림을 그리는 아이…

모두가 자기만의 방식으로 '나는 이런 사람이야.'라는 메시지를 전하고 있는 것입니다.
아이에게 자기만의 자리를 허락하는 것은 단순히 앉을 자리를 인정해 주는 것이 아닙니다.
그것은 아이의 마음을 존중하고, 정체성을 지켜주는 일입니다.

"너는 왜 혼자 있니?" 하고 다그치기보다,
"그래, 네가 그 자리에서 편하다면 괜찮아."하고 이해해 주는 것이 아이에게 큰 힘이 됩니다.

아이들은 그런 존중 속에서 마음을 단단히 세워 가고, 다시 세상 속으로 힘차게 걸어 나갈 용기를 얻습니다.

나만의 자리는 마음이 숨 쉴 수 있는 공간입니다.

그리고 그 자리가 있을 때, 아이는 더 튼튼하고 건강하게 성장할 수 있습니다
아이들은 때로는 친구들과 함께 떠들고 싶어 하고, 또 때로는 혼자만의 자리를 찾고 싶어 합니다. 두 가지 모두 아이에게 꼭 필요한 경험입니다.

따뜻한 햇살이 드는 창가, 운동장의 나무 그늘, 교실의 한쪽 자리.
그곳은 단순한 빈 공간이 아니라, 아이가 자기 자신을 만나는 소중한 자리입니다.

아이들이 자신만의 자리를 찾을 때, 우리 어른들은 이렇게 말해줄 수 있습니다.
"그래, 거기가 네 자리구나. 그 자리에서 네 마음이 편하다면, 그것으로 충분해."

이제, 스스로에게 이렇게 물어보세요.

- 나는 언제 '편안히 숨 쉴 수 있는 나만의 자리'를 경험했나요?
- 내가 좋아하는 나만의 자리는 어디인가요?
- 앞으로 내가 마음이 힘들 때 편안히 머물고 싶은 자리는 어떤 모습일까요?

마음 결 따라 쓰기

1. 마음 열기 질문

♡ 나는 내가 가장 편안함을 느끼는 '나만의 자리'를 생각하면 어떤 기분이 드나요?

□ 마음이 차분해졌어요.

□ 안전하고 안심되는 기분이었어요.

□ 혼자만의 시간이 소중하게 느껴졌어요.

□ 다시 힘이 나서 친구들과 어울릴 수 있었어요.

□ 다른 느낌: ______________

2. 짧은 글쓰기 활동

① "내가 가장 좋아하는 나만의 자리는 ________________ 입니다."

② "그 자리에서 나는 ____________________________라고 느꼈어요."

③ "앞으로 내가 나만의 자리에서 _____________________하고 싶어요."

3. 그림 활동

〈나만의 자리 그림〉

♡ 내가 좋아하는 나만의 자리를 그림으로 표현해 보세요.

4. 함께하는 활동

〈짝과 함께 자리 이야기 나누기〉

① 짝꿍에게 "내가 좋아하는 나만의 자리는 ____야."라고 말해 보세요.

② 이어서 "그곳에서 나는 ____라는 기분이 들어."라고 설명해 보세요.

③ 짝꿍은 "그 자리가 네게 정말 소중하구나! 멋지다."라고 대답해 주세요.

④ 활동 후, 내 마음은 ______________________

5. 마무리 성찰

① 나만의 자리는 나에게 ______________________과 같다.

② 그 자리는 내 마음을 ______________________ 해 준다.

③ 오늘 수업에서 내가 깨달은 것은 ______________________이다.

교사 TIP

- **아이들이 쓴 글과 그림을 모아 "우리 반 마음 자리 지도"를 만들어 보세요.**
- **"나만의 자리"가 꼭 물리적인 공간이 아니어도 된다는 점을 알려주세요. (예: 음악을 듣는 시간, 좋아하는 색을 바라보는 순간도 '자리'가 될 수 있음)**
- **혼자 있고 싶어 하는 시간을 존중하는 것이 친구 관계에도 도움이 된다는 메시지를 강조 해주면 좋습니다.**

마음을 키우는 가을

15. 잠시 멈춰, 내 마음을 돌아보는 시간
16. 고마움을 전할 때 번지는 따스함
17. 함께 이뤄 더 커지는 기쁨
18. 내 마음을 솔직히 마주하기
19. 서로를 이해하며 피어나는 화해
20. 꾸준함이 건네는 선물
21. 비교 대신 내려놓는 편안함

15. 잠시 멈춰, 내 마음을 돌아보는 시간

가을바람이 불면, 운동장에 서 있는 나무들이 하나둘씩 잎을 떨굽니다. 바람에 날린 낙엽은 아이들의 발끝에 스치며 바스락거리는 소리를 냅니다. 그 소리는 마치 우리에게 이렇게 말하는 것 같습니다.
"잠시 멈춰 서서, 지금 너의 마음을 들어보렴."

우리는 하루하루 바쁘게 살아갑니다.
학교에서 수업을 듣고, 숙제를 하고, 친구들과 어울리다 보면 어느새 하루가 훌쩍 지나가 버리지요. 그렇게 바쁜 하루 속에서, 나 자신을 돌아볼 시간은 자주 잊혀집니다.
하지만 낙엽이 천천히 떨어지듯, 우리도 가끔은 발걸음을 멈추고 마음을 쉬게 해야 합니다. 그래야 내가 어디쯤 와 있는지, 나는 무엇을 잘하고 있는지를 깨달을 수 있기 때문입니다.

어느 날 상담실에 찾아온 한 아이가 조용히 속삭였습니다.
"선생님, 저는 뭘 잘한 게 없는 것 같아요. 그냥 하루하루 흘러가는 것 같아요."

그 말에는 지친 마음이 고스란히 담겨 있었습니다.
다른 친구들은 시험에서 좋은 성적을 받거나 상을 받기도 하는데, 자신은 특별히 자랑할 만한 것이 없다는 생각이 아이를 힘들게 했던 것입니다.
저는 부드럽게 웃으며 이렇게 말했습니다.
"네가 오늘도 이렇게 버티고, 학교에 와 주고, 수업에 참여해 준 것 자체가 이미 잘해 낸 거란다. 누군가는 포기했을 길을 네가 묵묵히 걸어왔다는 건, 분명 귀한 성취야."

제 말을 들은 아이의 눈빛은 잠시 흔들리더니, 이내 잔잔한 안도와 위로로 물들었습니다.
그 순간, 아이는 비로소 '나는 아무것도 못한 게 아니구나'라는 사실을 깨달은 듯 보였습니다.

우리는 종종 큰 성취만을 결실이라고 생각합니다.
예를 들어, 시험에서 100점을 맞거나 대회에서 상을 타는 것 말이지요.

하지만 심리학에서는 작은 자기인식(Self-awareness) 또한 매우 중요한 성장이라고 말합니다.

"오늘 나는 숙제를 다 했구나."
"친구와 다툼 없이 잘 지냈구나."
"발표할 때 조금은 더 크게 목소리를 낼 수 있었구나."

이런 사소한 깨달음이 쌓이면, 아이들은 자신을 긍정적으로 바라보게 되고, 자기 자신을 신뢰하게 됩니다. 마치 작은 물방울이 모여 큰 강을 이루듯, 작은 성취와 자기인식은 아이들의 삶을 더욱 단단하게 만듭니다.

매일매일 바쁘게 달려가다 보면, 내가 무엇을 했는지 돌아볼 시간이 없습니다.
하지만 잠시 멈춰 숨을 고르고, 오늘 하루를 되돌아보는 것만으로도 우리는 큰 힘을 얻습니다.

"오늘 나는 어떤 순간에 웃었을까?"
"내가 잘한 일은 뭐였을까?"
"내 마음을 힘들게 한 건 무엇이었을까?"

이 짧은 성찰은 내일의 나를 더 단단하게 세워 줍니다.
심리학자들은 이런 성찰의 시간을 통해 아이들이 자기 긍정(Self-acceptance)을 배우고, 자신감을 키운다고 설명합니다.

철학자 장 자크 루소(Jean-Jacques Rousseau)는 『에밀』에서 이렇게 말했습니다.
"자연은 결코 서두르지 않지만, 모든 것은 이루어진다."

아이와 어른 모두에게 필요한 것은 바로 이 '멈춤'입니다.
자연은 급하게 자라지 않습니다. 나무는 천천히 뿌리를 내리고, 꽃은 때가 되어야 피어나지요. 마찬가지로 우리도 천천히 자라면 됩니다. 잠시 멈춰 서서 나를 돌아보는 순간, 우리는 '나는 지금도 충분히 잘하고 있구나.'라는 위로를 얻게 됩니다.

아이들에게 자기 돌아봄은 거창한 것이 아닙니다. 오히려 아주 작은 순간 속에서 이루어집니다.

아침에 스스로 일어나 학교에 온 것,
친구에게 먼저 인사를 건넨 것,
선생님의 말씀을 귀 기울여 들은 것,
힘든 문제를 끝까지 풀려고 애쓴 것

이런 소소한 행동들이 바로 '잘해 낸 일'입니다. 나무가 하루아침에 크게 자라지 않듯, 아이들의 성장은 작은 순간들이 모여 이루어집니다.

자기 성찰은 마치 나침반과 같습니다.
내가 지금 어디에 서 있는지, 앞으로 어디로 가야 할지를 알려주는 조용한 길잡이입니다. 잠시 멈춰 나를 돌아보는 시간은 단순한 휴식이 아닙니다. 그것은 내 삶을 더 아름답게 만드는 준비이자, 내가 진정 원하는 길을 걸어갈 수 있게 도와주는 힘입니다.

아이들이 하루를 돌아보며 "나는 수고했어."라고 스스로에게 말할 때, 그 말은 마음에 따뜻한 햇살처럼 스며듭니다. 오늘의 자신을 인정하는 그 짧은 순간이, 내일을 살아갈 힘을 주는 씨앗이 됩니다.
그러니 우리 모두, 바쁜 하루 속에서도 잠시 멈춰 서서 나를 돌아보는 시간을 가져보세요.
그 시간이 쌓일수록 우리는 더 단단하고, 더 따뜻한 사람으로 자라날 것입니다.

이제, 스스로에게 이렇게 물어보세요.

- ○ 오늘 하루, 내가 가장 소중하게 여길 수 있는 순간은 언제였나요?
- ○ 나는 나 자신에게 "수고했어."라는 말을 마지막으로 언제 건네보았나요?
- ○ 잠시 멈춰 나를 돌아보는 시간이 내일의 나에게 어떤 힘을 줄 수 있을까요?

마음 결 따라 쓰기

1. 마음 열기 질문

♡ 나는 오늘 하루를 돌아보며 어떤 기분이 들었나요?

□ 오늘도 열심히 살아낸 내가 대견했어요.

□ 힘들었지만 끝까지 해낸 게 있어 뿌듯했어요.

□ 그냥 아무 일도 없는 평범한 하루라서 편안했어요.

□ 내가 잘한 게 떠올라서 기분이 좋아졌어요.

□ 다른 느낌: ________________

2. 짧은 글쓰기 활동

① "오늘 내가 가장 기억에 남는 순간은 ____________________ 입니다."

② "그 순간 내 마음은 ____ 했어요."

③ "나는 스스로에게 ______________________________ 라고 말해 주고 싶어요."

④ "앞으로 나는 하루를 마무리할 때 ________________________ 하고 싶어요."

3. 그림 활동

〈오늘의 나 돌아보기 그림〉

♡ 오늘 하루 나에게 가장 소중했던 순간을 그림으로 표현해 보세요.

4. 함께하는 활동

〈짝과 함께 오늘 나누기〉

① 짝꿍에게 "오늘 나는 ____ 순간이 가장 기억에 남아."라고 말해 보세요.

② 이어서 "그 순간 나는 ____ 라는 기분이 들었어."라고 설명해 보세요.

③ 짝꿍은 "네가 그렇게 느낀 게 참 멋지다! 나도 오늘을 돌아보게 돼."라고 응답해 주세요.

④ 활동 후, 내 마음은 ____________________

5. 마무리 성찰

① 나를 돌아보는 시간은 나에게 ____________________ 과 같다.

② 오늘의 나를 인정하는 것은 내 마음을 ____________________ 해 준다.

③ 오늘 수업에서 내가 깨달은 것은 ____________________ 이다.

교사 TIP

- **아이들이 쓴 글과 그림을 모아 "우리 반 하루 성찰 나무"를 꾸며 보세요.**
- **하루를 돌아보는 것이 성적이나 결과보다 중요하다는 메시지를 강조해 주세요.**
- **아이들에게 "작은 것도 괜찮아. 네가 오늘 해낸 게 모두 소중한 거야."라는 격려를 해주면 좋습니다.**

16. 고마움을 전할 때 번지는 따스함

가을은 수확의 계절입니다.
논과 밭에서 곡식이 알알이 익어가듯, 우리의 마음도 하루하루 경험을 통해 조금씩 무르익습니다. 나무에서 빨갛게 익은 사과처럼, 사람의 마음에서도 조용히 자라나는 열매가 있습니다. 그것은 바로 '고마움'이라는 열매입니다.

바람이 차가워지는 계절이지만, 누군가 내게 건네는 따뜻한 한마디, "고마워."라는 말은 마치 가슴 속에 작은 등불을 켜는 것과 같습니다.
날씨는 점점 차가워지는데 마음은 오히려 더 따뜻해집니다.

상담실에서 만난 한 아이는 조용히 제게 이렇게 말했습니다.
"선생님, 친구가 시험 끝나고 저한테 '같이 해줘서 고마워.'라고 했는데, 그 말이 계속 생각나요. 별거 아닌데도 마음이 따뜻해졌어요."

저는 아이의 눈빛 속에서 아직도 남아 있는 그 순간의 따뜻함을 읽을 수 있었습니다.
그래서 미소 지으며 이렇게 말했습니다.
"맞아. '고마워.'라는 한마디는 작은 말처럼 들리지만, 사실 그 속에는 '네가 있어서 내가 힘이 났어'라는 메시지가 담겨 있단다. 그래서 네 마음이 그렇게 오래 따뜻했을 거야."

아이의 얼굴에는 다시금 미소가 번졌습니다. 작은 경험이었지만, 그 순간이 아이 마음속에는 오래도록 반짝이는 불빛처럼 남아 있었던 것입니다.

심리학에서는 이런 경험을 '긍정 정서의 확장'이라고 부릅니다. 누군가에게 감사의 마음을 표현하는 것은 단순한 예절이 아닙니다. 그것은 우리의 마음을 넓히고, 관계를 더욱 단단하게 이어주는 힘을 가집니다.

생각해 보세요. 누군가 나에게 "고마워."라고 말했을 때, 마음이 갑자기 환해졌던 경험이 있지 않나요? 그것은 그 말이 내 마음을 인정해 주고, 나의 존재가 의미 있음을 알려주는 신호이기 때문입니다.

작은 "고마워."라는 한마디는 하루 종일 지쳐 있던 마음을 회복시켜 주고, 기분 좋게 만들어 줍니다. 때로는 울고 싶었던 마음을 다독여 주는 약이 되기도 합니다. 마치 따뜻한 햇살이 얼어 있던 땅을 녹이는 것처럼, 감사의 말은 차갑게 굳은 마음을 풀어주는 힘을 가지고 있습니다.

철학자 가브리엘 마르셀(Gabriel Marcel)은 "고마움은 인간이 서로를 존재하게 하는 방식"이라고 말했습니다. 누군가 나에게 "고마워."라고 말하는 순간, 나는 단순히 한 사람이 아니라, 누군가에게 꼭 필요한 사람이 됩니다. 내가 한 작은 행동이 누군가의 삶을 밝히는 빛이 되었다는 것을 깨닫게 되는 것이지요.

즉, 감사는 단순한 말이 아니라 마음을 잇는 다리입니다. 그 다리가 있을 때 우리는 서로의 마음에 닿을 수 있고, 서로를 더 따뜻하게 지켜줄 수 있습니다.

교실 안에서 "고마워."라는 말이 오갈 때, 분위기는 조금 달라집니다.

지우개를 빌려줬을 때 들려오는 "고마워."
힘든 숙제를 함께 풀어줬을 때 건네는 "고마워."
슬퍼하던 친구를 다독이며 전하는 "고마워."

이런 작은 순간마다 아이들의 얼굴에는 햇살 같은 미소가 피어납니다.
아이들은 알게 됩니다.
고마움은 나눌수록 더 커지고, 서로의 마음을 연결하는 마법 같은 힘이 있다는 것을요.

심리학 연구에 따르면, 감사를 자주 표현하는 아이일수록 더 행복감을 많이 느끼고, 친구 관계도 더 원만하다고 합니다. 감사는 단순히 "예의 바른 태도"가 아니라, 마음의 건강을 키워 주는 비타민과 같습니다. 또한 감사는 자존감을 키우는 데에도 큰 도움이 됩니다. 내가 한 일이 누군가에게 도움이 되었다는 것을 알게 되면, 스스로를 더 소중하게 여기게 되기 때문입니다.

"고마워."라는 말은 아주 짧습니다. 하지만 이 짧은 말이 누군가의 하루를 바꾸기도 합니다.
지친 마음을 다시 웃게 하고, 외로웠던 마음을 덜어 주며, 관계를 다시 이어주고, 스스로를 자랑스럽게 만들기도 합니다.

고마움은 작지만, 그 힘은 결코 작지 않습니다.
아이들의 마음에 비춰보면, "고마워."는 마법의 열쇠와 같습니다. 친구와의 사이에 작은 문이 있을 때, 그 열쇠를 돌리면 문이 활짝 열리고 마음이 오가게 됩니다.

또 "고마워."는 햇살 같은 말입니다. 비 온 뒤 구름 사이로 햇살이 비추듯, 마음이 어두울 때 들려오는 감사의 한마디는 마음을 환하게 비춰줍니다.

교실에서, 가정에서, 일상 속 작은 자리에서 "고마워."라는 말이 오갈 때, 우리는 서로에게 햇살이 됩니다. 그 햇살은 아이들을 자라게 하고, 어른들을 단단하게 하며, 우리 모두를 더 따뜻한 인간으로 성장하게 합니다.

고마움은 씨앗과 같습니다.
작은 말 한마디로 시작되지만, 그것이 자라면 커다란 나무가 되고, 그 나무는 우리 모두에게 그늘과 열매를 내어줍니다. 오늘의 작은 "고마워."가 내일의 큰 행복을 키우는 것입니다.

이제, 스스로에게 이렇게 물어보세요.

- **오늘 나는 누구에게 "고마워."라는 말을 해 보았나요?**
- **친구가 나에게 고마움을 표현했을 때, 나는 어떤 기분이 들었나요?**
- **내가 감사의 말을 더 자주 표현한다면, 우리 반 친구들과의 관계는 어떻게 달라질까요?**

마음 결 따라 쓰기

1. 마음 열기 질문

♡ 내가 "고마워."라는 말을 했을 때 또는 들었을 때 어떤 기분이 들었나요?

□ 마음이 따뜻해졌어요.

□ 나도 더 잘하고 싶다는 생각이 들었어요.

□ 친구와 더 가까워진 것 같았어요.

□ 작은 말이었지만 하루 종일 기분이 좋았어요.

□ 다른 느낌: ______________

2. 짧은 글쓰기 활동

① "나는 ____________ 에서 친구(또는 가족)에게 '고마워.'라고 말했어요."

② "그 순간 내 마음은 ______________________________ 했어요."

③ "누군가 나에게 '고마워.'라고 해 줬을 때 나는 __________ 라고 느꼈어요."

④ "앞으로 나는 __________ 상황에서 더 자주 '고마워.'라고 말하고 싶어요."

3. 그림 활동

〈고마움의 순간 그림〉

♡ 내가 "고마워."라고 말했거나 들었던 순간을 그림으로 표현해 보세요.

4. 함께하는 활동

〈짝과 함께 고마움 나누기〉

① 짝꿍에게 "나는 ______ 덕분에 고마웠어."라고 말해 보세요.

② 이어서 짝꿍은 "네가 그렇게 느꼈구나. 나도 기분이 좋아."라고 대답해 주세요.

③ 활동 후, 내 마음은 ______________________________

5. 마무리 성찰

① 고마움은 나에게 ____________________________ 과 같다.

② "고마워."라는 말은 내 마음을 ____________________________ 해 준다.

③ 오늘 수업에서 내가 깨달은 것은 ____________________________ 이다.

교사 TIP

- 아이들이 쓴 글과 그림을 모아 "우리 반 고마움 나무"를 꾸며 보세요.
- 서로에게 실제로 "고마워."라고 말하며 따뜻한 분위기를 만들어 주세요.
- "고마워."라는 말이 크든 작든, 서로의 하루를 밝혀 줄 수 있다는 메시지를 꼭 전달해 주면 좋습니다.

17. 함께 이뤄 더 커지는 기쁨

가을 햇살이 따사롭게 내리쬐는 운동장.
운동회 날, 마지막 이어달리기의 바통이 한 아이의 손에 쥐어졌습니다. 아이의 얼굴에는 이미 땀방울이 가득했고, 다리는 무거워져 한 걸음 한 걸음이 힘들었습니다. 하지만 그 순간 운동장을 가득 메운 친구들의 응원 소리가 들려왔습니다.

"할 수 있어! 끝까지 달려!"
그 소리는 아이의 가슴 깊은 곳까지 파고들어 다시 힘을 불어넣어 주었습니다.
아이는 마지막 남은 힘을 끌어모아 달렸고, 마침내 결승선을 통과했습니다.

놀라운 것은 그 순간의 표정이었습니다.
단순히 1등을 해서 웃은 것이 아니었습니다.
순위와 상관없이, 아이들은 서로의 어깨를 붙잡고 웃음을 터뜨렸습니다.
그 웃음 속에는 '우리가 함께 해냈다'는 벅찬 기쁨과 서로를 향한 따뜻한 믿음이 담겨 있었습니다.

상담실에서 만난 한 아이가 조용히 이런 이야기를 해 준 적이 있습니다.
"선생님, 우리 반은 원래 자주 다투고 사이도 별로 좋지 않았어요. 그런데 합창 대회를 준비하면서 목소리를 맞추다 보니 서로 웃고 격려하는 시간이 많아졌어요. 그때 우리 반이 진짜 하나가 된 것 같았어요."

저는 그 이야기를 듣고 고개를 끄덕였습니다.
"그래, 혼자 잘하는 것도 멋진 일이지만, 친구들과 함께 만들어 낸 성취는 그 어떤 결과보다도 마음에 오래 남는단다. 너희 반이 함께 노래를 완성하고, 그 과정에서 서로를 응원했다는 그 순간이 바로 진짜 성장의 순간이야."

아이의 눈빛은 다시 그날을 떠올리는 듯 반짝였고, 입가에는 뿌듯한 미소가 번졌습니다.

그 순간 저는 깨달았습니다.
아이들이 원하는 것은 단순한 '승리'가 아니라, '우리 함께 해냈다.'는 경험에서 오는 뿌듯함이라는 사실을요.

심리학에서는 이런 경험을 '공동 효능감(Collective Efficacy)'이라고 부릅니다.
공동 효능감이란, "나 혼자라면 할 수 없을 것 같던 일도, 우리라면 할 수 있다."는 믿음입니다. 아이들이 이 믿음을 경험할 때, 그 안에서 강력한 소속감과 서로를 향한 신뢰가 자라납니다.

한 아이가 혼자라면 두려워서 쉽게 포기할 수 있는 과제도, 친구들과 함께할 때는 끝까지 해낼 용기가 생깁니다. 그리고 그 경험은 단순히 그날로 끝나지 않습니다. 아이들의 마음속에 "나는 혼자가 아니야. 우리는 함께할 수 있어."라는 든든한 뿌리를 남겨 줍니다.
이 뿌리는 훗날 더 큰 도전을 할 때 아이를 지탱해 주는 힘이 됩니다.

철학자 마르틴 부버(Martin Buber)는 인간의 만남을 '나-너의 관계(I-Thou relationship)'라고 설명했습니다. 이는 단순히 옆에 있는 '나'와 '너'가 아니라, 서로를 진심으로 바라보고 경험하며 연결되는 순간을 말합니다. 친구와 함께 달리고, 함께 노래하고, 함께 과제를 완성할 때 아이들은 단순히 옆에 있는 사람이 아니라 "내 곁에 있어 주는 소중한 존재"로 서로를 느끼게 됩니다.

아이들이 서로 손을 잡고 웃는 순간, 그 속에는 단순한 결과 이상의 것이 담겨 있습니다.
그것은 바로 '함께 삶을 지어가는 경험'입니다. 이런 순간이 쌓일수록 아이들은 세상을 살아가는 데 필요한 가장 중요한 힘, 신뢰와 협력을 자연스럽게 배우게 됩니다.

아이들이 서로의 어깨를 끌어안고 환하게 웃던 그 순간처럼, 우리의 삶에도 '함께 이뤄 더 커지는 기쁨'이 있습니다. 시험공부를 친구와 함께 하면서 끝까지 해낸 기억, 학예회를 위해 연습하며 목소리를 맞추던 순간, 운동장에서 서로를 응원하며 함께 달렸던 경험 그 속에서 아이들은 배웁니다.

혼자가 아니라서 더 멀리 갈 수 있다는 것,

서로의 힘을 모으면 불가능이 가능으로 바뀐다는 것,
결과보다 과정이 더 소중할 수 있다는 것

이것이 바로 함께 이뤄 더 커지는 기쁨이 주는 선물입니다.

아이들이 성장하면서 맞닥뜨리는 수많은 순간 중, 가장 마음속에 오래 남는 것은 혼자 한 성취보다도 함께 만들어낸 기억입니다. 그 기억은 따뜻한 울림으로 남아 아이들의 삶을 지탱하고, 새로운 도전 앞에서 힘이 되어 줍니다.

"우리 반이 함께 해냈다."
이 말 속에는 단순한 승리의 기쁨이 아니라, 삶을 함께 살아가는 법을 배운 귀한 성장이 담겨 있습니다.

이제, 스스로에게 이렇게 물어보세요.

- **나는 최근 친구들과 함께 목표를 이루며 기뻐했던 순간이 언제였나요?**
- **혼자가 아니라 친구들과 함께했기에 해낼 수 있었던 일은 무엇인가요?**
- **지금 내 옆의 친구에게 고마움을 전한다면, 나는 어떤 말을 먼저 하고 싶나요?**

마음 결 따라 쓰기

1. 마음 열기 질문

♡ 나는 친구들과 함께 어떤 것을 이루었을 때 어떤 기분이 들었나요?

□ 서로를 응원해서 힘이 났어요.

□ 같이 해내서 더 뿌듯했어요.

□ 혼자보다 함께라서 더 즐거웠어요.

□ 성적이나 결과보다 웃음이 더 커서 행복했어요.

□ 다른 느낌: ________________

2. 짧은 글쓰기 활동

① "나는 친구들과 ________________ 를 함께 해냈을 때 가장 기뻤어요."

② "그 순간 내 마음은 ________________________________ 했어요."

③ "그 경험을 통해 ____________________________ 를 알게 되었어요."

④ "앞으로 친구들과 함께 도전해 보고 싶은 것은 ________________ 입니다."

3. 그림 활동

〈함께 이룬 순간 그림〉

♡ 내가 친구들과 함께 성취를 경험했던 순간을 그림으로 표현해 보세요.

4. 함께하는 활동

〈짝과 함께 성취 나누기〉

① 짝꿍에게 "나는 친구들과 ____ 를 함께 했을 때 가장 기뻤어."라고 말해 보세요.

② 이어서 "그때 나는 ____라는 기분이 들었어."라고 이야기해 보세요.

③ 짝꿍은 "와, 네가 친구들과 함께 해낸 게 정말 멋지다! 나도 힘이 나."라고 응답해 주세요.

④ 활동 후, 내 마음은 ____________________

5. 마무리 성찰

① 함께 이룬 성취는 나에게 ____________________ 과 같다.

② 친구들과 힘을 합친 경험은 내 마음을 ____________________ 해 준다.

③ 오늘 수업에서 내가 깨달은 것은 ____________________ 이다.

교사 TIP

- 아이들이 쓴 글과 그림을 모아 "우리 반 팀워크 보드"를 꾸며 보세요.
- 승패보다 "서로 격려하며 웃었던 순간"을 나누도록 유도하면 교실 분위기가 더욱 따뜻해 집니다.
- 협력이 어려웠던 경험도 나눌 수 있도록 격려하며, "혼자보다 함께할 때 더 멋진 성취가 된다."는 메시지를 강조해 주세요.

18. 내 마음을 솔직히 마주하기

가을 하늘은 유난히 맑고 투명합니다.
파란 하늘을 한참 바라보고 있으면, 마치 내 마음까지 비추어 주는 큰 거울처럼 느껴질 때가 있습니다. 아이들도 그 맑은 하늘 아래에서 잠시 멈추어 서서, 자신이 어떤 기분을 품고 있는지 조용히 돌아보곤 합니다.

상담실에 온 한 아이가 제게 속삭였습니다.
"선생님, 사실은 화가 났는데 그냥 괜찮은 척했어요. 그런데 속으로는 더 답답했어요."

저는 아이의 눈을 바라보며 부드럽게 말했습니다.
"괜찮은 척한다고 해서 화가 사라지는 건 아니야. 오히려 네 마음은 더 꽉 막히지. 네가 느낀 화를 솔직하게 알아차리고 말할 때, 그 마음은 조금씩 가벼워질 수 있어."

아이는 잠시 눈을 크게 뜨더니, 금세 눈가에 눈물이 맺혔습니다. 하지만 이내 긴 숨을 내쉬며 안도한 듯 표정이 편안해졌습니다. 자신의 마음을 감추지 않고 말로 꺼내 놓는 것만으로도, 답답했던 마음이 풀리기 시작한 것입니다.

심리학에서는 이런 과정을 정서 인식(Emotional Awareness)이라고 부릅니다.

정서 인식이란, 내 안에서 올라오는 감정을 무시하거나 억누르지 않고, 있는 그대로 알아차리는 것을 말합니다.

"나는 지금 속상해."
"나는 지금 기뻐."
"나는 조금 두려워."

이렇게 자기 감정을 말로 표현하는 순간, 감정은 더 이상 마음속에서 무겁게 쌓여 있는 짐이 아닙니다. 오히려 스스로를 이해하는 열쇠가 됩니다. 아이들이 화가 나면서도 "괜찮아."라고만 말할 때, 그 화는 사라지지 않고 마음속에 남아 점점 커집니다.

하지만 "나는 지금 화가 났어."라고 말하는 순간, 이미 그 감정을 다스릴 수 있는 첫걸음을 내디딘 셈입니다. 즉, 마음을 솔직하게 바라보는 것은 나 자신과의 대화를 시작하는 것이며, 동시에 친구나 가족과도 진실하게 만나는 방법이 됩니다.

철학자 장 폴 사르트르(Jean-Paul Sartre)는 "인간은 자유를 선고받은 존재"라고 말했습니다.
이 말은 우리가 무슨 일이든 마음대로 할 수 있다는 뜻이 아니라, 자신의 선택과 감정을 책임 있게 받아들여야 한다는 뜻입니다.

내 안에 화, 서운함, 기쁨, 두려움이 모두 있다는 사실을 인정하는 것은 때로는 용기가 필요한 일입니다. 하지만 그 순간, 나는 더 이상 도망가지 않고 내 삶을 온전히 살아가는 사람이 됩니다.

즉, 내 마음을 솔직하게 바라보는 것은 단순히 감정을 드러내는 것이 아니라, 나라는 사람을 책임지고 살아가겠다는 자기 선언인 것입니다.

가을 하늘처럼 투명한 진실은 언제나 우리 안에도 있습니다. 하지만 바쁘게 지내다 보면 우리는 종종 그 마음을 외면하고, 감정을 억누른 채 지내기도 합니다.

아이들이 "괜찮아."라고 말하며 속마음을 숨길 때, 어른들이 해야 할 일은 그 말을 곧이곧대로 믿는 것이 아니라, 그 뒤에 숨어 있는 진짜 마음을 알아주는 것입니다.
"네가 화가 났구나.", "속상했겠구나."라는 따뜻한 말 한마디가 아이들에게는 큰 위로가 되고, 감정을 솔직하게 말할 수 있는 용기를 줍니다.

아이들이 자기 마음을 솔직하게 바라볼 수 있도록 도와주는 것은 곧 자기 이해와 자존감을 키워 주는 일입니다. 마음을 정직하게 바라보는 아이는 앞으로 더 건강하게, 더 단단하게 자라날 수 있습니다.

마음을 솔직하게 바라본다는 것은 곧 자기 자신을 존중하는 일입니다. 내가 느낀 감정이 옳다, 그르다를 따지기 전에, "아, 내가 지금 이런 기분을 느끼고 있구나." 하고 인정하는 것이 중요합니다.

아이들에게도 이렇게 알려주어야 합니다.

울고 싶을 때 울어도 괜찮아.

화가 날 때 화났다고 말해도 괜찮아.

기쁠 때 마음껏 웃어도 괜찮아.

이런 경험이 쌓일수록 아이들은 자기 마음을 더 잘 다루게 되고, 다른 사람의 마음에도 귀 기울일 수 있게 됩니다.

이제, 스스로에게 이렇게 물어보세요.

- 나는 오늘 하루 중, 내 마음을 솔직하게 표현한 순간이 있었나요?
- 나는 어떤 감정을 숨기고, 어떤 감정을 친구나 가족에게 말할 수 있었나요?
- 앞으로 내가 마음을 솔직하게 말하고 싶은 순간은 언제인가요?

마음 결 따라 쓰기

1. 마음 열기 질문

♡ 나는 내 마음을 솔직하게 표현했을 때 어떤 기분이 들었나요?

□ 답답했던 마음이 시원해졌어요.

□ 친구와 더 가까워진 것 같았어요.

□ 용기를 냈다는 생각이 들어 뿌듯했어요.

□ 감정을 말하고 나니 마음이 가벼워졌어요.

□ 다른 느낌: ________________

2. 짧은 글쓰기 활동

① "나는 ____________________ 상황에서 화(또는 슬픔, 기쁨 등)를 느꼈어요."

② "그때 나는 ______________________________ 라고 솔직하게 말했어요."

③ "그 경험을 통해 ______________________________ 를 알게 되었어요."

④ "앞으로는 내가 느낀 감정을 __________________ 라고 표현하고 싶어요."

3. 그림 활동

〈내 마음을 표현하는 그림〉

♡ 내가 솔직하게 내 마음을 표현했던 순간, 또는 표현하고 싶었던 마음을 그림으로 나타내 보세요.

4. 함께하는 활동

〈짝과 함께 마음 나누기〉

① 짝꿍에게 "나는 ___ 상황에서 이런 기분을 느꼈어."라고 말해 보세요.

② 이어서 "그때 나는 ___ 라고 솔직하게 표현했어."라고 말해 보세요.

③ 짝꿍은 "네가 솔직하게 말해 줘서 고마워. 네 마음이 잘 전해졌어."라고 응답해 주세요.

④ 활동 후, 내 마음은 ______________________

5. 마무리 성찰

① 내 마음을 솔직하게 바라보는 것은 ____________________ 과 같다.

② 감정을 표현하면 내 마음은 ______________________ 해 준다.

③ 오늘 수업에서 내가 깨달은 것은 _________________________ 이다.

교사 TIP

- 아이들이 쓴 글과 그림을 모아 "우리 반 마음 지도"를 만들어 보세요.
- "화났어.", "속상했어." 같은 표현도 부정적인 게 아니라, 솔직하게 마음을 드러낸 용기로 칭찬해 주세요.
- 감정을 말하기 어려워하는 친구에게는 그림이나 색깔(빨강=화남, 파랑=슬픔, 노랑=기쁨 등)으로 표현할 수 있게 도와주세요.

19. 서로를 이해하며 피어나는 화해

가을 햇살이 교실 창가에 부드럽게 스며들던 어느 날, 두 아이가 상담실 문을 열었습니다.
둘은 오랫동안 함께 놀던 친구였지만, 작은 오해가 쌓여 며칠째 서로 말 한마디도 하지 않고 있었다고 했습니다. 서로의 얼굴에는 굳은 표정이 가득했고, 마음속에는 분노와 서운함이 엉켜 있었습니다.

"선생님, 제가 먼저 그런 게 아니에요."
"아니에요. 그 친구가 절 오해한 거예요."

각자의 억울한 목소리는 점점 더 커졌습니다. 그 말 속에는 상대에게 상처를 준 일이 아니라, 내가 억울하다는 마음이 더 크게 자리 잡고 있었지요.
저는 아이들의 마음속 불안을 읽으며 잠시 말을 멈추었습니다. 그리고 조용히 물었습니다.

"만약 네가 친구의 입장이었다면, 어떤 기분이 들었을까?"

순간 방 안의 공기가 조금 달라졌습니다. 아이들은 처음에는 아무 말도 하지 못했지만, 잠시 뒤 한 아이가 조심스럽게 고개를 숙이며 말했습니다.
"...나라도 서운했을 것 같아요."

그 말에 다른 아이의 눈빛에도 놀라움이 스쳤습니다. 그리고 마침내 서툴지만 진심 어린 목소리가 흘러나왔습니다.
"미안해."

짧은 두 음절의 말이었지만, 그 안에는 긴장으로 굳어 있던 두 마음이 풀리는 따뜻한 울림이 있었습니다. 두 아이의 얼굴은 서서히 부드러워졌고, 눈가에는 안도와 기쁨이 번졌습니다.

심리학에서는 이런 과정을 공감적 이해(Empathic Understanding)라고 부릅니다.
내 감정만 바라보던 시선에서 한 걸음 물러서, 상대의 마음을 있는 그대로 상상해 보는 것이지요.

화해는 단순히 "다시는 싸우지 말자."라는 약속이 아닙니다.
서로 다른 마음을 존중하면서도 다시 함께 걸어가 보려는 용기입니다.

아이들이 나눈 "미안해."라는 말은 단순한 사과가 아니었습니다.
그 말속에는 "너의 마음을 이제 알았어.", "네가 나에게 소중해."라는 고백이 담겨 있었습니다. 그래서 화해는 단순히 다툼의 끝이 아니라, 새로운 시작이 될 수 있는 것입니다.

철학자 에마뉘엘 레비나스(Emmanuel Levinas)는 '타인의 얼굴 앞에서 윤리가 시작된다'라고 말했습니다.
우리가 누군가의 얼굴을 마주 보는 순간, 그 얼굴은 우리에게 조용히 말합니다.
“나를 존중해 줘. 나를 이해해 줘.”

아이들이 서로의 얼굴을 바라보며 “미안해.”라고 말했던 순간은, 바로 이 철학이 살아 숨 쉬는 시간이었습니다. 친구의 얼굴은 단순한 표정이 아니라, 나를 향한 작은 부탁과 호소였던 것이지요. 그리고 그것을 알아차렸을 때, 두 아이는 단순한 화해를 넘어 서로를 하나의 온전한 사람으로 인정하는 길에 들어서게 된 것입니다.

저는 이런 순간을 오래 기억합니다.
아이들은 갈등 속에서 단순히 싸우고 그치는 것이 아니라, 그 속에서 상대의 마음을 이해하는 방법을 배우게 됩니다. 처음에는 서툴지만, “미안해.”라고 말할 때마다 아이들은 조금씩 더 성숙해집니다.

화해는 때때로 어렵습니다.
자존심 때문에 먼저 손 내밀기 힘들 때도 있고, 억울함이 더 크게 느껴질 때도 있습니다.
하지만 한 걸음 물러서서 상대의 입장에서 생각해 볼 때, 마음속 딱딱한 벽은 조금씩 허물어집니다.

그 순간 비로소 진짜 용기 있는 사람이 되는 법을 배우게 되는 것입니다.

화해는 단순히 다툼을 끝내는 기술이 아닙니다.

그것은 타인의 마음을 바라볼 줄 아는 눈을 기르는 과정이며, 내 마음을 솔직히 내어줄 수 있는 힘을 키우는 연습입니다. 아이들은 그렇게 친구를 통해, 그리고 화해를 통해, 세상을 살아가는 지혜를 조금씩 배워 갑니다.

가을 햇살처럼 따스한 화해의 순간은 오래 마음에 남습니다.
아이들이 다시 웃으며 함께 손을 잡는 모습은, 단순히 오해를 푼 것이 아니라 더 단단한 우정의 뿌리를 내린 모습입니다.

우정은 다툼이 없어서 지켜지는 것이 아닙니다.
오히려 다툼과 오해가 있었기에, 그것을 넘어선 화해가 더 깊은 신뢰로 이어지는 것입니다. 그래서 화해는 끝이 아니라, 서로를 더 잘 이해하는 새로운 시작이 되는 것입니다.

이제, 스스로에게 이렇게 물어보세요.

- **나는 최근 친구와 다툰 적이 있었나요? 그때 내 마음은 어땠나요?**
- **그 갈등 속에서, 나는 친구의 입장을 생각해 본 적이 있나요?**
- **친구에게 "미안해."라고 먼저 말한다면, 어떤 기분이 들 것 같나요?**

마음 결 따라 쓰기

1. 마음 열기 질문

♡ 나는 친구와 갈등이 생겼다가 화해했을 때 어떤 기분이 들었나요?

□ 화가 풀리고 마음이 편안해졌어요. □ 친구와 다시 가까워진 것 같았어요.

□ 용기 내어 말한 내가 뿌듯했어요. □ 서로 웃으니 기분이 좋아졌어요.

□ 다른 느낌: ________________

2. 짧은 글쓰기 활동

① "나는 ______________________ 때문에 친구와 갈등이 있었어요."

② "그때 내 마음은 ______________________________ 했어요."

③ "하지만 내가 친구의 입장에서 생각해 보니 _______________ 라는 걸 알게 되었어요."

④ "그래서 나는 ______________________ 라고 말하며 화해했어요."

3. 그림 활동

〈갈등과 화해 그림〉

♡ 내가 친구와 다투었던 순간, 또는 서로 화해했던 순간을 그림으로 표현해 보세요.

4. 함께하는 활동

〈짝과 함께 화해 이야기 나누기〉

① 짝꿍에게 "나는 ____ 때문에 친구와 갈등했어."라고 말해 보세요.

② 이어서 "그런데 ____ 하면서 우리는 화해할 수 있었어."라고 이야기해 보세요.

③ 짝꿍은 "네가 화해하려고 노력한 게 참 멋지다! 네 마음이 잘 전해졌어."라고 응답해 주세요.

④ 활동 후, 내 마음은 ________________

5. 마무리 성찰

① 갈등은 나에게 ________________ 과 같다.

② 화해는 내 마음을 ________________ 해 준다.

③ 오늘 수업에서 내가 배운 것은 ________________ 이다.

교사 TIP

- 아이들이 쓴 글과 그림을 모아 "우리 반 화해 다리"를 만들어 보세요.
- 화해는 갈등을 피하는 것이 아니라, 서로의 마음을 존중하며 만나는 용기임을 강조해 주세요.
- 다툼이 힘들었던 경험도 안전하게 나눌 수 있도록 교사가 분위기를 따뜻하게 이끌어 주세요.

20. 꾸준함이 건네는 선물

가을바람이 불어오는 운동장 가장자리에는 코스모스 꽃이 흔들리며 서 있습니다.
매일매일 조금씩 자라나던 꽃은 어느새 제법 키가 커지고, 바람에도 쉽게 쓰러지지 않을 만큼 튼튼해졌습니다. 아이들은 종종 꽃이 피어난 모습을 보며 신기해합니다.
"어제보다 더 커진 것 같아!"

그러나 사실 그 성장은 하루아침에 이루어진 것이 아닙니다.
햇살을 받고, 비를 맞고, 바람을 견디며 매일 조금씩 시간을 쌓아 올린 결과이지요.

아이들의 삶도 이와 비슷합니다.
처음에는 별다른 변화가 없어 보여도, 작은 노력이 모이고 쌓이면 어느 순간 '와, 내가 이렇게 자랐구나!' 하고 깨닫게 되는 순간이 찾아옵니다. 그것이 바로 꾸준함이 건네는 선물입니다.

상담실에 찾아온 한 아이가 고개를 숙인 채 조용히 털어놓았습니다.
"선생님, 저는 아무리 공부를 해도 성적이 잘 오르지 않아요. 그래서 자꾸 포기하고 싶어요."

그 아이의 말 속에는 지친 마음과 스스로에 대한 실망이 담겨 있었습니다.

저는 아이의 눈을 바라보며 부드럽게 이야기했습니다.
“지금은 큰 변화가 보이지 않을 수 있어. 하지만 네가 매일 조금씩 쌓아가는 그 시간이, 언젠가 너를 놀라게 할 거야. 오늘의 작은 발걸음이 모여 결국 너를 원하는 곳까지 데려다줄 거란다.”

아이의 눈빛은 잠시 흔들리더니, 이내 조심스럽게 미소가 번졌습니다.
“정말 그럴까요?”

저는 단호하지만 따뜻하게 대답했습니다.
“그래. 네 걸음은 결코 헛되지 않아.”

그 순간 아이의 마음속에 따스한 빛이 스며든 듯 보였습니다.

심리학에서는 꾸준히 학습과 노력을 이어가는 태도를 성장 마인드셋(Growth Mindset)이라고 부릅니다. 성적이나 결과만 바라보는 것이 아니라, “나는 배우고 있는 중이야.”라는 과정을 소중히 여길 때, 아이들은 실패 속에서도 배우고 다시 시도할 힘을 얻게 됩니다.

“나는 못해.”라는 말 대신 “아직은 못하지만, 계속하면 할 수 있어.”
이렇게 말할 때, 마음은 다시 앞으로 나아갈 용기를 얻습니다.

실패는 끝이 아니라 배움의 또 다른 얼굴입니다.
꾸준히 걷다 보면, 어느 날 문득 자신이 얼마나 멀리 와 있는지 알게 되는 순간이 반드시 찾아옵니다.

철학자 프리드리히 니체(Friedrich Nietzsche)는 이렇게 말했습니다.
“한 번의 비약이 아니라, 끊임없는 반복이 인간을 단련한다.”

아이들의 하루하루는 바로 이 끊임없는 반복으로 이루어져 있습니다. 매일 아침 교실에 들어와 책을 펴는 것, 숙제를 빠짐없이 해오는 것, 줄넘기를 조금씩 더 오래 하는 것, 글자를 한 자 한 자 써 내려가는 것…. 이 작은 행동들이 쌓여 어느새 아이를 단단하게 키워냅니다.

꾸준함은 단순히 참는 것이 아닙니다.
매일의 반복 속에서 조금씩 달라지는 나를 발견하는 즐거움이자, 스스로를 새롭게 빚어내는 창조의 과정입니다.

교실 한쪽에서 책을 읽던 아이가 있었습니다.
처음에는 한 장을 채 읽기도 힘들었지만, 매일 10분씩 꾸준히 책을 읽자 어느새 한 권을 다 읽어냈습니다. 그 아이는 기쁨에 찬 목소리로 말했습니다.
“선생님, 저 드디어 이 책을 다 읽었어요!”

또 다른 아이는 줄넘기를 계속 연습했습니다.
처음에는 열 번도 넘기 힘들었지만, 날마다 조금씩 기록을 늘리더니 마침내 백 번을 넘겼습니다. 그 아이의 얼굴은 땀으로 젖었지만, 눈빛은 성취감으로 반짝였습니다.

이처럼 작은 꾸준함이 큰 기쁨으로 돌아오는 순간은 아이들에게 자기 자신을 믿을 수 있는 힘을 심어 줍니다.

꾸준함이 건네는 선물은 단순히 성적표에 적힌 숫자가 아닙니다. 그것은 “나는 포기하지 않고 끝까지 해낼 수 있다.”는 내적 자신감입니다.

이 자신감은 아이들이 맞이할 도전 속에서도 늘 곁에서 빛나는 길잡이 별이 되어, 지친 순간마다 다시 일어설 힘과 앞으로 나아갈 빛을 건네 줍니다.

이제, 스스로에게 이렇게 물어보세요.

- 나는 최근 어떤 일에서 '조금씩 쌓이고 있는 과정'을 경험했나요?
- 내가 포기하지 않고 꾸준히 했을 때, 내 마음은 어떻게 달라졌나요?
- 오늘 내가 작은 꾸준함을 이어 간다면, 내일의 나는 어떤 모습으로 자라 있을까요?

마음 결 따라 쓰기

1. 마음 열기 질문

♡ 나는 어떤 일을 꾸준히 했을 때 어떤 기분이 들었나요?

□ 처음에는 힘들었지만 점점 익숙해졌어요.

□ 작은 변화가 보여서 뿌듯했어요.

□ 오래 하다 보니 자신감이 생겼어요.

□ 꾸준히 하니까 성과가 나타나서 기뻤어요.

□ 다른 느낌: ________________

2. 짧은 글쓰기 활동

① "나는 ____________________ 를 꾸준히 해 본 적이 있어요."

② "처음에는 ____________________________________ 했어요."

③ "하지만 포기하지 않고 이어가니 __________________ 라는 걸 느꼈어요."

④ "그 경험을 통해 나는 _______________________________ 를 배웠어요."

3. 그림 활동

〈꾸준함의 열매 그림〉

♡ 내가 꾸준히 노력했던 일, 혹은 꾸준히 하고 싶은 일을 그림으로 표현해 보세요.

4. 함께하는 활동

〈짝과 함께 꾸준함 이야기 나누기〉

① 짝꿍에게 "나는 _____ 를 꾸준히 했어."라고 말해 보세요.

② 이어서 "그래서 _____ 라는 변화를 느꼈어."라고 이야기해 보세요.

③ 짝꿍은 "네가 포기하지 않고 해낸 게 참 멋지다! 나도 해보고 싶어."라고 응답해 주세요.

④ 활동 후, 내 마음은 ____________________

5. 마무리 성찰

① 꾸준함은 나에게 ____________________ 과 같다.

② 작은 걸음이 쌓이면 내 마음은 ____________________ 해 준다.

③ 오늘 수업에서 내가 깨달은 것은 ____________________ 이다.

교사 TIP

- **아이들이 쓴 글과 그림을 모아 "우리 반 꾸준함 나무"를 꾸며 보세요.**
- **나무 뿌리에는 '꾸준히 한 노력'을, 가지와 열매에는 '얻은 성과와 마음의 변화'를 적게 하면 꾸준함이 건네는 선물을 시각적으로 표현할 수 있습니다.**
- **"작은 걸음도 멋진 걸음이야."라는 격려 문장을 함께 나누면 아이들이 용기를 얻습니다.**

21. 비교 대신 내려놓는 편안함

가을 운동장에는 아이들의 달리기 시합이 이어지고 있었습니다. 바람이 선선하게 불고, 하늘은 유난히도 높아 보였습니다. 출발선에 선 아이들은 두근거리는 마음으로 신호를 기다렸습니다. "출발!"이라는 소리와 함께 아이들이 힘껏 발을 내딛습니다.

어떤 아이는 맨 앞에서 가볍게 바람을 가르며 달렸고, 또 다른 아이는 뒤에서 숨이 차오를 만큼 애쓰며 따라갔습니다. 결승선을 통과한 뒤, 맨 뒤에서 들어온 한 아이가 고개를 숙인 채 제게 다가와 속삭였습니다.
"선생님, 저는 왜 저 친구처럼 빨리 달리지 못할까요?"

그 아이의 눈빛에는 속상함과 아쉬움이 뒤섞여 있었습니다.
저는 잠시 운동장을 바라보다가 부드럽게 대답했습니다.
"네가 결승선에 도착했을 때, 너를 기다려 준 바람과 햇살도 네 편이었단다. 네가 낸 발걸음은 다른 누구와 비교할 수 없는, 너만의 길이야."

아이는 잠시 제 말을 곱씹는 듯 하더니, 이내 조용히 고개를 끄덕였습니다.
여전히 마음속에 아쉬움은 남아 있었지만, 그의 얼굴에 작은 미소가 번져 나왔습니다.

심리학에서는 이런 마음을 사회적 비교(Social Comparison)라고 부릅니다.
사람은 살아가면서 자주 다른 사람과 자신을 나란히 놓고 비교합니다. 시험 점수, 달리기 기록, 그림 실력, 친구 관계… 우리는 늘 눈에 보이는 기준으로 서로를 견주며, "나는 잘하고 있는 걸까?" 하고 확인하려 합니다.

하지만 이런 비교는 마치 보이지 않는 저울을 마음속에 들고 다니는 것과 같습니다.
그 저울은 언제나 기울어져 있고, 늘 나를 더 무겁게 만들곤 하지요.
잠시 "더 잘해야지."라는 동기를 주기도 하지만, 시간이 흐를수록 나를 인정하는 힘을 약하게 하고, 오히려 성장을 방해하기도 합니다. 비교에만 갇혀 있다 보면 남의 걸음은 뚜렷하게 보이지만, 정작 내가 걸어온 길의 빛과 무늬는 놓쳐버리게 됩니다.

상담실에 찾아온 한 아이도 비슷한 이야기를 들려준 적이 있습니다.
"선생님, 저는 시험 점수가 자꾸 친구보다 낮아서 너무 속상해요. 제가 잘하는 게 하나도 없는 것 같아요."

저는 잠시 미소 지으며 아이의 눈을 바라보았습니다.
"너는 이미 너만의 속도로 잘하고 있단다. 시험 점수가 모든 걸 말해주는 건 아니야. 네가 하루하루 해낸 노력, 네가 친구에게 보여준 친절, 네가 꾹 참고 끝까지 읽어낸 책 한 권… 그것도 모두 소중한 성취야."

아이의 눈동자가 잠시 흔들리더니, 이내 한결 부드러워졌습니다.
"정말 저도 잘하고 있는 걸까요?"

"물론이지. 너는 너답게 충분해."
그 말에 아이는 작은 안도의 숨을 내쉬었습니다.

철학자 에픽테토스(Epictetus)는 이렇게 말했습니다.
"타인의 기준에 자신을 묶어 두는 순간, 자유는 사라진다." 다른 사람의 기준과 속도에 나를 얽어두면, 나는 언제나 뒤처진 사람처럼 느껴질 수 있습니다. 그러나 비교에서 벗어나 나만의 속도를 존중하는 순간, 우리는 비로소 자유를 느낄 수 있습니다. 그것은 무력함이나 포기가 아니라, 오히려 자기 자신을 믿는 해방입니다.

아이들이 "나는 나답게 충분하다."는 사실을 받아들일 때, 마음은 더 이상 무겁지 않고 자유로워집니다. 누군가보다 빨리, 누군가보다 잘해야 한다는 짐을 내려놓을 때, 아이들은 자기만의 보폭으로 편안히 숨 쉬며 걸어갈 수 있습니다.

사실 중요한 것은 속도가 아닙니다.
빠른 사람은 빠른 대로, 느린 사람은 느린 대로, 각자 자기 길을 걸어가고 있는 것입니다.
달리기에서 1등이 아니어도, 그림을 가장 잘 그리지 않아도, 음악을 제일 잘하지 못해도 괜찮습니다. 중요한 건 내가 오늘 한 걸음을 더 내디뎠다는 사실, 그리고 그 걸음이 내일의 나를 조금 더 단단하게 만들고 있다는 것입니다.

마치 가을 운동장의 코스모스가 하루아침에 키가 크는 것이 아니라, 햇살과 바람을 견뎌내며 하루하루 자라나는 것처럼 말입니다. 꾸준히 나만의 길을 걷는 것, 그것이 바로 비교 대신 내려놓는 편안함이 주는 자유이자 선물입니다.

교실에서도 비교는 자주 일어납니다.

“저 친구는 발표를 잘하는데, 나는 왜 이렇게 떨리지?”
“저 친구는 글씨가 예쁜데, 나는 왜 삐뚤빼뚤할까?”

하지만 교실은 경쟁의 무대가 아니라, 서로의 다름을 배우는 공간입니다. 누군가는 발표를 잘하고, 또 누군가는 그림을 잘 그리고, 또 다른 누군가는 친구를 잘 위로합니다. 비교의 눈으로 보면 나의 부족만 보이지만, 내려놓음의 눈으로 보면 친구의 장점도, 나의 특별함도 보이게 됩니다.

내려놓음은 무력함이 아니라 해방입니다.
비교의 저울을 내려놓고 나만의 길을 걸어갈 때, 아이들은 더 가벼워지고 더 자유로워집니다.
누군가보다 앞서지 않아도, 나는 이미 소중한 존재입니다. 속도가 중요한 것이 아니라, 내가 걸어가는 이 길이 바로 나만의 길이라는 사실을 깨닫는 것, 그것이 진정한 성장입니다.

이제, 스스로에게 이렇게 물어보세요.

- 나는 최근 어떤 순간에 나 자신을 다른 사람과 비교했나요?
- 비교 대신, 내 마음을 가볍게 내려놓았을 때 어떤 기분이 들었나요?
- 오늘부터 나는 나만의 속도를 어떻게 지켜가고 싶나요?

마음 결 따라 쓰기

1. 마음 열기 질문

♡ 나는 다른 사람과 나를 비교했을 때 어떤 기분이 들었나요?

□ 마음이 무거워지고 속상했어요.

□ 친구는 잘하는데 나는 못하는 것 같아 위축됐어요.

□ 그래도 나만의 장점을 찾고 싶었어요.

□ 비교를 멈추니 오히려 마음이 편안해졌어요.

□ 다른 느낌: ____________

2. 짧은 글쓰기 활동

① "나는 ____________ 상황에서 나를 친구와 비교한 적이 있어요."

② "그때 내 마음은 ________________________ 했어요."

③ "하지만 비교를 내려놓으니 ________________ 라는 걸 느꼈어요."

④ "앞으로는 ____________ 라고 스스로를 격려하고 싶어요."

3. 그림 활동

〈비교 대신 나만의 길 그림〉

♡ 내가 비교로 속상했던 순간, 또는 비교 대신 나답게 걸어가고 싶었던 순간을 그림으로 표현해 보세요.

4. 함께하는 활동

〈짝과 함께 마음 나누기〉

① 짝꿍에게 "나는 ____ 상황에서 비교하며 속상했어."라고 말해 보세요.

② 이어서 "그런데 생각해 보니 나는 ____ 라는 장점이 있더라."라고 말해 보세요.

③ 짝꿍은 "네가 네 장점을 찾은 게 참 멋지다! 너답게 충분해."라고 응답해 주세요.

④ 활동 후, 내 마음은 ________________

5. 마무리 성찰

① 비교는 나에게 ________________ 과 같다.

② 내려놓음은 내 마음을 ________________ 해 준다.

③ 오늘 수업에서 내가 깨달은 것은 ________________ 이다.

교사 TIP

- **아이들이 쓴 글과 그림을 모아 "우리 반 나답게 걷는 길 지도"를 만들어 보세요.**
- **지도에는 비교로 힘들었던 순간은 작은 돌멩이 그림으로, 비교를 내려놓고 찾은 나만의 장점은 반짝이는 별이나 꽃 그림으로 표시하면 좋습니다.**
- **"너는 너답게 충분해."라는 메시지를 반복해 주면, 아이들이 비교 대신 자기 긍정을 배울 수 있습니다.**

마음을 따뜻하게 품는 겨울

22. 고요 속에서 만나는 나

겨울 아침, 아직 교실이 비어 있는 시간.
창문에는 하얀 성에가 살포시 내려앉아 얼음꽃을 피워 놓았습니다.
난방이 채워지지 않은 교실 안에서는 내 숨결조차 하얀 입김이 되어 공기 속으로 흩어집니다.

시끄럽던 세상이 잠시 멈추어 선 듯, 적막은 낯설지만 동시에 따뜻한 품처럼 다가옵니다.
그 고요 속에서 나는 내 손끝의 떨림, 연필심이 종이를 스치는 소리, 그리고 내 숨의 길고 짧은 흐름을 또렷하게 느낄 수 있습니다.

아이들은 종종 이런 순간을 낯설어 합니다.
늘 친구들과 웃고 떠들고, 바쁘게 움직이며 하루를 보내기 때문입니다.

하지만 아이들 마음속에도 이런 조용한 시간이 필요합니다.
시끄럽지 않은 순간이 찾아오면, 바깥소리가 멈춘 자리에 내 안의 작은 소리가 고개를 들어옵니다. 그것은 내가 미처 듣지 못했던 내 마음의 목소리입니다.

상담실에 온 한 아이가 조심스레 털어놓았습니다.
"선생님, 요즘은 그냥 조용한 곳에 있으면 마음이 차분해져요. 숨소리만 들어도 좋아요."

저는 아이의 눈을 바라보며 고개를 끄덕였습니다.
"그래. 그건 네 마음이 '잠시 쉬어가자'라는 신호를 보내는 거란다. 고요는 도망이 아니야.
네 마음과 몸이 다시 숨을 고르고, 네 자신을 돌보는 시간이 되는 거지."

아이의 눈빛은 조금 놀란 듯하다가 이내 안도와 평온으로 물들었습니다.
"그렇구나…" 하고 말하던 아이의 얼굴에는 작은 미소가 번졌습니다.

심리학에서는 이렇게 지금-여기에 주의를 기울이며 내 몸과 마음을 알아차리는 것을 마음챙김(Mindfulness)이라고 부릅니다. 마음챙김을 할 때 우리는 특별한 것을 하지 않아도 됩니다.

다만, 지금 내 몸에서 일어나는 작은 움직임 배가 오르내리는 호흡, 심장이 두근거리는 리듬, 손끝의 따뜻함이나 차가움을 있는 그대로 알아차리면 됩니다. 이렇게 몸과 마음을 느끼는 연습은 불안이나 걱정으로 흔들리던 마음을 가라앉히는 데 큰 힘이 됩니다.

특히 느린 들숨과 긴 날숨은 우리 몸의 신경을 안정시켜 "괜찮아, 지금은 안전해."라는 메시지를 보냅니다. 그래서 불안이 많았던 아이도, 천천히 숨을 쉬는 연습만으로 마음이 훨씬 가벼워지고 편안해집니다.

철학에서는 고요를 단순한 '아무것도 없는 상태'로 보지 않습니다. 물결이 잔잔해질 때만 하늘을 선명히 비출 수 있듯, 내 마음의 물결이 가라앉을 때 비로소 나는 내 안의 풍경을 볼 수 있습니다.

겨울의 정적은 우리에게 '멈춤'이라는 선물을 건넵니다.
그 멈춤 속에서 우리는 '지금 여기의 나'를 다시 만납니다.

철학자들은 이 순간을 '자기 자신을 만나는 시간'이라고 표현하기도 합니다.
소음 속에서 잃어버렸던 나의 목소리, 남과 비교하며 놓쳤던 나의 색깔이 바로 이 고요 속에서 모습을 드러냅니다.

저는 아이들에게 종종 이렇게 말하곤 합니다.
"너희가 가만히 멈춰 서서 자기 숨소리를 들어 본다면, 그 순간 이미 너는 너 자신과 깊이 연결된 거야."

아이들은 처음에는 그 말이 신기한 듯 웃습니다. 하지만 곧 진지한 얼굴로 고개를 끄덕입니다. 그 순간, 아이들은 스스로를 돌보는 법을 배워 갑니다.

누군가의 칭찬이나 성적표가 없어도, 그저 자기 숨을 바라보는 것만으로도 충분히 귀한 존재임을 깨닫는 것이지요.

고요는 비어 있는 시간이 아닙니다.
그 속에는 나를 이해하는 작은 깨달음들이 숨어 있습니다.
오늘 하루 힘들었던 일이 떠오르기도 하고, 내가 몰랐던 내 마음의 색깔이 드러나기도 합니다.
아이들은 처음엔 낯설지만, 차츰 고요 속에서 '나'를 만나는 연습을 하게 됩니다.
그리고 그때마다 자기 자신을 더 깊이 이해하고, 다른 사람에게도 더 따뜻해질 수 있습니다.

이제, 스스로에게 이렇게 물어보세요.

- 나는 오늘 언제 잠깐 멈추어 내 숨소리를 들어본 적이 있나요?
- 내 몸 안에서 들려오는 작은 신호들(심장 두근거림, 배의 움직임, 근육의 긴장)을 나는 어떻게 느끼고 있나요?
- 내가 세 번 천천히 숨을 들이쉬고 내쉰다면, 내 마음의 풍경은 어떻게 달라질까요?

마음 결 따라 쓰기

1. 마음 열기 질문

♡ 나는 조용한 시간(고요한 순간)을 경험했을 때 어떤 기분이 들었나요?

□ 마음이 차분해지고 편안했어요.

□ 내 숨소리가 또렷하게 들려 신기했어요.

□ 답답했던 마음이 풀리며 편안해졌어요.

□ 조용해서 오히려 내 마음을 더 잘 알 수 있었어요.

□ 다른 느낌: ________________

2. 짧은 글쓰기 활동

① "나는 ________________ 상황에서 고요함을 느꼈어요."

② "그때 내 마음은 ______________________________ 했어요."

③ "그 경험을 통해 __________________________ 라는 것을 알게 되었어요."

④ "앞으로 조용한 순간이 오면 나는 ____________________ 하고 싶어요."

3. 그림 활동

〈고요 속의 나 그림〉

♡ 내가 고요한 순간에 내 마음을 바라보았던 경험을 그림으로 표현해 보세요.

4. 함께하는 활동

〈짝과 함께 고요 이야기 나누기〉

① 짝꿍에게 "나는 ____ 상황에서 고요함을 느꼈어."라고 말해 보세요.

② 이어서 "그때 나는 ____ 라는 마음이 들었어."라고 이야기해 보세요.

③ 짝꿍은 "네가 그렇게 자기 마음을 잘 바라보는 게 참 멋지다!"라고 응답해 주세요.

④ 활동 후, 내 마음은 ____________________

5. 마무리 성찰

① 고요는 나에게 ____________________ 과 같다.

② 조용히 내 숨을 바라보면 내 마음은 ____________________ 해 준다.

③ 오늘 수업에서 내가 깨달은 것은 ____________________ 이다.

교사 TIP

- **아이들이 쓴 글과 그림을 모아 "우리 반 고요의 시간 전시판"을 꾸며 보세요.**
- **짧게 명상하듯 3번 숨쉬기(천천히 들이마시고 길게 내쉬기)를 함께 해 보며 활동을 마무리하면 효과적입니다.**
- **아이들이 "조용한 순간도 내 마음을 돌보는 소중한 시간"이라는 메시지를 자연스럽게 받아들일 수 있도록 "따뜻하게 격려해 주세요"라는 메시지를 전달해 주세요.**

23. 혼자가 주는 특별한 의미

겨울방학을 앞둔 늦은 오후, 교실은 이미 아이들 대부분이 집으로 돌아가 텅 비어 있었습니다. 책상 위에는 아직 덜 마른 분필 가루가 희미하게 남아 있었고, 창밖에는 겨울 햇살이 느리게 기울고 있었습니다.

고요한 교실 안, 한 아이가 가만히 앉아 있다가 조심스레 상담실을 찾아왔습니다.
"선생님, 혼자 있으면 괜히 쓸쓸해져요."

아이의 작은 목소리에는 외로움이 묻어 있었습니다.
주변에 아무도 없는 순간, 웃음소리와 이야기 소리가 사라진 자리에서 마음이 텅 빈 듯한 허전함이 찾아왔던 것이지요.

저는 아이의 눈을 바라보며 따뜻하게 웃었습니다.
"그럴 수도 있지. 하지만 혼자 있는 시간이 꼭 외롭기만 한 건 아니란다. 때로는 쓸쓸함도 네 마음을 돌보는 특별한 시간이 될 수 있어. 그 순간은 네가 네 안의 목소리를 더 잘 들을 수 있는 기회가 되기도 하지."

아이의 표정은 처음에는 여전히 어두웠지만, 제 말을 곱씹으며 천천히 고개를 끄덕였습니다.

심리학자 도널드 윈니컷(Donald Winnicott)은 혼자 있어도 불안하지 않고 오히려 편안함을 느낄 수 있는 상태를 창조적 고독(Creative

Solitude)이라고 불렀습니다. 여기서 말하는 고독은 텅 빈 시간이 아닙니다. 오히려 상상력이 피어나고, 마음이 회복되는 원천이 될 수 있는 시간이지요.

예를 들어, 혼자 앉아 책을 읽을 때, 글자 속에서 새로운 세상이 열리고 마음이 여행을 떠나는 것처럼 느껴진 적이 있지요? 혹은 혼자 그림을 그릴 때, 아무도 방해하지 않아 오롯이 내 마음을 종이에 담아낼 수 있었던 순간도 있을 거예요.
이때의 고독은 아이들을 단단하게 세워주는 토대가 됩니다.

철학자 한나 아렌트(Hannah Arendt)는 "생각은 고독 속에서 시작되지만, 결국 다른 사람과의 만남으로 이어진다."고 했습니다.
고독은 단순히 혼자 남겨진 시간이 아니라, 나를 돌아보고 마음을 정리하는 준비 과정입니다. 우리가 홀로 있을 수 있기에, 다시 친구들을 더 깊이 이해하고 소중히 여길 수 있는 힘이 생기는 것이지요.

많은 아이들이 혼자 있는 시간을 "외롭다."고 표현하지만, 사실 고독은 고립과는 다릅니다.
고립은 '누구도 나를 이해하지 못한다'는 느낌이지만, 고독은 '나와 진짜 나 자신이 만나는 시간'입니다.

겨울의 차가운 공기 속에서도 따뜻한 햇살이 스며드는 것처럼, 혼자 있는 시간은 마음을 차갑게만 하지 않습니다. 오히려 스스로를 더 잘 돌보고, 나를 이해하며, 다시 다른 사람과 만날 힘을 길러 주는 시간이 됩니다.

상담실에 온 그 아이도 처음에는 혼자가 두렵다고 했지만, 대화를 나누면서 "아, 나도 혼자 있는 시간을 조금씩 배워 가야겠구나." 하는 깨달음을 얻었습니다.

저는 아이에게 이렇게 말했습니다.
"혼자 있는 건 네가 혼자가 되라는 뜻이 아니야. 네 마음을 지켜 주고, 네가 네 자신을 더 잘 알도록 돕는 시간이란다."

그 순간 아이의 얼굴에는 약간의 미소와 함께 안도감이 번져갔습니다.

아이들은 종종 친구와 늘 함께 있어야만 행복하다고 생각합니다.
물론 친구와 어울려 노는 시간은 소중합니다.
하지만, 혼자 있는 시간도 마치 씨앗이 싹트는 땅처럼 보이지 않는 변화를 만들어 줍니다.

고독 속에서 우리는 내가 무엇을 좋아하는지, 무엇이 나를 힘들게 하는지, 그리고 나는 어떤 사람인지를 더 깊이 알게 됩니다. 그 깨달음이 쌓이면, 다시 친구들을 만날 때에도 더 진솔하고 따뜻한 관계를 맺을 수 있습니다.

마치 겨울 동안 나무들이 겉으로는 아무 변화가 없어 보이지만, 사실은 뿌리를 더 깊이 내리며 봄을 준비하는 것처럼요.

앞서 말한 한나 아렌트(Hannah Arendt)뿐 아니라, 철학자 장 자크 루소(Jean-Jacques Rousseau)도 이렇게 말했습니다.
“자연 속에서 혼자 있는 시간은 나를 더 자유롭게 만든다.”

이 말처럼, 고독은 나를 가두는 감옥이 아니라, 오히려 나에게 자유를 주는 열쇠입니다.
다른 사람과 비교하지 않고, 누구에게 보여주기 위해서도 아닌, 오직 나와 함께 있는 순간은 내 마음을 쉬게 하고 다시 단단히 세워 줍니다.

겨울의 고독은 때때로 차갑게 느껴집니다.
하지만 그 속에서 마음은 서서히 자신을 돌보고 자랍니다.
고독은 우리를 멀리 두는 것이 아니라, 더 깊은 만남을 위한 다리가 되어 줍니다.
아이들이 이 사실을 조금씩 배워 간다면, 혼자 있는 시간조차도 두렵지 않고 따뜻한 자원이 될 것입니다.

이제, 스스로에게 이렇게 물어보세요.

- 나는 혼자 있을 때 어떤 기분이 드나요?
- 혼자 있는 시간에 나는 무엇을 하며 나를 돌보고 있나요?
- 앞으로 혼자 있는 시간을 더 따뜻하게 보내려면, 나는 어떤 방법을 쓰고 싶나요?

마음 결 따라 쓰기

1. 마음 열기 질문

♡ 나는 혼자 있는 시간을 가졌을 때 어떤 기분이 들었나요?

□ 쓸쓸하고 외로웠어요.

□ 조용히 있으니 오히려 마음이 편안했어요.

□ 혼자만의 시간을 가지니 새로운 생각이 떠올랐어요.

□ 나를 더 잘 알게 된 것 같아 좋았어요.

□ 다른 느낌: ________________

2. 짧은 글쓰기 활동

① "나는 ____________________ 상황에서 혼자 있게 되었어요."

② "그때 내 마음은 ____________________________________ 했어요."

③ "그 경험을 통해 _________________________ 라는 걸 알게 되었어요."

④ "앞으로 혼자 있는 시간이 찾아오면 나는 _______________ 하고 싶어요."

3. 그림 활동

〈나의 고독 그림〉

♡ 내가 혼자 있을 때 느꼈던 기분이나 생각을 그림으로 표현해 보세요.

4. 함께하는 활동

〈짝과 함께 고독 이야기 나누기〉

① 짝꿍에게 "나는 ____ 상황에서 혼자 있었어."라고 말해 보세요.

② 짝꿍은 "네가 혼자 있는 시간을 잘 보낸 게 참 멋지다! 너 자신을 잘 돌보고 있구나."라고 응답해 주세요.

③ 활동 후, 내 마음은 ____________________

5. 마무리 성찰

① 고독은 나에게 ____________________ 과 같다.

② 혼자 있는 시간은 내 마음을 ____________________ 해 준다.

③ 오늘 수업에서 내가 깨달은 것은 ____________________ 이다.

교사 TIP

- **아이들이 쓴 글과 그림을 모아 "우리 반 고독 앨범"을 꾸며 보세요.**
- **"혼자 있는 시간도 나를 키워 주는 시간"이라는 메시지를 강조하며, 고독을 긍정적인 배움의 순간으로 느낄 수 있도록 안내해 주세요.**
- **외로운 친구가 있다면 "너는 혼자여도 소중한 존재야."라는 격려를 들려주면 좋습니다.**

24. 마음 속 기억을 꺼내어 바라보기

겨울밤, 창밖에는 차가운 바람이 길게 불어옵니다.
창문을 스치는 바람 소리는 교실의 적막을 더욱 깊게 만들고, 그 고요 속에서 우리는 종종 마음속 깊은 곳에 잠들어 있던 기억과 마주하게 됩니다. 밝고 즐거운 기억일 때도 있지만, 때로는 아프고 잊고 싶은 순간이 찾아올 때도 있지요.

상담실에서 만난 한 아이가 오랫동안 망설이다가 작은 목소리로 제게 속삭였습니다.
"선생님… 예전에 힘들었던 일이 자꾸 떠올라요. 생각하지 않으려고 해도 계속 생각나요."

그 말 속에는 아직 풀리지 않은 서러움과 불안이 담겨 있었습니다.

저는 아이의 눈을 바라보며 차분히 말했습니다.
"기억은 네 마음 속에 남아 있는 매듭 같은 거야. 아직 다 풀리지 않은 매듭이 있어서, 자꾸만 떠오르는 거지. 하지만 그 매듭을 피하지 않고 바라보면, 조금씩 풀어낼 수 있어. 기억을 마주한다는 건 네가 용기를 내고 있다는 뜻이란다."

아이는 제 말을 곱씹으며 눈을 감고 잠시 생각에 잠겼습니다.
그리고는 조용히 고개를 끄덕였지요. 그 모습 속에서 저는 아이가 비록 아직 망설이고 있었지만, 마음 한구석에 희망의 온기를 품기 시작했다는 것을 느낄 수 있었습니다.

심리학에서는 과거를 다시 떠올리고, 새로운 시선으로 바라보는 과정을 재구성 기억(Reconstructive Memory)이라고 부릅니다. 기억은 단순히 과거를 사진처럼 복사해 두는 것이 아닙니다. 오히려 현재의 마음으로 과거를 다시 해석하고 새롭게 그려내는 과정이지요.

예를 들어, 시험에서 실수를 했던 기억이 처음에는 "나는 부족해."라는 낙인처럼 느껴질 수 있습니다. 하지만 시간이 흐른 뒤 그 기억을 다시 바라보면 "나는 그때 힘들었지만 다시 노력해서 나아질 수 있었어."라는 용기의 표현이 되기도 합니다. 아픈 기억도 새로운 의미로 바라볼 때, 그것은 더 이상 나를 힘들게 하는 그림자가 아니라, 나를 단단하게 지켜주는 힘이 됩니다.

철학자 폴 리쾨르(Paul Ricoeur)는 "기억은 단순한 재현이 아니라, 새로운 의미를 만들어내는 해석의 장"이라고 말했습니다. 즉, 기억을 꺼낸다는 것은 단순히 과거로 돌아가는 것이 아니라, 오늘을 더 잘 살아가기 위해 대화하는 과정입니다.

겨울밤의 바람처럼, 기억은 때로 우리를 움츠러들게도 합니다.
하지만 그 바람이 나무를 흔들어 뿌리를 더 깊이 내리게 하듯, 기억 역시 우리를 단단하게 세우는 기회가 될 수 있습니다.

힘들었던 순간을 떠올리며 울었던 기억이 있다면, 그 눈물 속에는 내가 얼마나 소중한 존재인지, 또다시 일어설 수 있는 사람이란 사실이 함께 담겨 있습니다.

저는 아이들에게 이렇게 전해주곤 합니다.
“네가 꺼내는 기억은 네 안의 상처이기도 하지만, 동시에 네가 얼마나 자라왔는지를 보여주는 표현의 방법이야. 네가 그 기억을 마주할 용기를 낸다면, 차가운 바람이 지나간 자리에는 더 단단한 네가 서 있을 거야.”

아이는 여전히 두려운 듯 보였지만, 그 눈빛 속에는 분명히 새로운 희망이 반짝이고 있었습니다. 기억은 우리가 외면하고 싶은 그림자 같지만, 사실은 더 깊은 내일을 밝혀주는 등불 같은 존재입니다.

친구들과 놀다가 다퉜던 기억, 시험에서 실수했던 기억, 발표 시간에 긴장해서 말을 더듬었던 기억… 이런 일들은 누구에게나 있습니다. 처음에는 속상하고 부끄럽지만, 나중에 돌아보면 “아, 그때 나는 조금 더 용기 낼 수 있었구나.”, “그 경험 덕분에 지금은 더 잘할 수 있어.”라고 깨닫게 됩니다.

기억은 지나간 일이 아니라, 내 마음의 교과서입니다.
그 안에서 우리는 배움을 얻고, 더 나은 내일을 준비하게 됩니다.
그러니 기억이 떠올라 마음이 무거워질 때, 너무 겁내지 말고 차분히 그 기억을 바라보세요.

그 안에는 분명히 당신을 키워준 힘이 숨어 있을 테니까요.

이제, 스스로에게 이렇게 물어보세요.

- 나는 최근 어떤 기억이 불쑥 떠올라 나를 멈추게 했나요?
- 그 기억을 떠올렸을 때, 내 마음은 어떤 색깔을 띠고 있었나요?
- 내가 그 기억을 다시 바라본다면, 그 안에서 어떤 새로운 의미나 배움을 찾을 수 있을까요?

마음 결 따라 쓰기

1. 마음 열기 질문

♡ 나는 어떤 기억(즐거운 기억, 아픈 기억, 잊고 싶었던 기억 등)이 떠올랐을 때 어떤 기분이 들었나요?

- □ 기분이 좋아서 웃음이 났어요.
- □ 마음이 아파서 눈물이 났어요.
- □ 다시 생각하니 나 자신이 대견했어요.
- □ 그때와는 달리 지금은 편안해졌어요.
- □ 다른 느낌: ________________

2. 짧은 글쓰기 활동

① "나는 ______________________ 기억이 떠올랐어요."

② "그때 내 마음은 ___________________________________ 했어요."

③ "하지만 그 기억을 다시 바라보니 _______________ 라는 걸 알게 되었어요."

3. 그림 활동

〈내 기억 그림〉

♡ 내가 다시 떠올린 기억을 그림으로 표현해 보세요.

4. 함께하는 활동

〈짝과 함께 기억 이야기 나누기〉

① 짝꿍에게 "나는 _____ 기억이 떠올랐어."라고 말해 보세요.

② 이어서 "그때 나는_____라는 기분이 들었어."라고 이야기해 보세요.

③ 짝꿍은 "네가 그 기억을 용기 있게 마주한 게 정말 멋지다! 네 마음이 잘 전해졌어."라고 응답해 주세요.

④ 활동 후, 내 마음은 ______________________________

5. 마무리 성찰

① 기억은 나에게 ______________________________과 같다.

② 기억을 마주하면 내 마음은 ___________________________해 준다.

③ 오늘 수업에서 내가 깨달은 것은 __________________________________이다.

교사 TIP

- 아이들이 쓴 글과 그림을 모아 "우리 반 기억 앨범"을 만들어 보세요.
- 아이들이 힘든 기억을 꺼냈을 때는 "네가 그 기억을 꺼낸 건 정말 큰 용기야."라는 말을 전해 주세요.
- 기억은 나를 괴롭히는 그림자가 아니라, 오늘의 나를 더 단단하게 키워 주는 선물이라는 메시지를 강조해 주면 좋습니다.

25. 부족함이 알려준 고마움

겨울은 다른 계절과는 조금 다릅니다.
봄에는 알록달록한 꽃들이 피고,
여름에는 초록빛 잎사귀들이 숲을 가득 채우고,
가을에는 빨갛고 노란 단풍잎이 바람에 흩날리며 아름다움을 자랑하지요.

그런데 겨울은 어떤가요?
나무에는 잎이 거의 없고, 들판도 텅 비어 보입니다.
그리고 눈이 내리면 세상은 온통 하얗게 덮여서
오히려 더 쓸쓸해 보일 때도 있습니다.

하지만 겨울이 주는 진짜 선물은
바로 "없음 속에서 감사함을 배우는 마음"입니다.

겨울은 우리에게 이렇게 말을 건넵니다.
"모든 것이 다 있는 계절도 좋지만, 없을 때에야 비로소 우리가 가진 게 얼마나 소중한지 알 수 있단다."

상담실에서 만난 한 아이가 조심스럽게 제게 말했습니다.
"선생님, 요즘은 집에 가면 엄마가 끓여주는 라면이 자꾸 생각나요. 평소에는 그냥 아무렇지 않게 먹었는데, 추운 날 집에 들어가서 라면을 먹으니까 그게 정말 큰 힘이 되는 것 같아요. 없다고 생각하니 그동안 당연하게 여겼던 게 얼마나 소중한지 알겠어요."

그 이야기를 들으니 제 마음도 따뜻해졌습니다.
우리는 평소에 매일 반복되는 일상을 그냥 당연하게 여기곤 합니다.
밥을 먹는 일, 집에서 쉴 수 있는 시간, 가족과 나누는 대화… 하지만 막상 그것이 없다고 상상해 보면, 그것들이 얼마나 고마운지 새삼 깨닫게 됩니다.

라면 한 그릇은 단순히 배를 채워주는 음식이 아니었다는 것을요.
그 안에는 엄마의 마음, 가족의 사랑, 집이라는 안전한 쉼터가 함께 담겨 있었던 것입니다.

심리학에서는 '감사 일기'를 쓰는 것만으로도 마음이 행복해지고 힘이 생긴다고 합니다.
하루 동안 고마웠던 일을 떠올리며 적다 보면,
"아, 나도 이렇게 많은 것을 가지고 있구나."
하고 느끼게 됩니다.

혹시 이런 경험이 있나요?
감기에 걸려서 며칠 동안 목소리가 안 나오다가,
목이 회복되니 말할 수 있다는 것만으로도 행복했던 순간.
소중한 물건을 잃어버렸다가 다시 찾았을 때,
그 물건이 전보다 더 소중하게 느껴졌던 순간.

늘 함께 있던 친구가 잠시 전학을 갔다가 다시 만났을 때,
그 친구가 얼마나 중요한 존재였는지 깨달았던 순간.

이처럼 결핍은 우리에게 불편함만 주는 게 아니라,
우리가 이미 가지고 있던 것들의 소중함을
다시 알려주는 선물 같은 시간입니다.

철학자 노자(老子)는 이런 말씀을 했습니다.
"그릇은 비어 있기 때문에 무언가를 담을 수 있고,
창문은 뚫려 있기 때문에 빛을 들일 수 있다."

즉, 텅 비어 있기에 오히려 새로운 것이 들어올 수 있다는 뜻입니다.
겨울의 텅 빈 들판도 사실은 아무것도 없는 게 아니듯
땅속에서는 벌써 봄을 준비하는 씨앗들이 잠들어 있습니다.

비록 지금은 비어 있는 것처럼 보이지만,
그 속에는 곧 피어날 희망이 자라고 있는 것이지요.

마찬가지로, 우리가 겪는 작은 부족함과 결핍도
사실은 감사의 씨앗을 품고 있습니다.

겨울이 되면 우리는 작은 순간에도 큰 따뜻함을 느낍니다.

친구가 내 손을 꼭 잡아주었을 때,

선생님이 “수고했어.”라고 웃으며 말해주었을 때,
집에 돌아와 마시는 따뜻한 코코아 한 모금,

이불 속에서 가족과 함께 웃었던 순간
이 모든 것들은 평소에는 대단하지 않게 느껴질 수 있지만,
겨울의 차가운 공기 속에서는
마음을 따뜻하게 밝혀주는 소중한 선물이 됩니다.

부족하기 때문에 오히려 그 순간들이
더 반짝이며 우리 마음에 오래 남는 것이지요.

결핍은 우리에게 이렇게 말합니다.
“너는 이미 많은 것을 가지고 있어. 다만 잠시 잊고 있었을 뿐이야.”
아이들이 이 메시지를 기억할 수 있다면,
부족한 상황을 두려워하지 않고,
그 속에서 새로운 감사를 발견할 수 있을 것입니다.

이제, 스스로에게 이렇게 물어보세요.

- 나는 최근에 무엇이 없어서 오히려 소중함을 알게 된 경험이 있었나요?
- 그 경험을 통해 나는 어떤 감사의 마음을 배우게 되었나요?
- 오늘 하루를 돌아볼 때, 나는 누구에게 "고마워."라는 말을 하고 싶나요?

마음 결 따라 쓰기

1. 마음 열기 질문

♡ 나는 무언가 부족하거나 없다고 느꼈을 때 어떤 마음이 들었나요?

□ 속상했지만 다시 생각해 보니 내가 가진 것이 떠올라서 고마웠어요.

□ 평소 당연하게 여겼던 것의 소중함을 알게 되었어요.

□ 작은 것에도 감사하는 마음이 생겼어요.

□ 누군가의 도움 덕분에 따뜻했어요.

□ 다른 느낌: ________________

2. 짧은 글쓰기 활동

① "나는 ______________________ 이(가) 없을 때 속상했어요."

② "하지만 그 경험을 통해 ______________________ 라는 걸 알게 되었어요."

③ "앞으로는 ______________________ 도 소중히 여기고 싶어요."

3. 그림 활동

〈결핍 속에서 발견한 감사 그림〉

♡ 내가 부족함이나 없음을 느꼈던 순간, 그리고 그 속에서 다시 발견한 소중한 것을 그림으로 표현해 보세요.

4. 함께하는 활동

〈짝과 함께 감사 이야기 나누기〉

① 짝꿍에게 "나는 _____ 이 없어서 속상했어."라고 말해 보세요.

② 이어서 "그런데 생각해 보니 나는 _____ 라는 소중함을 깨달았어."라고 이야기해 보세요.

③ 짝꿍은 "네가 그런 깨달음을 얻은 게 참 멋지다! 네 마음이 잘 전해졌어."라고 응답해 주세요.

④ 활동 후, 내 마음은 ______________________________

5. 마무리 성찰

① 결핍은 나에게 ______________________________ 과 같다.

② 감사는 내 마음을 ______________________________ 해 준다.

③ 오늘 수업에서 내가 깨달은 것은 ______________________________ 이다.

교사 TIP

- 아이들이 쓴 글과 그림을 모아 "우리 반 감사 나무"를 꾸며 보세요.
- "없음"을 단순한 결핍이 아니라, "소중한 것을 다시 보게 해주는 기회"로 이해하도록 안내해 주세요.
- 활동 후에는 서로에게 "너는 이미 많은 걸 가지고 있어.", "고마워." 같은 따뜻한 말을 주고받게 해주면 교실 분위기가 한층 따뜻해집니다.

26. 사람 사이에서 느껴지는 따스함

겨울방학이 가까워 오던 어느 날, 상담실에 한 아이가 조심스럽게 들어왔습니다.

의자에 앉은 아이는 한참 망설이다가 작은 목소리로 말했습니다.

"선생님, 방학 동안에는 친구들이랑 자주 못 보게 되잖아요. 그래서 조금 허전해요. 그런데 생각해 보니까, 그래도 같이 웃고 떠들었던 시간이 있어서 그게 저한테 힘이 되는 것 같아요."

아이의 말 속에는 아쉬움과 함께 따뜻한 힘이 담겨 있었습니다.

저는 고개를 끄덕이며 부드럽게 웃으며 말했습니다.

"맞아. 함께한 순간은 사라지는 게 아니란다. 네 마음속에 따뜻한 온기로 남아서, 네가 힘들 때마다 너를 지켜줄 거야."

우리는 누구나 누군가와 함께 웃었던 순간, 힘들 때 건네받았던 짧은 위로, 눈빛으로 나눈 공감을 기억하고 있습니다. 이런 경험은 시간이 흘러도 결코 사라지지 않고, 마음속에 깊이 남아 우리를 단단하게 해줍니다.

예를 들어, 운동장에서 넘어졌을 때 친구가 내 손을 잡아 일으켜 준 순간, 시험에서 실수했을 때 옆자리 친구가 "괜찮아."라고 속삭여 준 순간, 발표가 두려웠을 때 선생님이 "넌 잘할 수 있어."라고 응원해 준 순간들 말이지요.

이러한 순간은 사소해 보이지만, 마음에는 오래도록 남아 심리적인 난로가 됩니다.
겨울에 난로 불빛이 방 안을 따뜻하게 지켜주듯이, 관계 속에서 느낀 따뜻함은 힘든 날에도 우리를 다시 일어설 수 있게 도와줍니다.

심리학에서는 이런 경험을 애착 이론(Attachment Theory)이라고 설명합니다. 안정적이고 따뜻한 관계를 경험한 아이는 나중에 힘든 일이 와도 무너지지 않고, 다시 일어설 힘을 얻을 수 있다고 하지요.

즉, 어린 시절 느낀 따뜻한 손길, 지지의 말, 안전하게 기대었던 순간이 커서도 마음의 뿌리가 되어 줍니다. 이것은 마치 튼튼한 나무가 바람에 쉽게 쓰러지지 않듯이, 우리 마음의 내적 안전망이 되는 것입니다.

또한 사회학자 뒤르켐(Émile Durkheim)은 인간이 혼자 살아가는 존재가 아니라 '서로 연결된 존재'라고 했습니다. 그는 이를 '사회적 연대'라 불렀는데, 서로의 마음이 이어져 있다는 사실만으로도 우리는 안정감을 느끼고 삶의 의미를 발견할 수 있다고 설명했습니다.

이처럼 관계 속에서 얻는 온기는 단순한 기분이 아니라, 평생을 지탱해주는 마음의 에너지입니다.

철학자 마르틴 부버(Martin Buber)는 인간의 관계를 '나-너의 관계(I-Thou Relationship)'라고 표현했습니다. 이는 단순히 옆에 있는 존재가 아니라, 서로를 온전히 바라보고 경험하는 진짜 만남을 말합니다.

우리가 친구와 웃음을 나눌 때, 가족과 따뜻한 밥을 먹을 때, 선생님이 내 눈을 바라보며 "괜찮아."라고 말해 줄 때, 우리는 단순한 관계가 아니라 진정한 만남을 경험하는 것입니다.

겨울의 차가운 바람은 우리를 움츠러들게 하지만, 동시에 사람 사이의 온기를 더 선명하게 보여줍니다. 혼자일 때는 쉽게 잊고 지나쳤던 순간들이, 함께였기에 더 빛나고, 결국 소중한 추억으로 남습니다.

관계의 온기를 되새기는 일은 곧 내 마음에 난로를 지피는 일과 같습니다. 그 난로는 꺼지지 않도록 우리가 서로에게 따뜻한 말을 건네고, 작은 배려를 나누며, 추억 속 불빛을 이어갈 때 더욱 환하게 타오릅니다.

아이가 친구와 나눈 웃음소리를 기억할 때, 부모님의 다정한 손길을 떠올릴 때, 선생님의 격려 눈빛을 떠올릴 때, 그 기억은 단순한 장면이 아니라 지금의 나를 지켜주는 마음의 불씨가 됩니다.

그리고 그 불씨는 또 다른 누군가를 따뜻하게 해줄 수 있는 불빛이 되지요.

관계 속 따뜻한 온기는 결코 사라지지 않습니다.
그것은 내 마음속 깊은 곳에서 여전히 반짝이며, 언제든지 나를 다시 일어서게 할 힘이 됩니다.

이제, 스스로에게 이렇게 물어보세요.

- 나는 최근 누구와 함께했던 순간이 내 마음을 따뜻하게 해 주었나요?
- 그 순간을 다시 떠올리면 내 마음은 어떤 기분이 되나요?
- 오늘 나는 내 주변 사람에게 어떤 작은 따뜻함을 전해 줄 수 있을까요?

마음 결 따라 쓰기

1. 마음 열기 질문

♡ 나는 친구나 가족과 함께했던 순간을 떠올리면 어떤 기분이 드나요?

- ☐ 마음이 따뜻해지고 행복했어요.
- ☐ 친구와 함께라서 용기가 생겼어요.
- ☐ 혼자가 아니라는 게 든든했어요.
- ☐ 웃었던 기억이 떠올라서 기분이 좋아졌어요.
- ☐ 다른 느낌: ________________

2. 짧은 글쓰기 활동

① "나는 ________________ 와(과) 함께했을 때 가장 따뜻했어요."

② "그 순간 내 마음은 ________________________________ 했어요."

③ "그 경험을 통해 ____________________________ 라는 걸 알게 되었어요."

④ "앞으로는 ________________ 라는 따뜻한 말을 자주 전하고 싶어요."

3. 그림 활동

〈관계 속 온기 그림〉

♡ 내가 친구, 가족, 선생님과 함께하면서 따뜻함을 느꼈던 순간을 그림으로 표현해 보세요.

4. 함께하는 활동

〈짝과 함께 온기 이야기 나누기〉

① 짝꿍에게 "나는 ______ 와(과) 함께했을 때 따뜻함을 느꼈어."라고 말해 보세요.

② 이어서 "그때 나는 ______라는 기분이 들었어."라고 이야기해 보세요.

③ 짝꿍은 "네가 느낀 따뜻함이 정말 소중하다! 나도 그런 순간을 만들고 싶어." 라고 응답해 주세요.

④ 활동 후, 내 마음은 ______________________________

5. 마무리 성찰

① 관계 속 온기는 나에게 ______________________________과 같다.

② 함께한 기억은 내 마음을 ______________________________ 해 준다.

③ 오늘 수업에서 내가 깨달은 것은 ______________________________이다.

교사 TIP

- **아이들이 쓴 글과 그림을 모아 "우리 반 온기 보드"를 꾸며 보세요.**
- **친구끼리 직접 "고마워.", "네가 있어서 좋아." 같은 말을 전하며 따뜻한 분위기를 경험하게 해주세요.**
- **"관계 속 따뜻함은 사라지지 않고 우리 마음을 지켜준다."는 메시지를 전해 주면 아이들이 서로를 더 소중히 여길 수 있습니다.**

27. 효도를 배우는 마음

겨울이 오면 학교 운동장은 하얀 눈으로 가득 덮입니다.
아이들이 눈을 뭉쳐 눈싸움을 하거나 눈사람을 만들면서 환하게 웃는 모습은 겨울만의 특별한 풍경이지요. 하지만 겨울은 단순히 춥고 하얀 계절만은 아닙니다.
겨울은 마음이 조용히 자라는 계절이기도 합니다.
나무가 잎을 다 내려놓고 뿌리를 더 깊이 내리듯, 우리 마음도 이 계절에 더 깊어집니다.
그 깊어지는 마음 속에서 피어나는 덕목이 바로 효도입니다.

어느 날, 상담실에 한 아이가 들어와 조심스럽게 말했습니다.
"선생님, 저는 엄마한테 자주 짜증을 내요. 숙제하라고 하실 때, 괜히 화가 나서 툭툭 대답하고… 그러고 나면 마음이 불편해져요."

저는 아이를 바라보며 천천히 대답했습니다.
"그럴 수 있어. 짜증이 난다는 건 네 마음이 힘들다는 표시야. 그런데 네가 불편해하는 건, 엄마를 소중하게 생각하기 때문일지도 몰라."

아이는 눈을 동그랗게 뜨며 물었습니다.
"정말요? 짜증을 내는데도 엄마를 소중히 여긴다는 거예요?"

"그럼. 옛날 철학자 맹자(孟子)는 사람의 마음속에는 본래 '측은지심',

즉 다른 사람을 헤아리는 따뜻한 마음이 있다고 했단다. 네가 후회하고 마음이 불편한 건 그 마음이 네 안에 살아 있다는 뜻이야. 효도는 큰 선물이 아니야. 엄마가 피곤해 보일 때 '괜찮아?' 하고 물어주는 것, 아빠가 집에 돌아오실 때 '고생했어요.'라고 말하는 것, 그것만으로도 효도가 시작되는 거야."

아이는 고개를 끄덕이며 작은 미소를 지었습니다.
"그럼 저도 할 수 있을 것 같아요. 오늘은 엄마한테 먼저 '고마워요'라고 말해볼래요."

효도는 특별한 날에만 하는 큰 행동이 아닙니다.
가족과 함께 밥을 먹을 때, "맛있어요, 잘 먹었어요."라고 말하는 것.
할머니가 무거운 물건을 들고 계실 때, "제가 들어드릴게요." 하고 다가가는 것.
아빠가 힘들어 보일 때, "아빠, 잠깐 쉬세요."라고 말하는 것.

이런 작은 행동들이 모두 효도입니다.

심리학자 에리히 프롬(Erich Fromm)은 사랑을 "주고, 돌보는 능동적인 태도"라고 말했습니다.
효도는 바로 그 '능동적인 사랑'이며, 부모님의 사랑을 받는 데 그치지 않고, 내가 먼저 사랑을 돌려주는 행동이 효도이지요.

겨울은 그래서 효도를 배우기에 좋은 계절입니다. 추운 날씨에 부모님께 따뜻한 차를 따라 드리거나, 외투를 챙겨 드리며 "따뜻하게 입으세요."라고 말할 수 있습니다. 짧은 한마디, 작은 손길이 가족의 마음을 환하게 비춥니다.

효도는 어렵거나 거창한 일이 아닙니다.

"엄마, 오늘 힘들었지?"라는 짧은 물음 속에서,
"아빠, 같이 게임해요."라는 작은 초대 속에서,
"할머니, 제가 도와드릴게요."라는 다정한 손길 속에서,

효도는 이미 자라납니다.

상담실을 나서던 아이가 문득 뒤돌아보며 말했습니다.
"선생님, 겨울은 추운 계절인데… 마음은 오히려 따뜻해지는 것 같아요."

저는 고개를 끄덕이며 대답했습니다.
"그래, 겨울은 차갑지만 그 속에서 가장 따뜻한 마음을 배우는 계절이지. 네가 오늘 엄마에게 건넬 '고마워요.'라는 한마디가 바로 그 따뜻함의 시작이야."

초등의 겨울은 아이들이 효도라는 따뜻한 뿌리를 내리는 계절입니다. 눈처럼 차가운 바람 속에서도, 가족을 향한 작은 말과 행동은 따뜻한 빛이 되어 마음을 밝혀 줍니다. 그 작은 빛은 자라면서 존중과 배려, 책

임과 사랑으로 이어져, 더 넓은 세상 속에서 다른 사람을 돌보는 힘으로 커져 갑니다.

이제, 스스로에게 이렇게 물어보세요.

- 오늘 나는 가족을 위해 어떤 작은 도움이나 따뜻한 말을 해 보았을까요?"
- "내가 받은 사랑을 어떻게 다시 돌려줄 수 있을까요?"
- "앞으로 가족에게 더 자주 전하고 싶은 마음은 무엇일까요?"

마음 결 따라 쓰기

1. 마음 열기 질문

♡ 나는 가족에게 작은 도움을 주었을 때 어떤 기분이 들었나요?

- □ "고마워."라는 말을 듣고 기분이 좋았어요.
- □ 내가 누군가에게 도움이 된 것 같아 뿌듯했어요.
- □ 조금은 쑥스러웠지만 따뜻했어요.
- □ 별거 아닌 일인데도 마음이 행복했어요.
- □ 다른 느낌: ______________

2. 짧은 글쓰기 활동

① "나는 ____________________ 를 도와드렸을 때 기분이 좋았어요."

② "그 경험을 통해 ____________________ 라는 걸 알게 되었어요."

③ "앞으로는 ____________________ 하며 가족에게 더 다가가고 싶어요."

3. 그림 활동

〈효도를 담은 마음 그림〉

♡ 내가 가족을 도와주거나 따뜻한 말을 건넸던 순간을 그림으로 표현해 보세요.

4. 함께하는 활동

〈짝과 효도 이야기 나누기〉

① 짝꿍에게 "나는 ____ 했을 때 엄마(아빠, 할머니…)가 기뻐하셨어."라고 말해 보세요.

② 이어서 "그때 내 마음은 ____했어."라고 이야기해 보세요.

③ 짝꿍은 "네 마음이 참 따뜻하다! 네가 정말 대단해."라고 응답해 주세요.

④ 활동 후, 내 마음은 ____________________

5. 마무리 성찰

① 효도는 나에게 ____________________과 같다.

② 가족을 도와드리면 내 마음은 ____________________ 해진다.

③ 오늘 수업에서 내가 깨달은 것은 ____________________이다.

교사 TIP

- 아이들이 쓴 글과 그림을 모아 "우리 반 효도의 마음 나무"를 꾸며 보세요.(도화지에 큰 나무를 그려 두고, 아이들이 자신의 활동지를 잎사귀 모양으로 붙이도록 구성)
- 활동 후, "작은 도움도 큰 효도야!"라는 구호를 함께 외치며 긍정적인 에너지를 나누면 좋습니다.
- 아이들이 효도를 의무가 아닌 사랑을 전하는 작은 행동으로 느낄 수 있도록 지도해 주세요.

28. 새로운 길을 그려 보는 시간

겨울의 고요는 우리에게 특별한 시간을 선물합니다.
바람이 멈추고, 눈송이가 조용히 내려앉는 운동장을 바라보고 있으면 마음속에서도 잔잔한 정적이 흘러옵니다. 아이들은 그 고요한 순간에 자신을 돌아보며 묻곤 합니다.
"나는 앞으로 어떻게 달라지고 싶을까?"

겨울은 끝처럼 보이지만, 사실은 새로운 길을 준비하는 계절입니다.
잎을 다 떨군 나무가 봄을 준비하듯, 잠시 멈추는 이 계절은 우리에게 '삶을 다시 설계할 수 있는 기회'를 줍니다.

어느 날, 상담실에 들어온 한 아이가 말했습니다.
"선생님, 저는 내년에 조금은 달라지고 싶어요."

그 목소리는 작았지만, 눈빛 속에는 진지한 소망이 담겨 있었습니다.
저는 미소를 지으며 대답했습니다.
"그 마음이 바로 새로운 시작이란다. 달라지고 싶다고 생각하는 순간, 너는 이미 앞으로 한 걸음을 내디딘 거야."

사람은 한 번에 크게 변하지 않습니다. 하지만 작은 다짐 하나가 내일의 모습을 바꿀 수 있습니다. 예를 들어, 오늘 "숙제를 미루지 않고 해 보자."라는 다짐을 실천한다면, 내일은 좀 더 성실한 내가 되어 있을 것입니다.

오늘 "친구에게 먼저 웃으며 인사하자."라는 다짐을 지킨다면, 내일은 조금 더 따뜻한 내가 되어 있을 것입니다. 작은 다짐은 눈에 잘 보이지 않을 만큼 작지만, 그것이 모이면 큰 변화를 만들어 냅니다.

심리학에서는 이런 과정을 자기 설계(Self-Design)라고 부릅니다.
스스로 삶의 목표를 세우고, 작은 실천으로 나아가는 과정이지요. 단순히 '잘 되고 싶다'는 생각에서 멈추지 않고, 행동으로 이어질 때 비로소 삶은 변하기 시작합니다.

예를 들어, "앞으로는 하루에 10분이라도 책을 읽자."라는 작은 계획을 세운다고 해 봅시다. 처음에는 짧은 시간이지만, 그 습관은 점점 쌓여 큰 힘이 됩니다. 나중에는 책을 통해 새로운 지식을 얻고, 더 깊이 생각할 수 있는 힘을 가지게 되지요.

또 "나는 아침에 일어나면 엄마에게 '좋은 아침!'이라고 인사할 거야." 라는 다짐도 있습니다. 이 짧은 인사는 가족에게 따뜻한 힘을 주고, 내 마음까지 밝아지게 만듭니다. 삶을 설계한다는 것은 거창한 계획을 세우는 것이 아닙니다. 내가 원하는 '조금 더 나은 나'를 떠올리고, 그것을 위해 매일 한 걸음을 내딛는 것이지요.

철학자 장 폴 사르트르(Jean-Paul Sartre)는 "인간은 존재가 본질에 앞선다."라고 말했습니다.

이는 우리가 태어날 때 이미 정해진 모습대로 살아가는 것이 아니라, 내가 어떤 선택을 하느냐에 따라 나 자신을 새롭게 만들어 갈 수 있다는 뜻입니다.

아이들이 지금 세우는 작은 다짐은 단순한 계획표가 아닙니다.
그것은 "나는 이렇게 살아가고 싶어."라는 자기 선언이자, 스스로의 존재를 새롭게 빚어내는 과정입니다. 오늘의 선택은 내일의 나를 바꾸고, 그 작은 변화들이 모여 '미래의 나'를 만들어 줍니다.

또한 철학자 한스 게오르크 가다머(Hans-Georg Gadamer)는 우리가 살아가는 길을 "과거와 미래가 이어지는 대화"라고 말했습니다. 어제의 경험이 오늘의 나를 만들고, 오늘의 선택이 내일의 나를 이어줍니다. 그러니 삶을 설계하는 것은 내가 이미 걸어온 길을 돌아보며, 앞으로 걷고 싶은 길을 스스로 그려나가는 일입니다.

겨울방학을 앞둔 아이가 "이 학기를 잘 마치지 못한 것 같아요."라고 말했을 때, 저는 이렇게 답해 주었습니다.
"괜찮아. 끝처럼 보이지만, 사실은 새로운 시작이 기다리고 있단다. 네가 겪은 아쉬움도 내일을 준비하는 힘이 될 거야."

겨울은 차갑지만, 그 속에는 봄을 품고 있듯, 눈이 내리고 땅이 얼어붙어도, 땅속에서는 이미 새싹이 움트기 위한 준비가 이루어지고 있습니다. 우리의 삶도 마찬가지입니다.
끝처럼 보이는 순간에도, 그 안에는 언제나 새로운 시작이 숨어 있습니다.

아이들에게 이렇게 전해주고 싶습니다.
"삶을 다시 설계하는 힘은 네 안에 있어. 누가 대신 만들어 주는 게 아니야. 네가 하고 싶은 꿈, 바꾸고 싶은 습관, 지키고 싶은 다짐이 너를 앞으로 이끌어 줄 거야."

삶을 설계한다는 것은 어려운 수학 문제를 푸는 일이 아닙니다.
내 마음의 작은 소리를 듣고, 그 소리에 맞게 한 걸음을 내딛는 것, 그것이 바로 삶을 설계하는 첫걸음입니다.

겨울의 고요한 시간 속에서 마음에 새긴 다짐은 내일을 밝히는 설레이는 빛이 되듯, 아이들이 자기 자신에게 던지는 질문 하나하나가 곧 삶을 새롭게 빚어내는 시작이 되길 바랍니다.

이제, 스스로에게 이렇게 물어보세요.

- 나는 내일을 어떤 모습으로 살아가고 싶나요?
- 새로운 삶을 위해 오늘부터 바꾸고 싶은 작은 습관은 무엇인가요?
- 오늘의 내 선택이 내일의 나를 어떻게 바꾸어 갈까요?

마음 결 따라 쓰기

1. 마음 열기 질문

♡ 나는 새로운 다짐이나 목표를 세웠을 때 어떤 기분이 들었나요?

□ 설레고 기뻤어요. □ 조금 두렵지만 용기가 생겼어요.

□ 스스로 자랑스럽고 뿌듯했어요. □ 앞으로 더 열심히 하고 싶어졌어요.

□ 다른 느낌: ______________

2. 짧은 글쓰기 활동

① "나는 ____________________ 라는 다짐을 세운 적이 있어요."

② "그때 내 마음은 ______________________________ 했어요."

③ "그 다짐을 실천하면서 ____________________ 라는 걸 알게 되었어요."

④ "앞으로는 ____________________ 라는 작은 습관을 꼭 지키고 싶어요."

3. 그림 활동

〈나의 새로운 설계 그림〉

♡ 내가 다시 세운 다짐이나 앞으로 이루고 싶은 모습을 그림으로 표현해 보세요.

4. 함께하는 활동

〈짝과 함께 다짐 나누기〉

① 짝꿍에게 "나는 ____라는 다짐을 세웠어."라고 말해 보세요.

② 이어서 "그 다짐을 지킬 때 나는 ____라는 기분이 들었어."라고 이야기해 보세요.

③ 짝꿍은 "네 다짐이 정말 멋지다! 꼭 이룰 수 있을 거야."라고 응답해 주세요.

④ 활동 후, 내 마음은 ____________________

5. 마무리 성찰

① 나의 다짐은 나에게 ____________________과 같다.

② 작은 실천은 내 마음을 ____________________ 해 준다.

③ 오늘 수업에서 내가 깨달은 것은 ____________________이다.

교사 TIP

- **아이들이 쓴 글과 그림을 모아 "우리 반 다짐 나무"를 꾸며 보세요.**
- **아이들에게 "다짐은 크고 멋질 필요가 없어. 작은 습관도 멋진 시작이야."라는 메시지를 전해 주세요.**
- **활동이 끝난 뒤, 아이들과 함께 "오늘의 다짐이 내일의 나를 만든다!"라는 구호를 외치며 긍정적인 에너지를 나누면 더욱 힘이 됩니다.**

손바닥만 한 햇살

하루가 저물면 가방은 현관 옆에 살짝 기대고,
운동화엔 모래가 조금 묻어 있습니다.

교실 칠판 가루 냄새가 아직 옷깃에 남아 있고,
오늘 웃던 자리와 살짝 울컥하던 순간이 마음 속에 나란히 앉아 있지요.

크지는 않지만 분명한 일들
먼저 인사한 용기, 이름을 예쁘게 불러 준 다정함,
"미안해"와 "고마워"를 제때 건넨 마음.

초등학생의 하루는 그런 작은 빛들로 반짝입니다.

봄에는 시작을 배웠습니다.
낯선 교실 문을 여는 손, 자리표를 살피는 눈빛,
조심스레 "안녕?"하고 건네는 인사.

작은 두려움이 씨앗처럼 흙을 밀고 나오듯,
마음도 보이지 않는 자리에서 조용히 싹이 텄지요.

이름을 불러주고 불려 보며 서로의 얼굴을 마음에 담는 연습,
선생님의 미소 속에서 용기를 꺼내 보는 시간이 이어졌습니다.

여름에는 함께를 배웠습니다.

뛰고, 넘고, 때로는 다투고, 다시 손을 잡는 연습.
약속을 지키는 일이 어렵다는 걸 알게 되었고,
실패가 남긴 배움이 다음 시도를 가볍게 한다는 것도 깨달았지요.

팀을 위해 한 걸음 양보하는 마음,
"괜찮아, 다시 하면 돼" 하고 등을 다독여 주는 말
그 말들이 땀방울 사이로 시원한 그늘이 되어 주었습니다.

가을에는 멈춰 보는 힘이 자랐습니다.
오늘 내가 잘한 일을 떠올려 보고,
고마움을 전할 때 번지는 따뜻함을 느꼈지요.

비교 대신 내려놓는 편안함,
천천히라도 꾸준히 이어 가는 기쁨,
솔직하게 내 마음을 마주했을 때 생기는 가벼움.

함께 이뤄 더 커지는 기쁨이 교실을 은은하게 데웠습니다.

겨울에는 고요를 배웠습니다.
혼자 있는 시간의 특별함, 가족과 나누는 따뜻함,
추운 날씨가 알려주는 다정함.

짧은 안부가 하루를 데우고, 작은 도움 하나가 집 안 공기를 바꾼다는 사실을 알게 되었지요.
"수고했어." "고마워." "내일 또 해 보자."

눈처럼 조용히 내리는 말들이 마음의 빛을 지켜 주었습니다.

이제 책을 덮으려는 이 순간,
거창한 계획 대신 오늘 바로 해 볼 작은 연습 몇 가지를
마음에 넣어 볼까 합니다.

먼저 인사하기: 복도에서 마주치면 눈을 마주치고 "안녕!"
이름 예쁘게 부르기: 친구의 이름 끝에 미소 하나 덧붙이기
고마움 전하기: 떠오르는 사람에게 짧은 메모 한 줄
약속 하나 지키기: 오늘 정한 약속, 작아도 끝까지
내 마음 들여다보기: "지금 나는 어떤 기분일까?" 하고 스스로에게 물어보기

이 연습들은 숙제가 아니라 따스한 햇살과 같습니다.
주머니에 쏙 넣어두었다가 필요할 때 꺼내 쓰면 됩니다.

그렇게 하루의 온도가 조금씩 바뀌고,
인성은 그 따뜻함 속에서 조용히, 그러나 확실하게 자랍니다.

함께 읽어 준 어른들께도 작은 부탁을 하려 합니다.

"왜 그랬어?"보다 "어땠어?"를 먼저 묻는 물음과,
결과보다 과정을 칭찬하는 눈빛,
서둘러 답을 주기보다 스스로 답을 찾도록 기다려 주는 시간.

그 다정함이 아이들의 사계절을 포근하게 덮습니다.
믿어주는 시선은 긴 설명보다 오래 남거든요.

사계절은 끝나지 않았습니다.
다시 봄이 오고, 여름과 가을을 건너, 겨울의 고요를 지나
또 새봄이 찾아옵니다.

이 책이 그 길 위에서 잠깐 숨 고르며,
가방 속에서 꺼내 보는 작은 메시지가 되기를 바랍니다.

서두르지 않아도 괜찮습니다.
당신의 속도로, 당신다운 걸음으로.
오늘의 다정함이 내일의 힘이 되기를
조용히, 오래 응원합니다.

참고문헌

Bandura, A. (1997). Self-efficacy: The exercise of control. W. H. Freeman.

Collaborative for Academic, Social, and Emotional Learning. (2021). The CASEL guide to schoolwide SEL: Essentials (2nd ed.). https://schoolguide.casel.org

Collaborative for Academic, Social, and Emotional Learning. (n.d.). Fundamentals of SEL. https://casel.org/fundamentals-of-sel/

Davis, M. H. (1983). Measuring individual differences in empathy: Evidence for a multidimensional approach. Journal of Personality and Social Psychology, 44(1), 113-126. https://doi.org/10.1037/0022-3514.44.1.113

Deci, E. L., & Ryan, R. M. (2000). The "what" and "why" of goal pursuits: Human needs and the self-determination of behavior. Psychological Inquiry, 11(4), 227-268. https://doi.org/10.1207/S15327965PLI1104_01

Durlak, J. A., Weissberg, R. P., Dymnicki, A. B., Taylor, R. D., & Schellinger, K. B. (2011). The impact of enhancing students' social and emotional learning: A meta-analysis of school-based universal interventions. Child Development, 82(1), 405-432. https://doi.org/10.1111/j.1467-8624.2010.01564.x

Dweck, C. S. (2006). Mindset: The new psychology of success. Random House.

Fredrickson, B. L. (2001). The broaden-and-build theory of positive emotions. American Psychologist, 56(3), 218-226. https://doi.org/10.1037/0003-066X.56.3.218

Goodenow, C. (1993). The psychological sense of school membership among adolescents: Scale development and educational correlates. Psychology in the Schools, 30(1), 79-90. https://doi.org/10.1002/1520-6807(199301)30:1

Gross, J. J. (1998). The emerging field of emotion regulation: An integrative review. Review of General Psychology, 2(3), 271-299. https://doi.org/10.1037/1089-2680.2.3.271

Jones, D. E., Greenberg, M., & Crowley, M. (2015). Early social-emotional functioning and public health: The relationship between kindergarten social competence and future wellness. American Journal of Public Health, 105(11), 2283-2290. https://doi.org/10.2105/AJPH.2015.302630

Kabat-Zinn, J. (2013). Full catastrophe living (Revised ed.). Bantam.

Masten, A. S. (2014). Ordinary magic: Resilience in development. The Guilford Press.

OECD. (2021). Beyond academic learning: First results from the OECD Survey on Social and Emotional Skills. OECD Publishing. https://doi.org/10.1787/92a11084-en

OECD. (2024). Beyond grades: Raising the visibility and impact of PISA well-being data (EDU/WKP(2024)8). OECD Publishing. https://doi.org/10.1787/806233fe-en

Osterman, K. F. (2000). Students' need for belonging in the school community. Review of Educational Research, 70(3), 323-367. https://doi.org/10.3102/00346543070003323

Schonert-Reichl, K. A., Oberle, E., Lawlor, M. S., Abbott, D., Thomson, K., Oberlander, T. F., & Diamond, A. (2015). Enhancing cognitive and social-emotional development through a simple-to-administer mindfulness-based school program for elementary school children: A randomized controlled trial. Developmental Psychology, 51(1), 52-66. https://doi.org/10.1037/a0038454

Taylor, R. D., Oberle, E., Durlak, J. A., & Weissberg, R. P. (2017). Promoting positive youth development through school-based social and emotional learning interventions: A meta-analysis of follow-up effects. Child Development, 88(4), 1156-1171. https://doi.org/10.1111/cdev.12864

UNICEF. (2019). Comprehensive life skills framework: Rights-based and life cycle approach to building skills for empowerment. UNICEF. https://www.unicef.org/india/reports/comprehensive-life-skills-framework

Wentzel, K. R. (1991). Relations between social competence and academic achievement in early adolescence. Child Development, 62(5), 1066-1078. https://doi.org/10.1111/j.1467-8624.1991.tb01589.x

교육부. (2021). 제2차 인성교육 종합계획(2021-2025). 교육부. (공식 보도자료 및 자료집 참조)

교육부(법제처). (2020). 인성교육진흥법 [법률 제17472호, 2020. 8. 11. 일부개정]. 국가법령정보센터. https://www.law.go.kr

고국영, 김은정, & 이상수. (2015). 초등교사의 사회정서역량이 학습자의 사회정서역량, 공동체의식, 학급분위기에 미치는 영향. 한국교원교육연구, 32(4), 219-239. https://doi.org/10.24211/tjkte.2015.32.4.219

김은정, 진춘화, & 이상수. (2015). 사회정서학습 프로그램이 초등학생들의 사회정서역량과 공동체의식 개선에 주는 의미 탐색. 교육방법연구, 27(4), 511-534. https://doi.org/10.17927/tkjems.2015.27.4.511

박현영, & 채수은. (2022). 국내 사회정서학습(SEL) 프로그램 효과에 관한 메타분석. 인간발달연구, 29(1), 79-100. (원문/서지: KCI · DBpia · 교보학술정보)

인성이 자라는 계절의 길 〈중학생〉

중학생의 하루는 빠르게 변하고, 마음은 그 뒤를 따라 자랍니다.
이 책은 그 사이에서 느껴지는 작은 통증, 성장통에 귀 기울이는 기록입니다.

봄에는 나와 너를 알아가는 질문으로 시작하고,
여름에는 감정과 관계의 균형을 연습합니다.
가을에는 말과 선택의 책임을 배우고,
겨울에는 고요 속 자기 돌봄으로 다음 봄을 준비합니다.

각 장에는 오늘 바로 해 볼 수 있는 짧은 실천을 담았습니다.
감정에 이름 붙이기, 먼저 인사하기, "미안해", "고마워" 제때 말하기,
화면을 잠시 내려놓고 나만의 기준을 가다듬기
작은 선택들이 하루의 온도를 바꾸고, 마음의 결을 깊게 합니다.

변화와
성장통의 계절

나와 너를 이해하며 성장하는 봄

1. 나는 어떤 사람일까?

창가에 스며드는 봄 햇살은 언제나 조심스럽습니다.
아직 겨울의 찬 기운이 교실 바닥에 남아 있지만, 햇살을 따라 작은 잎사귀가 용기를 내어 고개를 내밉니다. 작은 흔들림 속에서도 자라나는 그 연약한 새싹은, 어쩌면 사춘기를 지나고 있는 우리 아이들의 마음을 꼭 닮아 있습니다.

상담실로 들어온 한 아이가 의자에 조심스레 앉으며 말했습니다.
"선생님, 저는 가끔 제가 누군지 모르겠어요. 어떤 때는 친구들처럼 밝아야 할 것 같고, 또 어떤 때는 그냥 혼자 있고 싶어요. 그러다 보니 진짜 제가 어떤 사람인지 헷갈려요."

저는 아이의 눈빛을 바라보며 조용히 고개를 끄덕였습니다.
"그래, 그런 마음이 드는 게 참 자연스러운 거야. 네가 누군지, 앞으로 어떤 사람이 되고 싶은지 궁금해지는 건 이 시기에 꼭 필요한 질문이란다."

아이는 잠시 고개를 숙이더니 다시 물었습니다.
"그런데요, 왜 자꾸 혼란스러울까요? 저는 뭔가 제대로 못하고 있는 것 같아요."

저는 따뜻하게 미소를 지으며 말했습니다.
"혼란스럽다는 건 오히려 네가 잘하고 있다는 표현이야. 지금 흔들리는 건 네가 뿌리를 내리려 준비하고 있기 때문이지. 작은 새싹도 바람에 흔들리지만, 그 흔들림이 지나고 나면 더 단단히 뿌리를 내리거든."

아이는 제 말을 곱씹으며 작은 숨을 내쉬었습니다.
"그럼, 제가 이렇게 흔들려도 괜찮은 건가요?"

"물론이지. 지금은 네 안의 길을 찾아가는 중이니까. 아직 답이 없어도 괜찮아. 중요한 건 질문을 멈추지 않는 거야. 네가 '나는 어떤 사람일까?'라고 묻는 순간마다 너는 이미 조금씩 너 자신을 알아가고 있는 거란다."

심리학에서는 이런 과정을 정체성 탐색(Identity Exploration)이라고 부릅니다.
발달심리학자 에릭 에릭슨(Erik H. Erikson)은 청소년기를 '정체성 대 역할 혼미'의 시기라고 말했습니다. 이 시기의 아이들은 마치 미로 속을 걷듯, 여러 갈래의 길을 살펴보며 자신이 누구인지, 무엇을 원하는지 찾습니다.

아이들은 때로 "나는 공부 잘하는 아이일까?", "나는 친구들에게 어떤 사람일까?", "앞으로 어떤 꿈을 가져야 할까?" 같은 질문에 서툴게 서성입니다. 답을 쉽게 찾지 못해 불안하고 조급해지기도 하지만 사실, 이 불안과 혼란은 성장의 과정에서 꼭 거쳐야 하는 통로입니다.

아이는 다시 조심스럽게 고백했습니다.
"선생님, 저는 다른 친구들처럼 특별하지 않은 것 같아요. 그냥 평범하고… 잘하는 것도 없는 것 같아요."
저는 부드럽게 웃으며 대답했습니다.

"네가 평범하다고 느끼는 순간에도 너만의 특별함은 숨어 있단다. 혹시 좋아하는 게 있니?"

아이는 잠시 생각하다가 말했습니다.
"저는 그림 그리는 걸 좋아해요. 그런데 잘 그리는지는 모르겠어요."

"잘 그리고 못 그리는게 중요한 건 아니야. 네가 그림을 그릴 때 마음이 즐겁고 시간이 금방 간다면, 그게 바로 네 안에 있는 특별한 빛이야. 너를 '너답게' 보여주는 거지."

그 순간, 아이의 눈가가 조금 반짝이는 듯했고, 자신 안에 무언가 특별함이 있다는 말을 들으며, 마음속 어두운 구석이 조금은 환해지는 듯 보였습니다.

마르틴 하이데거(Martin Heidegger)는 인간을 "자신의 존재를 물을 수 있는 유일한 존재"라고 말했습니다. 청소년들이 "나는 어떤 사람일까?"라는 질문을 던지는 것은, 바로 인간만이 할 수 있는 가장 특별하고 위대한 행위라는 뜻이지요.

또한 철학자 한스 게오르크 가다머(Hans-Georg Gadamer)는 "이해는 언제나 대화 속에서 자란다."고 했습니다. 친구와의 대화, 부모님과의 대화, 선생님과의 대화, 그리고 무엇보다 자기 자신과의 대화를 통해 아이들은 점점 더 자신만의 색깔을 찾아가듯, 지금 당장 답을 내리지 않아도 괜찮습니다. 중요한 건 묻고 대화하며 그 길을 걸어가는 과정 자체입니다.

봄의 시작은 언제나 불안합니다.
여린 새싹은 작은 바람에도 흔들리지만, 그 흔들림을 통해 더 단단히 뿌리를 내립니다.
지금 "나는 어떤 사람일까?"라는 질문에 서툴게 서 있는 자신은 단순히 혼란을 겪는 것이 아니라, 자신을 키워가는 귀한 시간을 살고있는 것이지요.

상담실을 나서던 아이는 문 앞에서 발걸음을 잠시 멈추더니 수줍게 말했습니다.
"선생님, 오늘 얘기하니까 조금 안심이 돼요. 아직 답은 모르겠지만, 그냥 제가 질문을 하고 있다는 게 괜찮은 거구나 싶어요."

저는 따뜻하게 웃으며 대답했습니다.
"그래, 바로 그거야. 답은 서두를 필요가 없어. 질문을 품고 있는 네 마음이 이미 너를 더 단단하게 만들고 있단다. 네가 흔들릴 때마다, 그 흔들림 속에서 더 깊은 뿌리를 내리고 있다는 걸 꼭 기억해 줘."

이제, 스스로에게 이렇게 물어보세요.

- **나는 지금 어떤 모습으로 살아가고 있나요?**
- **내가 가장 나답다고 느꼈던 순간은 언제였나요?**
- **"나는 어떤 사람일까?"라는 질문에 답하지 못하더라도, 지금 내가 꼭 붙잡고 싶은 가치는 무엇인가요?**

마음 결 따라 쓰기

1. 마음 열기 질문

♡ 나는 '나는 어떤 사람일까?'라는 질문을 떠올릴 때 어떤 기분이 드나요?

□ 아직 잘 모르겠지만 궁금했어요.

□ 나만의 답을 찾고 싶어졌어요.

□ 혼란스럽지만 새로운 나를 만나고 싶었어요.

□ 내가 특별한 존재라는 생각이 들었어요.

□ 다른 느낌: ____________

2. 짧은 글쓰기 활동

① "나는 ________________ 할 때 가장 '나답다'라고 느꼈어요."

② "그때 내 마음은 ____________________________ 했어요."

③ "나는 _______ 라는 장점(또는 소중한 가치)을 가지고 있다고 생각해요."

④ "앞으로는 ____________ 라는 모습을 더 키우고 싶어요."

3. 그림 활동

〈나의 정체성 그림〉

♡ 내가 '나답다'고 느꼈던 순간, 또는 앞으로 살고 싶은 나의 모습을 그림으로 표현해 보세요.

4. 함께하는 활동

〈짝과 함께 '나답다' 이야기 나누기〉

① 짝꿍에게 "나는 _____ 할 때 가장 나답다고 느꼈어."라고 말해 보세요.

② 이어서 "그때 나는 _____ 라는 마음이 들었어."라고 이야기해 보세요.

③ 짝꿍은 "네가 그렇게 느낀 순간이 참 멋지다! 네가 어떤 사람인지 더 알게 되었어."라고 응답해 주세요.

④ 활동 후, 내 마음은 ________________________

5. 마무리 성찰

① '나는 어떤 사람일까?'라는 질문은 나에게 __________________ 과 같다.

② 나 자신을 알아가는 경험은 내 마음을 __________________ 해 준다.

③ 오늘 수업에서 내가 깨달은 것은 ________________________ 이다.

교사 TIP

- **아이들이 쓴 글과 그림을 모아 "우리 반 자기 이해 앨범"을 꾸며 보세요.**
- **활동 시간에 "나답다."라는 말의 의미를 함께 이야기해 보며, 비교가 아닌 자기만의 색깔을 찾아가는 경험을 하게 해주세요.**
- **"답을 지금 다 알지 못해도 괜찮아. 질문을 품고 있는 것 자체가 성장의 시작이야."라는 메시지를 전해 주시면 아이들이 안심하며 자기 탐색을 이어갈 수 있습니다.**

2. 남과 비교하지 않는 나만의 속도

봄 햇살이 교실 창문 사이로 스며드는 어느 날, 아이들의 시선은 종종 서로를 향해 머뭅니다.
"재는 벌써 저걸 잘하는데, 나는 왜 아직 이럴까?"

이런 마음은 중학생들이 자주 하는 고민이자, 누구나 한 번쯤 품어보는 질문일지도 모릅니다. 비교는 때로 도전의 자극이 되기도 하지만, 동시에 마음을 무겁게 짓누르는 그림자가 되기도 하지요.

어느 오후, 상담실에 들어온 한 아이는 의자에 앉자마자 깊은 한숨을 내쉬었습니다.
"선생님, 친구들은 다 잘하는데 저만 뒤처지는 것 같아요. 열심히 해도 따라잡을 수 없을 것 같아서 답답해요."

그 목소리 속에는 서운함과 초조함이 섞여 있었고, 저는 아이의 마음을 헤아리며 조용히 고개를 끄덕였습니다.
"네가 그렇게 느끼는 건 아주 자연스러운 일이야. 누구나 다른 사람을 보며 자신을 평가하려는 마음이 있거든. 하지만 잘 생각해 보렴. 꽃이 피는 시기가 모두 다르듯, 사람마다 성장하는 속도도 제각각이란다."

아이는 잠시 고개를 숙이다가 다시 눈을 들며 물었습니다.
"그럼 저는 너무 느린 건 아닐까요? 다들 달려가는데, 저만 뒤처지는 것 같아요."

저는 아이의 시선을 맞추며 부드럽게 대답했습니다.
"아니야. 네가 걷는 속도가 바로 네 리듬이고, 그 길이 네 삶을 가장 단단하게 만들어 줄 거야. 다른 사람과 비교하면서 급하게 달리면 오히려 지치고 넘어질 수도 있어. 하지만 네가 네 속도로 걸어간다면, 너만의 단단한 길을 만들 수 있단다."

아이는 제 말을 곱씹더니 작은 목소리로 덧붙였습니다.
"근데 친구가 앞서가는 걸 보면 자꾸 초조해져요. 제가 너무 느린 것 같아서요."

저는 미소 지으며 창밖 들판의 풍경을 가리켰습니다.
"저기 봐. 꽃들이 서로를 앞지르려고 하지 않잖아. 어떤 꽃은 일찍 피고, 어떤 꽃은 늦게 피지만, 모두 제자리에 맞게 피어나며 아름다움을 더해 주지. 네 삶도 그렇단다. 네가 걷는 속도가 바로 너만의 색깔을 만들어 주는 거야."

아이는 창밖을 바라보다가 천천히 웃음을 지었습니다.
"그러면 지금의 저도 괜찮은 거네요. 제가 제 속도로 가도 되는 거죠?"

"그럼, 당연하지. 지금의 네 모습은 충분히 소중하고, 앞으로도 네 속도대로 나아가면 돼."

심리학에서는 이런 마음을 사회적 비교(Social Comparison)라고 설명합니다.
인간은 본능적으로 타인과 자신을 견주며 정체성을 확인하려 하지만,

지나친 비교는 자기 존중감을 해치고 성장을 방해합니다. 특히 청소년 시기에는 작은 차이도 크게 느껴져서, “나는 부족하다.”라는 결론에 쉽게 도달하곤 하지만 성장은 끝없는 경쟁의 경주가 아니라, 자기만의 속도를 찾아가는 여정임을 잊지 말아야 합니다.

철학자 장 자크 루소(Jean-Jacques Rousseau)는 『에밀』에서 교육의 핵심은 “자연의 속도를 존중하는 것”이라 했습니다. 씨앗마다 발아 시기가 다르고, 꽃마다 피어나는 계절이 다르듯, 인간 역시 고유한 성장의 시간을 갖습니다. 누군가는 빠르게, 또 누군가는 천천히 나아가지만, 모두 자기만의 리듬 속에서 의미 있는 발걸음을 걷고 있는 것이지요.

또한 철학자 아리스토텔레스(Aristotle)는 인간의 행복을 “자기 고유의 기능을 온전히 발휘하는 삶”이라고 말했습니다. 행복은 남과 비교해서 얻는 것이 아니라, 자신 안의 잠재력을 발견하고 그것을 조화롭게 실현할 때 비로소 깊이 피어납니다.

봄 햇살 아래 들판의 꽃들은 서로를 앞지르려 하지 않습니다.
제각기 다른 색과 향기로 피어나며, 그 자체로 어울려 아름다움을 이룹니다.
아이들도 마찬가지입니다.
누군가보다 빠르지 않아도 괜찮고, 남보다 느리다고 해서 의미 없는 게 아닙니다.
중요한 건 자기만의 리듬을 잃지 않고, 꾸준히 자신의 길을 걸어가는 것입니다.

상담실에서 만난 아이에게 마지막으로 이렇게 말해 주었습니다.

"너는 지금도 충분히 잘하고 있어. 비교 대신 네 속도를 존중해 주면, 언젠가 네가 걸어온 길이 얼마나 빛나는지 스스로 알게 될 거야."

아이는 고개를 끄덕이며 작은 목소리로 대답했습니다.

"저, 이제부터는 제 속도를 조금 더 믿어볼게요. 천천히 가도 괜찮다는 걸 잊지 않으려고요."

그 말에 담긴 용기는 봄의 새싹처럼 여리고 작아 보였지만, 언젠가 큰 나무로 자라날 힘을 품고 있었습니다.

중학생 시절의 비교는 어쩌면 피할 수 없는 과정일지도 모르지만, 그 비교를 두려움으로 받아들이기보다는, 나만의 속도를 발견하는 기회로 바라보면 좋겠습니다.

결국 중요한 것은 남보다 빨리 가는 것이 아니라, 자기만의 길을 꾸준히 걸어가는 힘이기 때문입니다.

이제, 스스로에게 이렇게 물어보세요.

- **나는 최근 어떤 부분에서 다른 사람과 비교하며 힘들어했나요?**
- **나만의 속도와 리듬을 존중하기 위해 내가 할 수 있는 일은 무엇일까요?**
- **오늘 내가 내디딘 한 걸음만으로도 충분하다고 느낀 순간은 언제였나요?**

마음 결 따라 쓰기

1. 마음 열기 질문

♡ 나는 친구와 나를 비교했을 때 어떤 기분이 들었나요?

□ 마음이 무거워지고 속상했어요.

□ 친구는 빠른데 나는 느린 것 같아 초조했어요.

□ 그래도 나만의 장점을 찾고 싶었어요.

□ 비교를 멈추니 마음이 한결 편안해졌어요.

□ 다른 느낌: ________________

2. 짧은 글쓰기 활동

① "나는 ____________________ 상황에서 친구와 나를 비교했어요."

② "그때 내 마음은 ____________________________________ 했어요."

③ "하지만 생각해 보니 나는 _____ 라는 점에서 소중하다는 걸 알게 되었어요."

④ "앞으로는 ____________________ 라는 나만의 속도를 존중하고 싶어요."

3. 그림 활동

〈나만의 속도 그림〉

♡ 내가 비교 때문에 힘들었던 순간, 또는 비교 대신 나답게 걸어가고 싶었던 순간을 그림으로 표현해 보세요.

4. 함께하는 활동

<짝과 함께 나의 속도 이야기 나누기>

① 짝꿍에게 "나는 ___ 상황에서 친구와 비교하며 속상했어."라고 말해 보세요.

② 이어서 "근데 생각해 보니 나는 ___ 라는 나만의 장점이 있더라."라고 이야기해 보세요.

③ 짝꿍은 "네가 네 속도를 존중하려는 게 참 멋지다! 네 마음이 잘 전해졌어."라고 응답해 주세요.

④ 활동 후, 내 마음은 ______________________________

5. 마무리 성찰

① 비교는 나에게 ______________________________ 과 같다.

② 나의 속도를 존중하면 내 마음은 ______________________ 해 준다.

③ 오늘 수업에서 내가 깨달은 것은 ______________________________ 이다.

교사 TIP

- **아이들이 쓴 글과 그림을 모아 "우리 반 나만의 속도 지도"를 만들어 보세요.**
- **"빠르든 느리든, 모든 걸음은 의미 있는 걸음"이라는 메시지를 반복적으로 들려주세요.**
- **활동을 마칠 때, 아이들과 함께 "나는 내 속도로 충분하다!"라는 구호를 외치며 자기 긍정의 힘을 북돋아 주세요.**

3. 새롭게 열리는 관심과 호기심

봄 햇살이 교실 창가를 부드럽게 감싸던 어느 날, 한 아이가 상담실 문을 조심스럽게 열고 들어왔습니다. 책가방 끈을 만지작거리던 아이는 한참 망설이다가 작은 목소리로 제게 말했습니다.
"선생님, 요즘 괜히 그림을 그리고 싶어요. 잘하는 건 아닌데, 그냥 자꾸 손이 가요."

저는 잠시 미소를 지으며 아이의 말을 마음에 새겼습니다.
그 말속에는 단순한 취미를 넘어, 마음 어딘가에서 자라나고 있는 새로운 싹이 숨어 있었습니다.
"그림을 잘 그리는 게 중요한 건 아니란다. 네 마음이 자꾸 그쪽으로 향한다는 게 이미 특별한 신호야. 네 안에서 뭔가 새롭게 자라나고 있다는 뜻이지."

아이의 눈빛에는 순간 작은 빛이 스쳤지만, 곧 불안이 따라왔습니다.
"선생님, 제가 그림을 잘 못 그리면 쓸모없는 거 아닐까요? 괜히 시간만 버리는 건 아닌지 걱정돼요."

저는 아이의 말에 고개를 천천히 저으며 따뜻하게 웃었습니다.
"아니야. 쓸모없다니, 그런 건 없어. 잘하느냐 못하느냐보다 중요한 건 네가 그림을 그리는 바로 그 순간이란다. 그 시간 속에서 네 마음은 이미 자라고 있고, 새로운 길을 찾고 있는 거야. 호기심은 목적 없는 듯 보이지만, 사실은 네 안에 있는 새로운 가능성을 불러내는 힘이야. 그림을 그리면서 '이건 나랑 잘 맞는구나', '이건 조금 다르구나' 하고 느끼는 것도 네 자신을 알아가는 과정이지."

아이의 표정은 여전히 낯설고 두려운 기색이 남아 있었지만, 점차 안도하는 듯 부드럽게 변해갔습니다.
"그럼… 그냥 해봐도 괜찮은 거네요?"

저는 고개를 끄덕이며 대답했습니다.
"물론이지. 괜찮지. 네 호기심이 어디로 널 데려갈지는 지금은 아무도 몰라. 하지만 중요한 건 결과가 아니야. 그 길을 따라가다 보면 너는 분명 더 단단해지고, 지금보다 넓은 세상을 만날 수 있을 거야. 그러니 망설이지 말고 네 마음이 이끄는 길을 한번 걸어가 보렴."

아이의 눈가에 작은 미소가 번졌습니다. 그 미소는 "해봐도 되겠구나"라는 안도의 표현이자, 자기 안의 가능성을 믿고 싶다는 신호였습니다.

작은 호기심은 단순히 취미 생활이 아닙니다. 그것은 자기 탐색의 신호이자 성장의 시작이 될 수 있습니다. 심리학에서는 이를 호기심 기반 학습(Curiosity-driven learning)이라고 부릅니다. 뇌는 호기심이 생길 때 도파민이라는 화학물질을 분비하는데 도파민은 우리를 설레게 하고, 집중하게 만들며, 새로운 지식을 배우고 싶은 마음을 북돋아 줍니다. 그래서 "그냥 해보고 싶다."라는 마음이야말로 새로운 배움과 성장을 열어가는 열쇠가 되는 것이지요.

아이에게는 "잘해야 의미 있는 것"이라는 생각이 클 수 있지만, 사실은 "하고 싶어서 하는 것"이야말로 더 깊은 성장을 이끌어 줍니다. 그림이든 글쓰기든, 운동이든 음악이든, 그 안에서 아이들은 자기 마음을 만나고, 자기만의 길을 발견해 갑니다.

철학자 아우구스티누스(Augustine)는 "나는 알기 위해 살아간다."라고 말했습니다.
인간은 본래 알기를 원하는 존재, 탐구하는 존재라는 것이지요. 우리 안에 있는 호기심은 단순히 재미를 위한 것이 아니라, 자기 자신을 더 잘 이해하고 세상을 더 깊이 만나기 위한 다리입니다.

또한 철학자 이마누엘 칸트(Immanuel Kant)는 호기심을 "이성의 불안"이라고 불렀습니다.
모르는 것을 알고 싶어 하는 갈망이야말로 인간을 움직이는 근본적인 힘이라는 뜻입니다. 중학생 시기는 특히 자신을 탐색하고 세상에 대한 질문이 많아지는 시기이기에 호기심은 그저 스쳐 지나가는 감정이 아니라, 자기 존재를 더 크게 성장시켜 주는 씨앗이 될 수 있습니다.

"선생님, 근데 그림을 그리다 보면 제가 잘하는 친구들이랑 비교하게 돼요. 그러면 괜히 더 위축돼요."

아이의 말에 저는 조용히 고개를 끄덕였습니다.
"그럴 수 있지. 하지만 비교는 잠시 내려놓자. 네가 그리고 싶은 마음, 그 마음이 가장 소중한 시작이야. 다른 사람보다 잘하거나 못하는 건 중요하지 않아. 네가 좋아하는 걸 하고 있다는 사실만으로 이미 너는 자기만의 빛을 내고 있는 거야."
아이의 눈빛은 조금 더 환해졌습니다.

"그럼… 저도 언젠가는 제가 잘하는 걸 찾을 수 있을까요?"

"그럼. 찾을 수 있단다. 근데 꼭 빨리 찾을 필요는 없어. 네 호기심을 따라가다 보면, 그 과정에서 네가 어떤 사람인지, 무엇을 좋아하는지 자연스럽게 알게 될 거야. 네가 걸어가는 그 길이 바로 너를 성장하게 하고, 네가 어떤 존재인지 알려주는 지도와도 같거든."

봄 들판에서 돋아나는 새싹은 어디에서 꽃을 피울지 아무도 알지 못합니다. 하지만 자라는 그 순간 자체가 이미 아름답습니다. 아이들의 호기심도 그렇습니다. 결과가 불확실하더라도, 그 과정을 걸어가는 순간 이미 성장의 길 위에 서 있는 것이지요. 작은 관심을 소중히 여기고, 그 씨앗이 자라날 수 있도록 지켜봐 주는 것, 그것이 아이들에게 가장 큰 힘이 됩니다.

"나는 왜 잘하지 못할까?"가 아니라, "나는 지금 무얼 좋아할까?"라는 질문으로 스스로를 바라볼 때, 아이들은 두려움 대신 따뜻한 희망을 품게 됩니다.

이제, 스스로에게 이렇게 물어보세요.

- **요즘 내 마음을 자꾸 끌어당기는 새로운 관심사는 무엇인가요?**
- **그 관심을 따라가며 나는 어떤 새로운 나의 모습을 발견했나요?**
- **호기심이 어디로 나를 데려갈지 모르지만, 그 길을 한 번 믿고 걸어볼 용기가 나에게 있나요?**

마음 결 따라 쓰기

1. 마음 열기 질문

♡ 나는 요즘 새로운 관심사(하고 싶은 일, 궁금한 것)가 생겼을 때 어떤 기분이 들었나요?

□ 설레고 두근거렸어요.

□ 잘할 수 있을까 걱정됐어요.

□ 시도해 보니 재미있고 뿌듯했어요.

□ 아직은 서툴지만 계속 해보고 싶어졌어요.

□ 다른 느낌: ______________

2. 짧은 글쓰기 활동

① "나는 ________________에 관심이 생겨 해보고 싶었어요."

② "그때 내 마음은 ________________________________했어요."

③ "시도해 보니 ________________라는 즐거움(또는 배움)이 있었어요."

④ "그 경험을 통해 나는 _________________라는 나의 모습을 발견했어요."

3. 그림 활동

〈호기심의 씨앗 그림〉

♡ 내가 요즘 관심이 생긴 일이나 호기심이 생긴 순간을 그림으로 표현해 보세요.

4. 함께하는 활동

〈짝과 함께 호기심 이야기 나누기〉

① 짝꿍에게 "나는 ____에 호기심이 생겨서 해봤어."라고 말해 보세요.

② 이어서 "그때 나는 ____라는 기분이 들었어."라고 이야기해 보세요.

③ 짝꿍은 "네 호기심을 따라가는 모습이 참 멋지다! 꼭 이어가길 바라."라고 응답해 주세요.

④ 활동 후, 내 마음은 ____________________

5. 마무리 성찰

① 새로운 관심사는 나에게 ____________________과 같다.

② 호기심은 내 마음을 ____________________해 준다.

③ 오늘 수업에서 내가 깨달은 것은 ____________________이다.

교사 TIP

- 아이들이 쓴 글과 그림을 모아 "우리 반 호기심 정원"을 꾸며 보세요.
- "호기심은 잘하고 못하고의 문제가 아니라, 자기 안의 새로운 길을 발견하는 힘"이라는 메시지를 강조해 주세요.
- 활동 마무리 시간에 "나는 호기심 덕분에 자라고 있어!"라는 구호를 함께 외치며 긍정적인 분위기를 만들어 주세요.

4. 내 마음을 전하는 감정의 언어

창밖으로 따뜻한 봄 햇살이 스며드는 오후, 상담실 문이 천천히 열렸습니다.
작은 발걸음을 옮기며 들어온 아이는 의자에 앉자마자 고개를 푹 숙였고, 한참을 망설이다가 조그마한 목소리로 속삭였습니다.
"선생님… 그냥 답답해요. 왜 그런지 모르겠는데… 속이 꽉 막힌 것 같아요."

저는 아이가 끝까지 말을 마치도록 조용히 기다렸습니다.
잠시 침묵이 흘렀고, 교실 창밖에서 들려오는 바람 소리만이 공간을 채웠습니다.
아이의 떨리는 손끝과 무거운 표정을 보며, 나는 부드럽게 고개를 끄덕이며 말을 건넸습니다.
"네가 지금 말한 '답답하다.'는 표현, 그게 정말 중요한 시작이야. 네 마음이 스스로를 알려주고 있는 거지. 꼭 원인을 다 알지 못해도 괜찮아. 중요한 건 네가 느끼는 감정에 이렇게 이름을 붙여주는 거야."

아이의 눈빛 속에는 조금씩 안도감이 번졌습니다. 마치 무겁게 잠겨 있던 문이 살짝 열린 듯한 표정이었습니다.
"그럼 제가 이렇게 그냥 답답하다고만 말해도 괜찮은 거예요?"

"물론이지. 그 자체로 충분히 괜찮아. 네 마음속에 있는 걸 꺼내어 말하는 순간, 이미 네가 스스로를 돌보고 있는 거야."

아이의 어깨가 조금은 가벼워지는 듯 보였지만 여전히 마음속 깊은 곳의 불안은 남아 있었습니다. 아이는 다시 조심스럽게 물었습니다.
"선생님… 제가 이런 기분을 표현하면, 다른 사람들이 날 이상하게 보지 않을까요? 혹시 너무 예민하다고 하거나, 그냥 참으라고 하면 어떡하죠?"

저는 따뜻한 미소로 아이의 눈을 바라보며 대답했습니다.
"오히려 솔직하게 표현할 때, 다른 사람들이 너를 더 잘 이해할 수 있어. '화가 나요', '속상해요'라는 단순한 말도 너의 존재를 알려주는 중요한 시작이야. 그리고 네 감정을 존중해 주는 사람은 네가 용기 있게 내뱉은 그 말이 얼마나 소중한지 알게 될 거야. 그 순간 너는 혼자가 아니라는 걸 느끼게 될 거지."

심리학에서는 이런 과정을 정서 인식 능력(Emotional Awareness)이라고 부릅니다.
감정을 말로 표현할 수 있을 때, 우리는 마음속 안개 같은 불안을 조금 더 선명하게 바라볼 수 있습니다.

러시아 심리학자 레프 세묘노비치 비고츠키(Lev Semenovich Vygotsky)는 "언어는 사고의 집"이라고 말했습니다.
즉, 우리가 감정에 이름을 붙이는 순간, 그것은 막연한 혼란이 아니라 이해할 수 있는 내싱으로 바뀌는 것입니다. "나는 그냥 이싱해."라는 표현은 여전히 막연하지만, "나는 답답해.", "나는 슬퍼."라고 말할 수 있으면, 그 마음을 다루고 돌보는 방법을 찾을 수 있습니다.

철학자 발헬름 딜타이(Wilhelm Dilthey)는 인간의 삶을 '체험-표현-이해'의 순환으로 설명했습니다. 감정을 경험하고, 그것을 표현하며, 다시 이해받는 과정 속에서 우리는 조금씩 더 성숙해지는 것이지요.

즉, 감정의 언어를 배운다는 건 단순히 단어 몇 개를 아는 것이 아니라, 자기 자신을 이해하고, 타인과 마음을 잇는 다리를 놓는 일입니다.

저는 아이에게 종이를 건네며 말했습니다.
"혹시 지금 네 마음을 색깔로 표현한다면 어떤 색일까?"

아이는 잠시 생각하다가 파란색을 꾹 눌러 그렸습니다.
"파란색이요. 속이 시원하게 맑은 파랑은 아니고… 좀 무겁고 차가운 파랑이요."

저는 그 그림을 바라보며 조용히 고개를 끄덕였습니다.
"좋아. 네가 말로 다 표현하기 힘든 마음을 색으로 알려줬구나. 그게 바로 네 감정을 표현하는 또 다른 방법이야. 그리고 이건 아주 용기 있는 시도란다."

아이의 입꼬리가 살짝 올라가며 작은 미소가 번졌습니다. 그 순간, 아이는 자기 마음이 존중받고 있다는 사실을 온전히 느낀 듯했습니다.

봄 햇살 아래에서 막 움트는 새싹은 아직 여리고 작지만, 그 존재만으로도 이미 소중합니다. 아이들이 "답답해요.", "속상해요."라고 말하는 순간도 마찬가지입니다. 그 말은 아직 서툴고 짧을지라도, 바로 그 표현이 성장과 이해의 씨앗이 됩니다.

누군가가 그 말을 존중해 줄 때, 아이들은 자신이 안전하게 이해될 수 있다는 깊은 안도감을 얻게 됩니다. 그리고 그 경험은 다음에 또다시 감정을 표현할 용기를 길러줍니다.

감정을 말하는 건 약함이 아니라, 오히려 자기 자신을 돌보는 가장 용기 있는 행동이라는 것을 잊지 마세요.

이제, 스스로에게 이렇게 물어보세요.

- **나는 요즘 어떤 감정을 가장 자주 느끼고 있나요?**
- **그 감정을 친구나 가족에게 어떻게 표현하고 있나요, 아니면 표현하지 못하고 있나요?**
- **내 마음을 존중하며 솔직하게 말할 수 있을 때, 나는 어떤 변화를 경험하게 될까요?**

마음 결 따라 쓰기

1. 마음 열기 질문

♡ 나는 내 감정을 솔직하게 표현했을 때 어떤 기분이 들었나요?

□ 마음이 한결 가벼워졌어요.

□ 누군가가 내 마음을 이해해 줘서 따뜻했어요.

□ 부끄럽기도 했지만 속이 시원했어요.

□ 내 감정을 더 잘 알게 되어 신기했어요.

□ 다른 느낌: ________________

2. 짧은 글쓰기 활동

① "나는 ____________________ 상황에서 답답하거나 속상했어요."

② "그때 내 마음은 ____________________________________ 했어요."

③ "내 감정을 솔직하게 표현했을 때 ___________________ 라는 걸 느꼈어요."

④ "그 경험을 통해 나는 ________________________ 라는 걸 배웠어요."

3. 그림 활동

〈내 감정 그림〉

♡ 내가 최근에 느꼈던 감정을 그림이나 색깔로 표현해 보세요.

4. 함께하는 활동

〈짝과 함께 감정 이야기 나누기〉

① 짝꿍에게 "나는 ____ 상황에서 ____ 라는 감정을 느꼈어."라고 말해 보세요.

② 이어서 "그때 나는 ____ 라는 기분이 들었어."라고 이야기해 보세요.

③ 짝꿍은 "네가 네 감정을 솔직하게 표현한 게 참 멋지다! 네 마음이 잘 전해졌어."라고 응답해 주세요.

④ 활동 후, 내 마음은 ____________________

5. 마무리 성찰

① 감정은 나에게 ____________________ 과 같다.

② 감정을 표현하면 내 마음은 ____________________ 해 준다.

③ 오늘 수업에서 내가 깨달은 것은 ____________________ 이다.

교사 TIP

- 아이들이 쓴 글과 그림을 모아 "우리 반 감정 사전"을 만들어 보세요.
- "감정을 표현하는 건 약함이 아니라, 나를 돌보는 힘"이라는 메시지를 반복해서 전해 주세요.
- 수업 마무리에는 아이들과 함께 "내 감정은 소중해!"라는 구호를 외치며 자기 긍정을 북돋아 주면 좋습니다.

5. 마음속에 피어나는 우정의 싹

점심시간이 조금 지난 복도 창가에는 햇살이 비스듬히 들어오고, 멀리서 아이들의 웃음소리가 잔잔하게 들려옵니다. 그때 한 아이가 조용히 상담실로 들어왔습니다. 그 아이는 의자에 앉아 한동안 말이 없더니 작은 목소리로 속마음을 꺼냈습니다.

"선생님, 친구랑 다투고 나니까 괜히 마음이 허전해요. 친구가 없는 것 같아서 더 슬퍼요."

저는 아이의 눈빛을 바라보며 고개를 끄덕였습니다. 서운함과 불안이 섞인 표정 속에는 '나는 혼자가 된 건 아닐까?' 하는 두려움이 담겨 있었습니다.

"네 마음이 허전한 건 그만큼 그 친구가 소중하다는 뜻이란다. 사실 다툼이 있다는 건, 너희가 서로에게 중요한 존재라는 표현이기도 하지."

아이는 제 말을 듣고 잠시 고개를 끄덕였지만, 마음속 서운함은 여전히 남아 있는 듯했습니다. 그러다 조심스럽게 물었습니다.

"근데 선생님, 제가 먼저 사과해야 할까요? 괜히 제가 지는 것 같아서요."

저는 미소 지으며 천천히 대답했습니다.

"사과는 지는 게 아니란다. 오히려 네가 그만큼 우정을 지키고 싶다는 걸 보여주는 용기이지. 네가 먼저 다가간다면, 네 마음은 더 넓고 깊어질 거야."

그 말을 들은 아이는 잠시 생각에 잠기더니 이내 작은 웃음을 지으며 고개를 끄덕였습니다. 마음속에 작은 불씨가 켜진 듯, 표정에는 안도와 희망이 조금씩 번져갔습니다.

청소년기의 우정은 단순히 함께 웃고 떠드는 즐거움만이 있는 것은 아닙니다. 그 안에는 나 자신을 비추어 주는 중요한 거울이 있습니다.

심리학자 해리 스택 설리반(Harry Stack Sullivan)은 또래 관계를 "자기를 확인하는 무대"라고 불렀습니다. 친구와의 관계 속에서 아이들은 자신이 어떤 사람인지, 어떤 모습일 때 존중받는지를 확인한다고 합니다. 때로는 갈등을 겪으며 자기 안의 새로운 모습을 발견하기도 하지요.

"나는 어떤 친구일까?"
"나는 친구들에게 어떤 존재일까?"

이런 물음들이 우정 속에서 자라나며 다툼은 단순히 기분 나쁜 사건이 아니라, 나를 더 깊이 이해하게 하는 배움의 과정이 됩니다.

철학자 아리스토텔레스(Aristotle)는 『니코마코스 윤리학』에서 우정을 "서로의 선을 바라는 관계"라고 정의했습니다. 진정한 친구는 단순히 즐거움을 나누는 사이가 아니라, 서로가 더 좋은 사람이 되기를 바라는 관계라는 뜻이지요. 그래서 우정은 갈등이 생긴다고 무너지는 것이 아니라, 오히려 작은 오해와 다툼을 넘어서면서 더 단단해지고 깊어진다고 합니다.

봄의 새싹이 처음에는 여리고 잘 흔들리지만, 시간이 지나 숲이 되듯이 우정도 작은 다툼을 겪으면서 점점 뿌리를 내리고 자라듯이 말입니다.

며칠 뒤, 그 아이가 다시 상담실을 찾아왔습니다. 이번에는 얼굴에 환한 웃음을 띠고 있었습니다.
"선생님, 제가 먼저 사과했어요. 그런데 친구도 미안하다고 했어요. 화해하니까 속이 훨씬 편해요."

그 순간 아이의 웃음은 따뜻한 햇살 속에서 피어나는 새싹 같았고, 아직은 작고 연약해 보였지만, 분명히 뿌리를 내리고 자라 숲이 될 힘을 가진 싹처럼 느껴졌습니다.

저는 속으로 생각했습니다.
"우정은 완성된 채로 주어지지 않는구나. 매일의 대화와 작은 선택 속에서, 그리고 다툼과 화해의 과정을 통해 조금씩 자라나는 것이었구나."

우정은 한 번에 완성되지 않습니다.
작은 오해를 풀어가는 대화 속에서, 서로의 마음을 이해해 보려는 시도 속에서, 또 내가 먼저 내미는 손길 속에서 조금씩 싹트고 자랍니다.

사과하는 것은 지는 것이 아니라 용기이며,
양보는 약함이 아니라 마음의 넓이라고 생각합니다.
결국 서로의 차이를 인정하고 존중하는 순간, 우정은 단단한 뿌리를 내려 자라나니까요.

이제, 스스로에게 이렇게 물어보세요.

- 나는 최근에 친구와 다투었던 순간이 있었나요? 그때 내 마음은 어떤 모습이었나요?
- 내가 먼저 손을 내밀면, 우정은 어떻게 달라질까요?
- 친구와 함께 웃었던 순간, 내 마음속에는 어떤 따뜻한 불씨가 켜졌나요?

마음 결 따라 쓰기

1. 마음 열기 질문

♡ 나는 친구와의 우정을 느꼈을 때 어떤 기분이 들었나요?

□ 같이 웃으니 즐겁고 행복했어요.

□ 다투고 다시 화해하니 마음이 편안해졌어요.

□ 친구가 내 곁에 있다는 게 든든했어요.

□ 친구와 함께라서 용기가 생겼어요.

□ 다른 느낌: ______________

2. 짧은 글쓰기 활동

① "나는 ______________________ 상황에서 친구와 다투어 속상했어요."

② "하지만 화해했을 때 ______________________ 라는 걸 느꼈어요."

③ "그 경험을 통해 나는 ______________________ 라는 걸 배웠어요."

3. 그림 활동

〈마음속에 피어나는 우정의 싹 그림〉

♡ 내가 친구와 다투었지만 다시 화해했던 순간, 또는 친구와 함께 웃으며 따뜻했던 순간을 그림으로 표현해 보세요.

4. 함께하는 활동

〈짝과 함께 감정 이야기 나누기〉

① 짝꿍에게 "나는 ____ 상황에서 친구와 다투어 속상했어."라고 말해 보세요.

② 이어서 "그런데 화해하니까 _____ 라는 기분이 들었어."라고 이야기해 보세요.

③ 짝꿍은 "네가 용기 내어 화해한 게 참 멋지다! 네 마음이 잘 전해졌어."라고 응답해 주세요.

④ 활동 후, 내 마음은 ____

5. 마무리 성찰

① 우정은 나에게 __________________________ 과 같다.

② 사과와 화해는 내 마음을 __________________________ 해 준다.

③ 오늘 수업에서 내가 깨달은 것은 ______________________________ 이다.

교사 TIP

- 아이들이 쓴 글과 그림을 모아 "우리 반 우정 나무"를 꾸며 보세요.
- 활동을 마무리할 때, 아이들과 함께 "우정은 지는 게 아니라 지켜내는 거야!"라는 구호를 외치며 긍정적인 에너지를 나눠 보세요.
- 친구와의 갈등은 자연스러운 성장의 일부임을 강조하며, "사과는 용기이고, 화해는 마음의 넓이를 키우는 힘"이라는 메시지를 전해 주세요.

6. 실패를 딛고 나아가는 용기

봄 햇살이 부드럽게 창문을 스칠 때, 교실 안에는 발표를 준비하는 아이들의 긴장감이 가득했습니다. 어떤 아이는 자신감 있는 목소리로 또박또박 발표를 이어가고, 또 어떤 아이는 목소리가 작아져 잘 들리지 않았습니다. 모두가 자기만의 방식으로 무대에 서 있었지요.

그날 상담실로 들어온 한 아이는 의자에 앉자마자 힘없이 고개를 떨궜습니다.
"선생님, 발표하다가 갑자기 머릿속이 하얘졌어요. 사람들이 다 저를 보고 웃는 것 같았어요. 너무 창피해서 다시는 발표 안 하고 싶어요."

아이의 목소리에는 깊은 좌절감이 묻어 있었습니다.
작은 발표 한 번이지만, 그 순간은 아이에게 자신의 존재를 흔들 만큼 크게 다가왔던 것이지요. 실수 하나가 마치 모든 것을 무너뜨린 것처럼 느껴지고, 그 부끄러움은 마음속에 선명한 상처로 남았습니다.

저는 아이의 마음을 가만히 받아들이며 천천히 고개를 끄덕였습니다.
"그 순간, 정말 당황스럽고 속상했겠다. 네가 느낀 그 부끄러움은 충분히 이해할 수 있어. 하지만 발표하다가 말을 잊어버린 건 실패가 아니란다. 누구나 그런 경험을 해. 중요한 건 네가 다시 일어설 수 있느냐 하는 거지. 오늘의 경험이 너를 더 단단하게 만들어 줄 수도 있어."

아이의 눈빛에 잠시 망설임이 스쳤습니다. 그리고 떨리는 목소리로 물었습니다.

"선생님, 또 실패하면 어떡하죠? 사람들이 또 저를 보고 웃으면요?"

저는 따뜻하게 웃으며 대답했습니다.

"실패는 네가 무능해서가 아니라, 네가 용기 내서 도전했기 때문에 찾아온 거야. 아예 시도조차 하지 않았다면, 웃음도 없고, 배움도 없었을 거야. 네가 발표를 하겠다고 손을 든 그 순간, 이미 큰 용기를 낸 거란다. 실패를 두려워하지 말고 다시 한번 시도해 보는 게, 네가 더 강해지는 길이지."

아이는 제 말을 곱씹듯 잠시 조용히 앉아 있었습니다. 이내 작게 고개를 끄덕이며 말했습니다.

"그러면... 제가 틀려도 괜찮은 거네요? 다시 해도 되는 거예요?"

저는 확신에 찬 목소리로 대답했습니다.

"물론이지. 실수는 틀렸다는 결과가 아니라, 배우고 있다는 또 다른 표현인 거야. 네가 넘어졌던 자리에서 다시 일어나 보는 순간, 너는 어제보다 훨씬 더 단단해진 자신을 만나게 될 거야."

심리학자 앨버트 반두라(Albert Bandura)는 실패를 자기효능감(Self-efficacy)을 키우는 자양분이라고 말했습니다. 작은 시도와 작은 실패, 그리고 재도전을 통해 "나는 할 수 있다."라는 믿음이 생긴다는 것이지요. 그러니 실패는 무능의 결과가 아니라, 능력을 길러내는 과정입니다.

철학자 존 듀이(John Dewey)도 교육을 "삶의 끊임없는 실험"이라고 불렀습니다.

듀이에게 실패는 잘못이 아니라 또 다른 배움의 기회였습니다. 아무것도 시도하지 않는 안전한 길은 멈춤을 의미하고, 넘어졌다가 다시 일어서는 길은 살아 있다는 표현입니다.

청소년기의 아이들은 새로운 도전을 자주 맞닥뜨립니다.
교실에서 처음 손을 들어 발표하는 일, 운동장에서 팀을 이끌며 경기를 하는 일, 무대에 서서 노래하거나 연주하는 일. 그 모든 순간은 실수와 실패가 뒤따를 수밖에 없는 과정입니다.
그러나 그 안에서 아이들은 넘어지는 법을 배우고, 다시 일어서는 용기를 배우며, 자기 자신을 더 단단하게 세워 갑니다.

며칠 뒤, 같은 아이가 다시 상담실을 찾아왔습니다. 이번에는 지난번과 달리 조금은 환한 얼굴이었습니다.
"선생님, 다시 발표했어요. 아직도 떨렸지만, 끝까지 했어요. 중간에 목소리가 작아졌지만, 그냥 끝까지 읽었어요. 그러니까… 사람들이 웃지 않고, 오히려 박수쳐 줬어요."

저는 박수를 치며 웃었습니다.
"정말 잘했다! 네가 용기 내어 다시 시도했기 때문에 그런 경험을 할 수 있었던 거야. 네 마음속에는 이미 실패를 넘어설 수 있는 힘이 있다는 걸 오늘 보여준 거란다."

아이의 눈동자가 반짝이며 대답했습니다.
"처음에는 또 틀릴까 봐 무서웠는데, 그냥 해보니까 생각보다 괜찮았어요. 아, 제가 실패한다고 해서 끝나는 게 아니구나, 하고 느꼈어요."

그 순간 저는 깨달았습니다.
이 작은 경험이 아이에게 앞으로의 길을 살아가게 하는 큰 힘이 되어줄 것임을.

봄의 새싹은 수없이 바람에 흔들리며 자랍니다.
바람이 전혀 불지 않는다면 뿌리는 얕게 뻗고 쉽게 쓰러지겠죠.
하지만 바람에 맞서 이리저리 흔들릴 때, 새싹은 더 깊이 뿌리를 내리고 더 단단한 줄기로 자라납니다.

아이들의 실패도 마찬가지입니다. 실패를 겪는 순간은 아프지만, 그 아픔이 곧 뿌리를 단단하게 하고 더 큰 성장을 준비하게 합니다.

아이들에게 필요한 건 완벽한 성공이 아니라, "괜찮아, 다시 하면 돼."라는 격려입니다.
그 말 한마디가 아이들의 두려움을 덜어 주고, 도전할 수 있는 힘을 심어 줍니다.

이제, 스스로에게 이렇게 물어보세요.

- 나는 최근 어떤 시도를 하다가 실패해 본 적이 있나요?
- 그 실패 속에서 내가 새롭게 배운 점은 무엇이었나요?
- 내가 다시 도전한다면, 이번에는 어떤 작은 용기를 내고 싶나요?

마음 결 따라 쓰기

1. 마음 열기 질문

♡ 나는 어떤 도전을 하다가 실수하거나 실패했을 때 어떤 기분이 들었나요?

□ 너무 창피하고 속상했어요.

□ 그래도 끝까지 해본 내가 대견했어요.

□ 다음에는 더 잘하고 싶다는 마음이 생겼어요.

□ 두려웠지만 다시 시도해 보고 싶었어요.

□ 다른 느낌: ______________

2. 짧은 글쓰기 활동

① "나는 __________________ 상황에서 실패하거나 실수를 했어요."

② "하지만 그 경험을 통해 __________________ 라는 걸 느꼈어요."

③ "앞으로는 실패가 와도 __________________ 라는 용기를 내고 싶어요."

3. 그림 활동

〈나의 도전 그림〉

♡ 내가 실패했지만 용기를 낸 순간, 또는 다시 시도해 보고 싶은 장면을 그림으로 표현해 보세요.

4. 함께하는 활동

〈짝과 함께 실패와 용기 이야기 나누기〉

① 짝꿍에게 "나는 _____ 상황에서 실패했어."라고 말해 보세요.

② 이어서 "그때 나는 _____라는 기분이 들었어."라고 이야기해 보세요.

③ 짝꿍은 "실패에도 용기 낸 네 모습이 참 멋지다! 네 마음이 잘 전해졌어."라고 응답해 주세요.

④ 활동 후, 내 마음은 ____

5. 마무리 성찰

① 실패는 나에게 ________________________과 같다.

② 시도와 도전은 내 마음을 ________________________ 해 준다.

③ 오늘 수업에서 내가 깨달은 것은 ______________________________ 이다.

교사 TIP

- 아이들이 쓴 글과 그림을 모아 "우리 반 용기의 발자국 보드"를 꾸며 보세요.
- 아이들에게 "실패는 끝이 아니라 새로운 시작의 발판"이라는 메시지를 반복적으로 전해 주세요.
- 활동 마무리 시간에 아이들과 함께 "나는 실패해도 다시 도전할 수 있어!"라는 구호를 외치며 자기 긍정과 회복탄력성을 길러 주세요.

7. 너와 나, 다름을 인정하는 마음

봄 햇살이 따뜻하게 교실 창문을 두드리던 어느 날, 상담실에 두 아이가 나란히 들어왔습니다. 두 아이의 얼굴은 붉게 상기되어 있었고, 서로를 향한 눈빛은 날카롭게 흔들리고 있었습니다. 의자에 앉자마자 한 아이가 답답한 듯 소리쳤습니다.
"선생님, 저 친구는 왜 저렇게 생각하는지 모르겠어요. 너무 답답해요!"

그러자 곁에 있던 친구도 지지 않으려는 듯 바로 말했습니다.
"저도요. 분명 제가 맞는 것 같은데, 자꾸 부딪히니까 더 힘들어요."

저는 두 아이의 목소리에 담긴 서운함과 답답함을 느끼며, 잠시 그들의 눈을 번갈아 바라보았습니다. 그리고 조용하지만 단단한 목소리로 말을 건넸습니다.
"네가 답답하게 느끼는 건 그만큼 네가 소중하게 생각하는 게 있기 때문이야. 네 친구도 마찬가지야. 각자 자기 마음속에 중요한 기준이 있어서 그렇게 생각하는 거지. 서로 다르다고 해서 잘못된 건 아니야. 오히려 그 다름이 너희가 더 많이 배우고 이해할 수 있는 출발점이 될 수도 있단다."

두 아이는 잠시 서로를 바라보다가, 한 아이가 망설이며 물었습니다.
"근데 선생님, 제가 맞는 것 같을 때는 어떻게 해야 해요? 그냥 제 생각을 꼭 참아야 하나요?"

저는 고개를 끄덕이며 미소 지었습니다.
"네가 옳다고 느낄 수 있지. 하지만 상대방도 자기 자리에서 옳다고 생각할 수 있단다. 중요한 건 '누가 맞고 틀렸는가'가 아니라, 서로 다른 생각을 어떻게 존중하며 나눌 수 있는가야. '아, 너는 그렇게 생각하는구나.'라고 말해 주는 것 만으로도 다름은 갈등이 아니라 대화가 될 수 있어."

그 말을 들은 아이들의 표정이 조금씩 누그러졌습니다.
처음의 불편한 긴장 대신, 서로를 향한 시선 속에 작은 이해의 빛이 스며들었습니다. 중학생 시기는 자기 의견이 점점 또렷해지고, 세상을 바라보는 관점이 날카로워지는 시기이기에 친구들과 부딪히는 일이 잦아질 수 있습니다.

그리고 심리학에서는 이러한 과정을 사회적 인지 발달(Social Cognition Development)이라고 설명합니다. 내가 누구인지 알기 위해서는 반드시 '너는 나와 다르구나.'라는 사실을 깨닫고, 그 다름을 받아들이는 경험이 필요하기 때문이지요. 다름을 경험하는 것은 불편할 수 있습니다. 하지만 그 불편함 속에서 우리는 "나는 이런 생각을 가지고 있구나.", "너는 저런 마음을 가지고 있구나."라는 깨달음을 얻게 됩니다. 이것이야말로 성숙한 사회성을 배우는 중요한 과정입니다.

철학자 엠마누엘 레비나스(Emmanuel Levinas)는 인간을 이해하는 출발점을 '타자의 얼굴'에서 찾았습니다. 그는 "타자를 만나는 순간, 우리는 책임을 배운다."라고 말했습니다. 즉, 나와 다른 얼굴, 다른 생각을 만나는 일은 단순히 불편한 사건이 아니라, 내가 한 사람으로서 성장할 수 있는 귀중한 기회라는 뜻입니다.

또한 철학자 존 스튜어트 밀(John Stuart Mill)은 자유의 본질을 '다양성의 존중'에서 찾았습니다. 다름을 인정하지 않는 사회는 결국 멈춰 버리고 말지만, 다름을 존중하는 사회는 새로운 생각과 변화를 품으며 계속 성장할 수 있다는 것이지요. 아이들이 "너는 나와 달라. 하지만 그 다름이 우리를 의미있게 해."라고 말할 수 있을 때, 진정한 존중이 싹트게 됩니다.

저는 아이들에게 이렇게 덧붙였습니다.
"봄 들판을 생각해 보렴. 만약 노란 민들레만 가득하다면 풍경이 단조롭지 않을까? 하지만 민들레, 들국화, 붉은 꽃잎이 어우러지면 훨씬 더 아름답지. 마찬가지로 너희의 생각과 마음도 다 달라서 더 다양해질 수 있는 거야."

아이들은 그 말을 듣고 서로를 다시 바라보았습니다.
잠시 머뭇거리던 한 아이는 작은 목소리로 말했습니다.
"그럼… 우리가 다른 게 꼭 나쁜 건 아니겠네요."

저는 따뜻하게 웃으며 고개를 끄덕였습니다.
"그럼, 당연하지. 다름은 갈등이 아니라, 새로운 길을 보여주는 창이 될 수 있단다."

다름을 받아들이는 건 단숨에 이루어지지 않습니다.
작은 연습이 필요하지요. 예를 들어, 친구와 의견이 다를 때 "넌 틀렸어."라고 말하기보다 "넌 그렇게 생각하는구나. 나는 조금 다르게 생각해."라고 표현하는 것, 또 친구의 말을 끝까지 들어 주고, 내 생각을 차분히 나누는 것, 이런 작은 태도 하나가 서로의 마음을 이어주는 다리가 됩니다.
그리고 다름을 인정한다는 건 결국 '나는 네가 소중한 존재임을 존중한다.'라는 메시지를 담고 있습니다. 서로 다른 꽃들이 어울려 숲을 이루듯, 친구와 나의 다름도 함께 어울려 더 넓은 세상을 보여주게 되는 것이지요. 대화를 마칠 즈음, 두 아이는 한결 부드러워진 표정으로 서로를 향해 미소를 지었습니다.
그리고 이렇게 말했습니다.
"선생님, 앞으로는 그냥 다르다는 걸 인정해 볼게요."

저는 웃으며 대답했습니다.
"그래, 그 마음이 정말 소중해. 다름을 인정하는 순간, 너희 마음은 더 넓어지고, 우정도 더 단단해질 거야."

그 순간, 봄 햇살이 창가로 스며들며 두 아이의 얼굴을 따뜻하게 비추었습니다. 마치 "다름은 갈등이 아니라, 서로를 이해하게 해주는 빛"이라고 속삭여 주는 듯했습니다.

이제, 스스로에게 이렇게 물어보세요.

- 나는 친구나 가족의 다름을 어떻게 받아들이고 있나요?
- 최근에 누군가와의 다름 때문에 마음이 불편했던 경험은 무엇인가요?
- 그 다름 속에서 내가 배울 수 있었던 성장의 지점은 무엇이었나요?

마음 결 따라 쓰기

1. 마음 열기 질문

♡ 나는 친구와 의견이나 생각이 달랐을 때 어떤 기분이 들었나요?

□ 답답하고 속상했어요.

□ 친구는 나랑 다르지만 이해해 보고 싶었어요.

□ 다르다는 게 새롭게 느껴졌어요.

□ 오히려 배울 수 있어서 좋았어요.

□ 다른 느낌: ________________

2. 짧은 글쓰기 활동

① "나는 ______________________ 상황에서 친구와 생각이 달랐어요."

② "하지만 그 경험을 통해 ________________________ 라는 걸 알게 되었어요."

③ "앞으로는 ______________________ 하며 친구의 다름을 존중하고 싶어요."

3. 그림 활동

〈다름 속의 우리 그림〉

♡ 내가 친구와 달랐던 순간, 또는 그 다름을 통해 더 넓게 생각하게 된 순간을 그림으로 표현해 보세요.

4. 함께하는 활동

〈짝과 함께 다름 이야기 나누기〉

① 짝꿍에게 "나는 _____ 상황에서 친구와 생각이 달랐어."라고 말해 보세요.

② 이어서 "그때 나는 _____ 라는 마음이 들었어."라고 이야기해 보세요.

③ 짝꿍은 "네가 다름을 존중하려는 게 참 멋지다! 네 마음이 잘 전해졌어."라고 응답해 주세요.

④ 활동 후, 내 마음은 ______________________________

5. 마무리 성찰

① 다름은 나에게 ______________________ 과 같다.

② 친구의 다름을 인정하면 내 마음은 ______________________ 해 준다.

③ 오늘 수업에서 내가 깨달은 것은 ______________________ 이다.

교사 TIP

○ 아이들이 쓴 글과 그림을 모아 "우리 반 다름 존중 보드"를 꾸며 보세요.
○ "다름은 틀림이 아니라, 새로운 길을 보여주는 창"이라는 메시지를 전해 주세요.
○ 수업 마무리 때, 아이들과 함께 "너와 나는 달라서 더 소중해!"라는 구호를 외치며 존중과 이해의 분위기를 다져 보세요.

감정과 관계 속에서 배우는 여름

8. 하고 싶은 것과 해야 하는 것 사이에서

여름 방학을 앞둔 어느 날, 한 아이가 상담실 문을 조심스럽게 두드렸습니다.
"선생님… 저 사실 요즘 고민이 있어요."

저는 의자를 권하며 웃어주었습니다.
"그래, 편하게 이야기해 보자. 무슨 고민이니?"

아이는 잠시 머뭇거리다가 고백하듯 말했습니다.
"저는 게임을 하고 싶은데, 공부를 안 하면 안 될 것 같아요. 근데 공부하려고 하면 자꾸 게임 생각이 나요. 마음이 자꾸 흔들려요."

저는 그 아이의 표정에서 솔직한 갈등이 그대로 느껴져 웃으며 따뜻하게 말했습니다.
"그건 너무나 자연스러운 마음이야. 누구나 하고 싶은 것과 해야 하는 것 사이에서 갈등을 느끼지. 네가 지금 그 사이에서 흔들린다는 건, 오히려 네가 성장하고 있다는 표현이란다."

아이는 내 말을 듣고 잠시 고개를 끄덕였지만, 여전히 표정에는 물음표가 남아 있었습니다.
"선생님, 왜 저는 자꾸 하고 싶은 것만 생각나는 걸까요? 공부를 선택하는 게 힘들어요."

저는 천천히 대답했습니다.
"당연하지. 하고 싶은 건 즐겁고, 해야 하는 건 때로 무겁게 느껴지니까. 하지만 꼭 기억해야 할 게 있어. 지금 네가 선택하는 작은 행동들이 모여서, 미래의 네 모습을 만들게 된단다. 하고 싶은 것만 무조건 따르는 것도, 해야 하는 것만 억지로 강요하는 것도 답은 아니야. 중요한 건 그 둘 사이에서 균형을 찾는 거야."

중학교 시기는 늘 이런 갈등의 시기입니다.
게임을 하고 싶지만 숙제를 해야 하고, 친구들과 놀고 싶지만 시험 준비를 해야 하고, 휴대폰을 들여다보고 싶지만 책상 앞에 앉아 있어야 하는 순간이 찾아옵니다. 즐거움과 의무가 부딪히면서 갈등이 생기지만, 사실 이 과정은 '자기조절(Self-regulation)'을 배우는 중요한 훈련입니다.

심리학에서는 자기조절을 '자신의 욕구를 조율하고, 장기적인 목표를 위해 순간의 충동을 다스리는 힘'이라고 설명합니다. 청소년기에 이 힘은 점차 발달하며, 성인기의 성취와 행복에도 깊은 영향을 줍니다.

그리고 아리스토텔레스(Aristotle)는 행복을 '습관화된 선택의 결과'라고 보았습니다. 순간의 즐거움만 좇다 보면 깊은 성취를 얻기 어렵고, 반대로 의무만 억지로 떠안다 보면 삶이 무겁고 지쳐 버립니다. 중요한 건 두 가지 사이에서 균형을 찾는 일입니다. 지금 이 순간의 작은 선택이, 습관이 되고, 결국 당신 삶의 방향을 만들어 가는 것이니까요.

저는 아이에게 다시 물었습니다.
"만약 네가 게임만 한다면, 그 순간은 즐겁겠지만 나중에 어떤 기분이 들 것 같니?"

아이는 잠시 생각하다가 대답했습니다.
"재미있긴 한데, 나중엔 괜히 불안해질 것 같아요. 공부 안 한 게 마음에 걸릴 것 같아요."

"맞아. 반대로 공부만 억지로 한다면 어떨까?"

"음… 성적은 오를 수 있겠지만, 계속 답답하고 스트레스 받을 것 같아요."

저는 고개를 끄덕이며 웃었습니다.
"그래, 네 말 속에 이미 답이 있구나. 하고 싶은 것만 해도 안 되고, 해야 하는 것만 해도 힘들지. 그래서 중요한 건 균형이야. 네 마음이 흔들릴 때마다, '나는 지금 어떤 선택을 하고 싶을까? 이 선택이 내 미래를 어떻게 만들까?' 하고 스스로 물어보는 거야. 그 질문을 반복하다 보면 점점 너만의 균형이 만들어져."

아이는 천천히 미소를 지으며 말했습니다.
"아… 그러면 제가 공부만 하려고 애쓰기보다, 게임도 하고 공부도 하는 시간을 잘 나누면 되겠네요."

"그래, 바로 그거야. 균형을 찾는 연습이 필요하지. 그게 바로 성장하는 과정이란다."

여름 햇살 아래 땀 흘리며 운동장을 뛰는 아이들을 떠올려 봅니다.
달리고 싶을 때 달리고, 쉬고 싶을 때 쉬면서 아이들은 자신만의 리듬을 찾아갑니다.

인생도 마찬가지입니다.
하고 싶은 것과 해야 하는 것 사이에서 갈등하는 순간, 우리는 자기만의 리듬과 균형을 배우게 됩니다.

그 순간순간의 작은 선택이 모여 '나'라는 사람을 만들어 가고, 지금의 갈등은 불안한 짐이 아니라, 나를 더 단단하게 성장시키는 자산이 됩니다.

이제, 스스로에게 이렇게 물어보세요.

- 나는 요즘 하고 싶은 것과 해야 하는 것 사이에서 어떤 갈등을 겪고 있나?
- 그 갈등 속에서 내가 더 소중하게 붙잡고 싶은 가치는 무엇일까?
- 나의 선택이 단순한 의무나 충동이 아니라, 나의 성장을 위한 걸음이 되려면 무엇을 조금 더 조율해야 할까?

마음 결 따라 쓰기

1. 마음 열기 질문

♡ 나는 하고 싶은 것과 해야 하는 것 사이에서 갈등했을 때 어떤 기분이 들었나요?

□ 마음이 답답하고 혼란스러웠어요.

□ 하고 싶은 걸 선택하고 싶었지만 걱정이 됐어요.

□ 해야 하는 걸 선택했지만 아쉬움이 남았어요.

□ 둘 다 잘하고 싶다는 마음이 들었어요.

□ 다른 느낌: ____________

2. 짧은 글쓰기 활동

① "나는 ______ 상황에서 하고 싶은 것과 해야 하는 것 사이에서 갈등했어요."

② "하지만 그 경험을 통해 ________________ 라는 걸 알게 되었어요."

③ "앞으로는 ______________ 하며 균형을 잡고 싶어요."

3. 그림 활동

〈나의 선택 그림〉

♡ 내가 하고 싶은 것과 해야 하는 것 사이에서 갈등했던 순간을 그림으로 표현해 보세요.

4. 함께하는 활동

〈짝과 함께 이야기 나누기〉

① 짝꿍에게 "나는 _____ 상황에서 하고 싶은 것과 해야 하는 것 사이에서 고민했어."라고 말해 보세요.

② 짝꿍은 "네가 균형을 찾으려고 하는 게 참 멋지다! 네 마음이 잘 전해졌어."라고 응답해 주세요.

③ 활동 후, 내 마음은 ______________________________

5. 마무리 성찰

① 갈등은 나에게 ______________________과 같다.

② 하고 싶은 것과 해야 하는 것의 균형을 찾으면 내 마음은 _________해 준다.

③ 오늘 수업에서 내가 깨달은 것은 ______________________이다.

교사 TIP

- 아이들이 쓴 글과 그림을 모아 "우리 반 균형 찾기 보드"를 꾸며 보세요.
- "하고 싶은 것과 해야 하는 것은 서로 싸우는 게 아니라, 함께 나를 성장시키는 두 개의 날개"라는 메시지를 전해 주세요.
- 수업 마무리 때, 아이들과 함께 "하고 싶은 것도, 해야 하는 것도! 나는 균형 있게 해낼 수 있어!"라는 구호를 외치며 긍정적인 분위기를 다져 보세요.

9. 친구와 다툼 속에서 배우는 마음

쉬는 시간, 두 아이가 상담실로 들어왔습니다.
서로 눈을 마주치지 못한 채, 한 명은 창가 쪽에, 다른 한 명은 구석 자리에 앉았습니다. 공기는 잠시 무겁게 가라앉아 있었고, 아이들의 어색한 손놀림에서 긴장감이 전해졌습니다.

저는 조용히 물 한 잔을 건네며 말했습니다.
"괜찮아. 여기서는 마음속 이야기를 편하게 해도 돼. 누가 먼저 이야기해 줄래?"

잠시 망설이던 아이가 고개를 숙인 채 입을 열었습니다.
"선생님… 저 친구가 제 말을 무시했어요. 그래서 저도 화가 나서 큰 소리를 질렀어요."

그러자 옆에 있던 아이가 금세 반박했습니다.
"제가 먼저 그런 게 아니에요! 저도 기분이 상했단 말이에요. 억울해요."

두 아이의 목소리에는 서운함과 분노, 그리고 어쩌면 '나를 이해해 달라'는 간절한 마음이 동시에 섞여 있었습니다. 저는 그 감정을 고스란히 느끼며, 조용히 고개를 끄덕였습니다.
"네가 무시당했다고 느낀 순간, 마음이 얼마나 아팠을지 알겠어. 그리고 너도 억울했겠구나. 지금 이렇게 내 앞에서 각자 마음을 털어놓는 것, 그 자체가 이미 큰 용기야."

아이들은 고개를 숙였지만, 조금은 마음의 벽이 낮아진 듯 보였습니다.

청소년기의 또래 관계는 가장 소중하면서도 가장 자주 흔들리는 영역입니다.
단짝 친구와 하루 종일 웃다가도 작은 오해 하나로 멀어질 것 같은 불안이 찾아옵니다. '친구와 잘 지내고 싶다.'는 마음이 크기 때문에, 갈등은 더 깊은 상처처럼 느껴지기도 합니다.

심리학자 로버트 셀만(Robert Selman)은 발달 과정에서 '사회적 관점 수용 능력(Social Perspective-taking)'이 점차 자라난다고 말했습니다. 즉, 아이들은 자라면서 점점 '내 입장'만이 아니라 '상대의 입장'을 상상하고 이해할 수 있는 힘을 기르게 된다는 것입니다. 다툼은 바로 이 능력을 키우는 훈련의 장이 됩니다. 단순한 충돌이 아니라, 상대방의 마음을 헤아리고 내 감정을 조절하는 법을 배우는 과정인 것이지요.

저는 아이들에게 조금 더 구체적으로 물었습니다.
"네가 친구에게 무시당했다고 느낀 건, 어떤 상황이었을까?"

첫 번째 아이가 대답했습니다.
"제가 의견을 말했는데, 친구가 바로 '그건 별로야'라고 했어요. 그냥 제 말을 다 잘라버린 것 같았어요."

저는 고개를 끄덕이며 친구 쪽을 바라보았습니다.
"네가 그렇게 말했을 때, 너는 어떤 마음이었을까?"

두 번째 아이가 당황한 듯 말했습니다.
"저는 그냥 솔직히 생각을 말한 건데… 친구가 서운할 줄은 몰랐어요. 저도 사실 속상했어요. 제가 무시하려고 한 건 아니었거든요."

저는 미소를 지으며 두 아이의 눈을 번갈아 바라보았습니다.
"봐, 여기 중요한 점이 있어. 네가 옳고 그르냐를 따지는 게 아니라, 네가 왜 그렇게 느꼈는지, 또 네 친구가 왜 서운했는지를 서로 알게 되는 거야. 다툼은 '누가 맞느냐'의 싸움이 아니라, 서로의 마음을 조금 더 알아가는 기회란다."

아이들은 잠시 조용히 서로를 바라보다가, 아주 작은 목소리로 속마음을 털어놓기 시작했습니다.
"나 사실 네가 날 싫어하는 줄 알았어."

"아니야, 난 그냥… 네가 중요해서 더 솔직하게 말한 거였어."

어색하지만 진심 어린 대화가 오갔습니다. 그 순간 아이들의 눈빛 속에서 조금씩 얼음이 녹아내리는 것을 보았습니다.

철학자 소렌 키에르케고르(S ø ren Kierkegaard)는 "절망은 인간이 자신을 배우고, 관계를 새롭게 세우는 자리"라고 말했습니다. 다툼 속에서 아이들은 자기 자신을 돌아보게 됩니다. 내가 어떤 말을 했는지, 그 말이 상대에게 어떤 상처가 되었는지, 또 나는 왜 그렇게 강하게 반응했는지를 성찰하게 됩니다.

이런 성찰은 단순한 화해를 넘어서 '내가 어떤 친구이고 싶은가?', '나는 어떤 관계를 맺고 싶은가?'를 고민하게 만들며, 더 단단한 우정의 뿌리를 내려 줍니다.
다툼은 관계의 끝이 아니기에 오히려 새로운 대화를 시작할 수 있는 계기가 됩니다.

상담실에서 두 아이가 머뭇거리며 서로의 눈을 바라보고, 용기 내어 "미안해."라고 말했을 때, 그 순간은 단순한 화해가 아니었습니다. 그것은 서로를 조금 더 이해하고, 관계를 새롭게 배워가는 배움의 시간이었습니다.

봄 햇살이 스며든 창가에 놓인 작은 화분을 떠올려 보세요.
화분은 물을 주지 않으면 금세 시들어 버리지만 정성껏 돌보면 다시 푸른 잎을 내고 꽃을 피웁니다.

우정도 마찬가지입니다. 다툼으로 인해 가지가 꺾일 것 같아 보여도, 서로를 돌아보고 이해하려는 마음이 있다면 언제든 다시 새싹이 돋아나겠죠?

이제, 스스로에게 이렇게 물어보세요.

- **나는 최근 친구와의 갈등 속에서 무엇을 느꼈을까?**
- **그 갈등을 통해 내가 새롭게 알게 된 내 모습은 무엇이었을까?**
- **다툼 이후, 나는 어떻게 대화를 이어가고 싶을까?**

마음 결 따라 쓰기

1. 마음 열기 질문

♡ 나는 친구와 다툼이 있었을 때 어떤 기분이 들었나요?

□ 마음이 서운하고 속상했어요.

□ 시간이 지나니 조금은 이해할 수 있었어요.

□ 친구에게 내 진심이 전해지지 않아 아쉬웠어요.

□ 억울하고 답답했어요

□ 다른 느낌: ______________

2. 짧은 글쓰기 활동

① "나는 ______________ 상황에서 친구와 다툼이 있었어요."

② "하지만 그 경험을 통해 ____________________ 라는 걸 알게 되었어요."

③ "앞으로는 ____________________ 하며 친구와 대화를 이어가고 싶어요."

3. 그림 활동

〈다툼 속에서 배우는 그림〉

♡ 내가 친구와 다투었던 순간, 혹은 다툼 속에서 배운 점을 그림으로 표현해 보세요.

4. 함께하는 활동

〈짝과 함께 다툼 이야기 나누기〉

① 짝꿍에게 "나는 ____ 상황에서 친구와 다퉜어."라고 말해 보세요.

② 이어서 "그때 나는 ____ 라는 마음이 들었어."라고 이야기해 보세요.

③ 짝꿍은 "네가 솔직하게 마음을 나누는 게 참 용기 있어! 네 마음이 잘 전해졌어."라고 응답해 주세요.

④ 활동 후, 내 마음은 ____________________

5. 마무리 성찰

① 다툼은 나에게 ____________ 과 같다.

② 친구의 마음을 이해하려고 하면 내 마음은 ____________ 해 준다.

③ 오늘 수업에서 내가 깨달은 것은 ________________ 이다.

교사 TIP

- **아이들이 쓴 글과 그림을 모아 "우리 반 우정 보드"를 꾸며 보세요.**
- **"다툼은 끝이 아니라, 서로를 더 깊이 이해하는 시작"이라는 메시지를 전해 주세요.**
- **수업 마무리 때, 아이들과 함께 "우린 다르지만, 그래서 더 소중해!"라는 구호를 외치며 긍정적인 분위기를 다져 보세요.**

10. 내 열정을 균형 있게 바라보는 눈

운동장에서 한 아이가 숨을 헐떡이며 상담실로 들어왔습니다. 이마에는 땀이 맺혀 있었고, 얼굴은 열기로 붉게 달아올라 있었습니다. 의자에 앉자마자 아이는 급히 말을 꺼냈습니다.
"선생님, 운동을 하다 보니까 자꾸 더 잘하고 싶어요. 막 발에 불이 나는 것 같아요. 근데 너무 몰두하다 보니까, 다른 게 안 보일 때도 있어요."

저는 미소를 지으며 아이의 반짝이는 눈빛을 바라보았습니다.
"네가 뭔가에 그렇게 열정을 쏟을 수 있다는 건 정말 대단한 거야. 그건 네 안에 큰 힘이 있다는 뜻이지."

잠시 숨을 고른 아이는 시선을 낮추며 작은 목소리로 속마음을 털어놓았습니다.
"그런데… 가끔은 그 열정 때문에 제가 지치기도 해요. 잘하고 싶은 마음이 너무 커서, 오히려 힘들어질 때가 있어요."

저는 조용히 고개를 끄덕이며 부드럽게 대답했습니다.
"그럴 수 있지. 불꽃이 너무 세게 타오르면 금방 꺼져버리기도 하잖아. 열정도 마찬가지야. 잠시 멈추어 숨을 고르고, 스스로를 돌보는 시간이 필요해. 그래야 불꽃이 꺼지지 않고 오래 따뜻하게 빛날 수 있단다."

아이는 제 말을 들으며 조금은 안도한 듯 미소를 지었습니다.
"아, 그래서 제가 가끔 지쳐버렸던 거군요. 그냥 열심히만 하면 되는 줄 알았어요."

"열심히 하는 것도 중요하지만, 오래도록 빛나려면 조율이 필요하지. 네가 빛을 관리하는 사람이 되어야 해."

청소년기의 열정은 마치 활활 타오르는 빛과 같습니다. 그 빛은 나를 움직이게 하고, 새로운 것을 도전하게 만들며, 큰 성취의 원동력이 됩니다. 하지만 그 빛이 너무 커지면 오히려 나에게 상처가 되어 버릴 수도 있습니다.

심리학에서는 이것을 자기조절(Self-regulation)과 몰입(Flow)의 균형이라고 설명합니다.
몰입은 어떤 일에 깊이 빠져들어 시간이 가는 줄 모르고 집중하는 상태를 말하고, 이때 우리는 큰 성취와 만족을 경험할 수 있습니다.

하지만 몰입만 있고 자기조절이 없다면, 금방 지치고 무너질 수 있지 않을까요?
휴식과 성찰이 함께 할 때 비로소 그 열정은 오래 지속될 수 있습니다.

저는 아이에게 물었습니다.
"만약 네가 하고 싶은 걸 하다가 너무 지쳐서 쓰러지면, 그 열정은 계속될 수 있을까?"

아이는 곰곰이 생각하더니 고개를 저었습니다.
"아니요. 금방 포기하게 될 것 같아요."

"맞아. 그래서 중요한 건 '잠시 멈춤'이야. 빛을 꺼지지 않게 조절하면서 오래 빛나게 하는게 더 멋진 거란다."

철학자 플라톤(Plato)은 인간의 영혼을 세 가지의 말로 비유했습니다. 이성(理性), 기개(氣槪), 욕망. 그중 열정은 '기개'에 해당합니다. 말이 제멋대로 달리면 위험하지만, 이성이 방향을 잡아 줄 때 그 힘은 아름다운 속도로 발휘됩니다.

즉, 열정이 맹목적인 욕망으로 흐르지 않고, 나를 성장으로 이끄는 길잡이가 되기 위해서는 균형과 절제가 필요합니다. 빛을 꺼뜨리지 않으면서도, 나 자신을 상처 내지 않도록 하는 지혜가 중요하다는 것이지요.

저는 아이에게 설명했습니다.
"너 안에 있는 열정은 네 삶을 빛내는 힘이야. 하지만 방향을 잡아주는 이성이 함께하지 않으면, 그 힘이 흩어져 버려. 네가 하고 싶은 걸 계속하기 위해서라도, 때로는 속도를 줄이고 나를 돌아볼 시간이 꼭 필요하단다."

아이는 진지한 표정으로 고개를 끄덕였습니다.
"그럼 제가 좋아하는 걸 오래 하려면, 잠시 멈추는 것도 연습해야겠네요."

"그래, 그게 바로 열정을 오래 간직하는 비밀이야."

아이들이 자신이 좋아하는 일에 몰두하는 모습은 참 아름답습니다. 열심히 춤을 연습하는 아이, 그림에 몰두하는 아이, 공부에 집중하는 아이, 운동장에서 땀을 흘리는 아이. 모두가 자기만의 빛을 내고 있습니다.

그러나 그 빛이 오래 빛나게 하려면, 잠시 멈추고 숨을 고르는 시간이 꼭 필요합니다.
잠깐의 쉼은 게으름이 아니라, 열정을 더 깊고 길게 이어가게 하는 숨결이 되기 때문입니다.

저는 아이에게 마지막으로 물었습니다.
"네가 빛처럼 빛날 때, 동시에 스스로를 지켜주는 방법은 무엇이 있을까?"

아이는 잠시 생각하다가 대답했습니다.
"음… 너무 힘들면 잠시 쉬었다가 다시 시작하기? 그리고 혼자 끙끙대지 않고, 친구나 선생님께 털어놓기요."

"맞아. 바로 그게 지혜로운 태도야. 네 열정은 그렇게 돌봄 속에서 더 빛나게 될 거야."

이제, 스스로에게 이렇게 물어보세요.

- 나는 지금 어떤 일에 가장 열정을 느끼고 있나요?
- 그 열정을 건강하게 이어가기 위해 내가 놓치지 말아야 할 것은 무엇일까요?
- 열정이 나를 지치게 할 때, 나는 어떻게 나를 돌볼 수 있을까요?

마음 결 따라 쓰기

1. 마음 열기 질문

♡ 나는 열정을 쏟다가 지치거나 힘들었던 순간에 어떤 기분이 들었나요?

□ 더 잘하고 싶은데 몸과 마음이 따라주지 않아 답답했어요.

□ 열정이 불꽃처럼 타올라서 뿌듯했지만, 금방 지쳐 버렸어요.

□ 몰두하다 보니 주변을 잘 살피지 못해 아쉬웠어요.

□ 잠시 멈추고 쉬었더니 다시 힘이 생겼어요.

□ 다른 느낌: ____________

2. 짧은 글쓰기 활동

① "나는 ____________ 상황에서 열정이 불꽃처럼 타올랐어요."

② "하지만 그 경험을 통해 ____________ 라는 걸 알게 되었어요."

③ "앞으로는 ____________ 하며 열정을 오래 이어가고 싶어요."

3. 그림 활동

〈열정을 균형 있게 바라보는 그림〉

♡ 내가 열정을 쏟아 몰두했던 순간, 혹은 잠시 멈추며 균형을 찾았던 순간을 그림으로 표현해 보세요.

4. 함께하는 활동

〈짝과 함께 열정 이야기 나누기〉

① 짝꿍에게 "나는 ____ 상황에서 열정을 많이 쏟았어."라고 말해 보세요.

② 이어서 "그때 나는 ____ 라는 마음이 들었어."라고 이야기해 보세요.

③ 짝꿍은 "네가 열정을 가지고 있다는 게 정말 멋지다! 균형을 찾으려는 모습도 참 좋아." 라고 응답해 주세요.

④ 활동 후, 내 마음은 ________________________________

5. 마무리 성찰

① 열정은 나에게 ________________________ 과 같다.

② 균형을 찾으면 내 열정은 ______________________ 해 준다.

③ 오늘 수업에서 내가 깨달은 것은 ______________________ 이다.

교사 TIP

○ 아이들이 쓴 글과 그림을 모아 "우리 반 열정 보드"를 꾸며 보세요.

○ "열정은 불꽃처럼 타오르지만, 균형이 있을 때 오래도록 따뜻하게 빛난다."라는 메시지를 전해 주세요.

○ 수업 마무리 때, 아이들과 함께 "나는 열정을 균형 있게 지켜내는 사람이 될래!"라는 구호를 외치며 긍정적인 분위기를 다져 보세요.

11. 부모님과의 거리 속에서 찾는 이해

상담실 문을 살짝 열고 들어온 아이가 있었습니다. 평소보다 한결 조심스러운 발걸음이었고, 의자에 앉은 아이는 한동안 손끝만 만지작거리다 조심스럽게 입을 열었습니다.

"선생님… 부모님이 자꾸 제 생활을 간섭하는 것 같아요. 뭐든 다 물어보시고, 제가 뭘 하려 하면 꼭 확인하시거든요. 저도 이제 제 힘으로 하고 싶은데, 그렇다고 완전히 혼자 두시면 또 불안해요."

저는 아이의 떨리는 목소리를 들으며 고개를 끄덕였습니다.

"그렇구나. 네가 하고 싶은 걸 스스로 선택하고 싶은 마음도 있고, 동시에 부모님이 곁에 있어 주기를 바라는 마음도 함께 있는 거네?"

아이는 한숨을 내쉬며 대답했습니다.

"맞아요. 독립하고 싶으면서도, 막상 혼자가 되면 좀 무서워요. 친구들은 다 자유롭게 지내는 것 같은데, 저는 아직 부모님이랑 부딪힐 때가 많아요."

저는 아이의 솔직한 마음을 듣고 잠시 미소를 지었습니다.

"그 마음은 아주 자연스러운 거야. 네가 지금 청소년이라는 표현이란다. 부모님과 가깝게 지내고 싶은 마음과, 독립하고 싶은 마음이 부딪히는 건 네가 자라는 과정에서 꼭 필요한 경험이야."

청소년기는 부모님과의 관계에서 가장 복잡한 감정을 경험하는 시기입니다.
어린 시절에는 부모님이 모든 것을 챙겨주는 것이 당연하게 느껴졌지만, 나이가 들수록 스스로 선택하고 싶다는 욕구가 강해집니다. 그런데 여전히 보호받고 싶고, 기대고 싶을 때도 있지요. 이 모순된 마음이 부모님과의 갈등을 만들기도 하지만, 사실은 건강한 성장 과정입니다.

저는 아이에게 물었습니다.
"부모님이 간섭한다고 느낀 순간, 네 마음은 어땠니?"

"좀 답답했어요. 제가 뭘 하든 다 간섭받는 것 같아서요."

"그럼, 혼자 두셨을 때는 어땠니?"

"그때는 또 불안했어요. 뭔가 나 혼자 모든 걸 감당해야 할 것 같아서요."

저는 고개를 끄덕이며 부드럽게 설명했습니다.
"바로 그 표현이 중요해. 부모님의 관심이 때로는 간섭처럼 느껴지고, 혼자 있는 게 때로는 불안하게 느껴지는 거. 그 사이에서 네가 점점 균형을 배워 가는 거야."

심리학자 머리 보웬(Murray Bowen)의 가족체계이론에서는 이런 과정을 분화(Differentiation)라고 설명합니다. 가족과 정서적으로 연결되어 있으면서도, 동시에 독립된 자아를 세워 가는 능력, 이것이 곧 성숙의 핵심이라는 뜻입니다.

저는 아이에게 쉽게 풀어 설명했습니다.
"분화라는 건, 부모님과 완전히 떨어져 나가는 게 아니라, 가까이 있으면서도 네가 네 마음을 지킬 수 있는 힘을 기르는 거야. 부모님 말씀을 참고하면서도, 네 선택을 할 수 있는 힘 말이지."

철학자 이마누엘 칸트(Immanuel Kant)도 성숙을 "스스로 사고할 수 있는 용기"라고 했습니다.
부모님의 의견에 무조건 의존하지 않고, 그렇다고 무작정 반항하지도 않으면서, 스스로의 생각으로 판단하고 선택하는 힘, 그것이 진정한 자율의 시작입니다.

저는 아이에게 다시 물었습니다.
"부모님과 조금 거리를 둔다고 해서, 사랑이 사라지는 건 아니란다. 오히려 거리를 두었을 때 생기는 존중이, 관계를 더 성숙하게 만들 수 있어. 혹시 네가 부모님께 바라고 싶은 건 뭐니?"

아이는 잠시 고민하다가 대답했습니다.
"저를 믿어주셨으면 좋겠어요. 제가 혼자 할 수 있다는 걸 보여드리고 싶어요."

"그렇구나. 네 마음을 솔직하게 말하면 부모님도 조금씩 변하실 거야. 부모님과 거리를 둔다는 건 멀어지는 게 아니라, 새로운 연결을 만들어

가는 거야. 가까이 있을 때 사랑을 느끼고, 거리를 두었을 때 존중을 배우는 것, 그 두 가지가 함께할 때 비로소 진짜 성숙한 관계가 된단다."

아이는 천천히 고개를 끄덕이며 작은 미소를 지었습니다.
"그러면 저도 부모님께 제 마음을 조금씩 말해 볼게요. 무조건 반항하는 게 아니라, 제 생각을 이야기하는 걸로요."

"그래, 그것이 바로 네가 자라 가는 과정이야."

이제, 스스로에게 이렇게 물어보세요.

- 나는 부모님과의 관계에서 어떤 부분이 가장 힘들게 느껴질까요?
- 부모님과 거리를 두면서도, 여전히 사랑과 존중을 지킬 수 있는 방법은 무엇일까요?
- 나의 독립과 부모님의 보호가 균형을 이루기 위해, 내가 할 수 있는 작은 대화는 무엇일까요?

마음 결 따라 쓰기

1. 마음 열기 질문

♡ 나는 부모님과의 관계에서 거리를 두고 싶거나 가까워지고 싶을 때 어떤 기분이 들었나요?

□ 부모님이 너무 간섭하시는 것 같아 답답했어요.

□ 혼자 두시면 불안하고 외로웠어요.

□ 부모님께 인정받고 싶어서 노력했어요.

□ 거리를 두니 오히려 부모님의 마음을 이해할 수 있었어요.

□ 다른 느낌: ________________

2. 짧은 글쓰기 활동

① "나는 ________________ 상황에서 부모님과 거리를 느꼈어요."

② "하지만 그 경험을 통해 ____________________ 라는 걸 알게 되었어요."

③ "앞으로는 ________________ 하며 부모님과 건강한 거리를 지키고 싶어요."

3. 그림 활동

〈부모님과 나의 거리 그림〉

♡ 내가 부모님과 너무 가까이 있어 답답했던 순간, 혹은 거리를 두며 오히려 더 이해하게 된 순간을 그림으로 표현해 보세요.

4. 함께하는 활동

<짝과 함께 부모님 이야기 나누기>

① 짝꿍에게 "나는 _____ 상황에서 부모님과 거리를 느꼈어."라고 말해 보세요.

② 짝꿍은 "네가 부모님과의 관계를 고민하는 게 참 성숙해 보여! 네 마음이 잘 전해졌어." 라고 응답해 주세요.

③ 활동 후, 내 마음은 ______________________________

5. 마무리 성찰

① 부모님과의 거리는 나에게 ________________과 같다.

② 부모님과 적절한 거리를 지키면 내 마음은 ________________해 준다.

③ 오늘 수업에서 내가 깨달은 것은 ______________________이다.

교사 TIP

- **아이들이 쓴 글과 그림을 모아 "우리 반 부모님 존중 보드"를 꾸며 보세요.**
- **"부모님과의 거리는 멀어짐이 아니라, 서로를 더 잘 이해하기 위한 간격"이라는 메시지를 전해 주세요.**
- **수업 마무리 때, 아이들과 함께 "나는 부모님과 사랑과 존중 속에서 자라가는 사람이 될래!" 라는 구호를 외치며 긍정적인 분위기를 다져 보세요.**

12. 나만의 선택, 그리고 책임

상담실 문이 살짝 열리고, 한 아이가 천천히 들어왔습니다. 표정에는 고민이 묻어 있었고, 손가락을 꼼지락거리며 의자에 앉은 아이는 잠시 머뭇거리다 조용히 말을 꺼냈습니다.
"선생님… 친구들은 다 학원을 간다고 하는데, 저는 동아리 활동을 하고 싶어요. 근데 제 선택이 맞는 건지 잘 모르겠어요."

저는 아이의 눈빛을 가만히 바라보다 부드럽게 미소 지었습니다.
"네 마음이 참 소중하구나. 네가 하고 싶은 것을 스스로 고민하는 것 자체가 이미 중요한 첫걸음이란다. 그런데 어떤 점이 제일 걱정되니?"

아이는 깊은 숨을 내쉬며 대답했습니다.
"혹시 제가 동아리만 하고, 학원에 안 가면 나중에 후회할까 봐요. 또 부모님이 실망하실까 봐 걱정돼요. 친구들처럼 안 하면 제가 잘못된 선택을 하는 건 아닌지… 자꾸 불안해요."

저는 고개를 끄덕이며 아이의 마음을 확인해 주었습니다.
"그렇구나. 네가 느끼는 불안은 아주 자연스러운 거야. 선택에는 언제나 책임이 뒤따르니까, 쉽게 결정하기 어려운 게 당연하지."

중학생 시기는 스스로 선택하고, 그 결과를 직접 경험하는 연습을 본격적으로 시작하는 시기입니다. 하고 싶은 것을 결정할 자유가 주어지면서도, 동시에 그 결과를 감당해야 하는 책임이 늘 함께 따라옵니다.

저는 아이에게 다시 물었습니다.
"만약 네가 동아리를 선택한다면, 어떤 기쁨이 있을 것 같니?"

아이는 잠시 생각하다가 웃으며 말했습니다.
"제가 좋아하는 춤을 더 열심히 연습할 수 있어요. 그리고 친구들과 함께 활동하는 게 재미있을 것 같아요."

"맞아. 그건 네가 하고 싶은 걸 선택했을 때 얻을 수 있는 즐거움이지. 그럼 반대로, 학원을 선택하면 어떤 게 좋아질까?"

"공부에 자신감이 좀 생길 것 같아요. 부모님도 안심하시겠죠."

저는 고개를 끄덕이며 덧붙였습니다.
"봐, 네가 선택할 수 있는 길에는 모두 장점이 있단다. 중요한 건 어느 길이 옳으냐가 아니라, 네가 어떤 선택을 하고 그 선택에 책임을 다할 수 있느냐야."

심리학자 에릭 에릭슨(Erik H. Erikson)은 청소년기를 자율성과 책임의 균형을 배우는 시기라고 설명했습니다. 즉, 스스로 선택하는 경험과 그에 따른 책임을 함께 배울 때, 비로소 건강하게 성장한다는 의미입니다.

또한 철학자 장 폴 사르트르는 인간을 "자유에 저주받은 존재"라고 표현했습니다.
그는 자유가 단순히 하고 싶은 대로 사는 것이 아니라, 반드시 책임을 동반한다고 보았습니다. 그 이유는 내가 내린 선택이 곧 나를 만들어 가기 때문에, 그 책임에서 벗어날 수 없다는 뜻이지요.

저는 아이에게 이 생각을 풀어 대화를 이어갔습니다.
"자유는 '무엇이든 다 해도 된다.'는 뜻이 아니야. 오히려 선택할 수 있다는 건, 그만큼 책임도 져야 한다는 뜻이지. 네가 내린 선택이 바로 네 삶을 만들어 가는 벽돌이 된단다."

아이는 잠시 눈을 크게 뜨며 고개를 끄덕였습니다.
"그러면 제가 어떤 길을 선택하든, 책임질 수 있다면 괜찮다는 말이네요?"

"그렇지. 실패하더라도 괜찮아. 중요한 건 네가 주도적으로 선택해 본 경험이야. 그 경험이 너를 더 단단하게 만들어 줄 거야."

아이들이 내린 결정은 때로는 성공으로 이어지고, 때로는 아쉬움으로 끝날 수도 있습니다.
하지만 중요한 건 결과가 아닌, 자기 삶을 스스로 선택해 본 경험, 그리고 그 선택의 결과를 책임져 본 경험이야말로 성장의 가장 소중한 밑거름이 될 것입니다.

저는 아이에게 따뜻하게 덧붙였습니다.
"혹시 네가 동아리를 선택했는데 성적이 조금 내려간다면, 그건 실패일까?"

아이는 잠시 생각하다가 조용히 말했습니다.

"실패는 아닌 것 같아요. 대신 제가 좋아하는 걸 더 열심히 한 거니까요."

"맞아. 그때 네가 느낀 경험과 배움은 분명 너를 성장시키는 자산이 될 거야. 반대로 학원을 선택한다면, 거기서 배우는 것도 너에게 큰 힘이 되겠지. 결국 중요한 건 '내가 어떤 선택을 했느냐'가 아니라, '그 선택 속에서 무엇을 배우느냐'야."

여름 햇살 아래 서 있는 나무를 떠올려 보면 어떨까요.
나무는 바람에 흔들리기도 하고, 비에 젖기도 하지만, 뿌리를 깊이 내리며 점점 더 단단하게 자랍니다. 아이들이 자신의 뿌리를 세우기 위해서는 선택하고, 그 선택을 책임지는 과정을 꼭 거쳐야 합니다.
이때 옆에서 "네 선택을 존중해."라고 말해주는 어른의 격려는 큰 힘이 됩니다.
선택이 두렵지 않도록, 실패가 두려움이 아니라 배움이 되도록 용기를 주는 말 한마디가 아이들에게는 희망의 메시지가 됩니다.

이제, 스스로에게 이렇게 물어보세요.

- **나는 최근 어떤 선택 앞에서 망설였을까요?**
- **그 선택이 나에게 어떤 책임을 요구했을까요?**
- **나의 선택을 존중하고 책임을 감당하기 위해, 지금 내가 할 수 있는 작은 용기는 무엇일까요?**

마음 결 따라 쓰기

1. 마음 열기 질문

♡ 나는 나만의 선택을 해야 했을 때 어떤 기분이 들었나요?

- ☐ 친구들과 달라서 불안했어요.
- ☐ 내가 스스로 결정했다는 게 뿌듯했어요.
- ☐ 선택이 맞을까 걱정돼서 혼란스러웠어요.
- ☐ 내 결정을 부모님이나 친구가 존중해 줘서 기뻤어요.
- ☐ 다른 느낌: ____________________

2. 짧은 글쓰기 활동

① "나는 ____________________ 상황에서 나만의 선택을 했어요."

② "하지만 그 경험을 통해 ______________________________ 라는 걸 알게 되었어요."

③ "앞으로는 ______________________________ 하며 내 선택에 책임지고 싶어요."

3. 그림 활동

〈나만의 선택 그림〉

♡ 내가 나만의 선택을 했던 순간, 또는 선택의 결과를 책임지며 배우게 된 순간을 그림으로 표현해 보세요.

4. 함께하는 활동

〈짝과 함께 선택 이야기 나누기〉

① 짝꿍에게 "나는 ____ 상황에서 나만의 선택을 했어."라고 말해 보세요.

② 이어서 "그때 나는 _____ 라는 마음이 들었어."라고 이야기해 보세요.

③ 짝꿍은 "네가 스스로 선택했다는 게 참 멋지다! 책임지려는 마음도 대단해." 라고 응답해 주세요.

④ 활동 후, 내 마음은 ________________________________

5. 마무리 성찰

① 선택은 나에게 ______________________ 과 같다.

② 책임을 다하면 내 선택은 ______________________ 해 준다.

③ 오늘 수업에서 내가 깨달은 것은 __________________________ 이다.

교사 TIP

- **아이들이 쓴 글과 그림을 모아 "우리 반 선택과 책임 보드"를 꾸며 보세요.**
- **"선택은 자유이지만, 책임이 함께할 때 더 가치 있다."라는 메시지를 전해 주세요.**
- **수업 마무리 때, 아이들과 함께 "나는 나만의 선택을 존중하고, 책임질 줄 아는 사람이 될래!"라는 구호를 외치며 긍정적인 분위기를 다져 보세요.**

13. 질투를 넘어, 인정으로 나아가는 순간

상담실 문이 조심스레 열리고, 한 아이가 들어왔습니다.
의자에 앉은 아이는 한동안 말이 없었습니다. 책상 위에 올려둔 손가락을 꼼지락거리며 망설이다가 드디어 입을 열었습니다.
"선생님… 사실 저 친구가 상을 받았는데요. 축하해주고 싶었어요. 근데 속으로는 부러움이 너무 컸어요. 저도 잘하고 싶은데, 자꾸 비교하게 돼요."

저는 아이의 눈빛을 조용히 바라보았습니다. 솔직하게 털어놓는 그 용기만으로도 참 대단해 보였습니다. 저는 천천히 고개를 끄덕이며 말했습니다.
"그 마음, 정말 자연스러운 거야. 우리 모두가 비슷한 경험을 해. 친구의 성취가 기쁘기도 하지만, 동시에 나를 돌아보게 하고 때로는 마음을 무겁게 만들기도 하지."

아이의 얼굴에는 여전히 답답함이 남아 있었습니다.
"선생님. 제가 친구를 진심으로 축하하지 못한 것 같아서 더 미안했어요. 속으로는 '나도 저렇게 잘하고 싶다'는 생각만 했거든요."

저는 부드럽게 웃으며 아이의 마음을 받아주었습니다.
"그럴 수 있어. 그건 네가 욕심이 많아서가 아니라, 네 안에 더 성장하고 싶다는 마음이 있다는 뜻이야. 질투라는 감정도 잘 들여다보면, 네가 앞으로 나아가고 싶다는 신호일 수 있어."

청소년기의 마음은 늘 비교 속에 놓여 있습니다.
친구가 공부를 잘하면, '나는 왜 저만큼 못할까?'라는 생각이 들고, 친구가 무대에서 박수를 받으면, '나도 저 자리에 서고 싶다'는 부러움이 생깁니다.

심리학에서는 이런 과정을 사회적 비교(Social Comparison)라고 부릅니다. 인간은 본능적으로 자신을 타인과 견주며 자기 가치를 평가하기 때문입니다.

저는 아이의 눈을 맞추며 대화를 이어갔습니다.
"비교하는 마음은 누구에게나 일어나. 중요한 건 그 감정을 어떻게 다루느냐야. 질투만 하면서 나를 깎아내리면 힘들어지지만, 그 감정을 동기부여로 바꿀 수도 있단다."

아이는 고개를 끄덕이며 물었습니다.
"그러면 제가 부러워한 게 꼭 나쁜 건 아니네요?"

"그럼. 부러움은 네가 더 잘하고 싶다는 마음에서 생겨난 거야. 그건 네 가능성을 알려주는 소중한 신호란다."

철학자 아르투어 쇼펜하우어(Arthur Schopenhauer)는 인간의 삶을 "끝없는 의지와 욕망"이라고 했습니다.

욕망은 우리를 끊임없이 갈등하게 만들지만, 니체는 이 속에서 '생의 의지(Will to Life)'를 발견했습니다. 또한 남을 부러워하는 감정 역시 결국은 "나도 성장하고 싶다."는 생의 의지의 표현일 수 있습니다.

저는 아이에게 비유를 들어가며 대화를 이어갔습니다.
"질투는 마치 여름의 뜨거운 햇살 같아. 처음엔 너무 강렬해서 나를 힘들게 하지만, 그 빛을 잘 받아들이면 나무가 자라듯 너도 성장할 수 있어. 질투를 억누르려고만 하지 말고, '아, 내가 더 노력하고 싶구나' 하고 받아들이면 좋겠어."

아이의 눈빛이 조금씩 밝아졌습니다.
"그럼 질투를 느낄 때마다 '나도 열심히 해봐야지' 하고 바꾸면 되는 거군요."

"맞아. 바로 그 순간, 질투는 너를 더 단단하게 만드는 힘으로 바뀌는 거야."
또한 아리스토텔레스는 참된 우정을 "서로의 선을 기뻐할 줄 아는 관계"라고 했습니다. 친구의 성취를 진심으로 축하할 수 있을 때, 그 관계는 질투를 넘어 더 깊은 신뢰와 존중으로 나아갑니다.

저는 아이에게 다시 물었습니다.
"만약 네가 친구에게 진심으로 '축하해'라고 말한다면, 그 순간 네 마음은 어떻게 달라질까?"

아이는 잠시 생각하다가 수줍게 웃었습니다.
"음… 아마 제 마음이 더 편해질 것 같아요. 괜히 속으로만 힘들어했는데, 말하면 오히려 가벼워질 것 같아요."

"맞아. 축하한다는 말은 친구에게 주는 선물이기도 하지만, 동시에 네 마음을 자유롭게 해 주는 열쇠이기도 하단다."

질투는 부끄러운 감정이 아닙니다.
오히려 솔직히 나를 들여다보고 다룰 때, 더 성숙하게 만들어 주고, 자신만의 목표를 새롭게 세우는 계기를 마련해주며, 친구를 인정하는 순간, 관계가 더 단단해지도록 이끌어 줍니다.

이제, 스스로에게 이렇게 물어보세요.

- **나는 최근 누군가를 부러워한 경험이 있었을까요?**
- **그때 느낀 질투는 나에게 어떤 메시지를 전해 주었을까요?**
- **친구의 성취를 진심으로 인정하고 축하하기 위해, 나는 어떤 태도를 가질 수 있을까요?**

마음 결 따라 쓰기

1. 마음 열기 질문

♡ 나는 친구의 성취를 보며 질투하거나 부러움을 느꼈을 때 어떤 기분이 들었나요?

□ 친구가 대단해 보여서 나도 잘하고 싶었어요.

□ 속으로는 부러웠지만 겉으로는 축하해 주지 못해 마음이 불편했어요.

□ 비교하다 보니 제 자신이 초라하게 느껴졌어요.

□ 친구를 인정하고 축하해 주니 오히려 제 마음이 가벼워졌어요.

□ 다른 느낌: ________________

2. 짧은 글쓰기 활동

① "나는 ____________________ 상황에서 친구를 부러워했어요."

② "하지만 그 경험을 통해 ______________________ 라는 걸 알게 되었어요."

③ "앞으로는 ____________________ 하며 친구의 성취를 인정하고 싶어요."

3. 그림 활동

〈질투가 인정으로 바뀌는 순간 그림〉

♡ 내가 친구를 질투했던 순간, 또는 그 마음을 인정으로 바꾸어 더 편안해졌던 순간을 그림으로 표현해 보세요.

4. 함께하는 활동

〈짝과 함께 질투와 인정 이야기 나누기〉

① 짝꿍에게 "나는 ____ 상황에서 친구를 부러워했어."라고 말해 보세요.

② 이어서 "그때 나는 ____ 라는 마음이 들었어."라고 이야기해 보세요.

③ 짝꿍은 "네가 솔직하게 말해 줘서 고마워! 질투를 성장의 계기로 삼으려는 네 모습이 참 멋져."라고 응답해 주세요.

④ 활동 후, 내 마음은 ____________________

5. 마무리 성찰

① 질투는 나에게 ____________________ 과 같다.

② 친구의 성취를 인정하면 내 마음은 ____________________ 해 준다.

③ 오늘 수업에서 내가 깨달은 것은 ____________________ 이다.

교사 TIP

- 아이들이 쓴 글과 그림을 모아 "우리 반 성장 보드"를 꾸며 보세요.
- "질투는 부끄러운 감정이 아니라, 나의 성장을 알려주는 신호"라는 메시지를 전해 주세요.
- 수업 마무리 때, 아이들과 함께 "나는 질투를 인정으로 바꾸어 성장하는 사람이 될래!"라는 구호를 외치며 긍정적인 분위기를 다져 보세요.

14. 거센 감정의 파도 다스리기

상담실 문이 조용히 열리고, 한 아이가 들어왔습니다.
볼은 붉게 상기되어 있었고 손끝이 살짝 떨리고 있었으며, 아이는 의자에 앉아 한참을 망설이다가 작은 목소리로 말을 꺼냈습니다.
"선생님… 저도 모르게 소리를 질렀어요. 그땐 너무 화가 치밀어 올랐고, 지나고 나니까 후회가 밀려왔어요. 그 순간은 정말 어쩔 수가 없는 것 같았어요."

저는 물컵을 건네며 천천히 고개를 끄덕였습니다.
"그 순간 네 심장이 얼마나 빨리 뛰었는지, 손이 얼마나 뜨거웠는지 표정만 봐도 알 수 있어. 그 자리를 버틴 것만으로도 용기 있는 거야. 지금 이렇게 솔직하게 말해 준 것도 큰 용기고."

아이의 어깨가 조금 내려앉았습니다.
"선생님, 이런 일이 또 생기면 어떡하죠? 저는 감정이 폭발하면 브레이크가 안 잡히는 것 같아요."

저는 미소를 지으며 대답했습니다.
"브레이크가 없는 게 아니라, 아직 어디에 있는지 찾고 있는 중이야. 사춘기의 감정은 여름 소나기 같아서 한순간 몰아치지만 결국은 그치고 나면 하늘이 다시 맑아지지. 네가 지금 배우고 있는 건 그 폭풍을 어떻게 지나가는지, 어떤 다리를 건너면 되는지 찾는 과정이야."

사춘기의 감정은 종종 폭풍처럼 몰아칩니다.
기쁨은 하늘 끝까지 솟아오르고 분노는 눈앞을 새까맣게 가리며 슬픔은 온몸을 무겁게 만들지요.

심리학에서는 이를 정서 조절의 발달 과정이라고 설명합니다.
아직 자라나는 뇌의 전두엽은 충동을 조절하고 감정을 다스리는 능력이 완전하지 않기에, 작은 자극에도 쉽게 화가 나고, 눈물이 터지기도 하며, 불안이 크게 느껴지기도 합니다. 하지만 바로 이 시기가 감정을 다루는 방법을 배우며 성숙해지는 중요한 시기이기도 합니다.

철학자 스토아 학파는 감정을 억누르기보다 이성으로 이해하고 다스리는 삶을 강조했습니다. 에픽테토스(Epictetus)는 "우리에게 일어나는 일이 문제가 아니라, 그것을 어떻게 해석하느냐가 문제다."라고 말했지요. 감정의 폭풍을 완전히 피할 수는 없어도, 그 폭풍을 어떻게 받아들이고 지나갈지를 선택할 수 있습니다.

저는 아이에게 몇 가지 방법을 알려주었습니다.
감정이 몰아칠 때 가장 먼저 할 수 있는 것은 멈추는 연습입니다.
잠시 눈을 감고 숨을 고르면서 '지금 내가 느끼는 건 화야', '지금은 슬픔이야'라고 이름 붙이는 것만으로도 감정은 더이상 막연한 괴물이 아니라 내가 다룰 수 있는 대상이 됩니다. 폭풍처럼 몰아치는 순간에도 감정을 바라볼 수 있는 짧은 멈춤의 틈을 만드는 것이지요.
또 강한 감정은 보통 90초 이내에 가장 크게 일었다가 가라앉습니다.
그 시간 동안 물을 마시거나 발바닥을 바닥에 꾹 눌러 '지금-여기'에 나를 단단히 붙잡는 것도 좋은 방법입니다.

아이는 고개를 끄덕이며 따라 해보았습니다.
"지금 내 마음은 화야. 몸은 가슴이 쿵쿵거리고 손이 뜨거워."

저는 웃으며 말했습니다.
"잘했어. 네가 이름 붙인 순간부터 화는 너보다 커다란 괴물이 아니라, 너와 함께 다룰 수 있는 감정이 되는 거야."

또 다른 방법은 말을 바꾸는 것입니다.
'쟤가 날 무시했어, 끝장이야'라고 불을 붙이는 대신, '내가 무시당했다고 느꼈어, 사실을 확인해 보는 건 어떨까?'라고 바꾸면 감정은 훨씬 차분해집니다. '항상, 절대, 최악'이라는 말은 '이번에, 아마, 조금 힘들었어'라고 고치면 상황이 훨씬 다르게 보이지요. 상대를 탓하는 말 대신 "나는 ~해서 속상했어, 다음에는 ~해줬으면 좋겠어"라고 말하면 내 감정도 정리되고 상대도 더 잘 받아들일 수 있습니다.

아이는 조심스럽게 웃으며 말했습니다.
"말을 바꾸니까, 진짜 제가 저를 더 컨트롤하는 느낌이에요."

"맞아. 말이 바뀌면 해석이 바뀌고, 해석이 바뀌면 감정이 달라지는 거야."

그리고 만약 이미 감정이 폭발해 버렸다면, 그 뒤를 어떻게 수습하느냐가 더 중요합니다.
"방금 소리 질러서 미안해. 너를 존중하지 못했어. 다음에는 숨을 고르고 말할게."라고 짧게 사과하는 것만으로도 관계는 회복될 수 있습니다. 실수는 누구나 하지만, 회복하려는 태도가 관계를 단단하게 만듭니다.

일주일 뒤 다시 찾아온 아이는 표정이 한결 밝아져 있었습니다.
"선생님, 어제 또 폭풍이 올 뻔했는데 숨을 고르고 감정에 이름 붙였어요. 그리고 '나는 속상했어.'라고 말했더니 친구가 제 말을 들어줬어요."

저는 엄지를 들어 보이며 대답했습니다.
"네가 상황을 바꾼 거야. 폭풍을 없앤 게 아니라, 그 폭풍을 건너는 다리를 네가 스스로 놓은 거지."

아이는 쑥스러워하며 웃었습니다.
"예전에는 폭풍이 없는 사람이 멋진 줄 알았는데, 지금은 폭풍이 와도 건너갈 수 있는 제가 더 멋진 것 같아요."

"선생님도 그렇게 생각해. 성숙은 폭풍이 없어서 생기는 게 아니라, 폭풍을 지나가는 연습 속에서 자라나는 거니까."

여름날 갑자기 쏟아지는 소나기가 지나가면 하늘은 다시 맑아집니다.

감정의 폭풍도 그렇듯, 결코 영원히 머무르지 않고, 결국은 지나갑니다. 중요한 건 폭풍을 피하려 애쓰는 것이 아니라, 그 속을 건너는 연습을 하나씩 해 나가는 것입니다. 그 과정을 통해 우리는 더 단단해지고, 더 따뜻한 사람이 되어가기 때문입니다.

이제, 나도 스스로에게 물어보면 어떨까요?

나는 최근 어떤 감정의 폭풍을 겪었을까?
그 순간 나는 그 감정을 어떻게 표현하거나 다루었을까?
다음번 파도가 밀려올 때 나는 어떤 작은 연습부터 해볼 수 있을까?

폭풍은 늘 찾아오지만, 그 폭풍을 어떻게 맞이하고 건너는지는 내가 선택할 수 있습니다.
"나는 오늘도 감정을 다룰 수 있다."는 마음을 품는 순간, 감정은 더이상 두려운 적이 아니라 나와 함께 자라는 친구가 되어 줍니다.

이제, 스스로에게 이렇게 물어보세요.

- 나는 최근에 어떤 감정의 폭풍을 겪었나요?
- 그 순간, 나의 감정을 어떻게 표현하거나 다루었나요?
- 앞으로 감정의 파도가 밀려올 때, 내가 할 수 있는 작은 연습은 무엇일까요?

마음 결 따라 쓰기

1. 마음 열기 질문

♡ 나는 마음속에 큰 감정(화, 슬픔, 불안, 두려움 등)이 몰려올 때 어떤 기분이 드나요?

□ 마음이 폭발할 것처럼 답답했어요.

□ 눈물이 나거나 울고 싶었어요.

□ 가슴이 두근거리고 불안했어요.

□ 금방 지나갈 거라 생각하며 참고 견뎠어요.

□ 다른 느낌: ________________

2. 짧은 글쓰기 활동

① "나는 ________________ 상황에서 감정 폭풍을 경험했어요."

② "나는 그 순간 ________________ 라는 방법으로 감정을 다스려 보았어요."

③ "그 경험을 통해 ________________ 라는 걸 배웠어요."

3. 그림 활동

〈내 거센 감정의 파도 다스리기 그림〉

♡ 내가 감정 폭풍을 겪었던 순간과, 그 감정을 다스리며 평온을 되찾은 순간을 그림으로 표현해 보세요.

4. 함께하는 활동

〈짝과 함께 감정 폭풍 이야기 나누기〉

① 짝꿍에게 "나는 ____ 상황에서 감정 폭풍을 겪었어."라고 말해 보세요.

② 짝꿍은 "네 마음을 솔직하게 말해 줘서 고마워! 감정을 다루려는 네 모습이 참 용기 있어." 라고 응답해 주세요.

③ 활동 후, 내 마음은 ________________________________

5. 마무리 성찰

① 감정 폭풍은 나에게 ____________________ 과 같다.

② 감정을 다스리는 경험은 내 마음을 ____________________ 해 준다.

③ 오늘 수업에서 내가 깨달은 것은 ____________________ 이다.

교사 TIP

- **아이들이 쓴 글과 그림을 모아 "우리 반 감정 나침반 보드"를 꾸며 보세요.**
- **활동 중에 "감정은 사라지지 않지만, 다스릴 수 있는 힘은 내 안에 있다."는 메시지를 전달해 주세요.**
- **수업 마무리 때 아이들과 함께 "나는 감정 폭풍이 와도 지혜롭게 다스릴 수 있어!"라는 구호를 외치며 자기조절 능력을 강화해 주세요.**

마음을 돌아보며 자라는 가을

15. 내가 한 말이 남기는 울림

상담실 문을 열고 들어온 한 아이가 조심스러운 표정으로 앉았습니다. 평소보다 말수가 적은 아이는 한참을 머뭇거리다가 결국 용기를 내어 속마음을 털어놓았습니다.
"선생님, 친구한테 그냥 장난으로 한 말인데… 그 친구가 많이 속상해했어요. 저는 그냥 웃기려고 했던 건데요."

그 말을 전하는 아이의 얼굴에는 후회와 당황이 동시에 담겨 있었습니다. '그냥 웃기려고 했을 뿐인데'라는 말 속에는 본심과 결과가 달라져 버린 상황에 대한 안타까움이 고스란히 묻어났습니다.

저는 아이의 눈빛을 바라보며 조용히 고개를 끄덕였습니다.
"네가 웃기려고 했던 마음은 이해돼. 하지만 그 순간 친구는 다르게 느낀 거지. 네 말이 친구 마음에 어떻게 닿았을까 하고 지금 돌아보고 있는 것만으로도 너는 이미 성숙해지고 있는 거야."

청소년기의 언어는 점점 더 날카로운 힘을 갖게 됩니다.
짧은 농담, 무심코 던진 말 한마디가 누군가의 마음에 깊은 상처로 남을 수 있고, 반대로, 따뜻한 한마디는 상대의 마음을 위로하고 관계를 더욱 단단하게 만들기도 합니다.

심리학에서는 이를 언어의 심리적 영향(Psychological Impact of

Language)이라고 설명합니다. 말은 단순히 입 밖으로 흘러나오는 소리가 아니라, 관계를 만들기도 하고 무너뜨리기도 하는 강력한 도구이기 때문입니다.

저는 아이에게 물었습니다.
"혹시 그 말을 듣고 친구가 어떤 표정을 지었는지 기억하니?"

"네… 갑자기 웃던 얼굴이 굳었어요. 그때 알았어요, 제가 괜히 심한 말을 했구나."

"그때 네 마음은 어땠을까?"

"너무 미안했어요. 근데 바로 사과를 못했어요. 괜히 더 어색해질까 봐…"

저는 따뜻하게 웃으며 대답했습니다.
"사실을 깨달았다는 게 중요한 거야. 말은 화살처럼 한 번 나가면 되돌릴 수 없지만, '미안해, 그런 뜻은 아니었어'라는 말 한마디는 다시 관계를 이어주는 다리가 될 수 있거든."

철학자 루트비히 비트겐슈타인(Ludwig Wittgenstein)은 "언어의 한계가 곧 세계의 한계"라고 말했습니다. 내가 어떤 언어를 선택하느냐에 따라 나와 타인의 세계는 넓어지기도, 좁아지기도 합니다. 내가 던진 말 한마디가 친구의 하루를 무겁게 만들 수도 있고, 반대로 그 하루를 빛나게 할 수도 있다는 뜻이지요.

저는 아이에게 이렇게 이야기했습니다.
"네가 친구에게 던진 말은 가볍게 던졌을지 몰라도, 그 말은 친구 마음 속에서 큰 파문을 만들 수 있어. 하지만 똑같이 가볍게 건넨 '고마워', '괜찮아'라는 말은 친구의 마음을 따뜻하게 감싸줄 수도 있단다."

아이는 잠시 고개를 끄덕이다가 물었습니다.
"그러면 제가 한 말 때문에 친구가 아팠다면, 제가 어떻게 해야 할까요?"

"먼저 네 마음을 솔직하게 전하는 거야. '그때는 웃기려고 했는데, 네가 속상했구나. 미안해'라고 말해 보는 거지. 그 순간 너의 말은 더 이상 상처가 아니라, 관계를 회복시키는 약이 될 수 있어."

아이들이 말의 무게를 깨닫는 순간은 곧 성숙의 첫걸음이 됩니다. 말이 칼이 되지 않고 다리가 되도록, 말이 상처가 아니라 위로가 되도록, 우리는 스스로의 언어를 돌아보아야 합니다.

상담실을 나서던 아이가 다시 돌아서며 말했습니다.
"선생님, 사실 친구한테 바로 사과하는 게 무섭기도 해요. 근데 그냥 모른 척하면 더 멀어질 것 같아요."

저는 부드럽게 웃으며 대답했습니다.
"그 마음이 바로 네 진심이야. 진심을 전하는 건 용기가 필요하지만, 그 순간 너도 가벼워지고, 친구도 네 마음을 느낄 수 있을 거야. 네 말이 상처가 아닌 다리가 될 수 있단 걸 꼭 기억하렴."

가을 바람이 나뭇잎을 흔들 듯, 우리의 말도 누군가의 마음을 흔듭니다. 하지만 그 흔들림이 아픔이 아니라 따뜻한 울림으로 남을 수 있다면, 그것이 곧 책임을 배우는 과정일 것입니다.

하루에 우리가 주고받는 수많은 말들 속에서, 나도 모르게 내뱉은 말이 친구를 울릴 수도 있고 웃게 할 수도 있습니다. 그렇기에 한 마디 한 마디를 조금 더 조심스럽게, 그러나 따뜻하게 선택하는 것이 중요합니다.

이제, 스스로에게 이렇게 물어보세요.

- 나는 최근 어떤 말을 무심코 했다가 후회한 적이 있었나요?
- 나의 말이 누군가를 웃게 하거나 울게 한 경험은 무엇이었나요?
- 오늘 내가 건넬 수 있는 가장 따뜻한 한마디는 무엇일까요?

마음 결 따라 쓰기

1. 마음 열기 질문

♡ 나는 내가 한 말 때문에 친구가 상처받거나 속상해했던 순간에 어떤 기분이 들었나요?

☐ 내 말이 친구에게 큰 영향을 줬다는 걸 깨닫고 놀랐어요.

☐ 미안했지만 바로 사과하지 못해 마음이 무거웠어요.

☐ 다음부터는 더 조심해서 말하고 싶다는 생각이 들었어요.

☐ 그냥 장난이었는데 후회가 되었어요.

☐ 다른 느낌: ________________

2. 짧은 글쓰기 활동

① "나는 ______________ 상황에서 무심코 한 말로 친구를 속상하게 했어요."

② "그 경험을 통해 ________________________ 라는 걸 알게 되었어요."

③ "앞으로는 ______________________ 하며 내 말을 더 신중히 하고 싶어요."

3. 그림 활동

〈내가 한 말이 남기는 울림 그림〉

♡ 내가 했던 말 때문에 친구가 속상해했던 순간, 혹은 그 후에 사과하며 관계가 회복된 순간을 그림으로 표현해 보세요.

4. 함께하는 활동

〈짝과 함께 말의 무게 이야기 나누기〉

① 짝꿍에게 "나는 ____ 상황에서 내가 한 말이 친구에게 상처가 되었어."라고 말해 보세요.

② 짝꿍은 "네가 솔직하게 말해 줘서 고마워! 이제는 더 따뜻한 말을 하려는 네 마음이 참 멋져."라고 응답해 주세요.

③ 활동 후, 내 마음은 ______________________________

5. 마무리 성찰

① 말을 신중히 하고 따뜻하게 건네면 내 마음은 ________________ 해 준다.

② 오늘 수업에서 내가 깨달은 것은 ________________________ 이다.

교사 TIP

- 아이들이 쓴 글과 그림을 모아 "우리 반 따뜻한 말 보드"를 꾸며 보세요.
- 수업 중에 "말은 상처가 될 수도 있고, 힘이 될 수도 있다. 나는 힘이 되는 말을 선택 할 수 있다."는 메시지를 전해 주세요.
- 수업 마무리 때 아이들과 함께 "나는 말의 무게를 생각하며 따뜻한 언어를 건네는 사람이 될래!"라는 구호를 외치며 긍정적인 분위기를 다져 보세요.

16. 내가 스스로 선택한 길

진로 상담 시간이었습니다. 의자에 앉은 한 아이는 한참 동안 말없이 바닥만 바라보다가 조심스럽게 입을 열었습니다.
"선생님, 부모님은 제가 공무원이 되길 바라세요. 그런데 저는 그림을 그리고 싶어요. 근데 제 선택이 맞는 걸까요?"

아이의 눈빛에는 혼란과 두려움이 섞여 있었습니다.
부모님의 기대와 자신의 꿈 사이에서 길을 잃은 듯한 표정이었지요.

저는 잠시 아이의 말을 가만히 들어주며 고개를 끄덕였습니다.
"네 마음이 얼마나 무거울지 느껴져. 부모님의 바람도 소중하지만, 네가 진짜 원하는 게 있다는 건 더 소중한 일이란다. 혹시 네가 그림을 그리고 싶다고 느낀 건 언제부터였니?"

아이의 얼굴에 조금씩 생기가 돌았습니다.
"어릴 때부터요. 색연필로 그림 그리는 시간이 제일 좋았어요. 그림을 그리고 있으면 시간이 금방 가고, 마음이 편안해져요."

저는 미소를 지으며 대답했습니다.
"그렇구나. 네가 그런 순간을 느낀 건 결코 우연이 아니야. 그것은 네 안에서 들려오는 진짜 목소리일 수 있어."

중학생이 되면 선택해야 할 순간이 점점 많아집니다.

어떤 동아리에 들어갈지, 어떤 과목에 집중할지, 어떤 친구들과 어울릴지, 작은 선택들이 모여 결국 '나'를 만들어 갑니다.

심리학에서는 이를 자기결정성(Self-determination)이라고 부릅니다. 스스로 선택했다고 느낄 때, 인간은 더 큰 동기와 만족감을 경험한다고 하지요.

예를 들어 부모님이 억지로 권해서 시작한 공부는 쉽게 지치지만, 스스로 좋아서 시작한 공부는 힘들어도 오래 이어갈 수 있습니다. 또 친구가 해서 억지로 참여한 활동은 즐겁지 않지만, 내가 원해서 선택한 활동은 그 자체가 기쁨이 됩니다. 자기 손으로 내린 선택은 책임을 요구하지만, 동시에 성장을 이끄는 가장 큰 힘이 되어 줍니다.

저는 아이에게 차분히 말했습니다.
"장 폴 사르트르(Jean-Paul Sartre) 철학자는 '인간은 자유롭도록 선고받았다.'라고 말했어. 조금 더 쉽게 풀어 이야기하면 우리에게는 자유가 주어졌지만, 동시에 그 자유에는 책임이 함께 따라온다는 거야."

아이는 고개를 갸웃거리며 물었습니다.
"책임이요? 저는 아직 중학생인데도 그런 책임을 져야 하나요?"

저는 웃으며 대답했습니다.
"물론이지. 책임이란 무겁게만 들릴 수 있지만, 사실은 네 선택을 더 빛나게 해주는 거야. 예를 들어 네가 '나는 그림을 그리고 싶다'라고 선택한다면, 그만큼 더 열심히 노력해야 한다는 책임이 따라오지. 하지만 바로 그 책임이 네가 선택을 진짜 너의 길로 만들어 주는 거야."

아이의 표정에 조금씩 확신이 깃들었습니다.
"그럼 부모님이 원하시는 길이 아니라 제가 원하는 걸 선택해도 괜찮은 거네요?"

저는 고개를 끄덕이며 따뜻하게 웃었습니다.
"괜찮지. 네 인생을 살아가는 건 네 자신이니까. 다만 중요한 건 부모님의 기대를 무시하는 게 아니라, 네 꿈을 진지하게 준비하고 있다는 걸 보여드리는 거야. 그렇게 하면 부모님도 언젠가는 네 선택을 존중해 주실 거야."

가을 들판에 서 있는 농부를 떠올려 보면, 농부는 직접 씨앗을 심고, 땀 흘리며 돌봅니다.
그리고 마침내 자기 손으로 거둔 열매를 맛보지요.
그 열매는 남이 대신 키워 준 것이 아니기 때문에 더 달고, 더 값집니다.

아이들도 마찬가지입니다.
내가 스스로 선택한 길에서 비록 힘든 순간이 있더라도, 그 길에서 맛보는 성취감은 남이 대신 가져다줄 수 없는 고유한 기쁨입니다.

부모님이 원해서 억지로 걷는 길은 편할지 몰라도 내 것이 되기는 어렵습니다. 그러나 내가 진심으로 원해서 선택한 길은, 설령 더 멀고 험해도 결국 나를 단단하게 자라게 합니다.

아이들은 종종 묻습니다.
"선생님, 제가 선택한 길이 틀리면 어떡하죠?"

그럴 때 저는 이렇게 말합니다.
"길이 틀렸다는 건 없어. 다만 그 길에서 네가 무엇을 배우느냐가 있을 뿐이지. 네가 그림을 그리다가 힘들면, 그 안에서 네 진짜 열정이 무엇인지 더 분명히 알 수 있을 거야. 실패처럼 보이는 경험도 결국은 네가 더 넓은 세상을 보게 하는 안내자가 된단다."

실수와 실패는 선택의 길에서 자연스럽게 따라오는 그림자 같은 것입니다.
하지만 그 그림자 덕분에 햇빛의 소중함을 더 잘 알 수 있듯, 실패는 선택의 가치를 더욱 빛나게 해줍니다.

이제, 스스로에게 이렇게 물어보세요.

- **나는 최근 어떤 선택을 스스로 내렸나요?**
- **그 선택에 대해 지금 나는 어떤 책임을 느끼고 있나요?**
- **앞으로 나의 삶을 더 나답게 만들기 위해 내가 꼭 붙잡고 싶은 선택은 무엇인가요?**

마음 결 따라 쓰기

1. 마음 열기 질문

♡ 나는 스스로 선택한 길을 걸어야 했을 때 어떤 기분이 들었나요?

□ 부모님의 기대와 달라서 불안했어요.

□ 내가 직접 결정했다는 게 뿌듯했어요.

□ 선택이 맞는지 몰라 혼란스러웠어요.

□ 내 결정을 친구나 부모님이 존중해 줘서 기뻤어요.

□ 다른 느낌: ______________

2. 짧은 글쓰기 활동

① "나는 ______________ 상황에서 스스로 선택을 했어요."

② "그 경험을 통해 __________________________ 라는 걸 알게 되었어요."

③ "앞으로는 ______________________ 하며 내 선택에 책임지고 싶어요."

3. 그림 활동

〈내가 스스로 선택한 길 그림〉

♡ 내가 스스로 결정을 내렸던 순간, 그리고 그 결과로 배운 점을 그림으로 표현해 보세요.

4. 함께하는 활동

〈짝과 함께 선택 이야기 나누기〉

① 짝꿍에게 "나는 _____ 상황에서 스스로 선택을 했어."라고 말해 보세요.

② 짝꿍은 "네가 스스로 선택하고 책임지려는 게 참 멋지다! 네 마음이 잘 전해졌어."라고 응답해 주세요.

③ 활동 후, 내 마음은 ______________________________

5. 마무리 성찰

① 스스로의 선택은 나에게 ____________________과 같다.

② 내가 선택에 책임질 때 내 마음은 __________________해 준다.

③ 오늘 수업에서 내가 깨달은 것은 ______________________이다.

교사 TIP

- **아이들이 쓴 글과 그림을 모아 "우리 반 선택과 책임 보드"를 꾸며 보세요.**
- **수업 중에 "선택은 자유이지만, 책임이 따를 때 더 가치 있다."라는 메시지를 전해 주세요.**
- **수업 마무리 때 아이들과 함께 "나는 내 길을 스스로 선택하고 책임질 수 있는 사람이 될래!"라는 구호를 외치며 긍정적인 분위기를 다져 보세요.**

17. 내 시간을 소중히 쓰는 방법

상담실 문을 열고 들어온 한 아이는 무거운 발걸음으로 자리에 앉았습니다.
그리고 깊은 한숨을 내쉬며 조심스럽게 말했습니다.
"선생님, 해야 할 일은 정말 많은데 자꾸 미루게 돼요. 그러다 보니 밤늦게까지 깨어 있고, 결국 다음 날은 너무 피곤해서 수업 시간에 집중도 못 해요."

저는 아이의 표정을 바라보며 고개를 끄덕였습니다.
"그랬구나. 네 마음이 많이 힘들었겠다. 혹시 어떤 일들을 미루게 되는지 말해줄 수 있니?"

아이는 잠시 망설이다가 털어놓았습니다.
"숙제도 그렇고, 시험공부도 그렇고요. 시작해야 하는 걸 알면서도 자꾸 폰만 만지고 싶고, 게임 생각이 나요. 그래서 결국 시간은 다 흘러가 버리고… 남는 건 후회뿐이에요."

저는 아이의 이야기를 다 들어준 뒤, 천천히 말을 이어갔습니다.
"사실 누구에게나 그래. 어른들도 해야 할 일을 미루는 경우가 많단다. 하지만 중요한 건 '나는 왜 자꾸 미루게 될까? 그리고 어떻게 하면 조금이라도 달라질 수 있을까?'를 스스로 물어보는 거야. 네가 이렇게 고민을 털어놓는 것 자체가 변화를 시작하고 싶다는 표현이란다."

청소년기는 공부, 친구 관계, 취미, 가족과의 시간 등 여러 가지가 한꺼번에 얽히는 시기입니다. 마치 여러 갈래 길이 한 번에 눈앞에 펼쳐지는 것처럼, 무엇을 먼저 해야 할지 혼란스럽지요. 그래서 이 시기에 시간을 어떻게 쓰느냐가 자기 삶의 질과 직결됩니다.

심리학에서는 이를 자기조절 학습(Self-regulated Learning)의 중요한 요소라고 설명합니다. 스스로 시간을 계획하고 조절할 수 있는 사람은 단순히 성적이 오르는 것뿐만 아니라, 자기 효능감("나는 할 수 있다"라는 믿음)과 책임감도 함께 커집니다. 반대로, 시간을 흘려보내며 후회가 쌓이면 자신에 대한 신뢰도 조금씩 흔들릴 수 있습니다.

저는 아이에게 조용히 물었습니다.
"혹시 네 하루를 돌아봤을 때, 시간을 가장 많이 쓰는 건 뭐라고 생각하니?"

아이는 머리를 긁적이며 대답했습니다.
"아마… 휴대폰이요. 그냥 잠깐 보려다가 한 시간이 훌쩍 지나가 있어요."

저는 웃으며 말했습니다.
"맞아, 폰은 시간을 잡아먹는 마법사 같아. 하지만 그걸 아는 순간부터는 조절할 방법을 찾을 수 있단다. 예를 들어 '오늘은 숙제를 20분만 먼저 하고, 그다음에 폰을 보겠다.'라고 작은 규칙을 세워 보는 거야. 처음부터 큰 변화를 하려 하면 힘들지만, 작은 습관은 쌓이면 큰 변화를 만들어."

고대 철학자 - 루키우스 안나이우스 세네카(Lucius Annaeus Seneca)는 이렇게 말했습니다.
"삶은 짧은 것이 아니라, 우리가 낭비하는 시간이 많을 뿐이다."

이 말은 시간을 관리한다는 것이 단순히 분과 초를 아끼는 문제가 아니라, 곧 내 삶을 존중하는 태도라는 것을 알려줍니다. 내가 시간을 어떻게 쓰느냐가 곧 내가 어떤 삶을 살고 싶은지를 보여주는 거울이 됩니다.

하루를 무의미하게 흘려보낼 수도 있고, 작은 성취와 기쁨으로 채울 수도 있습니다.
중요한 건 완벽한 계획이 아니라, 작은 실천입니다. 오늘 10분이라도 책을 읽는 습관, 숙제를 조금 더 일찍 시작하는 습관, 밤에 휴대폰을 멀리 두는 습관, 이런 작은 변화들이 모여 나의 하루를 바꾸고, 그 하루가 쌓여 나의 인생을 바꿉니다.

저는 아이에게 부드럽게 제안했습니다.
"오늘 집에 가서 꼭 해보고 싶은 '작은 실천' 하나만 정해 볼래?"

아이는 잠시 고민하다가 말했습니다.
"음… 숙제를 밤늦게 하지 말고, 집에 가면 먼저 30분만 하고 싶어요. 그러면 좀 달라지지 않을까요?"

저는 환하게 웃으며 고개를 끄덕였습니다.
"좋은 생각이야! 30분은 절대 긴 시간이 아니야. 하지만 네가 그 30분을 지켜낸다면, 스스로를 믿는 마음이 점점 커질 거야. 그게 바로 시간

관리의 첫걸음이란다.”

아이의 얼굴에는 안도감이 번지며 작은 미소가 피어났습니다.
“왠지 할 수 있을 것 같아요. 오늘은 꼭 그렇게 해볼게요.”

가을 들판에 곡식이 여물 듯, 시간을 알뜰히 쓰는 습관은 하루하루를 차곡차곡 쌓아 성숙으로 이끕니다. 누군가에게는 10분이 별것 아닌 것처럼 보일 수 있지만, 그 10분을 어떻게 쓰느냐가 나의 내일을 달라지게 만듭니다.

중요한 건 시간을 쪼개는 기술보다도, 내 시간을 소중히 여기는 마음가짐입니다.
오늘 내가 보낸 시간이 바로 내 삶의 일부라는 사실을 기억하는 것이지요.

시간을 존중하는 사람은 결국 자기 자신을 존중하는 사람이라는 것을 기억해 주세요.

이제, 스스로에게 이렇게 물어보세요.

- 나는 최근에 시간을 가장 많이 쓰고 있는 일은 무엇인가요?
- 내가 시간을 낭비하고 있다고 느끼는 순간은 언제인가요?
- 내일의 나를 위해 오늘 꼭 지켜내고 싶은 '작은 습관'은 무엇인가요?

마음 결 따라 쓰기

1. 마음 열기 질문

♡ 나는 시간을 잘 관리하지 못했을 때, 또는 잘 관리했을 때 어떤 기분이 들었나요?

- □ 계획이 엉켜서 불안하고 초조했어요.
- □ 시간을 잘 지켜내서 뿌듯했어요.
- □ 해야 할 일을 미루다 보니 마음이 무거웠어요.
- □ 중요한 일을 끝내고 나니 마음이 가벼워졌어요.
- □ 다른 느낌: ________________

2. 짧은 글쓰기 활동

① "나는 ________________ 상황에서 시간을 제대로 관리하지 못했어요."

② "반대로 나는 ________________ 상황에서 시간을 잘 활용했다고 생각해요."

③ "그 경험을 통해 ________________ 라는 것을 배웠어요."

3. 그림 활동

〈내 시간 관리 그림〉

♡ 내가 시간을 허비했던 순간과, 시간을 잘 활용했던 순간을 비교하거나, 앞으로의 시간 관리 목표를 그림으로 표현해 보세요.

4. 함께하는 활동

〈짝과 함께 시간 관리 이야기 나누기〉

① 짝꿍에게 "나는 ____ 상황에서 시간을 잘 못 썼어."라고 말해 보세요.

② 짝꿍은 "네 경험을 듣고 나도 배울 수 있었어! 너의 시간 관리 노력이 멋져."라고 응답해 주세요.

③ 활동 후, 내 마음은 ________________________________

5. 마무리 성찰

① 시간 관리는 나에게 ____________________과 같다.

② 시간을 잘 활용하면 내 마음은 ____________________ 해 준다.

③ 오늘 수업에서 내가 깨달은 것은 ____________________이다.

교사 TIP

- 아이들이 쓴 글과 그림을 모아 "우리 반 시간 지혜 보드"를 꾸며 보세요.
- 활동 중에 "시간은 누구에게나 똑같이 주어지지만, 어떻게 쓰느냐가 나를 만든다."는 메시지를 전해 주세요.
- 수업 마무리 때 아이들과 함께 "나는 시간을 소중히 쓰는 사람!"이라는 구호를 외치며 자기관리 의지를 북돋워 보세요.

18. 함께 어울리는 속의 나

점심시간이 끝나갈 무렵, 상담실로 들어온 한 아이는 의자에 앉자마자 조심스럽게 이야기를 꺼냈습니다.
“선생님, 오늘 청소 당번이었는데요… 친구들이 그냥 놀자고 해서 같이 갔어요. 나중에 보니까 다른 애들이 다 치우고 있더라고요. 괜히 미안했어요.”

아이의 얼굴에는 죄책감과 어색함이 동시에 묻어 있었습니다.
저는 그 마음을 읽으며 부드럽게 물었습니다.
“그때 네 마음이 많이 불편했구나. 혹시 네가 청소를 하지 않은 게 친구들에게 어떤 의미였을까 생각해 본 적 있니?”

아이는 잠시 고개를 숙이고 대답했습니다.
“저 때문에 다른 애들이 더 힘들었을 것 같아요. 사실 그냥 한 번쯤 빠져도 괜찮을 줄 알았는데, 막상 보니까 제가 약속을 어긴 것 같아서 속상했어요.”

저는 고개를 끄덕이며 말했습니다.
“맞아. 누구나 그런 순간을 겪을 수 있어. 하지만 네가 이렇게 미안한 마음을 느꼈다는 건 이미 중요한 걸 배우고 있다는 뜻이야. 우리는 혼자만 사는 게 아니라, 늘 친구들과 함께 살아가는 공동체 속에 있단다.”

청소년기는 스스로의 꿈과 자유를 찾아가는 시기이지만, 동시에 친구들과 함께 살아가는 법을 배우는 시기이기도 합니다. 내가 하고 싶은 일만 하는 자유도 소중하지만, 그 자유 속에서 함께 지켜야 할 약속과 책임도 존재합니다.

심리학에서는 이를 사회적 책임(Social Responsibility)이라고 부릅니다. 내가 속한 집단에서 맡은 역할을 지키고, 규칙을 존중하며, 함께 기여하는 경험이 결국 성숙한 시민의식의 기초가 된다는 것입니다. 청소 당번, 발표 준비, 작은 심부름… 이런 소소한 활동들이 단순히 귀찮은 일이 아니라, "함께 살아가는 연습"이 됩니다.

저는 아이에게 조용히 물었습니다.
"혹시 오늘 일을 다시 돌아본다면, 네가 배운 건 뭐라고 생각하니?"

아이는 잠시 생각하다가 대답했습니다.
"제가 빠지면 누군가는 대신해야 한다는 거요. 그냥 나 혼자만의 일이 아니었어요."

저는 미소를 지으며 대답했습니다.
"바로 그거야. 공동체 속에서의 역할은 작은 것 같아도, 결국 모두에게 영향을 준단다. 네가 오늘 느낀 미안함은 앞으로 더 책임 있는 사람이 되게 도와줄 거야."

철학자 장 자크 루소(Jean-Jacques Rousseau)는 인간을 "사회적 계약

속에 살아가는 존재"라고 말했습니다. 눈에 보이지 않는 약속이 우리를 서로 연결해 주고, 그 약속을 지킬 때 비로소 공동체는 건강해집니다.

또 공자는 "인은 홀로 설 수 없고, 더불어 살아갈 때 완성된다."고 했습니다. 즉, 나 혼자만 잘하는 것이 아니라, 함께 살아가며 서로 기대고 나눌 때 비로소 성숙에 이른다는 뜻입니다.

공동체 속에서 내가 맡은 일은 때로는 귀찮고 작아 보일 수 있습니다. 하지만 그것은 단순히 청소 한 번, 심부름 한 번의 문제가 아닙니다. 그것은 내가 다른 사람과 연결되어 있음을 확인하는 순간이며, 책임을 통해 관계를 단단하게 만들어 가는 과정입니다.

저는 아이에게 제안했습니다.
"내일 다시 청소 시간이 있다면, 네가 먼저 나서서 해보는 건 어떨까? 오늘의 미안한 마음을 행동으로 보여줄 수 있을 거야."

아이는 눈을 반짝이며 고개를 끄덕였습니다.
"네, 제가 내일은 더 열심히 하고 싶어요. 친구들한테도 미안하다고 말할 거예요."

저는 따뜻하게 웃으며 대답했습니다.
"좋은 생각이야. 사실 친구들도 네 진심을 느낀다면 충분히 이해할 거야. 공동체에서 중요한 건 완벽하게 하는 게 아니라, 서로의 부족함을 채워주며 다시 함께 나아가는 거란다."

아이는 한결 가벼워진 얼굴로 자리에서 일어나며 말했습니다.
"오늘은 제가 부족했지만, 내일은 달라지고 싶어요. 조금 더 책임감 있는 사람이 되고 싶어요."

그 모습 속에서 저는 아이가 단순히 '청소 당번'을 배운 것이 아니라, 공동체 속에서 살아가는 법을 배우고 있음을 느낄 수 있었습니다.

가을 들판의 곡식은 한 알, 한 알이 모여 풍성한 수확을 이룹니다.
마찬가지로, 공동체를 든든히 세우는 것은 거창한 희생이 아니라, 각자가 해내는 작은 책임과 기여입니다. 한 명이 쓰레기를 버리지 않고, 한 명이 약속을 지키고, 한 명이 맡은 일을 끝까지 해내는 것. 그 작은 행동이 모여 모두의 하루를 편안하게 만들어 줍니다.

이제, 스스로에게 이렇게 물어보세요.

- 나는 공동체 속에서 어떤 역할을 맡고 있나요?
- 최근에 내가 하지 않은 일이 다른 사람의 짐이 된 적은 없나요?
- 내가 속한 공동체를 위해 오늘 실천할 수 있는 작은 기여는 무엇인가요?

마음 결 따라 쓰기

1. 마음 열기 질문

♡ 내가 속한 공동체(학교, 반, 가족, 친구들 등) 안에서 느꼈던 감정은 어떤 것이었나요?

□ 함께 있을 때 마음이 든든했어요.

□ 내가 소외된 것 같아 외로웠어요.

□ 누군가에게 도움을 주며 기뻤어요.

□ 나의 의견이 존중받지 못해 속상했어요.

□ 다른 느낌: ________________

2. 짧은 글쓰기 활동

① "나는 __________________________ 공동체에서 살고 있어요."

② "그 안에서 나는 ______________________________________ 역할을 해요."

③ "공동체는 나에게 ______________________________ 같은 존재예요."

3. 그림 활동

〈함께 어울리는 속의 나 그림〉

♡ 아래 중 하나를 선택해 그림으로 표현해 보세요.

4. 함께하는 활동

〈짝과 함께 공동체 이야기 나누기〉

① "나는 공동체 안에서 ________________ 역할을 하고 있다고 느껴."

② "내가 속한 공동체에서 ________________ 경험이 인상 깊었어."

③ 짝꿍은 이렇게 응답해 주세요:

"너의 이야기를 들으니 공동체 안에서 네가 얼마나 소중한 사람인지 알게 되었어."

④ 활동 후, 내 마음은 ____

5. 마무리 성찰

① 공동체는 나에게 ________________________ 과 같다.

② 내가 공동체에 기여할수록 내 마음은 ______________________ 해 진다.

③ 오늘 활동을 통해 내가 가장 깊이 느낀 것은 ______________________ 이다.

교사 TIP

- 아이들이 작성한 글과 그림을 활용해 "우리 반 공동체 나무" 또는 "우리는 함께 살아가는 별자리 지도"를 꾸며 보세요.
  (각자의 역할, 성격, 기여가 모여 하나의 공동체를 이룬다는 것을 시각적으로 느낄 수 있습니다.)

19. 디지털 세상 속 바른 마음

상담실에 들어온 한 아이는 평소보다 훨씬 무거운 표정으로 자리에 앉았습니다.
손가락을 꼼지락거리던 아이는 조심스럽게 말을 꺼냈습니다.
"선생님, 제가 친구랑 장난으로 단톡방에 글을 올렸는데… 그 친구가 많이 상처받았대요. 저는 그냥 웃자고 한 건데, 이렇게 될 줄은 몰랐어요."

저는 아이의 눈빛 속에 담긴 후회와 당황스러움을 읽으며 차분히 대답했습니다.
"그랬구나. 네가 장난으로 한 말이었더라도, 친구가 상처를 받았다면 그건 분명히 중요한 일이야. 무엇보다 네가 지금 이렇게 후회하고 있다는 건 이미 네 마음이 성장하고 있다는 뜻이란다."

아이는 고개를 떨군 채 한숨을 내쉬었습니다.
"근데 온라인에선 그냥 쉽게 말하게 돼요. 실제로 얼굴 보고 하는 게 아니니까요. 그냥 다들 웃을 줄 알았는데, 친구가 울었다는 얘기를 들으니까 너무 미안했어요."

저는 고개를 끄덕이며 덧붙였습니다.
"맞아. 온라인에서는 실제로 눈을 마주 보지 않으니까 더 쉽게 말이 나오고, 행동도 가벼워지기 쉬워. 그런데 그렇다고 해서 그 말의 무게가 사라지는 건 아니란다. 글자 하나, 짧은 문장 하나도 친구의 마음에 깊은 흔적을 남길 수 있어."

오늘날 디지털 세상은 아이들의 일상이 되었습니다.
수업이 끝나면 단톡방에서 이야기를 나누고, 사진과 영상을 공유하며, 때로는 웃음을 주고받는 그 공간이 곧 또 하나의 교실이자 놀이터입니다. 하지만 이곳에서의 말과 행동 역시 현실과 똑같이 누군가의 마음을 움직이고, 때로는 깊은 상처를 남깁니다.

심리학에서는 이를 온라인 탈억제 효과(Online Disinhibition Effect)라고 부릅니다.
익명성이나 거리감 때문에 사람들은 평소보다 더 솔직하거나 거칠게 행동하기 쉽습니다. 얼굴을 마주하지 않으니 농담도 과감해지고, 말도 쉽게 나오지요. 하지만 결과는 결코 가볍지 않습니다. 화면 속에서 던진 한 문장이 상대방의 하루를 무너뜨리기도 합니다.

저는 아이에게 조용히 물었습니다.
"네가 올린 글을 다시 본다면, 혹시 어떤 마음이 드니?"

아이는 잠시 고민하다가 작게 대답했습니다.
"그냥 장난이었는데… 지금 보니 친구한테는 상처였을 것 같아요. 제가 너무 가볍게 생각했어요."

저는 따뜻한 눈빛으로 아이를 바라보며 말했습니다.
"그걸 깨달았다는 게 정말 중요해. 앞으로는 글을 올리기 전에 '이 말이 친구 마음에 어떤 영향을 줄까?' 하고 잠시 멈추어 생각해 보는 습관을 가져보자. 그 짧은 멈춤이 네 관계를 지키고, 네 스스로도 더 멋진 사람이 되게 만들어 줄 거야."

철학자 한나 아렌트(Hannah Arendt)는 인간의 자유를 이렇게 설명했습니다.
“자유란 타인과 더불어 사는 공적 공간에서 책임을 다하는 것이다.”

이 말은 단지 오프라인에서만 적용되는 것이 아닙니다.
온라인 역시 현대의 공적 공간입니다. 교실에서 친구들과 대화할 때 예의가 필요하듯, 디지털 공간에서도 책임 있는 태도가 필요합니다. 내가 누군가의 사진에 다는 댓글, 단톡방에 올리는 말, 게임 속에서 주고받는 표현 모두가 ‘공적 공간에서의 책임’을 보여줍니다.

공자 역시 말했습니다.
“인은 홀로 설 수 없고, 더불어 살아갈 때 완성된다.” 디지털 세상에서도 마찬가지입니다.
함께하는 공간을 따뜻하고 안전하게 만들기 위해, 나 한 사람의 작은 선택이 큰 변화를 만들어냅니다.

저는 아이에게 다시 물었습니다.
“만약 네가 그때 글을 올리기 전에 ‘이 말이 내 친구를 웃게 할까, 울게 할까?’라고 스스로 물어봤다면, 달라졌을까?”

아이는 고개를 끄덕이며 대답했습니다.
“네… 아마 안 올렸을 거예요. 그때는 그냥 분위기에 휩쓸렸는데, 지금 생각해 보니 친구 입장에서 상처가 될 수 있었던 것 같아요.”

저는 부드럽게 웃으며 답했습니다.
“네가 지금 깨달은 그 마음이 바로 디지털 세상 속 바른 마음이야. 네 말이 누군가를 울릴 수도 있고, 웃게 할 수도 있다는 걸 알게 된 순간부터 너는 이미 더 성숙해지고 있는 거란다."

아이의 표정은 조금 가벼워졌습니다. 후회로 가득했던 얼굴 대신, 앞으로 달라지고 싶다는 다짐이 스며든 표정이었습니다.

디지털 세상 속 바른 마음은 거창한 것이 아닙니다.
아주 작은 실천에서 시작됩니다. 글을 올리기 전에 3초 멈추기, 친구가 상처받을 수 있는 농담 대신 따뜻한 말을 선택하기, 누군가를 웃음거리로 만들지 않기.
이 작은 선택들이 모여 온라인 공간을 더 맑고 따뜻하게 만듭니다.

가을의 투명한 하늘처럼, 온라인 세상도 서로의 책임 있는 참여로 맑아질 수 있습니다.
내가 조금 더 조심하고, 조금 더 배려할 때, 그 공간은 모두에게 안전한 쉼터가 됩니다.

이제, 스스로에게 이렇게 물어보세요.

- **나는 최근 온라인에서 한 행동이 누군가에게 어떤 영향을 주었는지 돌아본 적이 있나요?**
- **디지털 공간에서도 내가 책임져야 할 말과 행동은 무엇일까요?**
- **내가 속한 온라인 공동체를 더 따뜻하게 만들기 위해 오늘 실천할 수 있는 작은 행동은 무엇인가요?**

마음 결 따라 쓰기

1. 마음 열기 질문

♡ 나는 온라인에서 한 말이나 행동 때문에 친구가 상처받았을 때 어떤 기분이 들었나요?

□ 장난이었는데 후회가 되었어요.

□ 내 말이 친구에게 큰 영향을 준 걸 깨닫고 놀랐어요.

□ 미안했지만 사과하기가 어려웠어요.

□ 다음부터는 더 신중하게 행동해야겠다고 다짐했어요.

□ 다른 느낌: ________________

2. 짧은 글쓰기 활동

① "나는 __________________ 상황에서 온라인에서 글이나 말을 했어요."

② "내가 온라인에서 __________________ 행동을 했을 때,

다른 사람과의 관계가 __________________ 변했어요."

③ "디지털 공간은 나에게 ___________________________ 같은 존재예요."

3. 그림 활동

〈디지털 세상 속 바른 마음 그림〉

♡ 아래 중 하나를 선택해 그림으로 표현해 보세요.

4. 함께하는 활동

〈짝과 함께 디지털 이야기 나누기〉

① "나는 ____ 상황에서 온라인에서 말이나 행동을 했어."

② 짝꿍은 이렇게 응답해 주세요:

"네가 솔직하게 말해줘서 고마워! 온라인에서도 책임 있게 행동하려는 네 모습이 참 멋져."

③ 활동 후, 내 마음은 ____________________

5. 마무리 성찰

① 디지털 세상 속 바른 마음은 나에게 ____________ 과 같다.

② 온라인에서 책임 있는 행동을 할수록 내 마음은 ____________ 해 진다.

③ 오늘 활동을 통해 내가 가장 깊이 느낀 것은 ____________ 이다.

교사 TIP

- 아이들이 작성한 글과 그림을 모아 "우리 반 디지털 약속 보드"를 꾸며 보세요.
- 수업 중에 "디지털 공간도 우리의 생활 공간이다. 온라인에서의 말과 행동도 책임이 따른다." 라는 메시지를 전해 주세요.
- 수업 마무리 때 아이들과 함께 "나는 디지털 세상에서도 책임 있고 따뜻한 시민이 될래!" 라는 구호를 외치며 긍정적인 분위기를 다져 보세요.

20. 돌아보는 시간이 주는 힘

상담실에 들어온 한 아이는 의자에 털썩 앉으며 길게 한숨을 내쉬었습니다. 얼굴에는 피곤이 묻어 있었고, 목소리에는 무거움이 배어 있었습니다.
"선생님, 하루가 너무 빨리 지나가요. 뭘 했는지도 모르겠는데, 그냥 피곤하기만 해요."

저는 아이의 말에 조용히 고개를 끄덕였습니다.
"그랬구나. 네 하루가 그냥 스쳐 지나가는 것처럼 느껴지는구나. 혹시 오늘 하루 중에 가장 기억에 남는 순간이 있어?"

아이는 잠시 생각하다가 고개를 저었습니다.
"잘 모르겠어요. 수업 듣고, 숙제하고, 친구들이랑 이야기하다 보니까 그냥 시간이 휙 지나가 버렸어요."

저는 미소 지으며 따뜻하게 말했습니다.
"사실 그럴 때가 많지. 하지만 하루를 그냥 보내는 것과, 하루를 잠시라도 돌아보는 것은 큰 차이가 있어. 짧게라도 '내가 오늘 어떤 순간에 웃었지?', '어떤 말이 아쉬웠지?' 하고 스스로에게 물어보면, 그 하루는 그냥 흘러간 시간이 아니라 네 안에 쌓이는 배움이 된단다."

바쁘게 달려가는 일상 속에서 잠시 멈추어 자신을 돌아보는 시간은 정말 소중합니다.
심리학에서는 이를 자기 성찰(Self-reflection)이라고 부릅니다. 자기 성찰은 단순히 지나간 일을 떠올리는 것이 아니라, 경험을 되새기고 그 안에서 의미와 배움을 찾아내는 과정입니다.
예를 들어, 시험에서 실수했을 때 그냥 "아, 망했다." 하고 넘어가면 그 실수는 그저 아픔으로 남습니다. 하지만 하루를 돌아보며 "왜 그런 실수가 생겼을까?", "다음에는 어떻게 준비하면 좋을까?" 하고 묻는다면, 그 실수는 더 큰 성장을 위한 발판이 됩니다.

저는 아이에게 이렇게 물었습니다.
"만약 오늘 하루를 짧게 돌아본다면, 네가 제일 잘했다고 느낀 건 뭐였을까?"

아이는 잠시 망설이다가 웃음을 지으며 대답했습니다.
"아, 오늘 체육 시간에 달리기에서 끝까지 포기하지 않았어요. 순위는 높지 않았지만 끝까지 뛴 건 잘한 것 같아요."

저는 환하게 웃으며 말했습니다.
"바로 그거야! 네가 스스로 '잘했다'고 느낀 순간이 있다는 건 정말 멋진 일이야. 그것을 기억하는 게 바로 성찰이란다."

철학자 소크라테스(Socrates)는 "성찰하지 않는 삶은 살 가치가 없다." 라고 말했습니다.
이 말은 삶을 비난하거나 무겁게 만드는 말이 아니라, 오히려 더 깊은 의미를 찾으라는 초대입니다. 스스로를 돌아보며 '오늘 나는 어떤 사람이었지?', '내가 소중히 여기는 가치는 무엇이지?' 하고 묻는 순간, 우리는 한 걸음 더 성숙해집니다.

가을 낙엽이 땅을 덮어 양분이 되듯, 작은 성찰의 순간들은 내일의 성장으로 이어집니다.

그날의 웃음, 아쉬움, 후회, 다짐이 쌓여 아이들의 마음을 단단하게 만드는 것입니다.

저는 아이에게 덧붙였습니다.
"네가 매일 밤 자기 전에 오늘 하루를 한 번만 돌아봐도, 네 마음이 훨씬 더 가벼워질 거야. 그리고 내일은 조금 더 단단해질 수 있단다."

아이는 고개를 끄덕이며 말했습니다.
"그러면 그냥 피곤하기만 한 하루가 아니라, 조금은 특별하게 느껴질 것 같아요."

저는 부드럽게 웃으며 대답했습니다.
"맞아. 특별함은 멀리 있지 않아. 네가 오늘을 어떻게 바라보느냐에 따라 달라지는 거야."

자기 성찰은 거창한 일이 아닙니다. 길게 일기를 쓰지 않아도 괜찮습니다. 단 몇 분 동안 스스로에게 질문을 던지는 것만으로도 충분합니다.

"오늘 나는 어떤 말을 했을까?"
"내가 자랑스러웠던 순간은 언제였을까?"
"내 마음이 무거웠던 순간은 언제였을까?"

이렇게 자신에게 물어보면, 그냥 지나갔던 하루에서 배움과 의미가 보이기 시작합니다.
가끔은 이런 작은 성찰이 더 큰 변화를 이끌어 냅니다. 친구와 다투었던 일을 돌아보며 "내가 그때 조금 더 차분히 말했으면 좋았을 텐데."

라고 깨닫는 순간, 다음번에는 더 지혜롭게 행동할 수 있게 됩니다. 또, 누군가에게 "고마워."라고 말한 순간을 떠올리면, 그 따뜻함이 오래 남아 나 자신을 웃게 만들기도 합니다.

저는 아이에게 마지막으로 말했습니다.
"오늘 상담을 마치고 집에 가서, 자기 전에 하루를 돌아보는 시간을 잠깐 가져볼까? 단 3분이면 충분해. 오늘 기뻤던 일 하나, 아쉬웠던 일 하나, 그리고 내일 해보고 싶은 다짐 하나를 적어보는 거야."

아이는 환하게 웃으며 대답했습니다.
"그렇게 하면 하루가 더 소중하게 느껴질 것 같아요. 그냥 흘려보내는 게 아니라, 뭔가 남길 수 있을 것 같아요."

저는 따뜻하게 고개를 끄덕였습니다.
"그게 바로 돌아보는 시간이 주는 힘이야. 네가 하루를 기억하고 돌아볼 때, 그 하루는 단순히 사라지는 시간이 아니라 네 안에서 자라는 성장이 된단다."

이제, 스스로에게 이렇게 물어보세요.

- 당신은 오늘 어떤 순간에 기뻤고, 어떤 순간에 아쉬웠나요?
- 그 경험을 통해 당신이 배우게 된 점은 무엇인가요?
- 매일 하루를 마무리하며 꼭 돌아보고 싶은 당신의 질문은 무엇인가요?

마음 결 따라 쓰기

1. 마음 열기 질문

♡ 나는 하루를 돌아보며 나 자신을 생각했을 때 어떤 기분이 들었나요?

- □ 그냥 지나간 하루가 특별하게 느껴졌어요.
- □ 내가 잘한 점을 찾으니 뿌듯했어요.
- □ 아쉬운 순간이 떠올라 마음이 무거웠어요.
- □ 내일은 더 잘하고 싶다는 용기가 생겼어요.
- □ 다른 느낌: ________________

2. 짧은 글쓰기 활동

① "나는 ____________________ 상황에서 오늘을 돌아보게 되었어요."

② "내가 하루를 돌아보며 ____________________ 점을 발견했을 때,
내 기분은 ____________________ 변했어요."

③ "하루를 돌아보는 시간은 나에게 ____________________ 같은 존재예요."

3. 그림 활동

〈돌아보는 시간이 주는 힘 그림〉

♡ 아래 중 하나를 선택해 그림으로 표현해 보세요.

4. 함께하는 활동

〈짝과 함께 돌아보기 이야기 나누기〉

① "나는 오늘 하루 중 ____ 일이 가장 기억에 남았어."

② 짝꿍은 이렇게 응답해 주세요:

"너의 이야기를 들으니, 오늘 하루가 너에게 어떤 의미였는지 알 수 있었어. 네가 성찰하는 모습이 참 멋져."

③ 활동 후, 내 마음은 ______________________________

5. 마무리 성찰

① 하루를 돌아보는 힘은 나에게 ____________________ 과 같다.

(예: 거울, 등불, 따뜻한 손길, 길잡이 등)

② 하루를 돌아볼수록 내 마음은 ____________________ 해 진다.

③ 오늘 활동을 통해 내가 가장 깊이 느낀 것은 ________________ 이다.

교사 TIP

- 아이들이 작성한 글과 그림을 모아 "우리 반 성찰 보드"를 꾸며 보세요.
- 수업 중에 "성찰은 하루를 특별하게 만드는 힘이다."라는 메시지를 전해 주세요.
- 수업 마무리 때 아이들과 함께 "나는 매일 나를 돌아보며 성장하는 사람이 될래!"라는 구호를 외치며 긍정적인 분위기를 다져 보세요.

21. 책임이 키워 주는 어른스러움

가을의 교정에는 낙엽이 하나둘 떨어져 차곡차곡 쌓이고 있었습니다. 바람이 불 때마다 잎들이 흩날리며 운동장을 물들였습니다. 아이들과 함께 걷다 보면, 계절이 단순히 흘러가는 것이 아니라 무언가를 우리에게 남기고 간다는 걸 느낄 수 있습니다. 그것은 마치 삶 속에서 우리가 마주하는 '책임'과도 같습니다.

상담실에서 만난 한 아이도 비슷한 마음을 나누어 주었습니다.
"선생님, 솔직히 하기 싫었는데 맡은 일을 끝내고 나니까 기분이 달라요. 힘들긴 했지만, 제가 해냈다는 게 느껴져요."

저는 그 아이의 눈빛에서 작은 뿌듯함과 동시에 어른스러움의 기운을 보았습니다.
"그래, 바로 그게 책임의 힘이란다. 처음에는 무겁게만 느껴지지만, 다 해내고 나면 마음속에 든든한 기둥이 생겨. 그건 누가 빼앗아 갈 수도 없는 너만의 성장이야."

아이는 고개를 끄덕이며 수줍게 웃었습니다.

처음엔 무겁고 부담스럽게만 느껴지는 책임이, 사실은 나를 단단하게 세워 주는 뿌리가 됩니다. 심리학에서는 이를 책임감 발달(Responsibility Development)이라고 설명합니다.

작은 책임이라도 스스로 지켜낸 경험은 자존감을 높이고, 더 큰 일에도 도전할 수 있는 용기를 줍니다. 반대로 책임을 회피하면 잠깐은 편할 수 있지만, 그 자리는 곧 불안과 후회로 채워집니다.

저는 아이에게 물었습니다.
"네가 오늘 끝까지 책임을 다하면서 제일 뿌듯했던 순간은 언제였을까?"

아이는 잠시 생각하다가 대답했습니다.
"아무도 보지 않았지만, 쓰레기를 다 치우고 나서 빈 교실을 봤을 때요. 그때 갑자기 제가 좀 어른 같다는 생각이 들었어요."

저는 미소 지으며 말했습니다.
"맞아, 네가 한 행동을 누가 칭찬하지 않아도 괜찮아. 네 마음이 이미 알고 있잖아. 그게 바로 책임이 주는 선물이란다."

철학자 빅터 프랭클(Viktor Frankl)은 인간을 "응답하는 존재"라고 불렀습니다.
그는 진정한 자유란 하고 싶은 대로만 사는 것이 아니라, 어떤 상황 속에서도 내가 어떻게 '응답'할지를 선택하는 힘이라고 말했습니다. 결국 성숙이란, 책임 앞에서 도망치지 않고 자기만의 대답을 찾아가는 과정에서 자라는 것입니다.

또한 이마누엘 칸트(Immanuel Kant)는 도덕을 설명하면서 "네가 하는 행동이 모두에게 보편적 법칙이 될 수 있는가를 생각하라."라고 말했습니다. 이는 단순히 큰 윤리적 선택에만 해당되는 말이 아닙니다.

친구와의 작은 약속을 지키는 일, 맡은 역할을 끝까지 해내는 일도 모두 책임을 다하는 모습입니다. 그런 선택 하나하나가 결국 나 자신을 성장시키고, 내가 속한 공동체를 지탱하는 힘이 됩니다.

가을이 되면 들판에는 곡식이 알차게 여물어 갑니다.
봄과 여름 동안 농부가 맡은 일을 성실히 감당했기 때문이지요.
마찬가지로 우리 삶 속에서도 책임을 다하는 순간마다 마음속에 보이지 않는 열매가 익어 갑니다. 그 열매는 남들이 알아주지 않아도 스스로에게 당당할 수 있게 해줍니다.

저는 아이에게 조용히 말했습니다.
"네가 책임을 다했을 때 느끼는 그 뿌듯함은 남이 주는 게 아니야. 네가 스스로 키워낸 거야. 그래서 더 소중하지."

아이는 고개를 끄덕이며 작은 목소리로 말했습니다.
"선생님, 앞으로는 힘들어도 그냥 피하지 않고 해보고 싶어요. 그게 결국 저한테 좋다는 걸 알았으니까요."

저는 따뜻한 미소로 대답했습니다.
"그래, 바로 그 마음이 너를 점점 더 단단하게 자라게 해 줄 거야."

책임은 때로는 짐처럼 느껴지지만, 사실은 우리를 키우는 거름이 되고, 자신이 끝까지 해낸 작은 일들은 내 안에 자존감과 평온으로 남습니다. 그리고 그것은 다음 걸음을 내딛을 때, 더 큰 용기를 주는 힘이 됩니다.

이제, 스스로에게 이렇게 물어보세요.

- 나는 최근 어떤 책임을 다하면서 마음 깊이 뿌듯함을 느낀 적이 있나요?
- 책임을 피하고 싶었던 순간, 나는 어떤 선택을 했나요?
- 앞으로 내가 꼭 지키고 싶은 책임은 무엇인가요?

마음 결 따라 쓰기

1. 마음 열기 질문

♡ 나는 맡은 책임(청소, 역할, 약속, 공부 등)을 끝까지 해냈을 때 어떤 기분이 들었나요?

- □ 처음엔 힘들었지만 끝내고 나니 뿌듯했어요.
- □ 누가 보지 않았는데도 스스로 자랑스러웠어요.
- □ 책임을 피하려다 후회한 적이 있어요.
- □ 작은 책임을 지키니 친구들과의 관계가 좋아졌어요.
- □ 다른 느낌: ______________

2. 짧은 글쓰기 활동

① "나는 ______________ 상황에서 책임을 맡았어요."

② "내가 그 책임을 ______________ 했을 때,
다른 사람과의 관계나 내 기분은 ______________ 변했어요."

③ "책임은 나에게 ______________ 같은 존재예요."

3. 그림 활동

〈책임이 키워 주는 어른스러움 그림〉

♡ 아래 중 하나를 선택해 그림으로 표현해 보세요.

4. 함께하는 활동

〈짝과 함께 책임 이야기 나누기〉

① "나는 ____ 상황에서 책임을 맡았어."

② 짝꿍은 이렇게 응답해 주세요:
"네가 책임을 다하려는 모습이 정말 멋져! 그게 바로 성숙으로 가는 길이야."

③ 활동 후, 내 마음은 ____________________

5. 마무리 성찰

① 책임은 나에게 ______________ 과 같다.

② 책임을 다할수록 내 마음은 ______________ 해 진다.

③ 오늘 활동을 통해 내가 가장 깊이 느낀 것은 ______________ 이다.

교사 TIP

- **아이들이 작성한 글과 그림을 모아 "우리 반 책임 나무"를 꾸며 보세요.**
- **수업 중에 "책임은 짐이 아니라 나를 단단하게 만드는 뿌리다."라는 메시지를 전해 주세요.**
- **수업 마무리 때 아이들과 함께 "나는 책임을 지며 성숙해지는 사람이 될래!"라는 구호를 외치며 긍정적인 분위기를 다져 보세요.**

잠시 멈춤이 주는 선물의 겨울

22. 혼자만의 시간에 담긴 의미
23. 외로움과 친구가 되기
24. 관계 속에서 잠시 물러서 보기
25. 혼자 있는 시간에 피어나는 창의성
26. 비교 대신 나를 받아들이기
27. 효도, 이해와 성숙의 다른 이름
28. 혼자의 힘과 함께함의 어울림

22. 혼자만의 시간에 담긴 의미

상담실 의자에 앉은 한 아이가 조용히 입을 열었습니다.
"선생님, 가끔은 혼자 있는 게 외롭기도 한데... 또 그 시간이 편할 때도 있어요. 저도 잘 모르겠어요."

그 말속에는 혼자 있는 시간에 대한 두 가지 마음이 담겨 있었습니다.
친구들과 어울릴 때의 즐거움이 있지만, 혼자 있는 순간에는 괜히 텅 빈 것 같고 외로움이 스며들기도 하지요. 그런데 또 어떤 때는 오히려 그 고요함이 편안하고, 나만의 시간을 누리는 것 같아 좋을 때도 있습니다.
저는 아이의 눈빛을 바라보며 부드럽게 물었습니다.
"혼자 있을 때 외롭다고 느끼는 순간이 많아, 아니면 편안하다고 느끼는 순간이 많아?"

아이는 잠시 생각하다가 대답했습니다.
"음... 혼자 있을 때 핸드폰만 붙잡고 있으면 더 외로운 것 같아요. 근데 음악을 듣거나 그림을 그릴 때는 오히려 마음이 차분해져요."

저는 고개를 끄덕이며 웃었습니다.
"맞아. 혼자 있는 시간이 어떻게 쓰이는가에 따라, 그 시간이 외로움이 되기도 하고, 네 마음을 채우는 시간이 되기도 해."

청소년기에 '혼자 있는 시간'은 종종 외로움과 혼동됩니다.
하지만 심리학에서는 이를 건강한 고독(Healthy Solitude)이라 부릅니다. 혼자 있는 시간은 단순히 혼자가 되는 것이 아니라, 내 마음을 정리하고 스스로를 돌보는 내적 충전의 순간이 될 수 있습니다.
우리가 친구와 항상 붙어 있거나, 누군가와 계속 대화만 한다면, 정작 내 마음의 소리를 들을 기회가 줄어들 수 있습니다. 하지만 잠시 멈추어 혼자 있는 순간, 마음속 깊은 곳에서 내가 진짜로 원하는 것이나 내가 놓치고 있던 감정들이 드러나기도 하지요.

아이에게 물었습니다.
“네가 혼자 있을 때 제일 자주 하는 생각은 뭐야?”

아이는 조금 웃으며 대답했습니다.
“저는요, ‘내가 잘하고 있는 걸까?’ 이런 생각이 많이 들어요. 또 어떤 날은 그냥 아무 생각 안 하고 하늘만 보기도 해요.”

저는 따뜻하게 말했습니다.
“그게 바로 혼자 있는 시간의 힘이야. 너 자신을 돌아보고, 또 아무 생각 없이 쉬기도 하는 것. 둘 다 네 마음을 단단하게 만들어 주는 거란다.”

철학자 블레즈 파스칼(Blaise Pascal)은 “인간의 불행은 방 안에 혼자 조용히 앉아 있을 줄 모르는 데서 시작된다.”고 했습니다. 이 말은 혼자 있는 시간이 외롭다고만 느껴서 피하는 순간, 우리는 자기 자신을 깊이 이해할 기회를 놓칠 수 있다는 뜻입니다. 반대로 혼자 있는 시간을 사색의 기회로 삼으면, 그 안에서 더 단단한 나를 만날 수 있습니다.

또한 철학자 장 폴 사르트르(Jean-Paul Sartre)는 인간이 혼자일 때 비로소 자유롭게 자신을 선택하는 존재가 된다고 했습니다. 누군가의 시선이 없을 때야말로, 나는 어떤 사람이 되고 싶은지, 무엇을 하고 싶은지를 진심으로 선택할 수 있다는 의미입니다.

심리학자들은 혼자 있는 시간을 "내적 회복의 시간"이라 부릅니다. 여러 활동과 인간관계 속에서 지친 마음을 회복하고, 자기 자신을 정리하는 중요한 기회라는 뜻이지요. 그러니 혼자 있는 시간은 두려움이 아니라 나를 위한 선물일 수 있습니다.

겨울의 고요한 눈길을 떠올려 보세요. 처음에는 적막하고 쓸쓸해 보이지만, 그 안에는 평온한 아름다움이 숨어 있습니다. 혼자 있는 시간도 그렇습니다. 처음엔 외롭고 낯설지만, 그 고요함을 받아들일수록 내 안의 온기를 발견하게 됩니다.

저는 아이에게 제안했습니다.
"혼자 있는 시간을 그냥 외롭다고만 생각하지 말고, 그 시간을 네가 하고 싶은 일을 해보는 시간으로 써보면 어떨까? 음악 듣기, 책 읽기, 그림 그리기, 산책하기 같은 거 말이야."

아이는 눈이 반짝이며 대답했습니다.
"그럼 혼자 있어도 재미있을 것 같아요. 괜히 심심한 게 아니라, 저만의 시간이 되는 거잖아요."

"그렇지. 그 시간이 쌓이면, 너는 점점 자기 자신과 더 친해지게 될 거야."

친구들과 함께할 때 우리는 즐거움을 배우고, 공동체 속에서 협력하는 법을 배웁니다. 그러나 혼자 있는 시간에는 나 자신을 더 잘 이해하고, 스스로를 다독이는 법을 배우게 됩니다. 아이들이 혼자 있는 시간을 통해 자기 자신과 대화할 수 있다면, 그것은 결코 외로움이 아니라 성숙으로 가는 따뜻한 길이 됩니다.

저는 마지막으로 아이에게 말했습니다.
"네가 혼자 있는 시간을 두려워하지 않고 잘 다룰 수 있다면, 너는 어떤 순간에도 흔들리지 않고 설 수 있을 거야. 왜냐하면 너 자신이 이미 너의 친구가 되어 주니까."

아이는 고개를 끄덕이며 말했습니다.
"선생님, 이제 혼자 있는 시간이 무섭지 않을 것 같아요. 그 시간이 저한테도 필요하다는 걸 알았어요."

이제, 스스로에게 이렇게 물어보세요.

- **나는 혼자 있는 시간을 어떻게 느끼고 있나요? 외로움인가요, 아니면 휴식인가요?**
- **혼자 있는 시간 동안 내가 가장 자주 하는 생각이나 행동은 무엇인가요?**
- **앞으로 혼자 있는 시간을 더 의미 있게 보내기 위해 무엇을 해보고 싶나요?**

마음 결 따라 쓰기

1. 마음 열기 질문

♡ 나는 혼자 있는 시간을 가졌을 때 어떤 기분이 들었나요?

□ 괜히 외롭고 쓸쓸했어요.

□ 오히려 편안하고 마음이 차분해졌어요.

□ 혼자 있으니 내 생각을 정리할 수 있어서 좋았어요.

□ 외롭다가도 금세 새로운 아이디어가 떠올랐어요.

□ 다른 느낌: ______________

2. 짧은 글쓰기 활동

① "나는 ________________ 상황에서 혼자 있는 시간을 가졌어요."

② "혼자 있는 동안 ________________ 했을 때,
나는 ______________________________ 라는 걸 느꼈어요."

③ "혼자 있는 시간은 나에게 ______________________ 같은 존재예요."

3. 그림 활동

〈혼자만의 시간에 담긴 의미 그림〉

♡ 내가 혼자 있는 시간을 보내며 느꼈던 순간을 그림으로 표현해 보세요.

4. 함께하는 활동

〈짝과 함께 혼자 있는 시간 이야기 나누기〉

① "나는 _____ 상황에서 혼자 있는 시간을 가졌어."

② 짝꿍은 이렇게 응답해 주세요:

"네 이야기를 들으니, 혼자 있는 시간이 너에게 얼마나 소중했는지 알겠어. 네가 자기 마음을 잘 돌보고 있구나."

③ 활동 후, 내 마음은 _______________________________

5. 마무리 성찰

① 혼자 있는 시간은 나에게 _________________ 과 같다.

② 혼자 있는 시간을 잘 활용할수록 내 마음은 _______________ 해 진다.

③ 오늘 활동을 통해 내가 가장 깊이 느낀 것은 _______________ 이다.

교사 TIP

- 아이들이 작성한 글과 그림을 모아 "우리 반 혼자 있는 시간 보드"를 꾸며 보세요.
- 수업 중에 "혼자 있는 시간은 외로움이 아니라, 나 자신과 친구가 되는 시간이다."라는 메시지를 전해 주세요.
- 수업 마무리 때 아이들과 함께 "나는 혼자 있는 시간 속에서 나를 더 깊이 이해하는 사람이 될래!"라는 구호를 외치며 긍정적인 분위기를 다져 보세요.

23. 외로움과 친구가 되기

상담실 문을 살짝 열고 들어온 아이는 의자에 앉자마자 고개를 숙였습니다.
한참을 망설이다가 작은 목소리로 말을 꺼냈습니다.
"선생님, 친구들이랑 같이 있어도 가끔은 외로운 기분이 들어요. 다들 웃고 있는데, 저만 따로 떨어져 있는 것 같아요."

저는 잠시 그 아이의 얼굴을 바라보다가 고개를 끄덕였습니다.
"그럴 수 있지. 외로움은 꼭 혼자 있을 때만 오는 게 아니야. 때로는 사람들 속에서도, 심지어 가장 친한 친구들 사이에서도 문득 찾아올 때가 있어."

아이는 제 말을 듣고 조금 안도한 듯 고개를 끄덕였습니다.

많은 청소년들이 "외로움은 혼자 있을 때만 오는 감정"이라고 생각합니다. 하지만 사실 외로움은 사람이 가득한 교실에서도, 친구들과 함께 뛰노는 운동장 한가운데서도 느껴질 수 있습니다. 심리학에서는 이를 실존적 외로움(Existential Loneliness)이라 부릅니다. 누구도 내 마음을 완전히 이해해 줄 수 없다는 깨달음에서 비롯되는 감정입니다.

"그럼 저만 이상한 건 아니에요?" 아이가 다시 물었습니다.

"아니야. 오히려 아주 자연스러운 거야. 외로움을 느낀다는 건, 네 마음이 섬세하고 깊다는 뜻이야. 네 안에서 스스로를 더 잘 알고 싶어 하는 신호일 수도 있어."
아이의 표정이 조금 누그러졌습니다. 그 순간, 저는 아이가 외로움이라는 감정을 새로운 시선으로 바라보기 시작했음을 느꼈습니다.

철학자 죄르지 루카치(Georg Lukáács)는 외로움을 "인간이 자신과 대화할 수 있는 가장 고요한 공간"이라고 말했습니다.
친구들 속에서 시끌벅적하게 웃고 떠들 때는 미처 보지 못했던 내 마음의 소리가, 고요한 외로움 속에서는 선명하게 들려옵니다. "내가 진짜 원하는 건 뭘까?", "나는 지금 무엇 때문에 힘든 걸까?" 하는 질문들이 외로움 속에서 자연스럽게 피어납니다.

프리드리히 니체(Friedrich Nietzsche) 역시 외로움을 "창조의 산실"이라고 불렀습니다.
끊임없이 바쁘게 남들과 어울리며 지내는 시간보다, 오롯이 혼자 견디는 순간 속에서 진짜 나다움이 자라난다는 뜻이지요. 그 말처럼, 외로움은 단순히 견뎌야 할 감정이 아니라, 나를 단단하게 만들어 주는 시간일 수 있습니다.

저는 아이에게 이렇게 말했습니다.
"외로움은 네 마음을 괴롭히려고 오는 게 아니야. 네가 스스로와 더 친해지라고, 너 안의 목소리를 더 잘 들어 보라고 찾아오는 손님일 수도 있어."

겨울의 긴 밤은 처음엔 쓸쓸하게만 느껴집니다.
하지만 그 속에서 별빛이 더 선명하게 빛나지요. 외로움도 그렇습니다. 처음엔 마음이 허전하고 쓸쓸하지만, 그 안을 잘 들여다보면 내가 몰랐던 나의 감정과 생각이 별빛처럼 드러납니다.

"선생님, 그럼 외로움을 없애는 게 아니라… 그냥 같이 있어도 되는 거예요?" 아이가 물었습니다.

"맞아. 외로움은 없앨 수 있는 게 아니야. 하지만 그 감정과 친구가 될 수는 있지. 외로움이 올 때, '아, 내가 지금 조금 지쳐 있구나', '내 마음이 쉬고 싶구나' 하고 알아차리는 것만으로도 외로움은 더이상 두려운 적이 되지 않아."

저는 이어서 아이에게 혼자 있을 때 할 수 있는 몇 가지 방법을 제안했습니다.
"책을 읽거나, 음악을 듣거나, 일기를 쓰는 것도 좋아. 그냥 창밖을 바라보며 생각하는 것도 괜찮아. 그렇게 나와 대화하는 시간을 가지면 외로움은 오히려 네 마음을 지켜주는 친구가 될 거야."

아이는 한참을 생각하더니 작은 미소를 지었습니다.
"저도 한번 해볼게요. 외로움이 찾아와도, 그냥 제 편이라고 생각해 보려고요."

아이들이 외로움을 두려워하지 않고 그 감정과 친구가 될 수 있다면,

외로움은 더이상 괴로운 감정이 아닙니다. 오히려 자기 자신을 더 잘 알게 하고, 타인의 마음을 이해할 수 있게 만드는 따뜻한 동반자가 됩니다.

가을바람에 흔들리는 나뭇잎처럼, 마음도 흔들릴 수 있지만, 그 흔들림 속에서 우리는 더욱 단단하게 뿌리를 내릴 수 있습니다.

이제, 스스로에게 이렇게 물어보세요.

- 나는 언제 가장 외로움을 느끼나요?
- 그 외로움은 나에게 어떤 메시지를 전해 주고 있나요?
- 외로움과 싸우기보다, 친구가 되기 위해 내가 할 수 있는 작은 시도는 무엇인가요?

마음 결 따라 쓰기

1. 마음 열기 질문

♡ 나는 외로움을 느꼈을 때 어떤 기분이 들었나요?

□ 모두와 함께 있는데도 나 혼자만 떨어진 것 같았어요.

□ 외롭지만 내 마음을 더 잘 들여다볼 수 있었어요.

□ 쓸쓸했지만 곧 스스로 위로가 되었어요.

□ 외로움 덕분에 새로운 생각이나 아이디어가 떠올랐어요.

□ 다른 느낌: ____________

2. 짧은 글쓰기 활동

① "나는 __________ 상황에서 외로움을 느꼈어요."

② "외로움 속에서 __________ 했을 때,
나는 ______________________________ 라는 걸 깨달았어요."

3. 그림 활동

〈외로움과 친구가 되기 그림〉

♡ 내가 외로움을 느꼈던 순간, 혹은 그 외로움과 친구가 되며 새로운 의미를 발견했던 순간을 그림으로 표현해 보세요.

4. 함께하는 활동

〈짝과 함께 외로움 이야기 나누기〉

① "나는 ____ 상황에서 외로움을 느꼈어."

② 짝꿍은 이렇게 응답해 주세요:
"네가 외로움 속에서도 의미를 찾으려는 게 참 멋져! 네가 자기 마음을 잘 보듬고 있다는 게 느껴졌어."

③ 활동 후, 내 마음은 ________________

5. 마무리 성찰

① 외로움은 나에게 ________________ 과 같다.

② 외로움과 친구가 될수록 내 마음은 ________________ 해 진다.

③ 오늘 활동을 통해 내가 가장 깊이 느낀 것은 ________________ 이다.

교사 TIP

- 아이들이 작성한 글과 그림을 모아 "우리 반 외로움 지도"를 꾸며 보세요.
- 수업 중에 "외로움은 나를 괴롭히는 게 아니라, 나와 더 가까워지게 하는 길이다."라는 메시지를 전해 주세요.
- 수업 마무리 때 아이들과 함께 "나는 외로움과 친구가 되어 더 깊이 성장하는 사람이 될래!"라는 구호를 외치며 긍정적인 분위기를 다져 보세요.

24. 관계 속에서 잠시 물러서 보기

상담실에서 마주 앉은 한 아이는 깊은 숨을 내쉬며 속마음을 털어놓았습니다.

"선생님, 친구랑 너무 붙어 다니다 보니까 작은 일에도 서운해지고 자꾸 다투게 돼요. 그런데 거리를 두면 혹시 친구가 멀어질까 봐 걱정돼요."

그 아이의 눈빛에는 친구와의 관계를 잃고 싶지 않은 간절함과, 동시에 답답한 마음이 뒤섞여 있었습니다. 저는 천천히 고개를 끄덕이며 아이의 말을 되새겼습니다.

"친구와 가까이 지내는 건 참 소중한 일이야. 하지만 네가 말한 것처럼 너무 붙어 있다 보면 작은 차이에도 마음이 쉽게 흔들릴 수 있지. 혹시 네 마음이 힘들어지는 이유는, 네가 친구를 잃을까 봐 두려워서일까?"

아이는 잠시 머뭇거리더니 고개를 끄덕였습니다.

"맞아요. 친구랑 조금이라도 거리를 두면, 혹시 제가 싫어지진 않을까 걱정돼요. 그냥 함께 있으면 안심이 되는데… 또 그러다 보면 숨이 막히는 것 같기도 해요."

저는 미소 지으며 조용히 말을 이어갔습니다.

"네 마음이 참 솔직하구나. 사실 가까이 있는 건 좋지만, 그 안에서도 나만의 공간이 필요할 때가 있어. 네가 잠깐 혼자 생각할 시간을 가진다고 해서 친구가 널 버리거나 멀어지는 건 아니야. 오히려 친구를 진짜 '소중한 너'로 인정하기 때문에 가능한 일이기도 하지."

청소년기는 친구와의 관계가 인생에서 가장 중요한 중심이 되는 시기입니다. 함께 웃고 울며 나누는 경험은 큰 힘이 되지만, 동시에 너무 밀착되면 작은 갈등에도 마음이 크게 흔들리기 쉽습니다.

심리학에서는 이것을 관계적 경계 설정(Relational Boundaries)이라고 설명합니다. 건강한 관계는 서로의 다름을 존중하면서, 적절한 간격을 지켜줄 때 더 오래갑니다.
너무 가까우면 숨 쉴 틈이 사라지고, 너무 멀면 단절처럼 느껴지지요.
하지만 적절한 거리는 서로가 서로를 더 잘 볼 수 있도록 돕습니다. 그것은 멀어짐이 아니라, 오히려 더 깊은 연결을 가능하게 하는 지혜입니다.

철학자 마르틴 부버(Martin Buber)는 인간관계를 "나-너의 만남"이라고 설명했습니다.
진정한 만남은 상대를 내 뜻대로 끌어들이는 것이 아니라, 독립적인 존재로 존중하는 태도에서 시작됩니다. 내가 한 걸음 물러설 수 있을 때, 친구는 단순히 '나와 함께 있어야 하는 사람'이 아니라, 그 자체로 소중한 '너'로 자리 잡게 됩니다.

겨울 숲에 서 있는 나무들을 떠올려 보세요.
나무들은 서로 가까이 서 있지만 가지가 서로를 짓누르지 않도록 일정한 간격을 둡니다. 그 거리가 있어야 햇빛도, 바람도, 빗물도 함께 나눌 수 있지요. 관계도 그와 같습니다. 한 걸음 물러선다고 해서 외로워지는 것이 아니라, 오히려 서로를 더 따뜻하게 바라볼 수 있는 자리가 생기는 것입니다.

저는 아이에게 물었습니다.
"만약 네가 잠깐 거리를 두고 스스로만의 시간을 가진다면, 그 사이에 어떤 일이 일어날까?"

아이는 잠시 생각하더니 대답했습니다.
"음… 처음엔 친구가 제가 멀어진 것처럼 느낄 수도 있어요. 그런데 오히려 저도 숨 돌릴 수 있고, 다시 만났을 때 더 반갑고 소중하게 느껴질 것 같아요."

저는 고개를 끄덕이며 말했습니다.
"바로 그거야. 거리를 두는 건 친구를 잃는 게 아니라, 더 건강하게 관계를 지키는 방법이야. 네가 조금 물러서서 숨을 고를 때, 그 사이에 우정이 더 단단해질 수 있어."

아이의 표정은 조금씩 밝아졌습니다.
친구와 떨어지면 관계가 깨질 거라는 두려움이, 오히려 관계를 더 지켜주는 지혜가 될 수 있다는 것을 깨달았기 때문입니다.

가까이 다가가는 것도 용기이지만, 한 걸음 물러설 줄 아는 것도 큰 용기입니다.
관계에서 거리를 둔다고 해서 마음까지 멀어지는 것은 아닙니다.
오히려 그 거리는 서로를 더 선명하게 바라보게 하고, 더 오래 함께할 수 있는 힘을 줍니다.

겨울 나무의 간격처럼, 우리 마음의 간격도 서로를 지켜주기 위한 자리일 수 있습니다.
친구와 잠시 거리를 두었을 때, 오히려 더 따뜻하고 오래가는 우정이 우리를 기다리고 있을지도 모릅니다.

이제, 스스로에게 이렇게 물어보세요.

- **나는 어떤 관계에서 잠시 한 걸음 물러설 필요가 있었나요?**
- **내가 거리를 두었을 때, 그 관계는 멀어진 것이 아니라 오히려 더 건강해질 수 있다는 걸 느낀 적이 있나요?**
- **지금 내가 소중히 지켜내고 싶은 관계에 필요한 '적절한 거리'는 무엇일까요?**

마음 결 따라 쓰기

1. 마음 열기 질문

♡ 나는 친구와 너무 가깝거나 멀어서 불편했던 경험이 있을 때 어떤 기분이 들었나요?

□ 너무 가까워서 숨이 막히는 것 같았어요.

□ 거리를 두니 친구가 멀어질까 걱정됐어요.

□ 적당히 거리를 두었더니 오히려 더 편안했어요.

□ 나만의 시간을 갖고 나니 친구가 더 소중하게 느껴졌어요.

□ 다른 느낌: ________________

2. 짧은 글쓰기 활동

① "나는 ________________ 상황에서 친구와 거리를 두고 싶었어요."

② "내가 한 걸음 물러서며 ________________ 했을 때,
나는 ________________________________ 라는 걸 깨달았어요."

③ "관계에서의 적절한 거리는 나에게 ____________________ 같은 존재예요."

3. 그림 활동

〈관계 속에서 잠시 물러서 보기 그림〉

♡ 내가 친구와 거리를 두며 느꼈던 순간, 혹은 그 덕분에 더 따뜻해졌던 순간을 그림으로 표현해 보세요.

4. 함께하는 활동

〈짝과 함께 관계 이야기 나누기〉

① "나는 ______ 상황에서 친구와 거리를 두고 싶었어."

② 짝꿍은 이렇게 응답해 주세요:

"네가 관계에서 적절한 거리를 고민한다는 게 참 성숙해 보여! 네 마음이 잘 전해졌어."

③ 활동 후, 내 마음은 ______

5. 마무리 성찰

① 관계에서의 한 걸음 물러섬은 나에게 ______ 과 같다.

② 적절한 거리를 지킬수록 내 마음은 ______ 해 진다.

③ 오늘 활동을 통해 내가 가장 깊이 느낀 것은 ______ 이다.

교사 TIP

- 아이들이 작성한 글과 그림을 모아 "우리 반 관계의 나무"를 꾸며 보세요.
- 수업 중에 "거리를 두는 건 멀어지는 게 아니라, 서로를 더 소중히 바라보기 위한 지혜다." 라는 메시지를 전해 주세요.
- 수업 마무리 때 아이들과 함께 "나는 관계 속에서 건강한 거리를 지킬 줄 아는 사람이 될래!" 라는 구호를 외치며 긍정적인 분위기를 다져 보세요.

25. 혼자 있는 시간에 피어나는 창의성

상담실의 창가에 앉은 한 아이가 밝은 미소를 지으며 이렇게 말했습니다.
"선생님, 친구들이랑 있을 땐 그냥 시간만 지나가는 것 같은데, 혼자 있으니까 오히려 아이디어가 막 떠올라요. 이상하죠?"

저는 고개를 끄덕이며 아이의 이야기를 받아주었습니다.
"그건 전혀 이상한 게 아니야. 오히려 아주 자연스러운 일이란다. 혼자 있는 시간은 너만의 생각이 자유롭게 흘러 다니는 특별한 공간이거든."

아이는 잠시 멋쩍은 듯 웃더니, 손가락으로 책상 위를 톡톡 두드리며 말을 이어갔습니다.
"저는 그림을 좋아하는데, 친구들이랑 같이 있으면 그냥 웃고 떠들기만 하다가, 혼자 있으면 갑자기 머릿속에 장면이 딱 떠오르기도 해요. 꼭 제가 영화감독이 된 것처럼요."

저는 그 말을 듣고 마음이 따뜻해졌습니다.
"맞아. 그게 바로 너만의 창의성이 피어나는 순간이야. 시끄러운 곳에서는 들리지 않던 네 안의 목소리가, 고요한 순간에 더 잘 들리는 거지."

우리는 흔히 혼자 있는 시간을 외롭고 쓸쓸한 것으로만 생각하곤 합니다. 하지만 사실 그 시간은 나의 내면이 나에게 말을 걸어오는 소중한 순간입니다.

심리학에서는 혼자 있을 때 떠오르는 이런 자유로운 생각을 내적 창의성(Inner Creativity)이라고 부릅니다. 친구들과 함께일 때는 즐겁지만, 오히려 내 마음의 소리는 잘 들리지 않을 수 있습니다. 반대로 혼자 있을 때는 흘러가던 생각의 조각들이 모여 새로운 아이디어로 이어지기도 합니다.

예를 들어, 일기를 쓰며 하루를 돌아보다가 새로운 계획이 떠오르기도 하고, 멍하니 하늘을 바라보다가 마음속 그림 한 장면이 그려지기도 합니다. 심지어 아무 일도 하지 않고 조용히 앉아 있는 것조차도 내 마음에 씨앗을 틔우는 시간이 됩니다.

철학자 칼 구스타프 융(Carl Gustav Jung)은 인간의 무의식을 "창조의 원천"이라고 불렀습니다. 우리가 의식적으로는 알아차리지 못하는 생각과 감정이, 고독한 순간에 문득 빛처럼 떠오른다는 뜻입니다. 그래서 고독은 결핍이나 허전함이 아니라, 새로운 상상력을 길러주는 비밀의 방과도 같습니다.

겨울의 눈밭을 떠올려 봅시다.
눈이 소복이 쌓인 들판은 겉으로는 텅 비어 보입니다. 하지만 그 속에서는 이미 새로운 씨앗이 뿌리를 내리고 봄을 준비하고 있지요. 혼자 있는 시간도 이와 같습니다. 아무 일도 일어나지 않는 것 같지만, 그 순간 우리의 마음속에서는 새로운 생각과 가능성이 자라나고 있습니다.

한 아이가 말한 것처럼, 친구들과 있을 때는 흘려보내던 작은 생각들이, 혼자 있을 때는 또렷하게 빛을 내며 떠오릅니다. 어떤 아이는 혼자 음악을 들으며 노래 가사를 써 내려가고, 또 어떤 아이는 그림을 그리다가 자신도 놀랄 만큼 새로운 아이디어를 발견하기도 합니다. 고독은 이렇게 창의의 씨앗을 틔우는 시간입니다.

"선생님, 그런데 가끔은 혼자 있는 게 외로워요. 그래서 괜히 휴대폰만 보다가 시간을 버리기도 해요."

아이의 말에 저는 미소 지으며 답했습니다.
"그럴 수도 있지. 하지만 외로움이 꼭 나쁜 건 아니야. 그 외로움 속에서 너는 네 마음을 더 깊이 들여다볼 수 있고, 그 속에서 새로운 힘도 생겨날 수 있어."

아이는 고개를 끄덕이며 작은 목소리로 말했습니다.
"그러면 제가 혼자 있을 때 떠오르는 생각들도 의미가 있는 거네요?"

"그럼. 아주 소중한 거지. 네 안에서 피어나는 생각과 아이디어는 다른 누구도 대신 만들어줄 수 없는 보물이야. 혼자 있는 시간은 너만의 보물 창고라고 생각하면 좋을 것 같아."

아이는 그제야 얼굴에 밝은 미소를 지으며 말했습니다.
"저도 이제 혼자 있는 시간이 조금 덜 외롭고, 오히려 기대가 돼요."

혼자 있는 시간이 지루하게만 느껴질 때, 그것을 창의의 공간으로 바꾸는 방법이 있습니다.

예를 들어,
좋아하는 음악을 들으며 마음속 장면을 떠올려 보기
일기나 그림으로 오늘의 감정을 표현해 보기
창밖을 바라보며 스스로에게 질문 던져 보기
휴대폰을 내려놓고 5분만 조용히 호흡하며 마음 관찰하기

이런 작은 실천들이 쌓이면, 혼자 있는 시간은 더이상 외롭지 않고 내 마음을 자유롭게 펼쳐주는 따뜻한 시간이 됩니다. 고독은 피해야 할 감정이 아닙니다.
그것은 여러분 안에 숨어 있는 가능성과 만나게 해주는 다리입니다. 친구들과 함께 웃는 시간도 소중하지만, 혼자 있는 시간 속에서만 들을 수 있는 자기 마음의 목소리도 반드시 필요합니다.

마치 겨울 눈밭이 봄을 준비하듯, 고요한 고독의 시간은 여러분을 더 창의적이고 성숙한 사람으로 자라게 합니다.

이제, 스스로에게 이렇게 물어보세요.

- 나는 혼자 있을 때 어떤 생각이나 아이디어가 떠오르나요?
- 그 고독한 순간이 나에게 어떤 힘을 주었나요?
- 앞으로 혼자 있는 시간을 나만의 창의적 공간으로 만들기 위해 지금 해볼 수 있는 작은 시도는 무엇일까요?

마음 결 따라 쓰기

1. 마음 열기 질문

♡ 나는 혼자 있는 시간에 특별한 생각이나 아이디어가 떠올랐을 때 어떤 기분이 들었나요?

□ 혼자라서 외로웠는데, 새로운 생각이 떠오르니 신기했어요.

□ 나만의 시간이 있어서 마음이 자유로워졌어요.

□ 갑자기 좋은 아이디어가 생겨서 기뻤어요.

□ 조용히 있으니 내 안의 목소리가 들려서 놀라웠어요..

□ 다른 느낌: ____________

2. 짧은 글쓰기 활동

① "나는 ____________ 상황에서 혼자 있는 시간을 가졌어요."

② "혼자 있는 동안 ____________ 했을 때,
나는 ________________________ 라는 걸 깨달았어요."

③ "혼자 있는 시간에 피어나는 창의성은 나에게 ________ 같은 존재예요."

3. 그림 활동

〈혼자 있는 시간에 피어나는 창의성 그림〉

♡ 내가 혼자 있는 시간에 떠올랐던 생각이나 아이디어를 그림으로 표현해 보세요.

4. 함께하는 활동

〈짝과 함께 고독 속 창의성 이야기 나누기〉

① "나는 ____ 상황에서 혼자 있다가 새로운 생각이 떠올랐어."

② 짝꿍은 이렇게 응답해 주세요:

"네가 혼자 있는 시간에서 그런 아이디어를 얻다니 정말 멋지다! 네 안의 창의성이 잘 자라고 있구나."

③ 활동 후, 내 마음은 ________________________

5. 마무리 성찰

① 혼자 있는 시간에 피어나는 창의성은 나에게 ____________ 과 같다.

② 혼자 있는 시간을 창의적으로 활용할수록 내 마음은 ______ 해 진다.

③ 오늘 활동을 통해 내가 가장 깊이 느낀 것은 ____________ 이다.

교사 TIP

- **아이들이 작성한 글과 그림을 모아 "우리 반 창의성 보드"를 꾸며 보세요.**
- **수업 중에 "고독은 공허함이 아니라, 내 안의 목소리를 만나는 공간이다."라는 메시지를 전해 주세요.**
- **수업 마무리 때 아이들과 함께 "나는 혼자 있는 시간 속에서 창의성을 발견하는 사람이 될래!"라는 구호를 외치며 긍정적인 분위기를 다져 보세요.**

26. 비교 대신 나를 받아들이기

상담실에 들어온 한 아이는 조용히 제 앞에 앉아 있었습니다.
손가락을 꼼지락거리며 망설이다가, 결국 작은 목소리로 털어놓았습니다.
"선생님, 가끔은 스마트폰을 볼 때 마음이 흔들려요. SNS에서 친구들이 잘 지내는 모습이나 멋지게 해낸 걸 보면, 저랑 비교하게 돼요. '저 친구는 왜 저렇게 잘할까? 나는 왜 이럴까?' 하는 생각이 자꾸 들어요."

그 아이의 얼굴에는 씁쓸한 미소와 동시에 자신을 작게 여기고 있는 마음이 비쳐 있었습니다. 사실 우리 모두에게도 익숙한 장면이지요. 친구의 성적, 외모, 재능이 눈부시게 보일 때, 나도 모르게 움츠러드는 순간이 있습니다. 다른 사람의 빛이 내 그림자를 더 길게 만드는 것처럼 느껴지기도 합니다.

저는 그 아이의 말을 차분히 들으며 고개를 끄덕였습니다.
"네 마음이 정말 잘 이해돼. 누구나 그런 경험을 해. 친구랑 비교하면서 스스로가 더 작아 보이는 기분, 사실은 아주 자연스러운 거야. 심리학에서는 이런 걸 사회적 비교라고 불러. 다른 사람과 나를 견주어 보는 건 누구나 하는 일이거든. 하지만 중요한 건 그 비교를 통해 내가 더 작아지는 게 아니라, 나만의 가능성을 어떻게 발견하느냐 하는 거야."

아이는 제 말을 듣고 한동안 고개를 숙이다가 조심스럽게 물었습니다.

"근데 선생님, 비교를 안 할 수가 있을까요? 그냥 눈에 보이는데요…"

저는 웃으며 대답했습니다.
"맞아 비교를 아예 안 하고 살 수는 없어. 하지만 '비교 속에 머물지 않는 법'을 배울 수는 있지. 예를 들어 장 자크 루소(Jean-Jacques Rousseau)라는 철학자는 '자연의 속도에는 빠름이나 늦음이 없다.'고 말했어. 무슨 뜻일까? 꽃이 피는 시기는 다 다르잖아. 벚꽃은 봄에 피지만 국화는 가을에 피어. 누가 더 빠르다고 잘한 것도 아니고, 늦었다고 못한 것도 아니야. 각자 자기 계절에 맞게 가장 아름다운 꽃을 피우는 거지. 너도 마찬가지야. 네가 빛날 때는 반드시 와. 지금은 준비하는 시간일 수도 있어."

아이는 그 말을 듣고 한참을 생각하더니, 작은 목소리로 이렇게 말했습니다.
"그러면… 저는 아직 제 계절이 안 온 걸까요?"

저는 따뜻하게 웃으며 고개를 끄덕였습니다.
"그럴 수도 있지. 겨울의 땅을 보면 겉으론 아무것도 없는 것처럼 보여. 하지만 그 속에선 봄을 준비하는 씨앗이 자라고 있어. 네가 지금 공부하고, 고민하고, 마음을 다스리려 애쓰는 모든 순간이 바로 씨앗을 키우는 과정이야. 눈에 당장 보이지 않아도, 너는 분명 자라나고 있는 중이야."

그 말을 들은 아이의 표정이 조금 풀어졌습니다. 여전히 걱정이 남아 있었지만, 마음 한편에서 안도감이 싹튼 듯 보였습니다.

우리는 자주 다른 사람과 자신을 비교합니다.

그러나 그 비교가 나를 자꾸 무겁게 짓누른다면, 잠시 내려놓을 필요가 있습니다. 다른 이의 성취와 빛을 부러워하기보다는, 지금 내 안에서 자라나는 작은 빛을 바라보는 것, 그것이 바로 비교에서 벗어나 나답게 살아가는 첫걸음입니다.

프리드리히 니체(Friedrich Nietzsche)는 외로움을 "창조의 산실"이라고 불렀습니다.

혼자만의 시간이 때로는 쓸쓸하고 답답할 수 있지만, 바로 그 순간이 내가 진짜 원하는 것을 떠올리는 기회가 되기도 합니다. 마찬가지로 비교로 인해 혼자 작아지는 시간이 찾아올 때, 그것은 나만의 길을 더 깊이 찾으라는 신호일 수 있습니다.

겨울 땅속에서 보이지 않던 새싹이 봄 햇살을 받아 파릇하게 고개를 내밀 듯, 지금의 나도 서서히 나만의 계절을 준비하고 있는 중입니다.

친구와 나를 단순히 '누가 더 잘하나'로 재단하기보다, 각자의 속도와 리듬을 존중하는 법을 배울 때, 우리는 진짜 자유를 느낄 수 있습니다.

저는 아이에게 마지막으로 이렇게 물었습니다.

"너는 오늘 하루를 돌아보면, 네 안에서 작게 빛난 순간이 있었을 거야. 혹시 기억나니?"

아이는 잠시 생각하더니 대답했습니다.

"음… 사실 어제보다 수학 문제를 더 잘 풀었을 때가 있어요. 작은 거긴 한데, 뿌듯했어요."

저는 미소를 지으며 말했습니다.
"바로 그거야. 비교가 아니라, 어제의 나와 오늘의 나를 바라보는 거. 네가 조금이라도 나아졌다면, 그건 이미 너만의 성장이야. 그것이 네 안의 빛이고, 네 계절을 준비하는 힘이야."

아이는 고개를 끄덕이며 웃었습니다. 여전히 불안은 남아 있겠지만, 그 안에서 자신을 믿고 나아갈 작은 용기를 얻은 듯 보였습니다.

이제, 스스로에게 이렇게 물어보세요.

- 나는 최근 누구와 나를 비교하며 힘들어했나요?
- 비교를 내려놓는다면, 지금의 나를 어떻게 바라볼 수 있을까요?
- 오늘 나 안에서 조용히 빛난 작은 성장은 무엇이었나요?

마음 결 따라 쓰기

1. 마음 열기 질문

♡ 나는 다른 사람과 나를 비교했을 때 어떤 기분이 들었나요?

□ 친구가 더 잘하는 걸 보고 부러웠어요.

□ 나만 뒤처지는 것 같아 속상했어요.

□ 비교하다가 내 장점을 놓친 것 같아 아쉬웠어요.

□ 비교를 멈추고 나만의 속도를 생각하니 마음이 편안해졌어요.

□ 다른 느낌: ______________

2. 짧은 글쓰기 활동

① "나는 ______________ 상황에서 나를 다른 사람과 비교했어요."

② "비교 대신 ______________ 했을 때,
나는 ________________________________ 라는 걸 깨달았어요."

③ "비교에서 벗어나는 것은 나에게 ____________________ 같은 존재예요."

3. 그림 활동

〈비교 대신 나를 받아들이기 그림〉

♡ 내가 누군가와 비교하며 힘들었던 순간, 그리고 비교를 내려놓고 내 길을 바라보며 마음이 편안해진 순간을 그림으로 표현해 보세요.

4. 함께하는 활동

〈짝과 함께 비교 대신 나를 받아들이기 이야기 나누기〉

① "나는 ____ 상황에서 나를 친구와 비교했어."

② 짝꿍은 이렇게 응답해 주세요.
"네가 솔직하게 말해줘서 고마워! 비교를 내려놓고 너만의 길을 걸으려는 네 마음이 정말 멋져."

③ 활동 후, 내 마음은 ________________________________

5. 마무리 성찰

① 비교는 나에게 ______________________ 과 같다.

② 비교를 내려놓을수록 내 마음은 ____________________ 해 진다.

③ 오늘 활동을 통해 내가 가장 깊이 느낀 것은 ____________________ 이다.

교사 TIP

- 아이들이 작성한 글과 그림을 모아 "우리 반 비교 대신 나를 받아들이기 보드"를 꾸며 보세요.
- 수업 중에 "다른 꽃이 피는 시기는 달라도, 모든 꽃은 자기 때에 가장 아름답다."라는 메시지를 전해 주세요.
- 수업 마무리 때 아이들과 함께 "나는 비교에서 벗어나 나만의 길을 걸어가는 사람이 될래!"라는 구호를 외치며 긍정적인 분위기를 다져 보세요.

27. 효도, 이해와 성숙의 다른 이름

겨울의 공기는 차갑지만, 그 고요 속에는 마음을 차분히 돌아보게 하는 힘이 있습니다.
중학생이 된 지금, 부모님과의 관계는 예전과 달라집니다.
어릴 적에는 무조건 부모님 품에 안기던 내가, 이제는 혼자서 선택하고 싶고, 때로는 자유롭고 싶다는 마음이 커지지요. 하지만 그 과정에서 부모님과 부딪히기도 하고, 서로의 말이 가시처럼 마음에 박히기도 합니다.

어느 날, 상담실 문이 살짝 열렸습니다.
한 아이가 고개를 숙인 채 조용히 들어와 앉았습니다.
"선생님, 저는 요즘 엄마 아빠랑 자꾸 다퉈요. 학교 끝나고 늦게 오면 왜 늦었냐고 물으시고, 공부하라고 하면 괜히 화가 나서 소리를 지르게 돼요. 그리고 방으로 들어가 문을 닫아버리는데… 그러고 나면 죄송해요. 근데 똑같은 일이 계속 반복돼요."

저는 아이의 눈빛 속에서 미안함과 답답함이 동시에 얽힌 마음을 보았습니다.
"그럴 수 있지. 너도 네 삶을 스스로 꾸려가고 싶고, 부모님은 그런 네가 걱정돼서 더 많이 말씀하시는 거야. 화를 낸 건 잘못일 수 있지만, 그 뒤에 미안한 마음이 든 건 네가 부모님을 소중히 생각하기 때문이란다."

아이는 고개를 갸웃하며 물었습니다.
"근데 선생님, 제가 자꾸 짜증 내고 화내는데도 부모님을 소중히 여긴다고요?"
"그럼. 네가 화내는 건 부모님이 필요 없어서가 아니라, 오히려 '나를 좀 더 이해해 줬으면 좋겠다.'는 마음이 크기 때문이야.

철학자 에픽테토스(Epictetus)는 '사건 자체가 중요한 게 아니라, 우리가 그 사건을 어떻게 바라보느냐가 중요하다.'고 합니다. 부모님의 잔소리가 간섭처럼 들릴 수 있지만, 그 말 속에는 '너를 지키고 싶다'는 사랑이 숨어 있기 때문이죠. 효도는 그 마음을 읽어내려는 노력에서부터 시작됩니다.

아이는 잠시 생각에 잠기더니 조용히 말했습니다.
"…엄마가 늦게 들어왔다고 잔소리하실 때, 사실은 걱정돼서 그러신 걸 수도 있겠네요."

"맞아. 그렇게 바라보면 부모님의 말도 조금은 다르게 들릴 거야. 효도는 부모님 말씀을 무조건 따르는 게 아니라, 부모님의 마음을 존중하고 이해하려는 성숙한 태도란다."

저는 아이에게 물었습니다.
"그럼 너는 언제 부모님께 고마움을 느껴?"

아이는 잠시 망설이다가 대답했습니다.

"음… 늦게까지 공부할 때 간식 챙겨주실 때요. 그리고 시험 망쳤다고 속상해할 때, '괜찮아. 다시 하면 돼'라고 말해주실 때요. 그럴 땐 마음이 편안해져요."

심리학자 존 볼비(John Bowlby)는 부모님과 자녀 사이의 애착이 우리 마음을 안정시켜 준다고 합니다.
부모님의 작은 말 한마디, 따뜻한 눈빛이 자녀에게 힘을 주는 것이지요. 그리고 반대로, 자녀가 부모님께 '오늘 수고하셨어요.', '고마워요.'라고 말하면, 부모님의 마음도 자녀의 말로 안정되고 위로받는다고 합니다. 그렇듯 효도는 그렇게 서로의 마음을 이어주는 다리가 됩니다.

아이는 작은 미소를 지으며 말을 이어갔습니다.
"오늘 집에 가서 엄마 아빠한테 먼저 '고마워요.'라고 해 볼래요."

효도는 특별한 행사에서만 드러나는 것이 아닙니다.

늦게 귀가했을 때 "걱정하셨죠?"라고 말하는 것,
밥을 먹고 "잘 먹었습니다."라고 인사하는 것,
부모님이 지쳐 보일 때 "잠시 쉬세요."라고 말하는 것,

이 작은 행동 속에 효도의 진심이 담겨 있습니다.

겨울 나무가 잎을 다 내려놓고 뿌리를 더 깊게 내리듯, 우리도 가족이라는 뿌리를 돌아보며 마음을 깊게 할 수 있습니다. 효도는 부모님을

무조건 따르는 순종이 아니라, 사랑을 이해하고 존중으로 표현하는 성숙의 길입니다.

효도는 의무가 아니라 마음의 태도이듯, 부모님이 전하는 말 속에서 사랑을 읽어내고, 아이가 전하는 말 속에서도 사랑을 담을 수 있다면, 그것이 바로 중학생이 배워 가는 효도의 참된 모습일 것입니다.

겨울은 차갑지만, 그 속에서 뿌리가 단단해지듯 부모님과의 관계도 갈등을 지나며 더 깊어지고, 이해와 존중 위에 세워진 효도는 우리의 마음을 한층 성숙해지도록 자라게 할 것입니다.

이제, 스스로에게 이렇게 물어보세요.

- 나는 부모님께 화가 났던 순간을 떠올려 보세요.
- 나는 부모님께 언제 가장 고마움을 느끼나요?
- 앞으로 부모님과의 관계에서 내가 조금 더 노력하고 싶은 부분은 무엇인가요?

마음 결 따라 쓰기

1. 마음 열기 질문

♡ 나는 부모님을 떠올릴 때 가장 먼저 어떤 장면이 떠오르나요?

- ☐ 잔소리 같았지만 사실은 걱정이었어요.
- ☐ 힘들어도 나를 위해 애쓰시는 모습이 떠올라요.
- ☐ 작은 일에도 "고마워."라고 해 주실 때 마음이 따뜻했어요.
- ☐ 내가 힘들어할 때 먼저 다가와 주셨어요.
- ☐ 다른 느낌: ________________

2. 짧은 글쓰기 활동

① "나는 부모님이 ______________________하실 때 마음이 흔들렸어요."

② "하지만 그 경험을 통해 ______________________라는 걸 알게 되었어요."

③ "앞으로는 ______________________하며 부모님을 더 이해하고 싶어요."

3. 그림 활동

〈효도의 마음 결 표현하기〉

♡ 부모님을 이해하게 되었던 순간, 또는 내가 부모님께 전하고 싶은 마음을 그림으로 표현해 보세요.

4. 함께하는 활동

〈짝과 효도의 순간 나누기〉

① 짝꿍에게 "나는 ____ 했을 때 부모님 마음을 조금 이해하게 됐어."라고 말해 보세요.

② 이어서 "그때 내 마음은 ____라는 걸 깨달았어."라고 이야기해 보세요.

③ 짝꿍은 "네가 그렇게 느꼈다니 참 따뜻하다. 네 마음이 정말 멋지다!"라고 응답해 주세요.

④ 활동 후, 내 마음은 ________________________________

5. 마무리 성찰

① 효도는 나에게 ____________________과 같다.

② 부모님을 이해하는 순간, 내 마음은 ____________________ 해진다.

③ 오늘 활동을 통해 내가 깨달은 것은 ________________________이다.

교사 TIP

- **아이들이 쓴 글과 그림을 모아 "우리 반 효도의 마음 보드"를 꾸며 보세요.**
- **활동이 끝난 뒤, 아이들과 함께 "효도는 사랑을 이해하는 또 다른 이름이야!"라는 구호를 외치며 긍정적인 에너지를 나눠 보세요.**
- **아이들이 부모님의 마음을 존중하고 스스로 성숙해질 수 있다는 점을 강조해 주세요.**

28. 혼자의 힘과 함께함의 어울림

상담실에 들어온 한 아이가 조용히 입을 열었습니다.
"선생님, 저는 혼자 있는 게 좋아요. 누구 눈치도 보지 않고 제가 하고 싶은 걸 할 수 있으니까요. 그런데 또 혼자 있다 보면, 괜히 외로운 마음이 들어요. 그래서 헷갈려요. 혼자가 좋은 건지, 싫은 건지..."

아이의 말은 마치 겨울 바람처럼 솔직하고 차가웠지만, 그 속에는 따뜻한 갈망이 숨어 있었습니다. 혼자 있는 시간의 편안함과, 누군가와 함께 있을 때의 따뜻함 사이에서 갈등하는 마음은 청소년기에 누구나 겪는 흔한 고민입니다.

저는 아이의 눈빛을 보며 천천히 대답했습니다.
"혼자 있는 시간이 꼭 외로운 건 아니야. 오히려 네가 스스로를 잘 지켜내고 돌보는 시간이 될 수도 있지. 또, 함께할 때 느껴지는 따뜻함도 그만큼 소중해. 둘 중 하나가 옳고 다른 하나가 틀린 게 아니란다. 사실은 둘 다 네 삶에 꼭 필요한 거야."

아이의 표정이 살짝 누그러졌습니다.
"그럼... 혼자 있는 시간이 이상한 게 아니네요?"

"그렇지. 혼자일 때 배우는 것도 있고, 함께할 때 얻는 것도 있어. 그 둘은 서로 반대가 아니라, 네 삶을 지탱하는 두 날개 같은 거란다."
심리학에서는 혼자만의 시간을 통해 자신을 지켜내는 힘을 자기 확립(Self-reliance)이라 부릅니다. 이 힘은 마치 바람에 흔들리지 않는 나무의 뿌리와 같습니다. 혼자 있는 동안 우리는 스스로를 돌아보고, 내가 진짜 원하는 게 무엇인지 차분히 생각할 수 있습니다.

예를 들어, 시험이 끝난 뒤 혼자 책상에 앉아 하루를 돌아보는 순간, "나는 이번에 조금 아쉬웠지만, 그래도 예전보다 나아졌구나."라는 생각이 떠오를 수 있습니다. 혹은 창가에 앉아 하늘을 바라보며, 마음속 깊이 묻어두었던 고민이 서서히 올라올 수도 있습니다. 이런 순간들은 외롭지만 동시에 나를 성장시키는 소중한 시간입니다.

많은 아이들이 이렇게 말합니다.
"친구들과 있으면 그냥 지나가는 생각들이, 혼자 있으면 마음속에서 크게 울려요."

"혼자 걷다 보면, 내가 진짜 하고 싶은 게 뭔지 조금 보이는 것 같아요."
혼자 있는 시간은 단순히 외로움이 아니라, 내 마음속 목소리를 들을 수 있는 고요한 공간입니다.

반대로, 인간은 결코 혼자만으로 살아갈 수 없는 존재이기도 합니다.
심리학에서는 타인과 연결되며 소속감을 느끼는 것을 사회적 연결(Social Connection)이라 부릅니다. 친구와 웃으며 나누는 짧은 대화, 가족과의 따뜻한 식사 한 끼, 서로의 어깨를 가볍게 두드려 주는 순간... 이런 경험 속에서 우리는 다시 힘을 얻습니다.
한 아이는 이렇게 말했습니다.
"혼자 공부하다가 지쳐서 친구랑 같이 도서관에 갔는데, 옆에서 같이 문제를 풀어주고 격려해 주니까 훨씬 힘이 났어요."

다른 아이도 말했습니다.
"집에서 혼자 울고 있었는데, 친구가 전화해서 '괜찮아?'라고 해 주니까 금세 눈물이 멎었어요.”
이처럼 함께함 속에서 얻는 힘은 단순한 위로를 넘어, 삶을 살아가는 커다란 원동력이 됩니다.

철학자 아리스토텔레스(Aristotle)는 인간을 “사회적 동물”이라고 불렀습니다.
이는 인간이 홀로 설 줄 아는 독립성을 가져야 하지만, 동시에 공동체 속에서 함께 살아가는 법도 배워야 한다는 뜻입니다. 홀로 설 수 있는 힘과 더불어, 함께 나누는 따뜻함을 아는 것이야말로 진정한 성숙입니다.

또한 철학자 마르틴 부버(Martin Buber)는 인간관계를 “나-너의 만남”이라고 불렀습니다.
그는 진정한 관계란 상대를 내 뜻대로 끌어당기거나 의존하는 것이 아니라, 서로를 독립된 존재로 존중할 때 비로소 가능하다고 했습니다. 즉, 고독은 나를 세우는 힘이고, 연대는 나를 지켜주는 온기입니다. 이 두 가지가 함께 어우러질 때, 우리는 가장 인간답게 살아갈 수 있습니다.
저는 아이들에게 종종 겨울 숲을 떠올려 보라고 말합니다.
겨울 나무들은 서로 간격을 두고 홀로 서 있습니다. 겉보기에는 차갑고 쓸쓸해 보이지만, 땅속 깊은 곳에서는 뿌리로 이어져 서로를 지탱하고 있습니다. 가지는 부딪히지 않도록 간격을 두지만, 결국은 같은 땅에서 함께 살아가는 것이지요.

우리도 마찬가지입니다. 혼자 서는 힘을 길러야 하지만, 동시에 우리는 눈에 보이지 않는 연결로 서로를 살아가게 합니다. 혼자 있는 시간이 공허하게 느껴질 때도 있지만, 그 속에서는 나의 씨앗이 자라고 있습니다. 그리고 함께할 때는 그 씨앗이 꽃으로 피어나 타인의 삶을 따뜻하게 비추게 됩니다.

"선생님, 혼자 있는 게 무서울 때도 있어요. 괜히 제가 뒤처지는 것 같고, 아무도 저를 모를 것 같을 때요."
아이의 고백은 떨림이 묻어 있었습니다.

저는 조용히 대답했습니다.
"그럴 수 있지. 하지만 혼자 있는 시간은 뒤처지는 순간이 아니라, 네 마음이 커지고 단단해지는 시간이야. 그때 생겨난 힘이 친구들과 다시 만날 때 더 따뜻한 사람이 되게 해 주는 거지."

아이는 고개를 끄덕이며 말했습니다.
"그러면... 혼자 있을 때도 괜찮다고 느껴도 되겠네요."

"그럼, 괜찮지. 오히려 네 안에서 새로운 생각과 힘을 발견할 수 있단다. 때로는 네 마음의 온기가 스스로에게 가장 큰 친구가 되어줄 수도 있어."

그 순간 아이의 표정이 한결 가벼워졌습니다. 혼자라는 것이 무서운 게 아니라, 자기 자신과 더 친해지는 기회라는 사실을 깨달은 듯했습니다.

이제, 스스로에게 이렇게 물어보세요.

- **나는 혼자일 때 더 단단해졌던 경험이 있었나요?**
- **나는 함께할 때 마음이 따뜻해졌던 순간은 언제였나요?**
- **지금 나에게 더 필요한 것은 혼자만의 고요한 시간일까요, 아니면 누군가와 나누는 따뜻한 순간일까요?**

마음 결 따라 쓰기

1. 마음 열기 질문

♡ 나는 혼자 있을 때와 함께 있을 때 어떤 기분이 들었나요?

□ 혼자 있으니 편안하고 차분했어요.

□ 혼자 있어서 외롭고 쓸쓸했어요.

□ 친구들과 함께하니 즐겁고 따뜻했어요.

□ 함께 있으니 좋지만, 가끔은 나만의 시간이 필요했어요.

□ 다른 느낌: ______________

2. 짧은 글쓰기 활동

① "나는 ____________ 상황에서 혼자 있는 시간을 가졌어요."

② "나는 ____________ 상황에서 친구들과 함께했어요."

③ "혼자만의 힘과 함께하는 온기는 나에게 ____________ 같은 존재예요."

3. 그림 활동

<혼자의 힘과 함께함의 어울림 그림>

♡ 혼자일 때 느꼈던 순간과, 함께할 때 느꼈던 순간을 그림으로 표현해 보세요.

4. 함께하는 활동

〈짝과 함께 혼자와 함께의 순간 나누기〉

① "나는 ____ 상황에서 혼자 있는 시간이 필요했어."

② "나는 ____ 상황에서 친구와 함께하며 힘을 얻었어."

③ 짝꿍은 이렇게 응답해 주세요:
"네 이야기를 들으니 혼자만의 힘과 함께할 때의 따뜻함이 얼마나 소중한지 알겠어. 네가 균형을 찾으려는 게 참 멋져."

④ 활동 후, 내 마음은 ________________________________

5. 마무리 성찰

① 혼자와 함께의 균형은 나에게 ________________ 과 같다.

② 혼자와 함께의 조화를 이룰수록 내 마음은 ________________ 해 진다.

③ 오늘 활동을 통해 내가 가장 깊이 느낀 것은 ________________ 이다.

교사 TIP

- **아이들이 쓴 글과 그림을 모아 "우리 반 균형의 나무"를 꾸며 보세요.**
- **수업 중에 "혼자는 나를 단단하게 하고, 함께는 나를 따뜻하게 한다. 둘 다 나에게 꼭 필요한 힘이다."라는 메시지를 전해 주세요.**
- **수업 마무리 때, 아이들과 함께 "나는 혼자와 함께의 균형을 지키며 성장하는 사람이 될래!"라는 구호를 외치며 긍정적인 분위기를 다져 보세요.**

사이에서 크는 마음

하루가 저물 무렵, 복도에 고요가 얕게 내려앉습니다.
창문턱에 남은 빛을 따라 천천히 걸으면, 오늘의 당신이 보입니다.
하고 싶은 것과 해야 하는 것 사이, 자존심과 진심 사이,
무리와 혼자 사이에서 작은 흔들림을 지나온 얼굴.

중학생의 시간은 늘 그 사이에서 자랍니다.
너무 빠르지도, 너무 늦지도 않게 한 박자 느린 용기로.

돌아보면 봄은 질문으로 시작되었습니다.
나는 어떤 사람일까?
남과 비교하지 않는 나만의 속도를 시험해 보고,
새로 생긴 관심과 호기심의 방향을 따라 한 칸 움직여 보았지요.

마음을 감정의 언어로 번역하는 연습을 하며,
우정의 싹이 돋는 자리를 소중히 돌봤습니다.

"다름을 인정하는 마음"이 결국 나를 지켜 준다는 사실도 그때 알게 되었지요.

여름은 체온이 오르는 계절이었습니다.
친구와 다투고 다시 손을 잡는 연습, 질투를 인정으로 건너가는 순간,
무리 속의 나와 혼자 서는 나 사이에서 균형을 찾는 일.

감정의 파도가 높을수록 우리는 먼저 이름을 붙였습니다.

이건 서운함, 이건 불안. 이름을 얻은 감정은 다루기 쉬워졌고,
한 번 더 깊게 들이마신 호흡이 우리를 해변처럼 단단하게 지켜 주었습니다.
시험은 점수 너머의 것을 가르쳤습니다.

준비의 과정, 회복의 속도, 서로를 대하는 태도는
보이지 않던 기록들이 마음속에 오래 남았습니다.

가을은 멈춰 듣는 계절이었습니다.
내가 던진 한마디가 남긴 울림을 돌아보고,
작은 약속이 쌓여 큰 믿음이 되는 길을 확인했습니다.

화면이 빠르게 바뀌는 디지털의 광장에서도
나의 기준을 세우는 일, 함께 어울리면서도 나를 잃지 않는 일,
실수의 자리에서 다시 서는 일을 배웠지요.

책임은 짐이 아니라,
어른스러움으로 건너가는 다리라는 것도 가을의 공기 속에서 한층 또렷해졌습니다.

겨울은 고요와 따뜻함을 한 장에 포개 놓았습니다.
혼자만의 시간에 이름을 붙이고, 외로움과 친구가 되는 법을 익혔습니다.

비교 대신 있는 그대로의 나를 받아들이는 눈을 들이고,
조용한 방과 공책 한 장 사이에서 떠오른 생각을 붙잡는 집중을 길렀지요.

효도는 '해야 하는 일'이 아니라
이해와 성숙의 다른 이름임을 천천히 배웠습니다.

그렇게 마음의 결은 한 겹 더 깊어졌고,
다음 봄을 여는 숨이 고요 속에서 자라났습니다.

이제 책을 덮는 이 순간,
저는 거창한 결심 대신 오늘 가능한 한 걸음을 건네고 싶습니다.

이름을 먼저 예쁘게 불러 보기, "네 이야기를 듣고 싶어."
감정에 조용히 이름 붙이기, "지금의 나는 무엇을 느끼지?"
작은 약속 하나 끝까지 지켜 보기, 신뢰는 이렇게 자랍니다.
화면을 잠시 내려놓고 나의 기준 한 줄 적어 보기, 내일의 방향이 선명해집니다.

이 소박한 실천들이 하루의 온도를 바꾸고,
인성은 그 온기 속에서 천천히, 그러나 확실하게 자랍니다.

함께 읽은 어른께도 조용히 부탁을 남깁니다.
"왜 그랬어?"보다 "어땠어?"를 먼저 묻는 물음,
결과보다 과정을 바라보는 눈, 서둘러 해결해 주기보다

스스로 답을 찾도록 기다려 주는 침묵.

그 다정함이 아이들의 사이를 넓혀 주고,
자라날 여백을 지켜줍니다.

믿어주는 시선은 긴 조언보다 오래 남습니다.
사계절은 끝이 아니라 순환입니다.

봄의 호기심, 여름의 용기, 가을의 성찰, 겨울의 고요가
서로를 밀어 올리며 이어집니다.

당신이 어디에서 멈춰 서 있든 괜찮습니다.
중요한 건 그 사이에서 스스로를 설득할 수 있는 속도로 다시 걷기 시작하는 일.

다음 페이지가 아직 비어 있어도 두렵지 않습니다.
빈칸은 시작을 위한 여백이니까요.

그러니 오늘, 한 걸음만 내딛어 주세요.
너무 멀리 가지 않아도 됩니다.

당신의 속도로 당신다운 걸음으로.
그 걸음이 내일의 당신을 만들어 갈 것입니다.

저는 그 모습을, 조금 떨어진 자리에서 오래 응원하겠습니다.

참고문헌

Bandura, A. (1997). Self-Efficacy: The Exercise of Control. New York: W. H. Freeman.

Baumeister, R. F., & Leary, M. R. (1995). The need to belong: Desire for interpersonal attachments as a fundamental human motivation. Psychological Bulletin, 117(3), 497-529. doi:10.1037/0033-2909.117.3.497.

Bowen, M. (1978). Family Therapy in Clinical Practice. New York: Jason Aronson. Self-Compassion

CASEL. (2020). CASEL's SEL Framework: Updated definition & competencies. Chicago, IL: Collaborative for Academic, Social, and Emotional Learning.

Casey, B. J., Getz, S., & Galvan, A. (2008). The adolescent brain. Annals of the New York Academy of Sciences, 1124, 111-126. doi:10.1196/annals.1440.010.

Council of Europe. (2019). Digital Citizenship Education Handbook. Strasbourg: Council of Europe.

Deci, E. L., & Ryan, R. M. (2000). The "what" and "why" of goal pursuits: Human needs and the self-determination of behavior. Psychological Inquiry, 11(4), 227-268. doi:10.1207/S15327965PLI1104_01.

Davis, M. H. (1983). Measuring individual differences in empathy: Evidence for a multidimensional approach. Journal of Personality and Social Psychology, 44(1), 113-126. doi:10.1037/0022-3514.44.1.113.

Duckworth, A. L., Peterson, C., Matthews, M. D., & Kelly, D. R. (2007). Grit: Perseverance and passion for long-term goals. Journal of Personality and Social Psychology, 92(6), 1087-1101. doi:10.1037/0022-3514.92.6.1087.

Durlak, J. A., Weissberg, R. P., Dymnicki, A. B., Taylor, R. D., & Schellinger, K. (2011). The impact of enhancing students' social and emotional learning: A meta-analysis of school-based universal interventions. Child Development, 82(1), 405-432. doi:10.1111/j.1467-8624.2010.01564.x.

Dweck, C. S. (2006). Mindset: The New Psychology of Success. New York: Random House.

Erikson, E. H. (1968). Identity: Youth and Crisis. New York: W. W. Norton.

Festinger, L. (1954). A theory of social comparison processes. Human Relations, 7(2), 117-140. doi:10.1177/001872675400700202.

Fredrickson, B. L. (2001). The broaden-and-build theory of positive emotions. American Psychologist, 56(3), 218-226. doi:10.1037/0003-066X.56.3.218.

Froh, J. J., Sefick, W. J., & Emmons, R. A. (2008). Counting blessings in early adolescents: An experimental study of gratitude and subjective well-being. Journal of School Psychology, 46(2), 213-233. doi:10.1016/j.jsp.2007.03.005.

Gaffney, H., Ttofi, M. M., & Farrington, D. P. (2021). Effectiveness of school-based programs to reduce bullying perpetration and victimization: An updated systematic review and meta-analysis. Campbell Systematic Reviews, 17(2), e1143.

Goodenow, C. (1993). The Psychological Sense of School Membership among adolescents: Scale development and educational correlates. Psychology in the Schools, 30(1), 79-90. doi:10.1002/1520-6807(199301)30:1〈79::AID-PITS2310300113〉3.0.CO;2-X.

Gross, J. J. (1998). The emerging field of emotion regulation: An integrative review. Review of General Psychology, 2(3), 271-299. doi:10.1037/1089-2680.2.3.271.

Masten, A. S. (2014). Ordinary Magic: Resilience in Development. New York: Guilford Press.

Ministry of Education, Republic of Korea (교육부). (2021). 제2차 인성교육 종합

계획(2021-2025). 세종: 교육부.

Ministry of Education, Republic of Korea (교육부). (2023). 학교폭력 사안처리 가이드북. 세종: 교육부.

Ministry of Education, Republic of Korea (교육부). (2024). 2024 학생정서·행동특성검사 시행 매뉴얼(초1·4, 중1, 고1). 세종: 교육부.

Neff, K. D. (2003). The development and validation of a scale to measure self-compassion. Self and Identity, 2(3), 223-250. doi:10.1080/15298860309032.

OECD. (2021). Beyond Academic Learning: First Results from the Survey on Social and Emotional Skills (SSES). Paris: OECD Publishing. doi:10.1787/92a11084-en.

Olweus, D. (1993). Bullying at School: What We Know and What We Can Do. Oxford: Blackwell.

Rosenberg, M. (1965). Society and the Adolescent Self-Image. Princeton, NJ: Princeton University Press.

Steinberg, L. (2008). A social neuroscience perspective on adolescent risk-taking. Developmental Review, 28(1), 78-106. doi:10.1016/j.dr.2007.08.002.

Steinberg, L. (2014). Age of Opportunity: Lessons from the New Science of Adolescence. Boston/New York: Houghton Mifflin Harcourt (Eamon Dolan).

Taylor, R. D., Oberle, E., Durlak, J. A., & Weissberg, R. P. (2017). Promoting positive youth development through SEL interventions: A meta-analysis of follow-up effects. Child Development, 88(4), 1156-1171. doi:10.1111/cdev.12864.

Yeh, K.-H., & Bedford, O. (2003). A test of the Dual Filial Piety model. Asian Journal of Social Psychology, 6(3), 215-228. doi:10.1046/j.1467-839X.2003.00122.x.

· 법령

대한민국. (2015). 인성교육진흥법 [법률 제13208호, 일부개정 포함]. 국가법령정보센터.

인성이 자라는 계절의 길 〈고등학생〉

아침 종이 울리기 전, 복도에 고이는 고요를 저는 여러 번 보았습니다.
같은 교실과 책상이어도 마음의 풍경은 매일 달라집니다.

이 책은 그 변화를 서두르지 않고 함께 걸으며,
당신이 스스로의 속도로 성숙해 가는 모습을 곁에서 기록합니다.

봄에는 내 안에서 조용히 빛나는 강점을 발견하고,
오늘을 지탱해 줄 가치를 다시 써 내려갑니다.
작은 목표 하나가 하루의 리듬을 세우고,
가끔 찾아오는 고독은 오히려 나를 또렷하게 비춥니다.

미래를 향한 성숙의 계절

미래를 향해 한 걸음 내딛는 봄

1. 내 안에서 빛나는 강점 발견하기

혹시 이런 생각을 해본 적이 있나요?
"나는 잘하는 게 없는 것 같아. 친구들은 다 특별해 보이는데, 왜 나만 이렇게 평범할까?"

많은 아이들이 상담실에 앉아 비슷한 이야기를 합니다.
어떤 아이는 시험 점수가 기대보다 낮아 속상해하며, 또 어떤 아이는 친구들 앞에서 발표할 때 자신감이 없어 움츠러든다고 말합니다. 또 어떤 아이는 특별히 눈에 띄는 재능이 없는 것 같아 불안하다고 털어놓기도 하지요.

하지만 저는 그럴 때마다 아이들에게 이렇게 이야기합니다.
"네가 잘하는 게 없는 게 아니라, 아직 발견하지 못했을 뿐이야. 네 안에는 보물이 숨어 있는데, 우리가 그걸 아직 못 찾은 것뿐이야."

어느 날, 한 아이가 상담실에 와서 조심스럽게 말했습니다.
"선생님, 저는요… 잘하는 게 없어요. 친구들은 다 뭔가 하나씩은 잘하는 게 있거든요. 어떤 애는 그림을 잘 그리고, 또 어떤 애는 노래를 잘 불러요. 그런데 저는 아무것도 없는 것 같아요."

저는 아이의 눈을 바라보며 미소 지었습니다.
"정말 아무것도 없다고 생각해? 네가 평소에 잘하는 작은 일들을 떠올려 볼까?"

아이는 잠시 고개를 숙이더니, 조용히 대답했습니다.
"음… 그냥, 친구들 고민 들어주는 건 잘해요. 친구들이 속상하면 저한테 와서 얘기하곤 해요. 근데 그건 누구나 할 수 있는 거잖아요."

저는 고개를 저으며 말했습니다.
"아니야. 절대 누구나 할 수 있는 게 아니야. 친구들이 너를 찾아와서 마음을 털어놓는다는 건, 네 안에 '잘 들어주는 힘', '공감하는 힘'이 있다는 뜻이야. 그건 엄청난 강점이야."

아이의 얼굴에 조금씩 미소가 번졌습니다.
"진짜요? 그게 강점이에요?"

"그럼! 강점이 꼭 피아노를 잘 치거나, 공부를 잘하거나, 운동을 잘하는 것만을 말하는 게 아니야. 마음을 들어주고, 사람을 편안하게 하는 것도 너만의 특별한 강점이지."

그날 이후 아이는 자신의 강점을 새롭게 바라보기 시작했습니다. 작다고 생각했던 것들이 사실은 자신을 빛나게 해주는 힘이었다는 걸 알게 된 것이지요.

심리학자 마틴 셀리그만(Martin Seligman)은 '긍정심리학(Positive Psychology)'을 통해 모든 사람 안에는 저마다의 강점이 숨어 있다고 말했습니다.
어떤 아이는 유머로 사람들을 웃게 하고, 또 어떤 아이는 책임감을 가지고 맡은 일을 끝까지 해내며, 또 다른 아이는 창의적인 아이디어를 떠올려 문제를 해결합니다.

강점은 꼭 특별하고 대단해 보이는 능력이 아니라, 내가 자연스럽게 잘하는 것, 남을 돕고 세상을 따뜻하게 만드는 힘입니다.
그런데 강점은 너무 자연스럽게 우리 안에 있어서, 정작 본인은 잘 눈치채지 못합니다. 마치 늘 가지고 다니는 가방 속에 소중한 보물이 들어 있는데, 매일 가지고 다니다 보니 그 소중함을 잊어버린 것과 같습니다.

철학자 칼 야스퍼스(Karl Jaspers)는 "인간은 자신이 누구인지 알 때 진정한 자유를 얻는다."고 말했습니다. 내가 어떤 강점을 가진 사람인지 알게 되는 순간, 우리는 단순히 잘하는 일을 찾는 것이 아니라 나답게 살아갈 수 있는 자유를 얻게 됩니다.

비교 속에서는 자유가 없습니다.
늘 친구와 나를 비교하며 뒤처졌다고 느끼면, 결국 나의 길을 잃어버립니다. 하지만 나의 강점을 발견하면, 더 이상 남의 길을 따라갈 필요가 없습니다. 오직 나만의 길을 걸을 수 있습니다.

봄의 작은 씨앗을 떠올려 보세요.
겉으로 보기에는 작고 평범한 알갱이일 뿐이지만, 그 안에는 꽃과 열매가 숨어 있습니다. 지금은 땅속에서 보이지 않아도, 어느 순간 햇살과 비를 맞으며 싹을 틔우고 꽃을 피웁니다.

아이들의 강점도 그렇습니다.
겉으로는 아직 드러나지 않을 수 있습니다. 하지만 이미 마음속 어딘가에는 싹틀 준비를 마친 강점들이 숨어 있습니다. 그 강점은 언젠가 반드시 꽃을 피우고, 나만의 향기를 세상에 전할 것입니다.

어떤 아이는 공부가 늘 평균 정도라며 이렇게 말했습니다.
"저는 특별히 잘하는 과목이 없어요. 그냥 평범해요. 그래서 저 같은 사람은 성공하기 어려운 것 같아요."

저는 아이에게 물었습니다.
"네가 평범하다고 생각하는 그 점이 사실은 강점일 수도 있어. 네가 어떤 상황에서도 포기하지 않고 꾸준히 노력하는 힘, 그게 바로 강점이 아닐까?"

아이는 잠시 놀란 듯하다가 말했습니다.
"저는 시험을 망쳐도 다음번에는 꼭 다시 공부해요. 그래도 성적이 확 오르진 않지만, 포기하진 않아요."

저는 미소 지으며 대답했습니다.
"바로 그거야! 포기하지 않는 힘은 그 어떤 재능보다 값진 강점이야. 다른 사람은 쉽게 포기할 때, 너는 끝까지 해내는 사람이잖아."

그제야 아이는 자신이 가진 끈기를 강점으로 받아들이기 시작했습니다.

강점은 멀리 있지 않습니다.
나의 일상 속, 나의 마음속에 이미 자라날 준비를 마치고 있습니다. 내가 발견하지 못했을 뿐, 그것은 분명히 나를 단단하게 세우고, 나답게 살아가게 하는 힘이 될 것입니다.

그러니 이제는 스스로에게 이렇게 말해 보세요.
"나는 아직 모든 강점을 다 알지 못하지만, 내 안에는 분명히 특별한 힘이 있어. 언젠가 그것이 꽃을 피울 거야."

그 다짐 속에서, 우리는 비교가 아닌 성장을 선택하게 되고, 부족함이 아닌 가능성을 발견하며, 조금씩 성숙으로 나아가게 될 것입니다.

이제, 스스로에게 이렇게 물어보세요.

- 나의 마음 안에 어떤 소소한 장점을 발견할 수 있을까요?
- 주변 사람들이 나에게 자주 해주는 칭찬 속에는 어떤 강점이 숨어 있을까요?
- 나의 강점을 조금 더 키우기 위해 오늘 할 수 있는 작은 시도는 무엇일까요?

마음 결 따라 쓰기

1. 마음 열기 질문

♡ 나는 내 안의 강점을 발견했을 때 어떤 기분이 들었나요?

□ 나도 특별한 게 있다는 걸 알게 되어 기뻤어요.

□ 작은 장점이라도 소중하게 느껴졌어요.

□ 친구와 비교하지 않고 나를 바라보니 편안했어요.

□ 앞으로 더 노력해서 강점을 키우고 싶다는 생각이 들었어요.

□ 다른 느낌: ________________

2. 짧은 글쓰기 활동

① "나는 ________________ 상황에서 나의 강점을 발견했어요."

② "내 강점이 ________________ 라는 걸 알았을 때,
나는 ______________________________________ 라는 걸 깨달았어요."

③ "나의 강점은 나에게 __________________________ 같은 존재예요."

3. 그림 활동

〈내 안에서 빛나는 강점 발견하기 그림〉

♡ 내가 강점을 발견했던 순간, 또는 그 강점을 발휘하며 빛났던 순간을 그림으로 표현해 보세요.

4. 함께하는 활동

〈짝과 함께 강점 이야기 나누기〉

① "나는 _____ 상황에서 나의 강점을 발견했어."

② "내가 가진 강점은 _____ 라고 생각해."

③ 짝꿍은 이렇게 응답해 주세요:
"네가 스스로 강점을 찾아내다니 정말 멋져! 그 강점이 너를 더 빛나게 할 거야."

④ 활동 후, 내 마음은 ____________________

5. 마무리 성찰

① 나의 강점은 나에게 ____________ 과 같다.

② 강점을 발견할수록 내 마음은 ____________ 해 진다.

③ 오늘 활동을 통해 내가 가장 깊이 느낀 것은 ____________ 이다.

교사 TIP

- 아이들이 작성한 글과 그림을 모아 "우리 반 강점 보드"를 꾸며 보세요.
- 수업 중에 "강점은 남과 비교해서 찾는 것이 아니라, 내 안에서 발견하는 보물이다."라는 메시지를 전해 주세요.
- 수업 마무리 때, 아이들과 함께 "나는 나의 강점을 발견하고 더 빛나는 사람이 될래!"라는 구호를 외치며 긍정적인 분위기를 다져 보세요.

2. 나를 지탱해 주는 가치 돌아보기

교실 창가에 앉아 있던 한 아이가 조심스럽게 말을 꺼냈습니다.
"선생님, 솔직히 요즘 공부가 왜 중요한지 모르겠어요. 그냥 시험을 잘 보려고 하는 건가요? 내가 진짜 원하는 게 뭔지도 잘 모르겠어요."

저는 그 아이의 말을 들으며 천천히 고개를 끄덕였습니다. 사실 이런 질문은 단순히 공부에 대한 불만이 아니라, 자기 삶의 방향을 찾고 싶은 마음의 신호이기도 합니다. 눈앞에 주어진 일들을 열심히 해내면서도, 문득 '나는 어디로 가고 있지?'라는 막막함이 찾아올 때가 있지요.
이럴 때 필요한 것은 멀리 있는 정답이 아닙니다. 오히려 내 마음이 지금 진짜로 중요하게 여기고 있는 가치를 다시 들여다보는 일입니다.

"선생님, 친구들은 다 뚜렷한 꿈이 있는 것 같아요. 저는 아직 뭘 좋아하는지도 잘 모르겠어요."
아이는 한숨을 쉬며 고개를 떨구었습니다.

저는 미소 지으며 물었습니다.
"네가 지금까지 가장 뿌듯했던 순간은 언제였니? 꼭 큰 일이 아니어도 괜찮아."

아이는 잠시 생각하다가 대답했습니다.
"음... 제가 반에서 청소를 맡았을 때예요. 다들 대충 할 때 제가 열심히 하니까, 친구가 '너 덕분에 교실이 깨끗해졌어'라고 말했거든요. 그때 기분이 되게 좋았어요."

저는 고개를 끄덕이며 말했습니다.
"바로 그 순간이 네 가치관을 보여주는 거야. 너는 '책임감'과 '성실함'을 중요하게 여기는 거지. 네 마음이 어떤 것을 소중히 여기는지는 이렇게 작은 경험 속에 숨어 있단다."

아이의 표정이 조금 밝아졌습니다.
"아, 그러니까 제가 뭘 잘하느냐보다, 제가 뭘 중요하게 생각하느냐가 더 중요한 거네요?"

저는 따뜻하게 대답했습니다.
"맞아. 성적이나 실력이 다가 아니라, 네가 어떤 가치를 붙잡고 살아가느냐가 네 삶의 방향을 만들어 가는 거야."

심리학에서는 이런 과정을 가치 명료화(Value Clarification)라고 부릅니다. 내가 무엇을 소중히 여기는지를 분명히 아는 사람은 흔들리는 상황 속에서도 중심을 잃지 않습니다. 예를 들어 '정직'을 중요하게 여기는 아이는 시험에서 유혹이 와도 속이지 않으려 노력합니다. '도움'을 가치로 여기는 아이는 친구가 힘들어할 때 자연스레 손을 내밉니다.

가치는 멀리 있는 것이 아니라, 내가 이미 살아온 경험 속에 숨어 있습니다. 우리가 어떤 순간에 마음이 따뜻해졌는지, 어떤 행동이 나를 자랑스럽게 만들었는지를 떠올려 보면, 거기에서 내 가치의 단서가 보입니다.

철학자 장 자크 루소(Jean-Jacques Rousseau)는 "자연의 속도에는 빠름이나 늦음이 없다."고 말했습니다. 꽃이 피는 시기가 다르듯, 사람마다 소중히 여기는 가치와 그것을 드러내는 순간도 다릅니다. 중요한 건 남과 같은 답을 갖는 것이 아니라, 나만의 길잡이를 세우는 것입니다. 그 길잡이가 바로 앞으로의 꿈을 설계하는 든든한 나침반이 되어 줄 것입니다.

봄날, 제각기 다른 색으로 피어나는 꽃을 떠올려 보세요.
누군가는 노란 민들레처럼 밝은 웃음을 세상에 전하고, 또 누군가는 튼튼한 나무처럼 묵묵히 버팀목이 됩니다. 가치관도 이와 같습니다. 누군가는 '성실함'을, 누군가는 '창의성'을, 또 누군가는 '따뜻한 관계'를 가장 소중히 여깁니다.

다양함은 잘못이 아닙니다.
오히려 모두가 다르기 때문에 세상이 아름답습니다. 마치 꽃밭이 여러 색깔로 어우러져야 더 풍성해지듯, 우리 반 아이들 각자의 가치도 서로를 빛나게 합니다.

"선생님, 그렇다면 제가 지금 중요하게 여기는 가치가 나중에 꿈에도 영향을 줄까요?"
아이가 조심스럽게 물었습니다.

"물론이지. 네가 중요하게 여기는 가치가 네가 어떤 길을 선택할지 큰 영향을 줄 거야. 예를 들어, 누군가가 '정의'를 가장 중요하게 생각한다면 경찰이나 판사가 될 수도 있어. 또 다른 친구가 '창의성'을 중요하게 생각한다면 예술가나 발명가가 될 수도 있지."
아이는 고개를 끄덕이며 말했습니다.

"그러면 지금부터라도 제가 어떤 순간에 마음이 뜨거워졌는지 잘 돌아봐야겠어요."

저는 웃으며 대답했습니다.
"그게 바로 가치관을 점검하는 거야. 네 안의 작은 불씨들을 잘 지켜본다면, 언젠가 그것이 너만의 길을 밝혀 줄 거야."

가치관을 점검하는 것은 단순히 '나는 뭘 좋아하지?'를 묻는 것이 아닙니다. 그것은 내 삶의 중심을 다시 세우는 일입니다. 성적이 조금 부족해도, 친구와의 갈등이 있어도, 내가 붙잡고 있는 가치가 분명하다면, 그 모든 경험은 나를 더 단단하게 만들어 줄 것입니다.

겨울이 끝나야 봄이 오듯, 가치를 돌아보는 시간은 잠시 멈추는 것 같아도, 사실은 더 큰 성장을 준비하는 과정입니다. 아이들이 자기 안의 가치를 발견하고 지켜 나갈 수 있다면, 그 길은 분명 성숙과 희망으로 이어질 것입니다.

이제, 스스로에게 이렇게 물어보세요.

- 지금 나의 마음에 가장 소중하게 자리 잡은 가치는 무엇일까요?
- 내가 그 가치를 중요하게 여긴다는 것을 보여주는 경험은 어떤 것이 있었나요?
- 앞으로 나의 꿈을 설계할 때, 이 가치를 어떻게 지켜가고 싶나요?

마음 결 따라 쓰기

1. 마음 열기 질문

♡ 나는 내 삶에서 소중한 가치를 돌아보았을 때 어떤 기분이 들었나요?

□ 내가 진짜 중요하게 여기는 게 무엇인지 알게 되어 뿌듯했어요.

□ 흔들리지 않는 중심을 찾은 것 같아 편안했어요.

□ 내가 선택하는 행동과 가치가 연결된다는 게 신기했어요.

□ 앞으로 더 내 삶에 맞는 방향으로 살아가고 싶다는 생각이 들었어요.

□ 다른 느낌: ____________

2. 짧은 글쓰기 활동

① "나는 ____________ 상황에서 나에게 중요한 가치를 떠올렸어요."

② 내가 중요하게 여기는 가치는 ____________ 라는 걸 알았을 때,

나는 ______________________ 라는 걸 깨달았어요."

3. 그림 활동

〈나의 가치관 그림〉

♡ 내가 소중하게 여기는 가치를 표현해 보세요.

4. 함께하는 활동

〈짝과 함께 가치관 이야기 나누기〉

① "내가 중요하게 여기는 가치는 ____라고 생각해."

② 짝꿍은 이렇게 응답해 주세요:
"네가 소중한 가치를 마음에 새겼다니 정말 멋져! 그 가치는 네 삶을 더 의미 있게 만들어 줄 거야."

③ 활동 후, 내 마음은 ________________________________

5. 마무리 성찰

① 나의 가치관은 나에게 ____________________ 과 같다.

② 가치를 돌아볼수록 내 마음은 ____________________ 해 진다.

③ 오늘 활동을 통해 내가 가장 깊이 느낀 것은 ____________________ 이다.

교사 TIP

- 아이들이 작성한 글과 그림을 모아 "우리 반 가치 보드"를 꾸며 보세요.
- 수업 중에 "가치는 남이 정해주는 게 아니라, 내가 스스로 지켜가는 삶의 중심이다."라는 메시지를 전해 주세요
- 마무리 때, 아이들과 함께 "나는 내 가치를 지키며 성장하는 사람이 될래!"라는 구호를 외치며 긍정적인 마무리를 해보세요.

3. 진로를 향한 첫 발걸음

상담실의 오후는 조용했습니다.
창밖으로 부드러운 햇살이 흘러들어 책상 위를 따뜻하게 감싸고 있었지요. 그때 문이 살짝 열리더니, 한 아이가 조심스레 들어왔습니다. 의자에 앉은 아이는 한참 동안 손가락만 만지작거리다, 결국 고개를 들며 말했습니다.
"선생님, 저는 커서 뭐가 되고 싶은지 잘 모르겠어요. 친구들은 다 계획이 있는 것 같은데… 저는 아직 길을 못 찾은 것 같아요."

그 말에는 막연한 불안이 담겨 있었습니다. 친구들이 벌써 꿈을 정해 둔 것처럼 보일 때, 혼자만 뒤처진 듯한 기분. 누구나 한 번쯤은 품어보는 두려움이 그 아이의 눈빛 속에 머물러 있었습니다.

저는 미소를 지으며 고개를 끄덕였습니다.
"그래, 그럴 수 있지. 하지만 진로라는 건 어느 날 갑자기 뚝 떨어지는 답이 아니란다. 오히려 차근차근 걸어가면서 조금씩 찾아가는 길이지."

심리학자 도널드 수퍼(Donald Super) 는 진로 발달을 이렇게 설명했습니다.
"진로란 평생에 걸쳐 자신을 탐색하고, 그 탐색을 통해 정체성을 세워가는 과정이다."
즉, 지금 당장 답을 정하지 못했다고 해서 잘못된 게 아니라는 뜻입니다. 오히려 지금 시기는 스스로의 관심사와 경험을 하나씩 모아 가는 과정이 더 중요하지요. 작은 체험, 우연한 만남, 책 한 권에서 받은 감동까지도 모두 나의 진로 그림을 그려주는 색채가 됩니다.

저는 아이에게 물었습니다.
"요즘 네가 가장 좋아하는 시간은 언제니? 어떤 일을 할 때 마음이 편안하거나 즐겁니?"
잠시 생각하던 아이는 대답했습니다.

"저는 음악을 들을 때 마음이 편해져요. 또 친구들이 고민 얘기하면 들어주는 것도 좋아요. 그런데 그게 진로랑 연결될 수 있을지는 잘 모르겠어요."

저는 웃으며 답했습니다.
"그럼 이미 중요한 단서를 찾은 거야. 음악을 좋아한다는 건 감수성이 풍부하다는 뜻일 수 있고, 친구 이야기를 들어주는 건 네가 공감 능력이 뛰어나다는 걸 보여주지. 이런 작은 조각들이 모여서 결국 너만의 길이 될 수 있단다."

철학자 존 듀이(John Dewey)는 삶을 "끝없는 실험의 연속"이라 했습니다. 진로도 마찬가지입니다. 어떤 길이 맞는지는 직접 걸어 보아야만 알 수 있습니다. 그래서 지금의 선택이 완벽할 필요는 없습니다. 중요한 건 멈추어 서 있는 것이 아니라, 작은 걸음을 내딛는 용기입니다.

아이의 얼굴에는 여전히 망설임이 묻어났습니다.
"근데 선생님, 저는 뭔가 하다가 금세 포기하게 돼요. 그러면 '나는 끈기도 없고, 결국 뭘 해도 안 되겠구나' 싶은 생각이 들어요."

저는 천천히 고개를 저으며 말했습니다.
"아니야. 그만둔 경험에도 다 의미가 있단다. 해봤기 때문에 '이건 내 길이 아니구나'를 알 수 있었던 거지. 사실 그것도 중요한 실험의 결과야. 길을 걸어 보지 않으면 맞는지 틀린지도 모르잖아. 네가 멈춘 경험 조차도 너를 더 잘 알게 만드는 과정이야."

그 말을 들은 아이의 표정이 조금 풀렸습니다. 실패처럼만 보였던 경험도 자기 탐색의 한 과정일 수 있다는 걸 이해한 듯했습니다.

봄날 교정을 걷다 보면, 작은 새싹이 흙을 밀어내고 올라오는 것을 볼 수 있습니다.
누군가는 그것이 하루아침에 생긴 기적처럼 보일지 모릅니다. 하지만 사실 그 새싹은 겨울 내내 땅속에서 보이지 않게 준비하고 있었던 것입니다. 차갑고 단단한 흙 속에서 뿌리를 내리고, 추위를 견디며 힘을 모은 끝에 마침내 햇살을 향해 고개를 든 것이지요.

진로도 이와 비슷합니다.
겉으로는 아직 보이지 않아 불안할 수 있지만, 지금 쌓아 가는 작은 경험과 관심들이 뿌리처럼 내 안에서 자라고 있습니다. 책을 읽으며 감동을 받은 순간, 봉사활동에서 느낀 따뜻함, 친구와 함께 만든 작은 성취가 모두 내 삶의 토양이 되어 어느 날 큰 길로 이어질 것입니다.

저는 아이에게 이렇게 말했습니다.
"네가 지금 좋아하는 일, 작은 관심 하나가 언젠가 너만의 길이 될 거야. 그러니 서두르지 않아도 괜찮아. 중요한 건 네가 멈추지 않고 한 걸음씩 나아가는 거란다."

진로 탐색은 혼자만의 싸움이 아닙니다. 친구와의 대화 속에서도, 선생님과의 상담 속에서도, 가족과의 사소한 대화 속에서도 길은 열립니다.

어떤 날은 혼자 걷는 것처럼 느껴지겠지만, 돌아보면 늘 함께 걸어 주는 사람들이 있습니다.

저는 마지막으로 아이에게 말했습니다.
"네가 지금 서 있는 자리는 결코 늦은 곳이 아니야. 아직도 수많은 길이 펼쳐져 있고, 네 발걸음 하나하나가 길을 만들어 줄 거야."

아이는 고개를 끄덕이며 작은 미소를 지었습니다. 그 눈빛 속에는 여전히 불안이 남아 있었지만, 동시에 새로운 희망의 빛도 깃들어 있었습니다.

진로를 향한 첫 발걸음은 완벽한 정답을 찾는 데 있지 않습니다.
중요한 건 나를 알아가려는 마음, 그리고 작은 걸음을 내딛는 용기입니다.

그러니 지금 이 순간, 자신에게 다시 일어설 용기를 조용히 건네 보세요.

"나는 아직 길을 다 알지 못해도 괜찮아. 오늘의 한 걸음이 모여 언젠가 나만의 길이 될 거야."

이제, 스스로에게 이렇게 물어보세요.

- **나는 지금 어떤 일이나 활동에 가장 흥미를 느끼나요?**
- **작은 경험 속에서 나의 진로와 연결될 수 있는 힌트를 찾을 수 있을까요?**
- **내일 한 걸음 더 나아가기 위해, 지금 시작할 수 있는 작은 도전은 무엇일까요?**

마음 결 따라 쓰기

1. 마음 열기 질문

♡ 나는 '앞으로 어떤 길을 걸어가고 싶을까?'를 떠올렸을 때 어떤 기분이 들었나요?

□ 아직 답을 찾지 못했지만, 가능성이 많아 설레었어요.

□ 친구들과 비교하니 조금 불안했어요.

□ 작은 단서라도 발견하니 마음이 편안해졌어요.

□ 내 미래가 궁금하고 기대되었어요.

□ 다른 느낌: ______________

2. 짧은 글쓰기 활동

① "나는 ____________ 상황에서 '내가 무엇을 좋아하는지' 생각해 보았어요."

② "내가 흥미를 느끼는 것은 ______________ 라는 걸 알았을 때,

나는 ________________________________ 라는 걸 깨달았어요."

③ "나의 진로는 나에게 ______________________ 같은 존재예요."

3. 그림 활동

〈나의 진로 그림〉

♡ 내가 꿈꾸는 미래의 모습이나, 진로와 관련된 관심사를 그림으로 표현해 보세요.

4. 함께하는 활동

〈짝과 함께 진로 이야기 나누기〉

① "나는 ____ 상황에서 내 진로에 대해 생각해 보았어."

② "내가 흥미를 가지는 분야는 ____ 라고 생각해."

③ 짝꿍은 이렇게 응답해 주세요:

"네가 스스로 진로를 고민하다니 참 멋져! 그 작은 생각들이 너의 길을 만들어 줄 거야."

④ 활동 후, 내 마음은 ____________________

5. 마무리 성찰

① 나의 진로는 나에게 ______________ 과 같다.

② 진로를 떠올릴수록 내 마음은 ______________ 해 진다.

③ 오늘 활동을 통해 내가 가장 깊이 느낀 것은 ______________ 이다.

교사 TIP

- **아이들이 작성한 글과 그림을 모아 "우리 반 진로 보드"를 꾸며 보세요.**
- **수업 중에 "진로는 정답을 찾는 게 아니라, 나를 알아가는 여정이다."라는 메시지를 전해 주세요.**
- **수업 마무리 때, 아이들과 함께 "나는 내 진로를 한 걸음씩 찾아가는 사람이 될래!"라는 구호를 외치며 긍정적인 분위기를 다져 보세요.**

4. 작지만 소중한 목표 세우기

상담실 문이 열리더니, 한 아이가 무거운 발걸음으로 들어왔습니다. 의자에 앉은 아이는 깊은 한숨을 내쉬며 말했습니다.
"선생님, 저 이번 시험에서 꼭 1등 해야 된다고 생각했는데… 또 실패했어요. 너무 지치고, 아무것도 하기 싫어요."

그 말 속에는 절망과 자기 탓이 가득 담겨 있었습니다. 저는 아이의 마음을 헤아리며 조용히 물었습니다.
"너, 혹시 너무 큰 목표부터 세우고 있지는 않니?"

아이의 눈이 동그랗게 커졌습니다.
"큰 목표요? 저는 그냥 열심히 해서 성적을 올리고 싶은 건데요…"

저는 부드럽게 미소 지으며 말을 이었습니다.
"그 마음은 참 소중하지. 하지만 '이번에 꼭 1등을 해야 해', '나는 무조건 의대에 가야 해' 같은 큰 목표는 오히려 너를 더 지치게 만들 수도 있어. 작은 목표부터 세워 보는 건 어떨까?"

가끔 우리는 너무 큰 목표만 바라보다가 오히려 스스로에게 지고 맙니다. 큰 목표는 잠깐의 동기를 주지만, 길게 이어가기엔 벅찬 무게가 있습니다. 아이에게 이렇게 설명해 주었습니다.
"만약에 네가 '이번 시험에서 꼭 전교 1등을 해야 한다'라는 목표만 세운다면, 작은 성취도 모두 무시돼 버릴 수 있어. 하지만 '오늘 공부 30

분만 집중하기' 같은 목표를 세우면 어떨까? 그건 바로 실천할 수 있고, 성공할 가능성이 훨씬 크지."

아이의 얼굴에 조금씩 이해의 빛이 떠올랐습니다.
"그러면 실패했다는 생각도 덜 들 것 같아요."

"맞아. 작은 성공을 쌓아가는 게 결국 큰 꿈을 향한 가장 확실한 길이란다."

심리학에서는 점진적 목표 설정(Incremental Goal Setting)이 효과적이라고 합니다. 큰 꿈을 작게 나누어 실천하면 성취감이 쌓이고, 그 성취감이 다시 동기가 되는 선순환이 일어난다는 뜻입니다.

저는 아이에게 예시를 들었습니다.
"예를 들어 오늘은 '교과서 한 단원 정리하기', 이번 주는 '책 한 권 읽기', 매일은 '감사한 일 세 가지 적기' 같은 목표를 세워보자. 이런 작은 목표들이 모여 결국 네 큰 꿈으로 이어질 거야."

아이의 표정이 조금 밝아졌습니다.
"그럼 저도 매일 조금씩 성공하는 기분을 느낄 수 있겠네요."

"그렇지. 그 성취감이 너를 계속 움직이게 해 줄 거야."

철학자철학자 공자(孔子)는 이렇게 말했습니다.
"천 리 길도 한 걸음에서 시작된다."

저는 이 말을 아이에게 전해 주었습니다.
“이 말은 거창한 시작이 아니라, 지금 당장 할 수 있는 작은 걸음을 내딛는 게 가장 중요하다는 뜻이야. 작은 목표는 실패에 대한 두려움을 줄여 주고, 네 자신을 신뢰할 수 있는 힘을 길러 주거든.”

아이는 고개를 끄덕이며 말했습니다.
“그러면 저는 오늘은 ‘국어 문제집 10쪽 풀기’를 목표로 삼아야겠어요. 예전 같았으면 ‘문제집 다 풀어야지’ 하면서 스스로 지쳤을 텐데요.”

저는 웃으며 답했습니다.
“아주 잘했어. 그 10쪽을 해내면 네 안에 작은 자신감이 하나 쌓이는 거야. 내일은 또 다른 10쪽, 그렇게 쌓이다 보면 어느 순간 너는 스스로 놀랄 만큼 성장해 있을 거야.”

봄의 꽃은 단숨에 피어나지 않습니다.
오늘 햇살을 받고, 내일 바람을 맞으며, 모레는 빗방울을 머금으며 조금씩 자라납니다.
그러다 어느 날, 우리 눈에 환하게 피어나는 것이지요.

진로와 꿈도 이와 같습니다. 당장 거대한 목표를 이루려고 애쓰기보다, 오늘의 햇살과 바람을 모으듯 작은 목표를 차근차근 쌓아 나갈 때, 우리는 어느 날 환하게 꽃을 피우게 됩니다.

저는 아이에게 말했습니다.
“너의 꿈도 꽃처럼 천천히 자랄 거야. 그러니 조급해하지 말고, 오늘 할 수 있는 작은 걸음을 내딛어 보렴.”

아이는 잠시 생각하더니 이렇게 대답했습니다.
"선생님, 저도 언젠가 제 꿈이 꽃처럼 피어날 수 있을까요?"

저는 따뜻하게 웃으며 말했습니다
"그럼, 당연하지. 네가 오늘 내딛는 작은 발걸음들이 모여, 언젠가 너만의 꽃이 활짝 피어날 거야."

작은 목표는 우리를 지치지 않게 도와줍니다. 실패의 두려움을 줄이고, 작은 성취가 큰 용기로 이어지게 합니다. 중요한 것은 지금 당장 할 수 있는 한 걸음을 내딛는 것입니다.

그러니 지금 이 순간, 자신에게 다시 일어설 용기를 조용히 건네 보세요.

"나는 거대한 목표에 눌리지 않을 거야. 오늘 할 수 있는 작은 목표를 세우고, 그것을 이루며 성장할 거야. 작은 걸음이 쌓여 언젠가 큰 꿈이 될 거야."

이제, 스스로에게 이렇게 물어보세요.

- **내가 지금 당장 실천할 수 있는 작은 목표는 무엇인가요?**
- **그 목표를 이루었을 때, 나는 어떤 성취감을 느낄까요?**
- **작은 목표가 쌓여 나의 큰 꿈으로 이어지기 위해, 오늘 시작할 수 있는 한 걸음은 무엇일까요?**

마음 결 따라 쓰기

1. 마음 열기 질문

♡ 나는 '지금 내가 세울 수 있는 작은 목표는 무엇일까?'라는 질문을 떠올렸을 때 어떤 기분이 들었나요?

□ 당장 해볼 수 있는 게 떠올라서 의욕이 생겼어요.

□ 큰 꿈과 연결될 수 있을까 궁금했어요.

□ 너무 사소한 것 같아 의미가 없을까 걱정됐어요.

□ 작은 것부터 시작할 수 있다는 게 마음을 가볍게 했어요.

□ 다른 느낌: ________________

2. 짧은 글쓰기 활동

① "내가 오늘 세운 작은 목표는 ________________ 입니다."

② "그 목표를 이루었을 때 나는 ________________ 라는 기분이 들 것 같아요."

③ "나에게 작은 목표는 ________________ 같은 존재예요."

3. 그림 활동

〈나의 작은 목표 그림〉

♡ 내가 오늘 또는 이번 주에 세운 작은 목표를 그림으로 표현해 보세요.

4. 함께하는 활동

〈짝과 함께 작은 목표 이야기 나누기〉

① 짝꿍에게 "내가 오늘 세운 작은 목표는 ______ 이야."라고 말해 보세요.

② 짝꿍은 "네가 작은 목표를 세우고 실천하려는 모습이 정말 멋져! 그걸 꾸준히 하면 분명 큰 꿈으로 이어질 거야."라고 응답해 주세요.

③ 활동 후, 내 마음은 ______________________________

5. 마무리 성찰

① 나의 작은 목표는 나에게 ____________________ 과 같다.

② 작은 목표를 실천할수록 내 마음은 ____________________ 해 진다.

③ 오늘 활동을 통해 내가 가장 깊이 느낀 것은 ____________________ 이다.

교사 TIP

- 아이들이 쓴 글과 그림을 모아 "우리 반 작은 목표 달력"을 만들어 보세요.
- 활동 중에 "작은 목표는 사소해 보이지만, 쌓이면 큰 힘이 된다."라는 메시지를 전해 주세요.
- 수업 마무리 때 아이들과 함께 "나는 오늘의 작은 목표를 이루며 내일의 큰 꿈을 키워 갈래!"라는 구호를 외치며 긍정적인 분위기를 다져 보세요.

5. 내 시간을 지켜주는 힘

상담실 문이 열리고 한 아이가 지친 얼굴로 들어왔습니다. 의자에 앉자마자 깊은 한숨을 내쉬었습니다.
"선생님, 하루가 왜 이렇게 짧을까요? 해야 할 일은 끝이 없는데, 시간은 자꾸만 모래처럼 손가락 사이로 흘러내려요. 공부도 해야 하고, 동아리도 가야 하고, 휴대폰도 조금 보고 싶고… 그런데 결국 아무것도 제대로 못 한 것 같아요."

저는 아이의 말에 천천히 고개를 끄덕였습니다.
사실, 상담실에서 가장 자주 들리는 이야기 중 하나가 바로 "시간이 부족하다"는 하소연입니다. 해야 할 일은 쌓이는데, 정작 하루가 너무 빨리 지나간다는 느낌. 이건 아이들만의 이야기가 아니라, 어른들도 똑같이 경험하는 부분이지요.

"사실 하루의 시간은 모두에게 똑같아. 하지만 그 시간을 어떻게 쓰느냐에 따라 삶은 완전히 달라지지."
저는 아이에게 이렇게 말했습니다.

그러자 아이는 고개를 갸웃하며 되물었습니다.
"근데 선생님, 전 늘 시간이 부족한데요. 어떻게 해야 하죠?"

저는 부드럽게 웃으며 답했습니다.
"시간 관리는 '더 많은 일을 억지로 해내는 기술'이 아니야. 오히려 '나에게 진짜 중요한 것에 시간을 쓰는 선택의 힘'이란다. 작은 우선순위를 정하고 하루를 정리하는 것만으로도 마음이 훨씬 가벼워져."

아이의 표정이 조금 진지해졌습니다.
"그러면 저는 휴대폰 보는 시간을 조금 줄여야겠네요. 사실 그 시간이 너무 많거든요."

"그렇지. 그걸 깨달은 것만으로도 네 시간은 이미 달라지고 있는 거야."

고대 철학자 루키우스 안나이우스 세네카(Lucius Annaeus Seneca)는 이렇게 말했습니다.
"삶은 짧은 것이 아니라, 우리가 시간을 낭비하고 있을 뿐이다."

이 말은 우리에게 큰 울림을 줍니다. 사실 하루는 충분히 길고, 인생도 생각보다 넉넉합니다. 다만 우리가 그것을 흘려보낼 때 짧게 느껴질 뿐이지요. 같은 하루라도 누군가는 스마트폰 속 영상을 보며 보내고, 또 다른 누군가는 책을 읽으며 꿈을 준비합니다. 결과적으로 시간은 흘러간 것이 아니라, 각자가 어떻게 채웠느냐에 따라 가치가 달라지는 것입니다.

저는 아이에게 이렇게 물었습니다.
"너의 하루 중 가장 많은 시간을 차지하는 건 뭐니?"

잠시 망설이던 아이는 고백했습니다.
"솔직히… 유튜브나 SNS 보는 데 시간을 제일 많이 쓰는 것 같아요. 그러고 나면 '오늘도 또 공부 못 했구나' 하는 죄책감이 들어요."

저는 아이의 어깨를 토닥이며 말했습니다.
"괜찮아. 누구나 그럴 수 있어. 중요한 건 '내가 지금 시간을 어디에 쓰고 있는지' 깨닫는 거야. 그 깨달음이 바뀔 수 있는 첫걸음이니까."

"시간 관리라고 해서 거창한 계획을 세울 필요는 없어. 오히려 작은 습관 하나만 바꿔도 충분히 큰 변화를 만들 수 있지."

저는 아이에게 사례를 들려주었습니다.
"어떤 아이는 하루 10분이라도 책을 읽는 습관을 만들었어. 처음엔 별 의미 없어 보였는데, 1년이 지나니 책이 20권 넘게 쌓였지. 또 어떤 아이는 자기 전 5분 동안 내일 할 일을 적는 습관을 들였는데, 그것만으로도 하루가 훨씬 정리되고 마음이 편해졌다고 하더라."

아이의 눈빛이 조금 반짝였습니다.
"선생님, 저도 그런 걸 해 볼 수 있을까요? 전 늘 계획만 크게 세우고 지켜내질 못해서…"

"그럼 더더욱 좋아. 큰 계획 대신 작은 습관부터 시작하면 돼. 예를 들어 오늘은 공부할 때 휴대폰을 20분만 멀리 두는 것, 내일은 숙제를 10분 일찍 시작하는 것. 이런 작은 걸음들이 쌓이면 네 삶 전체가 달라질 거야."

봄 햇살을 받은 새싹은 하루아침에 자라지 않습니다. 오늘 햇빛을 모으고, 내일은 빗방울을 머금으며, 모레는 바람을 견디면서 조금씩 자라납니다. 그러다 어느 날, 우리가 눈치채지 못한 사이에 푸른 잎을 활짝 펼치지요.

시간도 마찬가지입니다. 한순간에 큰 성과를 바라기보다, 매일의 작은 실천이 쌓여 나를 자라게 합니다. 지금 이 순간 내가 시간을 어떻게 쓰느냐가 곧 내일의 나를 빚어내는 것이지요.

저는 아이에게 마지막으로 이렇게 말했습니다.
"네가 시간을 어떻게 쓰는지가 결국 네가 어떤 사람이 되는지를 결정해. 그러니 오늘의 작은 습관을 소중히 지켜 보렴. 네 시간은 네 삶을 꽃피우는 가장 큰 자원이니까."

아이는 고개를 끄덕이며 미소를 지었습니다.
"선생님, 저 오늘 집에 가면 먼저 해야 할 일을 딱 30분만 집중해서 해볼래요."

저는 환하게 웃으며 대답했습니다.
"아주 좋아! 그 30분이 바로 내일의 너를 더 빛나게 만들어 줄 거야."

시간은 누구에게나 공평하게 주어집니다. 하지만 그 시간을 어떻게 채우느냐에 따라 삶은 전혀 다른 모습으로 펼쳐집니다. 완벽한 계획이 아니어도 괜찮습니다. 중요한 건 오늘의 작은 선택, 작은 습관입니다.

그러니 지금 이 순간, 자신에게 다정히 건네 보세요.

"나는 시간을 낭비하지 않고, 내게 소중한 곳에 쓰는 사람이 될 거야. 오늘의 작은 실천이 모여 내일의 나를 더 빛나게 만들 거야."

이제, 스스로에게 이렇게 물어보세요.

- 나의 하루 중 가장 많은 시간을 어디에 쓰고 있나요?
- 지금의 시간 사용이 나의 꿈과 얼마나 가까이 연결되어 있나요?
- 내일을 위해 오늘 꼭 지켜내고 싶은 '작은 시간 습관'은 무엇인가요?

마음 결 따라 쓰기

1. 마음 열기 질문

♡ 나는 '내가 시간을 어떻게 쓰고 있나?'라는 질문을 떠올렸을 때 어떤 기분이 들었나요?

- ☐ 해야 할 일을 미루고 있다는 생각에 마음이 무거웠어요.
- ☐ 시간을 잘 활용했을 때 성취감이 떠올라 뿌듯했어요.
- ☐ 스마트폰이나 게임에 너무 시간을 쓰는 게 아쉽다고 느꼈어요.
- ☐ 내 꿈과 연결되는 일에 시간을 쓰면 마음이 편안했어요.
- ☐ 다른 느낌: ________________

2. 짧은 글쓰기 활동

① "나는 ________________ 상황에서 시간을 제대로 활용하지 못했어요."

② "그 경험을 통해 ________________ 라는 것을 깨달았어요."

③ "앞으로 나는 ________________ 하며 시간을 더 현명하게 관리하고 싶어요."

3. 그림 활동

〈나의 시간 관리 그림〉

♡ 내가 시간을 허비했던 순간과, 시간을 잘 활용했던 순간을 그림으로 표현해 보세요.

4. 함께하는 활동

〈짝과 함께 시간 관리 이야기 나누기〉

① 짝꿍에게 "나는 ____ 상황에서 시간을 잘 활용하지 못했어."라고 말해 보세요.

② 그리고 "반대로 나는 ____ 할 때 시간을 잘 활용했다고 생각해."라고 나눠 보세요.

③ 짝꿍은 "네가 시간의 소중함을 깨닫다니 정말 멋져! 앞으로 더 알차게 쓸 수 있을 거야." 라고 응답해 주세요.

④ 활동 후, 내 마음은 ____________________

5. 마무리 성찰

① 나에게 시간은 ______________ 과 같다.

② 시간을 잘 관리할수록 내 마음은 ______________ 해 진다.

③ 오늘 활동을 통해 내가 가장 깊이 느낀 것은 ______________ 이다.

교사 TIP

- **아이들이 쓴 글과 그림을 모아 "우리 반 시간 관리 보드"를 꾸며 보세요.**
- **활동 중에 "시간은 더 늘릴 수 없지만, 어떻게 쓸지는 내가 선택할 수 있다."라는 메시지를 전해 주세요.**
- **수업 마무리 때 아이들과 함께 "나는 오늘의 시간을 소중히 쓰며, 내일을 준비하는 사람이 될래!"라는 구호를 외치며 긍정적인 분위기를 다져 보세요.**

6. 실패가 남겨준 배움

상담실 문이 조심스럽게 열렸습니다.
작은 한숨과 함께 들어온 아이는 의자에 앉자마자 고개를 숙이며 말했습니다.
"선생님, 열심히 준비했는데 원하는 결과가 나오지 않았어요. 시험 성적도 생각만큼 안 나오고, 대회도 떨어지고… 저는 왜 이렇게 부족할까요?"

그 말에는 스스로를 탓하는 마음이 고스란히 담겨 있었습니다. 무거운 짐을 짊어진 듯 어깨는 축 처져 있었지요. 저는 잠시 침묵을 두고, 부드럽게 대답했습니다.
"네 마음이 많이 힘들었구나. 그런데 있잖아, 실패는 네가 부족하다는 증거가 아니야. 오히려 우리가 성장하는 과정에서 꼭 필요한 순간이란다."

실패는 누구에게나 쓰라립니다. 마음속 깊이 품었던 기대가 무너질 때, 우리는 흔히 자신을 책망합니다. 하지만 심리학에서는 실패를 단순한 좌절이 아니라 학습된 경험(Learned Experience) 으로 설명합니다.

저는 아이를 바라보며 차분히 말했습니다.
"네가 이번에 겪은 건 실패라기보다 배움의 과정이야. 그 경험은 네가 어떤 부분을 더 연습해야 하는지, 또 어떤 새로운 길을 찾아야 하는지를 알려주는 이정표가 된단다."

아이의 눈빛이 살짝 흔들리며 다시 물었습니다.
"근데 선생님, 왜 저는 실패가 두렵고 창피할까요?"

저는 고개를 끄덕이며 답했습니다.
"그건 너무 자연스러운 마음이야. 하지만 실패를 다른 눈으로 보면 그 두려움이 조금은 줄어들 수 있어. 실패는 네가 부족하다는 결과가 아니라, 네가 도전했다는 증거란다."

철학자 존 듀이(John Dewey) 는 교육을 "삶의 실험"이라 했습니다.
우리가 하는 모든 시도는 성공이든 실패든 하나의 실험이라는 뜻이지요.

저는 아이에게 물었습니다.
"혹시 과학 실험을 해 본 적 있니? 실험이 항상 성공하기만 하던가?"
아이는 잠시 웃으며 대답했습니다.
"아니요. 자주 실패했어요. 어떤 건 여러 번 다시 해야 했고요."
"맞아. 그 실패가 없었다면 왜 결과가 달라졌는지 배우지 못했을 거야. 삶도 똑같단다. 네가 지금 겪는 실패는 잘못된 게 아니라, 더 나은 방법을 찾으라는 신호야."

그 말을 들은 아이의 얼굴에 조금 안도한 기운이 스쳤습니다.
봄날의 교정을 걸어보면, 작은 새싹이 흙을 비집고 올라오는 모습을 볼 수 있습니다. 하지만 새싹은 곧게만 자라지 않습니다. 바람에 쓰러지기도 하고, 햇살을 더 받기 위해 방향을 바꾸기도 하지요. 그 과정을 거치면서 뿌리를 더 깊게 내리고, 마침내 꽃을 피웁니다.

저는 창밖의 나무를 가리키며 말했습니다.
"저 나무도 어릴 땐 바람에 흔들리고 꺾일 뻔했을 거야. 그런데 그 경험들이 뿌리를 단단하게 만들어 준 거지. 네 실패도 마찬가지야. 쓰러짐은 끝이 아니라, 더 튼튼한 뿌리를 내리는 준비란다."

아이는 창밖을 바라보다가 조용히 말했습니다.
"그렇다면 저도 실패할 때마다 조금씩 자라는 걸까요?"

저는 따뜻하게 웃으며 고개를 끄덕였습니다.
"그럼, 당연하지. 실패는 멈춤이 아니라 성장의 또 다른 얼굴이란다."

실패는 누구도 피할 수 없습니다. 하지만 실패를 어떻게 바라보느냐에 따라, 그 경험은 나를 무너뜨릴 수도 있고, 성장의 발판이 될 수도 있습니다.

저는 아이에게 작은 제안을 했습니다.
"앞으로 실패를 만났을 때 이렇게 말해 보렴. '괜찮아, 이번 경험이 나를 더 단단하게 만들고 있어' 이 한마디가 다시 일어설 힘을 줄 거야."

아이는 고개를 끄덕이며 따라 했습니다.

"괜찮아, 이번 경험이 나를 더 단단하게 만들고 있어."

그 순간 아이의 얼굴은 전보다 훨씬 가벼워 보였습니다.

실패는 끝이 아닙니다.
실패는 네가 도전했음을 증명하는 발자국이고, 더 크게 자라기 위한 씨앗입니다. 때로는 아프고 창피하게 느껴지지만, 그 순간조차도 너를 더 단단하게 만들고 있음을 잊지 마세요.

그러니 지금 이 순간, 스스로에게 이렇게 말해 보세요.

"나는 실패 속에서 배우는 사람이야. 실패는 나를 멈추게 하지 않고, 오히려 더 단단하게 만든다. 나는 실패를 두려워하지 않고, 그 안에서 자라날 거야."

이제, 스스로에게 이렇게 물어보세요.

- 나는 최근 어떤 실패를 경험했나요?
- 그 실패가 나에게 남긴 배움은 무엇이었나요?
- 앞으로 실패를 대하는 나의 태도를 어떻게 바꾸고 싶나요?

마음 결 따라 쓰기

1. 마음 열기 질문

♡ 나는 '내가 실패했던 경험'을 떠올렸을 때 어떤 기분이 들었나요?

□ 너무 아쉬워서 자꾸 그 순간이 생각났어요.

□ 창피하고 속상했지만 다시 도전하고 싶었어요.

□ 실패 속에서 배운 게 있다는 걸 깨달아 마음이 단단해졌어요.

□ 실패가 꼭 나쁜 것만은 아니라는 생각이 들어 편안했어요.

□ 다른 느낌: ____________

2. 짧은 글쓰기 활동

① "나는 __________ 상황에서 실패를 경험했어요."

② "그때 내 마음은 ______________________________ 했어요."

③ "그 실패를 통해 내가 배운 것은 ____________ 입니다."

3. 그림 활동

<실패로부터 배우는 나의 모습 그림>

♡ 내가 실패했던 순간을, 그리고 그 경험을 통해 성장해 가는 나의 모습을 그림으로 표현해 보세요.

4. 함께하는 활동

〈짝과 함께 실패 이야기 나누기〉

① 짝꿍에게 "나는 _____ 상황에서 실패했어."라고 말해 보세요.

② 그리고 "그 경험을 통해 나는 _____ 를 배웠어."라고 나눠 보세요.

③ 짝꿍은 "네가 실패 속에서 배움을 찾았다니 정말 멋져! 그 경험이 널 더 단단하게 만들어 줄 거야."라고 응답해 주세요.

④ 활동 후, 내 마음은 _____________________________________

5. 마무리 성찰

① 나에게 실패는 _____________________ 과 같다.

② 실패를 돌아볼수록 내 마음은 ___________________ 해 진다.

③ 오늘 활동을 통해 내가 가장 깊이 느낀 것은 ____________________ 이다.

교사 TIP

- 아이들이 쓴 글과 그림을 모아 "우리 반 실패로부터 배운 점 보드"를 꾸며 보세요.
- 활동 중에 "실패는 멈춤이 아니라 성장의 발판이다."라는 메시지를 전해 주세요.
- 수업 마무리 때 아이들과 함께 "나는 실패 속에서 배우며, 더 단단하게 성장할래!"라는 구호를 외치며 긍정적인 분위기를 다져 보세요.

7. 끝까지 이어가는 동기의 비밀

상담실 문이 조심스럽게 열리더니, 아이가 깊은 한숨을 내쉬며 자리에 앉았습니다. 이내 고개를 숙인 채 말했습니다.
"선생님, 저는 왜 이렇게 의지가 약할까요? 이번에는 꼭 해내야지 다짐했는데, 며칠만 지나면 또 흐지부지돼요. 저 같은 사람은 뭘 해도 안 되는 것 같아요."

아이의 눈빛 속에는 자기 자신을 향한 실망과 답답함이 고여 있었습니다. 사실 상담실에서 자주 듣는 이야기입니다. 누구나 한 번쯤은 큰 결심으로 시작했다가 오래가지 못해 포기한 경험이 있지요. 저는 잠시 아이를 바라보다 부드럽게 말했습니다.
"그 마음 충분히 이해해. 그런데 있잖아, 네가 포기한 게 아니라 동기를 오래 이어갈 방법을 아직 찾지 못한 걸 수도 있어."

심리학에서는 동기를 크게 두 가지로 나눕니다. 하나는 외적 동기(Extrinsic Motivation), 즉 성적이나 칭찬처럼 밖에서 주어지는 동기이고, 또 하나는 내적 동기(Intrinsic Motivation), 내가 진심으로 좋아하고 의미 있다고 느끼는 일에서 비롯되는 동기입니다.

저는 아이에게 물었습니다.
"너는 공부할 때나 운동할 때 동기가 어디서 나오니? 성적이나 칭찬처럼 외부에서 힘을 얻니, 아니면 네가 좋아서 스스로 하는 경우가 많니?"

아이는 잠시 고민하다 대답했습니다.
"솔직히… 성적 때문에 하는 게 커요. 부모님께 칭찬받고 싶기도 하고요. 근데 그런 동기는 오래 못 가요. 시험 끝나면 다 놓고 싶어져요."

저는 고개를 끄덕이며 말했습니다.
"맞아. 외적 동기는 잠깐은 큰 힘이 되지만 오래가긴 힘들어. 반대로 내적 동기는 내가 좋아하고, 스스로 의미 있다고 느끼는 곳에서 나오지. 작은 성취에 기뻐하고, 배우는 과정에서 보람을 느낀다면 그 힘은 쉽게 사라지지 않아."

철학자 임마누엘 칸트(Immanuel Kant) 는 인간의 도덕성을 "타인의 눈치를 보지 않고, 스스로 옳다고 믿는 길을 따르는 힘"이라고 설명했습니다.

저는 이 말을 아이에게 들려주었습니다.
"동기도 마찬가지야. 누군가에게 잘 보이기 위해서가 아니라, 네가 스스로 의미를 느껴서 하는 일은 꺼지지 않는 힘이 될 수 있어. 그 힘은 오래가고, 너를 끝까지 이끌어 주지."

아이는 잠시 생각하다가 조용히 말했습니다.
"그럼 제가 진짜 좋아하는 걸 찾는 게 더 중요한 거네요? 그런데 저는 아직 잘 모르겠어요."

저는 미소를 지으며 대답했습니다.

"괜찮아. 아직 몰라도 돼. 살아가면서 조금씩 경험하다 보면 알게 돼. 중요한 건 '내가 왜 해야 하는가'를 계속 묻는 거야. 그 질문이 네 안에서 작은 바람처럼 남아 있을 거야."

봄 햇살이 하루아침에 꽃을 피우지 않듯, 동기도 갑자기 커다랗게 타오르는 것이 아닙니다. 큰 결심은 거센 파도처럼 순간은 힘차지만, 금세 잦아들기도 합니다. 반대로 작은 노력은 잔잔한 파도처럼 이어져, 조금씩 그러나 꾸준히 우리를 앞으로 밀어 줍니다.

저는 아이에게 설명했습니다.
"'이번에는 꼭 해내야지!'라는 결심은 순간적으로는 거대한 바람 같아. 하지만 그 바람은 금방 지나가지. 대신 작은 바람이 매일 불어와야 나무가 자라듯, 오늘의 작은 기쁨과 성취가 내일의 힘이 되는 거야. 예를 들어 영어 단어 10개를 외우고 스스로 칭찬하는 것, 하루 10분 운동하고 상쾌함을 느끼는 것. 이런 작은 바람이 쌓이면 네 삶은 점점 멀리 나아갈 수 있단다."

아이는 조금 밝아진 얼굴로 말했습니다.
"그럼 저는 오늘은 수학 문제집 딱 다섯 장만 풀어야겠어요. 예전에는 무조건 다 풀어야지 했는데, 그러다 지쳐서 포기했거든요."

저는 웃으며 고개를 끄덕였습니다.
"아주 잘 생각했어. 그 다섯 장을 풀고 나서 느낀 성취감이 내일을 이어 주는 바람이 될 거야. 작게 시작해 꾸준히 이어가는 게 가장 큰 힘이란다."

지속 가능한 동기는 멋진 결심에서만 나오지 않습니다.
그것은 내가 좋아하는 작은 의미와 성취에서, 매일 새롭게 태어납니다.

그러니 지금 이 순간, 자신에게 다정히 건네 보세요.
"나는 남이 시켜서만 움직이는 사람이 아니라, 내가 의미 있다고 느끼는 일을 선택하는 사람이야. 오늘의 작은 성취와 기쁨이 내일을 향한 바람이 되어, 나는 계속 나아갈 거야."

이제, 스스로에게 이렇게 물어보세요.

- 나는 어떤 일을 할 때 가장 큰 보람과 즐거움을 느끼나요?
- 내가 하고 있는 일 속에서 '작은 의미'와 '작은 성취'를 찾으려면 어떻게 하면 좋을까요?
- 내일도 계속 이어갈 수 있는 작은 내적 동기는 무엇일까요?

마음 결 따라 쓰기

1. 마음 열기 질문

♡ 나는 무언가를 꾸준히 해내기 위해 동기가 필요할 때 어떤 기분이 드나요?

- □ 처음엔 열정이 넘치지만 금방 지쳐요.
- □ 목표를 떠올리면 다시 힘이 나요.
- □ 혼자 하면 어렵지만 함께하면 버틸 수 있어요.
- □ 작은 성취를 쌓을수록 계속하고 싶어져요.
- □ 다른 느낌: ______________

2. 짧은 글쓰기 활동

① "나는 ______________ 상황에서 동기가 생겼어요."

② "하지만 시간이 지나면서 ______________________________ 했어요."

③ "앞으로 나는 ____________ 하며 내 동기를 꾸준히 키워 가고 싶어요."

3. 그림 활동

〈나의 동기 부여 그림〉

♡ 내가 꾸준히 무언가를 이어갈 수 있었던 순간, 또는 앞으로 지속적인 동기를 유지하고 싶은 모습을 그림으로 표현해 보세요.

4. 함께하는 활동

〈짝과 함께 동기 부여 이야기 나누기〉

① 짝꿍에게 "나는 ______ 상황에서 동기가 생겼어."라고 말해 보세요.

② 이어서 "동기가 약해졌을 때 나는 ______ 라는 방법으로 다시 힘을 냈어."라고 이야기해 보세요.

③ 짝꿍은 "네가 스스로 동기를 지켜가려는 모습이 참 멋져! 네 이야기를 듣고 나도 용기를 얻었어."라고 응답해 주세요.

④ 활동 후, 내 마음은 ______________________________

5. 마무리 성찰

① 지속 가능한 동기는 나에게 ____________________ 과 같다.

② 동기를 관리할수록 내 마음은 ____________________ 해 진다.

③ 오늘 활동을 통해 내가 가장 깊이 느낀 것은 ____________________ 이다.

교사 TIP

- **아이들이 쓴 글과 그림을 모아 "우리 반 동기 부여 보드"를 꾸며 보세요.**
- **활동 중에 "동기는 불꽃처럼 쉽게 꺼지기도 하지만, 습관과 작은 성취로 불씨를 지키면 오래 간다."는 메시지를 전해 주세요.**
- **수업 마무리 때 아이들과 함께 "나는 작은 성취를 쌓으며 동기를 꾸준히 키워가는 사람!" 이라는 구호를 외치며 긍정적인 분위기를 다져 보세요.**

도전 속에서 단단해지는 여름

8. 몰입의 순간, 온전히 나를 만나는 시간
9. 도전 속에서 불안을 다스리는 힘
10. 시험이 전해주는 진짜 의미
11. 지친 열정을 어루만지는 법
12. 경쟁 속에서 배우는 함께의 지혜
13. 스스로를 다스리는 마음의 힘
14. 한여름의 성장, 뜨거움 속에서 배우는 힘

8. 몰입의 순간, 온전히 나를 만나는 시간

상담실은 늘 아이들의 다양한 표정으로 채워집니다.

어떤 날은 웃음으로 가득하지만, 또 어떤 날은 고민과 불안이 잔잔한 그림자처럼 머물러 있기도 합니다. 그날도 한 아이가 조심스럽게 문을 열고 들어왔습니다.

의자에 앉자마자 아이는 고개를 갸웃하며 질문을 던졌습니다.

"선생님, 왜 저는 공부할 때는 시간이 너무 안 가는 것 같아요. 10분이 한 시간처럼 느껴지는데, 제가 좋아하는 걸 할 때는 몇 시간이 금방 지나가 버려요. 도대체 왜 그런 걸까요?"

저는 그 말에 미소를 지으며 대답했습니다.

"그게 바로 몰입의 순간이란다. 네 마음과 에너지가 한곳에 모여서 시간이 흐르는 걸 잊어버릴 정도로 집중하고 있었던 거야."

아이는 의아한 듯 고개를 기울이며 다시 물었습니다.

"그럼 제가 공부할 때는 몰입이 안 되는 건가요?"

"그렇다고 볼 수도 있지. 하지만 그건 네가 부족해서가 아니라, 몰입이 일어나는 특별한 조건이 있기 때문이야."

몰입이라는 단어는 단순히 '집중'이라는 말로 다 담을 수 없는 특별한 경험입니다.

심리학자 미하이 칙센트미하이(Mihaly Csikszentmihalyi)는 몰입을 "능력과 도전이 균형을 이룰 때 나타나는 최적의 경험"이라고 설명했습니다.

저는 아이에게 차분히 설명했습니다.
"너무 쉬운 일은 금방 지루해지고, 너무 어려운 일은 금방 포기하고 싶어지지? 그런데 네 능력을 다 써야 하지만, 조금만 더 힘을 내면 해낼 수 있는 과제를 만나면, 그때 우리는 '아, 재밌다!' 하면서 빠져들게 돼. 그게 바로 몰입이야."

아이는 눈을 크게 뜨며 고개를 끄덕였습니다.
"아, 그래서 제가 좋아하는 피아노를 칠 때 시간이 빨리 가는 거군요. 어렵지만 연습하면 칠 수 있는 곡을 할 때는 몇 시간이 훌쩍 지나가 버려요."

"맞아, 네가 방금 말한 게 바로 몰입의 순간이야. 그 순간 네 안의 에너지가 가장 빛나고, 네가 살아 있다는 걸 온전히 느끼는 거지."

몰입에 빠지면 우리의 몸과 마음은 평소와는 다른 상태를 경험합니다. 심장은 조금 더 빨리 뛰고, 눈은 한곳에 고정되며, 머릿속은 온통 그 일로만 가득 차게 됩니다. 주변에서 들려오는 소리나 떠오르는 걱정은 점점 희미해지고, 오식 그 순간에만 몰두하게 되지요.

저는 아이에게 물었습니다.

"너는 피아노 칠 때 몸이 어떻게 달라지는 걸 느꼈니?"
아이는 잠시 생각하다가 웃으며 대답했습니다.
"처음에는 손가락이 아프기도 하고, 힘들다고 느끼는데요. 집중하다 보면 그런 것도 잊어버려요. 그냥 제가 음악 속에 들어가 버린 것 같아요."

저는 고개를 끄덕이며 따뜻하게 말했습니다.
"그래, 그게 바로 몰입의 힘이야. 몸은 힘든데 마음은 더 깊은 기쁨으로 채워지는 순간, 그게 몰입이 주는 특별한 경험이지."

철학자 마르틴 하이데거(Martin Heidegger)는 인간의 삶을 "세계 안에서의 몰두"라고 표현했습니다. 단순히 시간을 흘려보내는 것이 아니라, 우리가 무언가에 온전히 빠져드는 순간, 그 자체가 곧 존재의 방식이라는 것입니다.

저는 아이에게 이 철학자의 생각을 쉽게 풀어 주었습니다.
"네가 피아노를 칠 때는 단순히 건반을 누른 게 아니야. 네 안의 감정과 생각이 음악을 통해 세상 속에 드러난 거야. 그러니까 몰입하는 순간은 단순한 활동이 아니라, 네가 '너 자신'으로 살아가는 순간인 거지."

아이는 잠시 눈을 반짝이며 말했습니다.
"그럼 몰입은 저를 더 진짜 저답게 만드는 시간이기도 하네요?"

"맞아. 그래서 몰입은 결과보다 더 중요하지. 그 순간은 네가 가장 살아 있음을 확인하는 시간이니까."

몰입은 결과로만 평가할 수 없습니다.
누군가는 시험을 준비하면서 책 속에 빠져드는 경험을 하고, 또 다른 누군가는 운동장에서 땀을 흘리며 몰입을 경험합니다.
무대 위에서 떨리지만 노래를 부르는 순간, 그림을 그리며 밤을 지새우는 순간, 혹은 친구를 위해 무언가를 준비하며 잊을 수 없는 시간을 보내는 순간에도 몰입은 찾아옵니다.

그때 우리는 비록 힘들고 고단해도 가장 빛납니다.
여름 햇살 아래 달리며 숨이 턱까지 차올라 힘들지만, 결승선에 다다르는 순간 느끼는 벅찬 감정이 바로 그것입니다. 몰입은 단순히 무언가를 끝내기 위한 과정이 아니라, 내가 살아 있음을 온전히 체험하는 소중한 순간이지요.

저는 아이에게 조언했습니다.
"몰입의 순간을 자주 만나려면, 네가 좋아하는 일만 찾을 게 아니라 네가 도전할 수 있는 과제를 찾아야 해. 그리고 목표를 너무 크게 잡기보다는 '조금만 힘내면 할 수 있는 수준'으로 나누는 거야."

아이는 고개를 끄덕이며 말했습니다.
"그러면 공부도 그렇게 하면 되겠네요. 큰 시험을 준비한다고 생각하면 막막한데, 오늘은 수학 문제 10개만 풀어야지, 이렇게 생각하면 집중할 수 있을 것 같아요."

"그래, 바로 그거야. 작은 도전을 하나씩 해내면서 몰입을 경험하면, 공부도 훨씬 덜 지루하게 느껴질 거야."

몰입은 단순한 집중을 넘어, 내가 세상 속에서 살아 있음을 확인하는 특별한 경험입니다.
결과보다 중요한 것은 그 과정 속에서 내가 느낀 기쁨과 성취입니다.

길이 막막할 때, 시간이 길게만 느껴질 때, 우리는 몰입의 순간을 통해 다시 살아가는 힘을 얻습니다.
작은 몰입의 경험들이 모여 나를 단단하게 하고, 내 삶을 빛나게 만들어 줍니다.

그러니 지금 이 순간, 자신에게 다정히 건네 보세요.

"나는 몰입의 순간 속에서 가장 나답게 살아간다. 그 경험이 나를 더 깊고 단단하게 자라게 한다."

이제, 스스로에게 이렇게 물어보세요.

- 나는 최근 어떤 활동에서 시간 가는 줄 모르고 몰입한 적이 있었나요?
- 그 순간 나의 몸은 어떤 변화를 느꼈나요?
- 앞으로 나의 여름을 더욱 빛나게 할 몰입의 순간은 무엇일까요?

마음 결 따라 쓰기

1. 마음 열기 질문

♡ 나는 '내가 정말 몰입했던 순간'을 떠올렸을 때 어떤 기분이 들었나요?

□ 시간이 순식간에 지나가 버린 것 같았어요.

□ 온 세상이 조용해지고 나만 빛나는 느낌이었어요.

□ 힘들었지만 끝까지 해냈다는 뿌듯함이 있었어요.

□ 나답게 살아 있다는 활력이 느껴졌어요.

□ 다른 느낌: ______________

2. 짧은 글쓰기 활동

① "나는 ______________ 상황에서 깊은 몰입을 경험했어요."

② "그때 내 마음은 ______________________________ 했어요."

③ "몰입을 통해 내가 발견한 나의 힘은 ______________ 입니다."

3. 그림 활동

〈나의 몰입의 순간 그림〉

♡ 내가 경험했던 '몰입의 순간'을 그림으로 표현해 보세요.

4. 함께하는 활동

〈짝과 몰입의 순간 이야기 나누기〉

① 짝꿍에게 "내가 몰입했던 순간은 ____ 이야."라고 말해 보세요.

② 이어서 "그 순간 나는 ____라는 내 가능성을 발견했어."라고 이야기해 보세요.

③ 짝꿍은 "와, 너의 몰입 이야기를 들으니 정말 멋지다! 너에게 그런 힘이 있다니 나도 자극이 돼."라고 응답해 주세요.

5. 마무리 성찰

① 나의 몰입의 순간은 ________________과 같다.

② 몰입을 떠올릴수록 내 마음은 ________________해 진다.

③ 오늘 활동을 통해 내가 가장 깊이 느낀 것은 ________________이다.

교사 TIP

- **아이들이 쓴 글과 그림을 모아 "우리 반 몰입의 순간 보드"를 꾸며 보세요.**
- **활동 중에 "몰입은 나의 가능성을 발견하게 해주는 창이다."라는 메시지를 전해 주세요.**
- **수업 마무리 때 아이들과 함께 "나는 몰입의 순간을 통해, 나답게 빛날 거야!" 라는 구호를 외치며 긍정적인 에너지를 다져 보세요.**

9. 도전 속에서 불안을 다스리는 힘

늦은 오후, 상담실 창가로 햇살이 비스듬히 들어오고 있었습니다. 책상 위에는 아이들이 남기고 간 메모와 연필이 흩어져 있었고, 그 가운데로 조심스레 한 아이가 들어왔습니다.

의자에 앉자마자 고개를 숙인 아이는 한참을 망설이다가 조용히 입을 열었습니다.
"선생님, 사실 저 요즘 새로운 걸 해보고 싶어요. 동아리 발표에도 나가고 싶고, 대회도 나가보고 싶은데… 막상 시작하려니까 너무 겁이 나요. 혹시 실패하면 어떡하죠? 친구들이 다 웃으면요?"

그 목소리에는 설레는 마음과 동시에 불안이 얽혀 있었습니다.
저는 잠시 아이의 말을 들어 주며 고개를 끄덕였습니다.
"그 순간이 네겐 참 두렵게 느껴질 거야. 하지만 불안이 있다는 건 네가 진심으로 그 도전을 소중히 여긴다는 뜻이란다. 그냥 대충 하는 일에는 불안도 따라오지 않아. 너한테 중요한 일이니까 가슴이 두근거리고, 동시에 겁도 나는 거지."

아이는 제 말을 들으며 고개를 끄덕였지만, 표정에는 여전히 걱정이 가득했습니다.
"근데 선생님, 제가 준비해도 결국 잘 못하면요? 괜히 나섰다고 후회하지 않을까요?"

저는 부드럽게 웃으며 차분히 대답했습니다.
"실패가 네가 무능하다는 결과는 아니야. 실패는 네가 시도했기 때문에 찾아오는 거지. 만약 네가 아무것도 하지 않았다면 실패도 없었겠지만, 동시에 배움도 없었을 거야. 네가 발표에 손을 든 순간, 이미 용기를 낸 거야. 결과가 어떻든 그 경험이 너를 성장시켜 줄 거야."

심리학에서는 이런 상태를 최적 불안(Optimal Anxiety)이라고 부릅니다.
적당한 불안은 집중력과 추진력을 높여 주는 연료와 같지요. 불안이 전혀 없다면 진지하게 임하지 않을 수도 있고, 불안이 지나치면 발을 떼지 못하게 됩니다. 중요한 건 그 사이의 균형을 찾는 거예요.

저는 아이에게 이렇게 덧붙였습니다.
"불안은 길을 막는 벽이 아니라, 네가 지금 중요한 순간에 서 있다는 표시야. 그 감정을 무시하거나 없애려고 하기보다는, '아, 내가 지금 정말 중요한 걸 하려는구나.'라고 인정해 주면 좋겠어."

아이는 잠시 생각하다가 작은 목소리로 물었습니다.
"그럼 불안을 없애려고 하지 말고… 그냥 받아들이라는 거예요?"

"맞아. 불안을 짐처럼 여기는 게 아니라, 동행자처럼 옆에 두고 가는 거야. 그러면 불안이 널 막는 힘이 아니라, 오히려 더 집중하게 돕는 힘이 될 수 있어."

고등학생이 된다는 건 이전보다 더 큰 무대와 선택지를 마주하는 시기입니다.
시험, 진로, 관계, 다양한 도전 속에서 불안은 자주 얼굴을 내밉니다. 하지만 불안이 있다는 건 곧 내가 진지하게 삶을 고민하고 있다는 신호입니다.

철학자 소렌 키에르케고르(Søren Kierkegaard)는 "불안은 자유의 어지럼증"이라고 말했습니다.
우리는 자유롭게 선택할 수 있기 때문에 두렵습니다. 하지만 바로 그 자유 덕분에 새로운 가능성도 열리게 되지요. 그러니 불안은 피해야 할 적이 아니라, 내가 선택할 수 있다는 의지이자 성숙의 길로 나아가는 징검다리입니다.

저는 아이에게 이렇게 말했습니다.
"혹시 여름의 매미를 본 적 있니? 매미는 오랫동안 땅속에 있다가 어느 날 땅 위로 올라오지. 그때 매미도 두려웠을 거야. 하지만 그 두려움을 넘어 날개를 펼쳤기 때문에 여름의 울림을 우리에게 들려줄 수 있는 거지. 네 도전도 그와 같아. 불안은 네가 곧 날아오를 준비를 하고 있다는 뜻이야."

아이의 눈빛이 잠시 흔들리더니, 이내 조금 밝아졌습니다.
"…그러면 저도 불안해도 괜찮은 거네요? 그냥 해보는 게 중요한 거군요."

"그렇지. 네가 불안을 품고도 도전한다면, 그 자체가 이미 용기고 성장이지."

심리학자 앨버트 반두라(Albert Bandura)는 작은 실패와 재도전을 통해 "나는 할 수 있다."라는 믿음이 형성된다고 말했습니다. 실패는 무능의 표현이 아니라 능력을 길러내는 자양분입니다.

교육 철학자 존 듀이(John Dewey) 역시 삶을 "끊임없는 실험"이라 정의했습니다.
실패는 잘못이 아니라 학습의 일부이며, 실패 없는 삶은 안전할지 몰라도 정체된 삶일 뿐입니다. 실패를 겪은 삶은 고통스럽더라도 살아 있는 삶입니다.

며칠 후, 같은 아이가 다시 상담실을 찾아왔습니다.
이번에는 목소리에 조금의 떨림은 있었지만, 눈빛은 달라져 있었습니다.
"선생님, 어제 또 발표가 있었는데요… 여전히 떨렸지만 이번엔 끝까지 말했어요. 친구들이 웃지 않고, 오히려 잘했다고 해줬어요."

저는 마음이 뭉클해져 웃으며 말했습니다.
"봐, 네가 불안을 안고도 한 발을 내디뎠더니 결국 새로운 경험을 얻었잖아. 그게 바로 불안을 다루는 힘이야. 불안은 사라지지 않아도 괜찮아. 그 불안을 안고도 네가 나아갔다는 게 가장 중요한 거야."

아이는 환하게 웃으며 대답했습니다.

"네, 아직도 떨리지만… 그래도 다시 해보고 싶어요."

불안은 우리의 적이 아닙니다.

그것은 새로운 길 앞에서 우리 마음이 보내는 경고음이자 응원입니다.

"이건 네게 중요한 일이야."라고 알려주는 표시지요.

불안을 없애려 애쓰지 말고, 친구처럼 곁에 두고 함께 걸어가면 됩니다.

봄의 새싹이 바람에 흔들릴수록 뿌리를 더 깊이 내리듯, 여러분의 불안도 도전을 흔들지만 결국 뿌리를 더 단단하게 해 줍니다.

실패와 불안을 끌어안는 그 순간, 여러분은 이미 성장하고 있는 것입니다.

이제, 스스로에게 이렇게 물어보세요.

- 나는 최근 어떤 도전을 앞두고 불안을 느꼈나요?
- 그 불안은 내 마음속에서 어떤 의미를 가지고 있었나요?
- 불안을 지우려 하기보다, 그것과 함께 걸어간다면 나는 어떤 용기를 낼 수 있을까요?

마음 결 따라 쓰기

1. 마음 열기 질문

♡ 나는 새로운 도전을 앞두었을 때 어떤 마음이 들었나요?

□ 설레면서도 두근거렸어요.

□ 혹시 실패할까 봐 불안했어요.

□ 긴장됐지만 해내고 싶었어요.

□ 결과보다 과정이 더 중요하다고 느꼈어요.

□ 다른 느낌: ________________

2. 짧은 글쓰기 활동

① "나는 __________________ 라는 도전을 해보고 싶었어요."

② "불안했지만, 그 경험을 통해 __________________ 라는 배움을 얻었어요."

③ "나는 도전을 준비하며 __________________ 라는 나의 장점을 발견했어요."

3. 그림 활동

〈도전 속에서 불안을 다스리는 힘 그림〉

♡ 내가 불안했지만 용기 내어 도전했던 순간, 또는 앞으로 도전하고 싶은 나의 모습을 그림이나 상징으로 표현해 보세요.

4. 함께하는 활동

〈짝과 함께 도전과 불안 이야기 나누기〉

① 짝꿍에게 "나는 ____ 도전을 앞두고 불안했어."라고 말해 보세요.

② 이어서 "그 불안을 겪으면서 나는 ____ 라는 걸 배우게 됐어."라고 이야기해 보세요.

③ 짝꿍은 "네가 불안을 안고도 도전했다니 정말 멋지다! 네 용기가 존경스러워."라고 응답해 주세요.

④ 활동 후, 내 마음은 ________________________________

5. 마무리 성찰

① 불안은 나에게 ________________________ 과 같다.

② 도전은 내 마음을 ____________________________ 해 준다.

③ 오늘 수업에서 내가 깨달은 것은 ____________________________ 이다.

교사 TIP

- **아이들이 쓴 글과 그림을 모아 "도전 속에서 불안을 다스리는 힘 보드"를 꾸며 보세요.**
- **활동 중에는 "불안은 사라져야 하는 게 아니라, 성장의 과정이자 동반자"라는 메시지를 전달해 주세요.**
- **수업 마무리에는 아이들과 함께 "나는 불안을 안고도 도전할 수 있다!"라는 구호를 외치며 서로를 격려하면 좋습니다.**

10. 시험이 전해 주는 진짜 의미

상담실의 창밖에는 늦여름 햇살이 부드럽게 스며들고 있었습니다. 한 아이가 의자에 앉아 손을 꼬옥 쥔 채 떨리는 목소리로 말했습니다.
"선생님, 시험이 너무 무서워요. 이번 성적이 제 인생을 다 정해 버릴 것 같아요. 한 번 실패하면 저는 끝나는 거 아닐까요?"

저는 잠시 아이의 눈빛을 바라보았습니다. 그 속에는 두려움과 압박, 그리고 자신을 잃어버릴까 봐 걱정하는 마음이 담겨 있었습니다. 저는 부드럽게 고개를 끄덕이며 말했습니다.
"네가 그렇게 느끼는 건 너무도 당연해. 하지만 기억하렴. 시험은 네 인생을 완전히 결정짓는 사건이 아니야. 시험은 완결된 문장이 아니라, 아직 쓰여 가는 문장이지. 시험은 네 앞에 '아직 오지 않은 것(l'à-venir)'처럼 다가오는 열린 가능성이란다."

철학자 자크 데리다(Jacques Derrida)는 미래를 '예측할 수 없는 것, 아직 오지 않은 것(l'à-venir)'이라고 불렀습니다. 이는 단순히 예정된 시간이 흘러 다가오는 미래가 아니라, 우리가 지금 어떤 선택을 하느냐에 따라 새롭게 열리는 길이라는 뜻입니다.

시험도 그렇습니다. 시험은 이미 다 정해진 결론이 아니라, 내가 지금까지 걸어온 길을 돌아보고 앞으로 어떻게 걸어가야 할지를 새롭게 열어 주는 하나의 계기입니다.

저는 아이에게 말했습니다.

"시험은 네가 어떤 존재인지 단번에 규정하는 판결문이 아니야. 그것은 네가 다시 네 삶을 해석하게 만드는 열린 텍스트와도 같아. 점수는 숫자로 고정되지만, 그 점수를 바라보는 너의 마음과 해석은 언제나 새로울 수 있어."

아이는 고개를 들어 조심스럽게 말했습니다.
"그럼 시험에서 한 번 실패했다고 해서 제 미래가 끝나는 건 아니군요?"

"그렇지. 시험은 실패로 닫히는 문이 아니라, 새로운 문을 열어 주는 하나의 계단일 뿐이야."

우리는 흔히 시험을 '성적표'라는 결과로만 이해합니다. 하지만 성적표는 진짜 본문이 아니라 주석에 가깝습니다. 데리다는 모든 글은 언제나 다시 읽히고 해석된다고 말했습니다. 마찬가지로 시험도 점수라는 숫자로 고정되는 게 아니라, 그것을 어떻게 다시 읽고 새롭게 해석하느냐에 따라 전혀 다른 의미가 됩니다.

저는 아이에게 이렇게 말했습니다.
"지난 시험에서 네가 얻은 점수가 만족스럽지 않았다면, 그것은 네가 무너졌다는 뜻이 아니야. 그것은 새로운 해석을 요구하는 메시지일 뿐이야. 네가 '나는 아직 더 배울 수 있구나'라고 읽는다면 그 성적표는 너에게 성장의 기회가 되는 거야."

아이는 잠시 생각하다가 고개를 끄덕였습니다.
"그렇게 읽으면 점수가 조금 다르게 보이긴 하네요. 단순히 낙인처럼 느껴지는 게 아니라, 앞으로 더 잘할 수 있다는 신호처럼요."

"맞아. 시험은 네가 어떻게 읽느냐에 따라 너를 짓누르는 돌이 될 수도 있고, 너를 일으켜 세우는 디딤돌이 될 수도 있단다."

자크 데리다(Jacques Derrida)는 인간의 삶이란 언제나 미완성이고, 끊임없이 다시 해석되는 것이라고 보았습니다. 미래는 정해져 있지 않고, 내가 지금 어떤 선택을 하느냐에 따라 새롭게 열린다고 했지요.

저는 아이에게 부드럽게 말했습니다.
"네가 두려워하는 건 '시험이 내 인생을 확정해 버릴까 봐'이지? 하지만 삶은 확정될 수 없어. 네 삶은 언제나 다시 쓰여 가는 이야기야. 시험은 잠시 등장하는 한 장면일 뿐이지, 결말을 결정짓는 문장은 아니란다."

아이는 안도한 듯한 표정으로 말했습니다.
"그러면 앞으로 다가올 시험도 무조건 무서운 게 아니라, 아직 열려 있는 미래의 한 부분이군요."

"그래. 시험은 네가 다시 새로운 길을 선택하고 열 수 있는 가능성이야. 그 가능성을 어떻게 붙잡느냐가 더 중요하지."

시험을 준비하는 시간은 마치 여름 햇살 아래 달리는 길과도 같습니다. 달릴 때는 더디고 힘겹지만, 그 길 끝에서 돌아보면 땀방울 하나하나가 나를 단단하게 만든 것을 알게 됩니다. 시험은 우리를 멈추게 하는 벽이 아니라, 앞으로 나아가기 위한 발판이자 쉼표입니다.

저는 아이에게 말했습니다.
"네가 시험을 통해 얻게 되는 건 점수만이 아니야. 너의 인내, 끈기, 스스로를 향한 믿음이 함께 자라나지. 그것이 네 삶의 힘이 될 거야."

아이는 작은 미소를 지으며 말했습니다.
“선생님, 이제 시험이 조금은 다르게 보여요. 여전히 떨리긴 하지만, 저를 시험하는 괴물이 아니라, 제가 자라나도록 돕는 기회라고 생각해 보려고요.”

“그래, 바로 그 마음이 너를 더 단단하게 만들 거야.”

시험은 두려움의 대상이 아닙니다. 그것은 네 삶을 완결짓는 결론이 아니라, 언제나 새롭게 열려있는 가능성의 순간입니다. 성적은 숫자로 고정되지만, 그 성적을 어떻게 해석하고 살아갈지는 늘 열려 있습니다.

철학자 자크 데리다(Jacques Derrida)가 말한 것처럼, 미래는 아직 오지 않은 것이며, 언제나 다시 해석될 수 있는 열린 공간입니다. 그러니 시험을 두려움이 아니라 새로운 문장으로 이어질 가능성으로 바라보길 바랍니다.

그러니 지금 이 순간, 자신에게 다정히 건네 보세요.
“나는 시험을 두려움으로만 보지 않는다. 시험은 나를 닫아버리는 결론이 아니라, 아직 오지 않은 미래를 향해 열어주는 하나의 가능성이다.”

이제, 스스로에게 이렇게 물어보세요.

- 나는 시험을 어떤 의미로 받아들이고 있나요?
- 최근의 시험이 나에게 알려준 가장 큰 배움은 무엇이었나요?
- 앞으로의 시험을 단순한 결과가 아니라 성장의 이정표로 바라본다면, 나의 마음은 어떻게 달라질까요?

마음 결 따라 쓰기

1. 마음 열기 질문

♡ 나는 시험을 앞두었을 때 어떤 마음이 들었나요?

- ☐ 열심히 준비한 만큼 자신감이 있었어요.
- ☐ 혹시 실수할까 봐 긴장되고 불안했어요.
- ☐ 결과보다 노력한 과정이 소중하다고 느꼈어요.
- ☐ 시험이 나를 점검해 주는 기회라고 생각했어요.
- ☐ 다른 느낌: ______________

2. 짧은 글쓰기 활동

① "나는 이번 시험을 준비하면서 ______________ 라는 노력을 했어요."

② "시험 직전에 내 마음은 ______________________ 했어요."

③ "결과와 상관없이 시험을 통해 ______________ 라는 배움을 얻었어요."

3. 그림 활동

〈시험의 의미 그림〉

♡ 내가 바라보는 시험의 의미를 그림이나 상징으로 표현해 보세요.

4. 함께하는 활동

〈짝과 함께 시험의 의미 이야기 나누기〉

① 짝꿍에게 "내가 시험을 준비하면서 가장 힘들었던 점은 _____ 이야."라고 말해 보세요.

② 이어서 "그 과정을 지나면서 나는 _____라는 걸 배우게 됐어."라고 이야기해 보세요.

③ 짝꿍은 "네가 시험을 통해 그런 걸 배우다니 정말 멋지다! 네 성장이 자랑스러워."라고 응답해 주세요.

④ 활동 후, 내 마음은 ______________________________

5. 마무리 성찰

① 나에게 시험은 ____________________과 같다.

② 시험을 생각할수록 내 마음은 ____________________해 진다.

③ 오늘 수업에서 내가 깨달은 것은 ____________________이다.

교사 TIP

- **아이들이 쓴 글과 그림을 모아 "우리 반 시험의 의미 보드"를 꾸며 보세요.**
- **활동 중에는 "시험은 점수를 넘어, 나의 성장을 확인하는 과정이다."라는 메시지를 전해 주세요.**
- **수업 마무리에는 아이들과 함께 "나는 시험을 통해 배우고 성장한다!"라는 구호를 외치며 긍정적인 태도를 다져 보세요.**

11. 지친 열정을 어루만지는 법

상담실의 문이 천천히 열리자, 피곤한 표정의 아이가 의자에 앉았습니다.
눈 밑에는 작은 그늘이 드리워 있었고, 손끝은 연필을 굴리듯 조용히 떨리고 있었습니다.
아이는 깊은 한숨을 내쉰 뒤 말했습니다.
"선생님, 아무리 열심히 해도 자꾸 지쳐요. 예전에는 공부가 재미있었는데, 요즘은 책상에 앉는 것만으로도 숨이 막혀요."

그 목소리에는 단순한 피곤함을 넘어, 마음속 깊은 공허함과 무력감이 배어 있었습니다. 저는 잠시 아이의 눈을 바라보며 고개를 끄덕인 뒤 부드럽게 대답했습니다.
"너무 달려온 마음이 잠시 쉬고 싶다고 신호를 보내는 거란다. 번아웃은 열정이 사라진 게 아니라, 그만큼 진심으로 애써왔다는 표현이야."

우리는 종종 지쳤다는 사실을 스스로 탓합니다.
"내가 의지가 약해서 그렇다.", "남들은 잘하는데 왜 나만 힘들까." 하고 말이지요. 그러나 심리학은 이렇게 설명합니다. 번아웃(Burnout Syndrome) 은 열정을 다 쏟아낸 사람만이 겪는 특별한 상태라고. 아무것도 하지 않은 사람은 지칠 이유조차 없습니다.

저는 아이에게 설명했습니다.

"번아웃은 네가 진심으로 노력했다는 증거야. 아무것도 하지 않은 사람은 이런 지침조차 모를 거야. 네가 힘들다고 느끼는 건, 그만큼 애써 왔다는 걸 보여주는 거지."

아이는 놀란 듯 저를 바라보았습니다.
"정말 그런 걸까요? 저는 요즘 너무 무기력해서, 그냥 제가 게으른 줄 알았어요."

저는 고개를 저으며 미소 지었습니다.
"아니야. 게으른 게 아니라, 너무 열심히 달려왔기 때문에 몸과 마음이 잠시 쉬고 싶다고 말하는 거지."

심리학자 윌리엄 제임스(William James) 는 "의식적인 휴식과 전환이 인간의 정신을 새롭게 한다."고 말했습니다. 인간은 끊임없이 달리는 기계가 아니라, 때로는 의도적으로 멈추어야 더 깊은 에너지를 얻는 존재라는 뜻입니다.

저는 아이에게 물었습니다.
"혹시 네가 좋아하는 작은 쉼이 있니? 산책을 하거나 음악을 듣거나, 잠깐 누워 하늘을 바라보는 시간 같은 것 말이야."

아이의 표정이 잠시 풀리며 대답이 나왔습니다.
"음… 요즘은 음악 들을 때가 제일 편안해요. 노래를 듣고 있으면 잠깐은 공부 생각을 잊을 수 있어서요."

"그게 바로 네 마음을 회복시키는 방법이야. 음악이 너를 쉬게 하고 다시 힘을 채워주는 거지. 이렇게 작은 휴식들이 쌓이면 네 열정은 다시 살아날 거야."

철학은 쉼의 의미를 다시 생각하게 합니다.
플라톤(Plato) 은 인간의 영혼을 이성·기개·욕망으로 나누며, 이성이 방향을 제시하고, 기개는 힘을 내며, 욕망은 에너지를 이끌어낸다고 설명했습니다. 그런데 만약 욕망과 기개만 앞서고 이성이 잠시 멈추면 우리는 쉽게 지쳐버립니다. 결국 쉼은 이성이 다시 방향을 잡도록 돕는 시간이지요.

저는 아이에게 말했습니다.
"네가 지금 겪는 번아웃은 네 안의 이성이 잠시 '속도를 늦추라'고 알려주는 거야. 잠시 쉬어야 더 멀리 갈 수 있다는 뜻이지."

아이는 조심스럽게 웃으며 물었습니다.
"그러면 제가 지금 느끼는 지침도 사실은 저를 지켜주려는 거네요?"

"맞아. 번아웃은 포기의 신호가 아니라, 오래 달리기 위해 잠시 멈추라는 속삭임이란다."

여름의 태양 아래 꽃도 늘 피어 있지 않습니다. 해가 지면 꽃잎은 스스로를 접고, 바람이 거세면 나무는 몸을 낮추어 뿌리를 지킵니다. 자연은 늘 쉼과 회복을 통해 다시 생명을 이어갑니다.

저는 창밖을 가리키며 말했습니다.
"나무도 겨울이 되면 잎을 모두 떨구지. 하지만 그것은 끝이 아니라 새로운 봄을 준비하는 시간이야. 네가 지금 느끼는 번아웃도 마찬가지란다. 잠시 에너지를 모으는 계절일 뿐이야."

아이는 고개를 끄덕이며 작은 미소를 지었습니다.
"그렇게 생각하니까 조금은 안심이 돼요. 저도 다시 봄을 맞을 수 있겠죠?"

"그럼. 반드시 다시 봄이 오지. 중요한 건 지금 겨울을 견디는 법을 배우는 거란다."

번아웃은 거창한 변화가 아니라 작은 습관으로 극복할 수 있습니다.
하루 20분 산책하며 햇살을 느끼기, 음악이나 독서로 마음 환기하기, 친구와의 짧은 대화로 웃음 나누기, 충분한 수면으로 몸 회복하기, 해야 할 일을 작게 나누어 실천하기.
이 작은 행동들이 지친 마음을 차츰 일으켜 세웁니다.

저는 아이에게 제안했습니다.
"오늘 당장 실천할 수 있는 작은 쉼 하나를 정해 보는 건 어때? 예를 들어 공부를 마친 뒤 좋아하는 노래 세 곡을 들으며 눈을 감고 쉬는 거야."

아이는 고개를 끄덕이며 말했습니다.

"그건 할 수 있을 것 같아요. 그 정도는 괜찮네요."

"그래, 그렇게 작은 쉼이 쌓이면 어느새 네 마음이 다시 살아날 거야."

번아웃은 열정이 사라졌다는 뜻이 아닙니다.
오히려 진심으로 애써왔다는 증거입니다. 지금의 지침은 포기가 아니라, 더 오래 달리기 위해 속도를 늦추라는 몸과 마음의 신호입니다.

여름 햇살 아래에서도 우리는 잠시 그늘에 들어가 숨을 고릅니다.
그 시간이 있어야 다시 길을 걸을 수 있지요. 마찬가지로 지금의 쉼은 내일의 열정을 지켜주는 가장 소중한 시간입니다.

그러니 지금 이 순간, 자신에게 다정히 속삭여 보시길 바랍니다.

"나는 번아웃 속에서도 다시 일어설 수 있다. 쉼은 나를 게으르게 하는 것이 아니라, 더 깊은 열정을 준비하게 한다. 지금의 쉼이 내일의 나를 살리고, 나를 더 멀리 이끌어 갈 거야."

이제, 스스로에게 이렇게 물어보세요.

- 나는 최근 번아웃을 느낀 적이 있었나요?
- 그때 나의 마음과 몸은 어떤 신호를 보내고 있었나요?
- 오늘 내가 할 수 있는 가장 작은 휴식은 무엇일까요?

마음 결 따라 쓰기

1. 마음 열기 질문

♡ 나는 열정을 쏟아부은 후 번아웃을 경험했을 때 어떤 마음이 들었나요?

□ 너무 지쳐서 아무것도 하기 싫었어요.

□ 내가 노력한 만큼 성과가 없어서 허무했어요.

□ 쉬고 싶지만 멈추면 안 된다고 느꼈어요.

□ 잠시 멈췄을 때 오히려 마음이 가벼워졌어요.

□ 다른 느낌: ____________

2. 짧은 글쓰기 활동

① "나는 ____________ 상황에서 열정을 다하다가 번아웃을 경험했어요."

② "그때 내 마음은 ________________________ 했어요."

③ "번아웃 속에서도 나는 ______________ 라는 배움을 얻었어요."

3. 그림 활동

〈번아웃 극복 그림〉

♡ 나의 열정과 번아웃, 그리고 그것을 극복하는 나의 모습을 그림이나 상징으로 표현해 보세요.

4. 함께하는 활동

〈짝과 함께 번아웃 이야기 나누기〉

① 짝꿍에게 "나는 ____ 할 때 번아웃을 경험했어."라고 말해 보세요.

② 이어서 "그 과정을 지나면서 나는 ____ 라는 걸 배우게 됐어."라고 이야기해 보세요.

③ 짝꿍은 "네가 번아웃을 딛고 다시 일어나다니 정말 대단해! 그 힘이 너를 더 단단하게 만들 거야."라고 응답해 주세요.

④ 활동 후, 내 마음은 ____________________

5. 마무리 성찰

① 나에게 번아웃은 ______________ 과 같다.

② 번아웃을 떠올릴수록 내 마음은 ______________ 해 진다.

③ 오늘 수업에서 내가 깨달은 것은 ______________ 이다.

교사 TIP

- 아이들이 쓴 글과 그림을 모아 "우리 반 번아웃 극복 보드"를 꾸며 보세요.
- 활동 중에는 "번아웃은 열정이 끝났다는 뜻이 아니라, 나에게 휴식과 균형이 필요하다는 신호이다."라는 메시지를 전달해 주세요.
- 수업 마무리에는 아이들과 함께 "나는 열정과 쉼의 균형 속에서 더 크게 성장한다!" 라는 구호를 외치며 긍정적인 분위기를 다져 보세요.

12. 경쟁 속에서 배우는 우리들의 지혜

“선생님, 시험이 다가오면 친구가 자꾸 경쟁자로만 보여요. 같이 공부하면 좋을 것 같기도 한데… 속으로는 질까 봐 불안해져요.”
상담실 의자에 앉은 아이는 깊은 숨을 내쉬며 속마음을 털어놓았습니다.
친구와 함께 공부하면 도움이 될 것도 같지만, ‘혹시 내가 뒤처지면 어쩌지?’ 하는 불안이 마음을 옥죄고 있었던 겁니다.

저는 아이의 눈빛을 따뜻하게 바라보며 부드럽게 대답했습니다.
“그 마음은 아주 자연스러운 거야. 시험이 다가오면 누구나 친구를 경쟁자로 느끼기도 하고, 또 함께하고 싶으면서도 불안해지기도 하지. 중요한 건 경쟁과 협력 중 하나를 버리는 게 아니라, 그 사이에서 균형을 찾는 거란다.”

경쟁은 분명 우리를 더 열심히 하게 만듭니다.
누군가와 비교될 때 생기는 긴장감이 공부를 붙잡게 만들고, 목표를 향한 에너지를 더 강하게 해 주기도 하지요. 하지만 경쟁만 생각하면 친구는 동료가 아니라 적처럼 보이고, 마음은 점점 지쳐 갑니다.

협력은 우리에게 따뜻한 힘을 줍니다.
서로 알려주고, 응원해 주며 공부할 때 느껴지는 유대감은 큰 위로가 되지요. 하지만 협력만 바라보다 보면 스스로 해내려는 힘이 약해질 수도 있습니다.

저는 아이에게 조심스레 물었습니다.
"혹시 최근에 친구랑 같이 공부하다가 즐거웠던 순간이 있니?"

아이는 잠시 머뭇거리다가 웃으며 대답했습니다.
"네, 영어 단어 외울 때 친구랑 서로 문제 내주면서 했는데, 혼자 했을 때보다 훨씬 재미있었어요. 지루하지도 않고, 오히려 더 기억에 잘 남더라고요."

저는 고개를 끄덕이며 말했습니다.
"그게 바로 협력의 힘이란다. 네가 느낀 그 따뜻함은 너 혼자서는 얻기 어려운 소중한 경험이지. 그리고 경쟁이 꼭 나쁘다고만 볼 수는 없어. 경쟁은 네가 스스로의 가능성을 더 크게 꺼내도록 도와주거든. 중요한 건 둘 중 하나를 버리지 않고 균형을 잡는 거야."

심리학자 알프레드 아들러(Alfred Adler)는 인간의 삶에서 가장 중요한 가치를 공동체 감각이라고 했습니다. 사람은 혼자서는 완전해질 수 없고, 다른 사람과 함께할 때 비로소 더 나은 삶을 살 수 있다는 뜻입니다.

알프레드 아들러(Alfred Adler)는 이렇게 말했습니다.
"삶의 어려움은 혼자 짊어지기보다, 함께할 때 더 잘 이겨낼 수 있다."
시험도 마찬가지입니다. 경쟁이 나를 성장으로 이끌어 주지만, 협력은 그 길에서 나를 지치지 않게 붙들어 줍니다. 우리는 친구와 경쟁할 때 더 집중하게 되고, 협력할 때 더 따뜻해집니다. 결국 두 가지가 함께할 때 진짜 성장이 일어나는 것이지요.

저는 아이에게 이런 말을 건넸습니다.
"아들러는 우리가 서로 연결될 때 비로소 행복할 수 있다고 했단다. 그러니 친구를 단순히 경쟁자로만 보지 말고, 함께 성장하는 동반자로 바라보렴. 경쟁은 네 실력을 키워 주고, 협력은 네 마음을 키워 줄 거야."

저는 아이에게 비유 하나를 들려주었습니다.
"운동장에서 달리기 시합을 떠올려 보렴. 같은 출발선에 서 있지만, 누군가는 앞서가고 또 다른 친구는 뒤처질 수 있지. 그런데 진짜 중요한 건 누가 제일 먼저 도착했는지가 아니야. 함께 달리며 힘을 내고 끝까지 완주했다는 경험이지. 시험도 마찬가지야. 경쟁은 네가 더 멀리 달릴 수 있도록 자극을 주고, 협력은 네가 쓰러지지 않도록 곁을 지켜주는 거야."

아이는 고개를 끄덕이며 말했습니다.
"생각해 보니 맞는 것 같아요. 혼자 달릴 땐 포기하고 싶었는데, 옆에서 친구가 같이 달리니까 끝까지 하고 싶더라고요."

경쟁과 협력은 늘 우리 곁에 있습니다.
때로는 경쟁이 마음을 불안하게 하고, 협력이 우리를 안심시키지만, 사실 두 가지 모두가 우리를 성장으로 이끌어 줍니다.

알프레드 아들러(Alfred Adler)가 강조한 것처럼, 우리는 혼자가 아니라 함께 살아가는 존재입니다. 친구와 경쟁하면서 흔들린다면, 그것은 네가 더 나은 사람이 되고 싶다는 표현이에요. 친구와 협력하면서 따뜻함을 느낀다면, 그것은 네가 공동체 속에서 의미를 발견하고 있다는 표현이랍니다.

그러니 기억해 주세요.
시험은 점수만을 위한 자리가 아니라, 경쟁과 협력이 만나 함께 성장하는 소중한 무대라는 것을요. 그 속에서 여러분은 더 단단하고, 더 따뜻한 사람으로 자라날 거예요.

이제, 스스로에게 이렇게 물어보세요.

- 나는 시험을 준비하며 경쟁과 협력 중 어떤 쪽에 더 치우치는 편인가요?
- 경쟁이 나를 자극한 경험, 협력이 당신을 따뜻하게 한 경험은 무엇이었나요?
- 앞으로 경쟁과 협력을 균형 있게 이어가기 위해 내가 할 수 있는 작은 실천은 무엇인가요?

마음 결 따라 쓰기

1. 마음 열기 질문

♡ 나는 시험을 준비하거나 치르는 과정에서 경쟁과 협력 속에서 어떤 마음을 경험했나요?

□ 친구와 성적을 비교하면서 불안했어요.

□ 서로 도와주며 함께 성장하는 기분이 들었어요.

□ 경쟁이 자극이 되어 더 열심히 할 수 있었어요.

□ 협력 속에서 마음이 한결 가벼워졌어요.

□ 다른 느낌: ________________

2. 짧은 글쓰기 활동

① "나는 시험을 준비하면서 _____ 사람과 경쟁하거나 협력하는 특별한 경험을 했어요."

② "그때 내 마음은 ______________________________ 했어요."

③ "그 경험을 통해 나는 경쟁은 __________, 협력은 __________ 라는 배움을 얻었어요."

3. 그림 활동

〈경쟁 속에서 배우는 함께의 지혜 그림〉

♡ 시험을 치르는 과정에서 내가 경험한 경쟁과 협력의 의미를 그림이나 상징으로 표현해 보세요.

4. 함께하는 활동

〈짝과 함께 경쟁과 협력 이야기 나누기〉

① 짝꿍에게 "나는 시험 기간에 ____ 와 경쟁하거나 협력하면서 이런 경험을 했어."라고 말해 보세요.

② 이어서 "그 경험을 통해 나는 ____ 라는 것을 배우게 됐어."라고 이야기해 보세요.

③ 짝꿍은 "네가 경쟁 속에서도 협력의 가치를 배웠다니 정말 멋지다! 그 균형이 네 성장을 지켜줄 거야."라고 응답해 주세요.

④ 활동 후, 내 마음은 ________________________________

5. 마무리 성찰

① 나에게 시험 속 경쟁과 협력은 ____________________ 과 같다.

② 경쟁 속에서 배우는 함께의 지혜를 떠올릴수록 내 마음은 ________ 해진다.

③ 오늘 수업에서 내가 가장 깊이 깨달은 것은 ____________________ 이다.

교사 TIP

- **아이들이 작성한 글과 그림을 모아 "우리 반 경쟁과 협력 보드"를 꾸며 보세요.**
- **활동 중에는 "시험은 경쟁과 협력 속에서 나를 단단하게 만들고, 함께 성장하는 기회다." 라는 메시지를 전해 주세요.**
- **수업 마무리에는 아이들과 함께 "나는 경쟁 속에서 배우고, 협력 속에서 함께 성장한다!" 라는 구호를 외치며 긍정적이고 따뜻한 분위기를 다져 보세요.**

13. 스스로를 다스리는 마음의 힘

상담실에 들어온 아이는 의자에 앉자마자 한숨을 내쉬었습니다.
"선생님, 공부해야 하는 걸 알면서도 자꾸 휴대폰을 들여다보게 돼요. 그러다 보면 시간이 훌쩍 지나가 버려서 후회돼요."

책상 위 문제집은 여전히 그대로인데, 손은 어느새 휴대폰을 향하고, 눈은 화면 속으로 빨려 들어간다는 고백이었습니다. 그 말 속에는 혼자서 얼마나 오랫동안 후회와 속앓이를 해 왔는지가 묻어 있었습니다.

저는 아이를 바라보며 부드럽게 웃었습니다.
"그 고백, 참 솔직하고 용기 있는 말이구나. 사실 우리 모두가 그런 유혹 앞에서 흔들려. 중요한 건 한 번에 완벽하게 이겨내는 게 아니라, 조금씩 나를 조율해 가는 거란다."

아이의 얼굴에 작은 미소가 번졌습니다.
"저만 그런 줄 알았어요…"

그 한마디에는 안도와 위로가 함께 스며 있었습니다.

심리학에서는 이런 힘을 자기 통제(Self-control) 라고 부릅니다. 순간의 충동을 조절하고, 더 큰 목표를 위해 지금의 욕구를 잠시 미루는 능력이지요. 시험 공부를 해야 하는데 유튜브 영상이 보고 싶을 때, 그 마음을 이겨내고 책을 펼칠 수 있다면 자기 통제를 발휘한 것입니다.

그렇다고 자기 통제가 단순히 공부 시간을 늘리기 위한 기술만은 아닙니다. 순간의 충동을 다스리는 힘은 성적을 넘어, 마음을 안정시키고, 친구와 가족과의 관계를 지켜 주는 밑바탕이 됩니다.

저는 아이에게 설명했습니다.
"휴대폰이나 게임 자체가 무조건 나쁘다고 할 순 없어. 문제는 그것을 어떻게 다루느냐야. 자기 통제는 '절대 하지 마라'는 금지가 아니야. 네가 원하는 더 큰 꿈을 위해 지금의 작은 욕구를 다스려 가는 힘이지."

아이는 눈빛을 반짝이며 물었습니다.
"그럼 자기 통제는 단순히 참는 거랑은 다른 건가요?"

"맞아. 단순히 억누르는 게 아니야. 네가 그리는 큰 그림을 떠올리면서 지금을 선택하는 거지. 그래서 자기 통제는 억압이 아니라, 오히려 자유와 가까워. 내가 내 삶을 이끌어 간다는 증거니까."

철학자 에픽테토스(Epiktētos) 는 "우리를 괴롭히는 것은 사물이 아니라, 그것을 대하는 우리의 태도다."라고 말했습니다. 휴대폰 그 자체가 문제가 아니라, 내가 그것을 어떻게 대하느냐가 본질이라는 뜻입니다. 휴대폰을 내려놓고 책을 펼칠 수 있다면, 휴대폰은 더 이상 나를 흔드는 적이 되지 않습니다. 오히려 필요할 때 나를 도와주는 도구가 될 수 있지요.

저는 비유를 들려주었습니다.
"여름의 태양은 누구에게나 뜨겁지만, 어떤 식물은 그 열기를 받아 더 크게 자라고, 어떤 식물은 버티지 못해 시들어 버리지. 우리도 마찬가지야. 유혹과 충동이 아무리 강해도 자기 통제를 통해 그 힘을 성장의 에너지로 바꿀 수 있어."

아이는 고개를 끄덕이며 속삭였습니다.
"…완벽하지 않아도, 조금씩만 나아가면 된다는 거죠?"

"그렇지. 오늘보다 내일, 어제보다 오늘 조금만 더 나를 다스릴 수 있다면, 그것이 바로 성장의 과정이야."

자기 통제는 단순히 공부 시간을 늘리는 의미를 넘어섭니다.
그것은 삶 전체를 단단히 붙들어 주는 힘입니다. 자기 통제가 있으면 감정을 다스려 불필요한 다툼을 줄이고, 순간의 분노를 넘어서 가족과의 관계를 지킬 수 있습니다. 또 눈앞의 작은 즐거움을 잠시 미루고 꾸준히 나아감으로써, 더 큰 성취를 손에 넣을 수 있습니다.

저는 아이에게 조용히 제안했습니다.
"오늘은 집에 가서 공부하기 전에 휴대폰을 다른 방에 두고 시작해 보는 건 어때?"

아이는 잠시 고민하다가 결심하듯 말했습니다.
"그건 할 수 있을 것 같아요. 그렇게 해볼래요."

그 다짐을 들은 순간, 제 얼굴에 미소가 번졌습니다.

"그래, 자기 통제는 거창한 게 아니야. 이렇게 사소해 보이는 작은 실천이 쌓이면 언젠가 큰 변화를 만들어 내게 될 거야."

자기 통제는 누가 대신해 줄 수 있는 것이 아닙니다.
그것은 오직 내가 내 마음을 지켜내는 힘입니다. 완벽할 필요도 없습니다. 오늘 10분을 버틸 수 있다면 내일은 20분이 될 것이고, 언젠가는 "나는 내 마음을 다스릴 수 있다."는 자신감으로 이어질 것입니다.

자기 통제는 나를 억누르는 힘이 아니라, 오히려 나를 자유롭게 하는 힘입니다. 작은 습관, 작은 결심, 작은 실천이 모여 결국 더 단단하고 따뜻한 사람으로 성장하게 만듭니다.

그러니 지금 이 순간, 자신에게 다정히 속삭여 보시길 바랍니다.

"나는 충동 속에서도 나를 지켜낼 수 있다. 오늘의 작은 선택이 내일의 나를 바꾸고, 그 선택이 쌓여 나를 자유롭게 만들 거야."

이제, 스스로에게 이렇게 물어보세요.

- **나는 어떤 순간에 자기 통제가 가장 어려운가요?**
- **그때마다 나를 지켜내기 위해 어떤 작은 습관을 시도해 볼 수 있을까요?**
- **자기 통제가 나의 꿈과 목표를 어떻게 더 가까이 이끌어 줄까요?**

마음 결 따라 쓰기

1. 마음 열기 질문

♡ 나는 스스로의 마음과 행동을 조절해야 했던 순간을 떠올릴 때 어떤 기분이 들었나요?

□ 하고 싶은 걸 참아내기 힘들었어요.

□ 한순간의 유혹을 이겨내니 뿌듯했어요.

□ 실수했지만 다시 마음을 다잡으니 자신감이 생겼어요.

□ 자기 통제를 통해 목표에 더 가까워지는 걸 느꼈어요.

□ 다른 느낌: ________________

2. 짧은 글쓰기 활동

① "나는 ________________ 상황에서 자기 통제가 필요했어요."

② "그때 내 마음은 ____ 했어요."

③ "그 경험을 통해 자기 통제는 ________________ 라는 걸 배웠어요."

3. 그림 활동

〈스스로를 다스리는 마음의 힘 그림〉

♡ 내가 자기 통제를 발휘했던 순간을 그림이나 상징으로 표현해 보세요.

4. 함께하는 활동

〈짝과 함께 자기 통제 이야기 나누기〉

① 짝꿍에게 "나는 ____ 상황에서 자기 통제가 필요했어."라고 말해 보세요.

② 이어서 "그때 나는 ____ 라는 방법으로 마음을 다잡았어."라고 이야기해 보세요.

③ 짝꿍은 "네가 자기 통제를 통해 마음을 다스리다니 정말 대단하다! 그 힘이 네 꿈을 이루는 데 큰 도움이 될 거야."라고 응답해 주세요.

④ 활동 후, 내 마음은 ____________________

5. 마무리 성찰

① 나에게 자기 통제는 ____________ 과 같다.

② 자기 통제를 떠올릴수록 내 마음은 ____________ 해진다.

③ 오늘 수업을 통해 내가 가장 깊이 깨달은 것은 ____________ 이다.

교사 TIP

- **아이들이 작성한 글과 그림을 모아 "우리 반 자기 통제 보드"를 꾸며 보세요.**
- **활동 중에는 "자기 통제는 나를 억누르는 것이 아니라, 내가 원하는 길로 나아가도록 돕는 힘이다."라는 메시지를 전해 주세요.**
- **수업 마무리에는 아이들과 함께 "나는 스스로를 다스리는 마음의 힘으로 나답게 성장한다!"라는 구호를 외치며 긍정적이고 힘찬 분위기를 다져 보세요.**

14. 한여름의 성장, 뜨거움 속에서 배우는 힘

여름의 교정은 햇살로 가득합니다.
창문 너머로 쏟아지는 빛은 때로는 반짝이는 에너지처럼 느껴지지만, 시험과 과제, 그리고 인간관계의 무게에 지친 고등학생들에게는 뜨겁고 무거운 짐처럼 다가오기도 합니다.

땀에 젖은 교복, 지친 눈빛, 그리고 책상 위에 놓인 수많은 문제집들. 여름은 고등학교 생활 속에서 가장 큰 고비를 체감하는 계절이기도 합니다.

그러나 바로 이 여름의 무게 속에서, 아이들은 자신도 모르게 한층 더 단단해지고 있음을 깨닫게 됩니다. 마치 한낮의 뜨거운 태양이 식물에게는 성장을 촉진하는 힘이 되듯, 여름의 고등학교 생활은 우리 마음과 의지를 단련시키는 계절입니다.

어느 날, 상담실 문을 두드린 한 아이가 깊은 한숨과 함께 앉았습니다.
"선생님, 너무 힘들어요. 하루 종일 공부만 하는데, 머릿속은 하얘지고… 친구들하고도 괜히 예민해져서 자꾸 다투게 돼요. 다들 잘하고 있는 것 같은데, 저만 제자리 같아요."

저는 아이의 말을 잠시 들어 준 뒤, 창밖을 가리켰습니다.
"저 나무를 봐. 한여름에도 저렇게 잎이 푸르른 이유가 뭔지 아니?"

아이는 고개를 돌려 창밖의 은행나무를 바라보았습니다.
"…물을 많이 마셔서 그런 거 아닐까요?"

저는 미소를 지으며 대답했습니다.
"맞아, 물이 필요하지. 그런데 뿌리가 땅속 깊이 내려가지 않았다면, 저렇게 뜨거운 햇볕을 견디지 못했을 거야. 겉으로 보이는 초록빛은 사실 보이지 않는 뿌리의 힘에서 오는 거지."

아이는 잠시 고개를 끄덕이며 말했습니다.
"저도… 겉으로만 뭔가를 하려 했던 것 같아요. 안 보이는 곳에서 단단히 버티는 힘을 길러야 하는데 말이에요."

심리학에서는 이런 시기를 자기 조절(Self-regulation) 의 훈련기라 설명합니다.
여름은 무더위처럼 외부의 압박이 강하게 느껴지는 시기입니다. 그러나 바로 이때, 자신의 감정을 조절하고, 에너지를 효율적으로 분배하는 법을 배우는 경험이 성숙을 이끕니다.

심리학자 월터 미셸(Walter Mischel) 의 연구, 일명 마시멜로 실험은 이를 잘 보여줍니다.
당장의 달콤함 대신 기다림을 선택한 아이들이 장기적으로 더 큰 성취를 이루었다는 실험이지요. 여름의 무더위 속에서도 조급함 대신 차분함을 배우는 아이들은 결국 더 멀리 나아가는 힘을 얻게 됩니다.
철학자 루키우스 안나이우스 세네카(Lucius Annaeus Seneca)는 "인내는 모든 고통을 견디게 하는 가장 강한 힘"이라고 말했습니다. 여름의 피로와 조급함 속에서 인내를 배우는 것은 단순한 훈련이 아니라, 삶 전체를 지탱하는 기초가 됩니다.
또한 루돌프 오토(Rudolf Otto) 는 인간의 경험을 "경외(Awe)"라고 불렀습니다.
뜨겁고 고단한 여름에도 문득 하늘을 올려다보며, 자신이 얼마나 넓은 세계 속에 살아가고 있는지 깨닫는 순간, 아이들은 오히려 마음 깊은 곳에서 새로운 에너지를 발견하게 됩니다.

여름의 고등학교 생활은 우리에게 세 가지 중요한 성장을 선물합니다.

체력과 의지의 성장 - 더위와 피로 속에서도 스스로를 다스리며 버티는 힘.
관계의 성장 - 예민해지기 쉬운 여름에도 솔직히 사과하고, 다시 손을 잡을 수 있는 용기.
자기 성찰의 성장 - 결과가 당장 보이지 않아도, 과정 속에서 의미를 찾는 태도.

며칠 뒤, 같은 아이가 다시 상담실에 들어왔습니다. 이번에는 조금 환한 표정이었습니다.
"선생님, 어제는 친구랑 크게 다툴 뻔했는데, 그냥 한 발 물러섰어요. 예전 같으면 화부터 냈을 텐데, 기다리니까 오히려 차분해지더라고요."

저는 웃으며 대답했습니다.
"그게 바로 여름이 너에게 가르쳐 준 거야. 뜨겁고 답답한 계절 같지만,

사실은 너의 마음을 단련하는 교실인 거지."

여름은 단순히 덥고 지치는 계절이 아닙니다.
그것은 우리가 스스로를 단련하는 시간이며, 조급함 대신 차분함을 배우고, 결과보다 과정을 소중히 여기는 법을 익히게 하는 특별한 계절입니다.

오늘 모든 문제를 다 풀지 못했더라도, 어제보다 더 오래 집중했다면 그것은 이미 성장입니다. 친구와의 관계가 완벽히 풀리지 않았더라도, 내 마음을 솔직히 표현했다면 그것은 큰 전진입니다.

한여름의 나무가 뜨거운 태양 아래서도 더 푸르게 자라듯, 우리 마음도 여름을 지나며 더 넓고 깊은 힘을 품게 됩니다.
여름은 힘들지만, 그 뜨거움 속에서 우리는 가장 크게 성장하고 있다는 사실을 잊지 마세요.

이제, 스스로에게 이렇게 물어보세요.

- 나는 여름의 무더위 같은 힘든 순간을 어떻게 견디고 있나요?
- 당장 눈에 보이는 결과가 없더라도, 내가 조금씩 성장하고 있다는 표현은 무엇일까요?
- 오늘 내가 보여준 작은 인내와 차분함은 내일의 나에게 어떤 힘이 되어줄까요?

마음 결 따라 쓰기

1. 마음 열기 질문

♡ 나는 한여름의 뜨거운 순간 속에서 어떤 배움을 얻었나요?

□ 힘들고 지쳤지만 끝까지 버텨내며 성취를 느꼈어요.

□ 땀 흘린 만큼 성장이 있다는 걸 알았어요.

□ 힘겨움 뒤에 찾아온 기쁨이 특별했어요.

□ 더위 속에서도 도전하며 나 자신을 단단하게 만들었어요.

□ 다른 느낌: ________________

2. 짧은 글쓰기 활동

① "나는 ________________ 상황에서 작은 성취를 경험했어요."

② "그때 내 마음은 ____ 했어요."

③ "그 경험을 통해 작은 성취는 ______________ 라는 것을 알게 되었어요."

3. 그림 활동

〈작은 성취가 안겨주는 큰 기쁨 그림〉

♡ 내가 경험한 작은 성취의 순간을 그림이나 상징으로 표현해 보세요.

4. 함께하는 활동

〈짝과 함께 작은 성취 이야기 나누기〉

① 짝꿍에게 "나는 _____ 상황에서 작은 성취를 경험했어."라고 말해 보세요.

② 이어서 "그때 나는 _____ 라는 기분을 느꼈어."라고 이야기해 보세요.

③ 짝꿍은 "네가 작은 성취 속에서 그렇게 기뻐하다니 참 멋지다! 그 경험이 너를 더 크게 성장시킬 거야."라고 응답해 주세요.

④ 활동 후, 내 마음은 ____

5. 마무리 성찰

① 나에게 작은 성취는 ____________________ 과 같다.

② 작은 성취를 떠올릴수록 내 마음은 ____________________ 해진다.

③ 오늘 수업을 통해 내가 가장 깊이 깨달은 것은 ____________________ 이다.

교사 TIP

- 아이들이 작성한 글과 그림을 모아 "우리 반 작은 성취 보드"를 꾸며 보세요.
- 활동 중에는 "작은 성취는 큰 꿈을 이루는 밑거름이다."라는 메시지를 전해 주세요.
- 수업 마무리에는 아이들과 함께 "나는 오늘의 작은 성취로 내일의 큰 꿈을 키워간다!"라는 구호를 외치며 긍정적인 분위기를 다져 보세요.

나를 찾아가며 성장하는 가을

15. 작은 성취가 모여 만드는 큰 힘
16. 스스로 길을 열어가는 배움
17. 나만의 정체성을 찾아가는 길
18. 관계 속에서 함께 이룬 성취
19. 책임이 담긴 나의 선택
20. 삶의 균형 맞추기
21. 흔들림 속에서도 지켜낸 자기 확신

15. 작은 성취가 모여 만드는 큰 힘

창문 사이로 오후 햇살이 길게 드리운 상담실. 한 아이가 창가에 앉아 고개를 떨군 채 말했습니다.
"선생님, 저는 뭔가 크게 해낸 게 없어요. 그냥 매일 같은 일만 반복하는 게… 이게 과연 의미가 있을까요?"

그 목소리에는 자기 노력이 헛되게 느껴지는 불안이 담겨 있었습니다. 다른 친구들은 눈에 띄는 성과를 내는데, 자신은 소소한 일만 하다 하루가 끝나버린다고 생각한 것이지요.

저는 그 마음을 알아주듯 부드럽게 미소 지었습니다.
"큰일이 삶을 바꾸는 것처럼 보이지만, 실제로 우리를 앞으로 데려다 놓는 건 작은 성취가 모여 만드는 큰 힘이란다. 눈에 잘 띄지 않아도, 네 하루는 차곡차곡 쌓이고 있어. 그것이 모여 너를 다른 사람으로 만들고 있지."

아이는 제 눈빛을 바라보며 조심스럽게 물었습니다.
"…정말요? 이런 작은 것들도 다 쌓이는 걸까요?"
"그럼. 작은 발걸음이 이어져 결국 먼 길을 걷게 되는 거란다."

심리학에서 자주 이야기하는 개념 중 하나가 바로 카이젠(Kaizen)입니다.

한 번에 거대한 변화를 이루려 하기보다, 오늘의 아주 작은 개선을 실천해 나가는 방식이지요.

저는 아이에게 이렇게 설명했습니다.
"카이젠(Kaizen)의 핵심은 '1%의 변화'야. 오늘 단어를 다섯 개 외웠다면, 내일은 여섯 개를 외워 보는 거야. 오늘 러닝 앱에 1km를 기록했다면, 내일은 1.1km만 달려 보는 거지. 이렇게 사소한 변화가 매일 이어질 때, 어느새 상상도 못한 큰 변화로 다가오게 된단다."

아이는 고개를 끄덕이며 말했습니다.
"…그럼 제가 오늘 문제집에서 한 쪽 더 푼 것도 의미가 있겠네요."
"그렇지. 아주 소박한 개선이지만, 그것이 네 삶을 끊임없이 움직이게 하는 힘이야."

프랑스 철학자 앙리 베르그송(Henri Bergson)은 인간의 시간을 "흐름(durée)"으로 설명했습니다. 삶은 커다란 순간들이 모여 있는 정지된 사진이 아니라, 매순간 이어지는 흐름이라는 것입니다.

저는 아이에게 비유를 들려주었습니다.
"큰 성취만 바라보면 삶은 마치 한 장의 사진처럼 보여. 하지만 베르그송이 말했듯, 우리의 삶은 흐르는 강물 같아. 매일의 작은 성취는 물결 한 줄기야. 그 물결이 이어지고 겹쳐지며, 결국 큰 강을 만들고, 너를 더 넓은 바다로 데려가게 되지."

아이는 잠시 눈을 감고 상상하듯 말했습니다.
"…제가 지금 하는 반복이 물결이라면, 언젠가는 큰 강이 될 수 있겠네요."

"맞아. 작은 물결들이 모여 강이 흐르듯, 네 작은 성취들이 모여 너의 삶을 크게 바꿀 거야."

저는 아이에게 종이를 건네며 말했습니다.
"여기 하루 계획표를 그려 보자. 오늘 반드시 하고 싶은 작은 목표를 하나 적어 보렴."

아이는 잠시 망설이다가 연필로 적었습니다. '영어 단어 15개 외우기'.
"좋아. 이제 네가 그걸 마쳤을 때, 옆에 체크 표시를 해 보는 거야. 눈에 보이는 작은 완수가 쌓이면, 네 마음은 그만큼 자신감을 얻게 돼."

아이는 눈을 반짝이며 대답했습니다.
"…이렇게 간단한데도 마음이 좀 든든해지네요."

저는 웃으며 말했습니다.
"작은 성취는 눈부신 불꽃처럼 화려하지 않아도, 네 마음을 따뜻하게 지켜주는 촛불 같단다. 작은 불빛이 모여 큰 방을 밝히듯, 네 하루의 사소한 실천이 모여 네 삶 전체를 밝혀줄 거야."

작은 성취가 주는 힘은 단순히 공부를 잘하게 만드는 것에 그치지 않습니다.

작은 성취는 희망을 심습니다.
'오늘도 조금은 나아갔다.'는 경험이 내일을 기대하게 합니다.

작은 성취는 지속성을 만듭니다.
큰 결심은 쉽게 무너지지만, 작은 실천은 오래 이어집니다.

작은 성취는 나를 단단하게 합니다.
실패에 흔들려도, 쌓여 있는 작은 성취들이 나를 다시 일으켜 세웁니다.

저는 아이에게 덧붙였습니다.
"네가 지금 힘겹다고 느껴도 괜찮아. 너의 작은 성취는 이미 너를 붙잡아 주고 있어. 그것이 모여 너의 내일을 만들어 가고 있단다."

아이는 미소를 지으며 말했습니다.
"그럼 저는 오늘 작은 걸음 하나만 더 내디뎌도 괜찮겠네요."

"그렇지. 작은 성취를 무시하지 말고, 네 안에서 자라는 씨앗처럼 소중히 지켜주렴."

삶은 커다란 도약으로만 이루어지지 않습니다.
오히려 보잘것없어 보이는 작은 성취들이 모여 우리를 단단하게 만들고, 앞으로 나아가게 합니다.

카이젠(Kaizen)의 개념이 가르쳐 주듯, 거대한 변화는 작은 개선의 반복에서 비롯됩니다.
그리고 베르그송(Henri Bergson)이 말했듯, 우리의 삶은 멈춘 순간이 아니라 끊임없이 흐르는 시간 속에서 의미를 가집니다.

앞으로 걸어가는 길 위에서, 오늘의 이 마음을 천천히 떠올려 보시면 어떨까요?

오늘의 사소한 성취는 결코 헛되지 않습니다.
그것은 당신의 삶을 움직이는 작은 물결이자, 내일의 강으로 이어질 시작입니다.
언젠가 돌아보면, 그 모든 작은 걸음들이 모여 가장 아름다운 길이 되어 있을 것입니다.

이제, 스스로에게 이렇게 물어보세요.

- 오늘의 나를 조금 자라게 한 작은 성취는 무엇이었나요?
- 내 하루 속에서 눈에 잘 띄지 않았지만, 사실은 소중했던 순간은 없었나요?
- 내일 나의 계획에 당장 적어 넣을 수 있는 아주 작은 실천은 무엇일까요?

마음 결 따라 쓰기

1. 마음 열기 질문

♡ 나는 작은 성취들이 차곡차곡 쌓여 갔을 때 어떤 기분이 들었나요?

□ 눈에 띄지 않아도 조금씩 성장하고 있다는 확신이 생겼어요.

□ 작은 성취가 모이니 큰 힘으로 바뀌는 걸 느꼈어요.

□ 꾸준히 해냈다는 사실이 나를 자랑스럽게 만들었어요.

□ 오늘의 작은 성취가 내일의 희망이 된다는 걸 알게 되었어요.

□ 다른 느낌: ________________

2. 짧은 글쓰기 활동

① "나는 ____________ 상황에서 작은 성취들을 차곡차곡 쌓아 왔어요."

② "그때 내 마음은 ____ 했어요."

③ "그 경험을 통해 작은 성취가 모여 만드는 큰 힘은 ________ 라는 것을 깨달았어요."

3. 그림 활동

〈작은 성취가 모여 만드는 큰 힘 그림〉

♡ 내가 경험한 작은 성취들이 모여 큰 힘이 되었던 순간을 그림이나 상징으로 표현해 보세요.

4. 함께하는 활동

<짝과 함께 작은 성취가 모여 만드는 큰 힘 이야기 나누기>

① 짝꿍에게 "나는 _____ 상황에서 작은 성취들을 쌓아 왔어."라고 말해 보세요.

② 이어서 "그때 나는 _____ 라는 기분을 느꼈어."라고 이야기해 보세요.

③ 짝꿍은 "네가 작은 성취를 꾸준히 이어가다니 정말 대단하다! 그 누적이 너를 더 크게 성장시켜 줄 거야."라고 응답해 주세요.

④ 활동 후, 내 마음은 ______________________________

5. 마무리 성찰

① 나에게 작은 성취가 모여 만드는 큰 힘은 ________________과 같다.

② 작은 성취가 모여 만드는 큰 힘을 떠올릴수록 내 마음은 ________ 해진다.

③ 오늘 수업을 통해 내가 가장 깊이 깨달은 것은 ________________이다.

교사 TIP

- 아이들이 작성한 글과 그림을 모아 "우리 반 작은 성취가 모여 만드는 큰 힘 보드"를 꾸며 보세요.
- 활동 중에는 "작은 성취는 모이면 큰 힘이 되고, 그 힘은 나의 미래를 밝히는 등불이 된다."라는 메시지를 전해 주세요.
- 수업 마무리에는 아이들과 함께 "나는 작은 성취를 차곡차곡 쌓으며 큰 꿈을 이룬다!"라는 구호를 외치며 희망적인 분위기를 다져 보세요.

16. 스스로 길을 열어 가는 배움

한 아이가 상담실에 앉아 조심스럽게 말을 꺼냈습니다.
“선생님, 이번에 처음으로 누가 시켜서가 아니라 제가 스스로 계획을 세우고 공부를 해봤어요. 그런데 이상하게 더 집중이 잘 되고, 끝냈을 때 뿌듯했어요.”

그 말에는 작은 놀라움과 자부심이 담겨 있었습니다. 마치 자기 안에 숨어 있던 힘을 새로 발견한 듯한 표정이었지요.

저는 미소 지으며 말했습니다.
“그게 바로 자기 주도적 학습의 기쁨이란다. 남이 시켜서 하는 공부는 의무처럼 느껴지지만, 네가 스스로 선택한 공부는 그 과정 자체가 다르게 다가오거든.”

자기 주도적 학습은 단순히 혼자 공부하는 것이 아닙니다.
“왜 배우는가”라는 이유를 스스로 세우고, 그에 따라 계획을 세우고 실천해 가는 과정이지요.

아이는 고개를 갸웃하며 물었습니다.
“선생님, 제가 정한 목표라서 왜 이렇게 다르게 느껴질까요?”

저는 고개를 끄덕이며 대답했습니다.
“스스로 선택한 공부에는 네 의지가 담겨 있기 때문이야. 의무가 아니라 선택일 때, 그 길은 오래 가고, 더 단단해지는 거지."

심리학자 앤절라 더크워스(Angela Duckworth) 는 성취의 핵심을 '그릿(Grit)'이라 불렀습니다. 그릿은 타고난 재능이나 순간의 의욕이 아니라, 오랫동안 이어지는 끈기와 열정을 말합니다.

저는 아이에게 설명했습니다.
"처음엔 누구나 열정적으로 시작하지만, 중간에 포기하는 경우가 많아. 그런데 자기 주도적으로 공부하는 사람은 스스로 세운 목표이기 때문에 끝까지 붙잡을 수 있지. 그게 바로 그릿의 힘이란다."

아이는 잠시 생각하다가 미소를 지었습니다.
"…그럼 제가 이번에 집중할 수 있었던 것도 제 안에 그릿이 있어서일까요?"

"그렇지. 네 안에는 이미 끈기와 열정이 자라고 있어. 스스로 세운 계획이기에 오래 이어갈 수 있었던 거야."

프랑스 철학자 가브리엘 마르셀(Gabriel Marcel) 은 인간의 성숙을 '소유'가 아닌 '참여와 충실함'에서 찾았습니다.

저는 아이에게 비유를 들려주었습니다.
"마르셀은 인간은 성적표 같은 결과를 소유하는 존재가 아니라, 삶에 참여하고 배움에 충실할 때 더 깊어진다고 했단다. 네가 자기 주도적으로 공부한다는 건 성적표라는 결과보다 배움 자체에 충실한 태도를 가졌다는 뜻이야."

아이는 고개를 끄덕이며 말했습니다.
"…그럼 제가 했던 공부가 점수를 넘어서 진짜 제 것이 된 이유가 그 때문이겠네요."

"맞아. 자기 주도적 학습은 남을 만족시키기 위한 결과보다, 너 스스로에게 충실한 과정이기 때문에 더 오래 마음에 남는 거란다."

저는 아이에게 작은 제안을 했습니다.
"앞으로도 네가 직접 세운 계획을 하나씩 실천해 보자. 너무 큰 목표가 아니어도 돼. 오늘 실천할 수 있는 작은 계획부터 시작하는 거야."

아이는 연필을 들어 종이에 적었습니다.
'오늘은 국어 비문학 지문 두 개 읽기'

적어 내려간 글자를 바라보던 아이의 얼굴에는 스스로에 대한 기대가 묻어 있었습니다.

"선생님, 제가 정해서 그런지 벌써 하고 싶어져요."

저는 환하게 웃으며 말했습니다.
"그 마음이 바로 배움에 충실한 태도란다. 네가 세운 계획은 너를 앞으로 더 단단하게 지켜 줄 거야."

가을 들판의 곡식을 떠올려 보세요.

곡식은 누가 억지로 키워주지 않아도, 햇살과 바람, 비를 견디며 스스로 익어 갑니다. 공부도 마찬가지입니다. 누가 시켜서 억지로 하는 것이 아니라, 내가 세운 작은 계획 하나, 스스로 품은 호기심 하나가 모여 어느 순간 깊은 열매로 맺히는 거지요.

자기 주도적 학습은 혼자 하는 공부가 아닙니다.

그것은 내가 왜 배우는지 스스로 깨닫고, 내 의지로 선택한 길을 걸어가는 힘입니다.

그러니 오늘의 이 경험을 마음속에 가만히 담아 두시길 바랍니다.

스스로 세운 작은 계획을 끝까지 지켜낸 그 순간, 이미 여러분은 배움의 주인이자 삶의 주인으로 서 있는 것입니다.

이제, 스스로에게 이렇게 물어보세요.

- 나는 지금 어떤 공부를 스스로 선택해서 하고 있나요?
- 그 경험은 나에게 어떤 뿌듯함이나 성장을 느끼게 했나요?
- 앞으로 내가 진심으로 주도하고 싶은 배움은 무엇일까요?

마음 결 따라 쓰기

1. 마음 열기 질문

♡ 나는 스스로 계획을 세우고 공부했을 때 어떤 기분이 들었나요?

□ 내가 학습의 주인이 된 것 같아 뿌듯했어요.

□ 목표를 세우니 공부의 방향이 분명해졌어요.

□ 때로는 힘들었지만 꾸준함이 나를 성장시켰어요.

□ 스스로 계획을 지켜내니 자신감이 생겼어요.

□ 다른 느낌: ______________

2. 짧은 글쓰기 활동

① "나는 ____________ 상황에서 스스로 학습 계획을 세우고 실천했어요."

② "그때 내 마음은 ______________________________ 했어요."

③ "그 경험을 통해 자기 주도적 학습은 __________ 라는 것을 알게 되었어요."

3. 그림 활동

〈자기 주도적 학습 그림〉

♡ 내가 스스로 학습 계획을 세우고 실천하는 모습을 그림이나 상징으로 표현해 보세요.

4. 함께하는 활동

〈짝과 함께 자기 주도적 학습 이야기 나누기〉

① 짝꿍에게 "나는 ___ 상황에서 스스로 학습을 계획하고 실천했어."라고 말해 보세요.

② 이어서 "그때 나는 ___ 라는 점에서 자기 주도적 학습의 힘을 느꼈어."라고 이야기해 보세요.

③ 짝꿍은 "네가 스스로 학습을 이끌어 가다니 정말 멋지다! 그 힘이 앞으로 너의 성장을 지켜줄 거야."라고 응답해 주세요.

④ 활동 후, 내 마음은 ______________________________

5. 마무리 성찰

① 나에게 자기 주도적 학습은 ____________________과 같다.

② 자기 주도적 학습을 떠올릴수록 내 마음은 ________________ 해진다.

③ 오늘 수업을 통해 내가 가장 깊이 깨달은 것은 ________________ 이다.

교사 TIP

- **아이들이 작성한 글과 그림을 모아 "우리 반 자기 주도 학습 보드"를 꾸며 보세요.**
- **활동 중에는 "공부는 누가 시켜서 하는 것이 아니라, 내가 스스로 선택하고 만들어 가는 길이다."라는 메시지를 전해 주세요.**
- **수업 마무리에는 아이들과 함께 "나는 자기 주도적 학습을 통해 스스로 성장하는 사람이다!"라는 구호를 외치며 긍정적이고 힘찬 분위기를 다져 보세요.**

17. 나만의 정체성을 찾아가는 길

늦은 오후, 상담실에 들어온 아이가 조심스럽게 말을 꺼냈습니다.
"선생님, 저는 도대체 어떤 사람일까요? 공부할 때의 저랑 친구들 앞에서의 제가 너무 달라서 혼란스러워요."

그 말에는 혼란스러움 속에서도 답을 찾고 싶은 간절함이 담겨 있었습니다.

저는 고개를 끄덕이며 부드럽게 말했습니다.
"그런 고민을 한다는 건 네가 지금 중요한 성장의 길 위에 서 있다는 뜻이란다. 고등학교 시절은 누구나 '나는 어떤 사람일까?'라는 질문을 붙잡고 씨름하는 시간이야."

아이는 제 말을 듣고 살짝 안도한 듯 표정을 풀었습니다.

심리학자 제임스 마르시아(James Marcia) 는 청소년의 정체감을 네 가지 상태로 설명했습니다.

혼미: 내가 누구인지 아직 깊이 고민하지 않고 그저 흘러가는 상태
조기 확립: 부모나 주변이 정해준 기준을 그대로 따르는 상태
유예: 여러 가능성을 탐색하면서도 아직 확실히 정하지 못한 상태
성취: 고민과 탐색을 거쳐 자신만의 길을 찾아가는 상태

저는 아이에게 설명했습니다.

"네가 지금 혼란스럽다고 했지? 사실 그건 탐색 중이라는 뜻이야. 바로 정체감 유예 단계에 있는 거지. 이 과정을 거쳐야만 결국 너만의 정체감을 찾을 수 있어."

아이는 놀란 듯 눈을 크게 뜨며 말했습니다.
"…그럼 제가 흔들리는 게 잘못이 아니라, 성장 과정이라는 거네요?"

"그렇지. 혼란은 실패가 아니라, 네가 자라가고 있다는 증거란다."

철학자 찰스 테일러(Charles Taylor) 는 정체성이 혼자만의 내면에서 완성되는 게 아니라고 했습니다. 그는 우리가 누구인지는 다른 사람과의 관계, 대화, 인정 속에서 드러난다고 보았습니다.

저는 아이에게 이렇게 이야기했습니다.
"네가 공부할 때와 친구들과 있을 때의 네가 다르다고 했지? 그건 가짜가 아니야. 사람은 혼자 있을 때보다 관계 속에서 자신을 더 잘 알게 되거든. 테일러는 정체성이 '대화적'이라고 했어. 네가 어떤 대화를 나누고, 어떤 관계를 맺느냐가 너를 빚어가는 거지."

아이는 잠시 멈칫하다가 말했습니다.
"…그럼 혼자 있는 저도 진짜고, 친구들과 있을 때의 저도 진짜라는 거예요?"

"맞아. 여러 상황 속에서 드러나는 모습이 모두 너야. 중요한 건 남의 기대에 맞추는 게 아니라, 그 안에서도 '내가 지키고 싶은 나다움'을 분명히 하는 거란다."

아이는 한참 생각하다가 다시 물었습니다.
"선생님, 그러면 저는 지금 뭘 해보면 좋을까요?"

저는 부드럽게 제안했습니다.
"오늘 집에 가서 네가 좋아하는 것, 소중하게 여기는 가치, 편안했던 순간들을 적어 보렴. 어떤 때 가장 네답다고 느껴졌는지를 하나씩 기록해 보자. 그게 네 정체성을 찾아가는 중요한 단서가 될 거야."

아이는 조용히 웃으며 말했습니다.
"…그럼 오늘부터 작은 기록을 해볼게요."

"좋은 시작이야. 그런 작은 기록들이 쌓이면, 너만의 색깔이 점점 더 선명해질 거야."

가을 숲길을 걷다 보면, 나무마다 저마다의 색으로 물듭니다.
어떤 나무는 붉게 타오르고, 또 어떤 나무는 노랗게 빛나며, 어떤 나무는 여전히 초록빛을 간직하지요. 숲이 아름다운 건 나무가 모두 같은 색이어서가 아니라, 각자의 속도와 색으로 물들어가기 때문입니다.

저는 아이에게 말했습니다.
"정체성도 그래. 남보다 빨리 찾을 필요도, 더 화려할 필요도 없어. 중요한 건 네 고유한 색을 잃지 않고 지켜내는 거란다."

아이는 창밖을 바라보다가 조용히 미소 지었습니다.
"…저도 언젠가는 제 색으로 물들 수 있겠죠?"

"물론이지. 지금의 혼란조차 네 색을 빚어가는 과정이야."

정체성은 단숨에 완성되는 게 아닙니다.
매일의 경험과 대화, 그리고 탐색의 시간이 모여 조금씩 모습을 드러냅니다.

그러니 지금 겪고 있는 혼란을 두려워하지 말고 마음 한켠에 담아 두시길 바랍니다.
숲의 나무들이 제각각의 빛깔로 물들 듯, 여러분도 언젠가는 자신만의 색으로 빛나게 될 테니까요.

이제, 스스로에게 이렇게 물어보세요.

- 나는 지금 어떤 가치나 관심사를 통해 나를 설명할 수 있을까요?
- 주변의 기대가 아니라, 나 스스로 선택해 붙잡고 싶은 삶의 의미는 무엇인가요?
- 지금의 혼란이 결국 어떤 색으로 물들게 될지, 나는 어떤 색을 꿈꾸고 있나요?

마음 결 따라 쓰기

1. 마음 열기 질문

♡ 나는 나 자신이 어떤 사람인지 돌아볼 때 어떤 기분이 드나요?

□ 나만의 장점과 개성이 떠올라서 뿌듯했어요.

□ 다른 사람과 비교하다 보니 조금 흔들렸어요.

□ 나답게 살아가고 싶다는 용기가 생겼어요.

□ 아직은 잘 모르지만, 궁금하고 알고 싶어졌어요.

□ 다른 느낌: ________________

2. 짧은 글쓰기 활동

① "나는 __________ 상황에서 나의 정체성을 강하게 느낀 적이 있어요."

② "그때 내 마음은 ______________________________________ 했어요."

③ "그 경험을 통해 자아 정체감은 ______________ 라는 것을 깨달았어요."

3. 그림 활동

〈나만의 정체성을 찾아가는 길 그림〉

♡ 나를 가장 잘 표현하는 장면이나 상징을 그림으로 나타내 보세요.

4. 함께하는 활동

〈짝과 함께 자아 정체감 이야기 나누기〉

① 짝꿍에게 "나는 ___ 상황에서 나답다는 걸 느꼈어."라고 말해 보세요.

② 이어서 "그때 나는 ___ 라는 점에서 나의 정체성을 확인했어."라고 이야기해 보세요.

③ 짝꿍은 "네가 자신만의 정체성을 발견하다니 정말 멋지다! 그 힘이 네 삶을 단단하게 지켜줄 거야."라고 응답해 주세요.

④ 활동 후, 내 마음은 ___________________________

5. 마무리 성찰

① 나에게 자아 정체감은 _______________ 과 같다.

② 자아 정체감을 떠올릴수록 내 마음은 ________________ 해진다.

③ 오늘 수업을 통해 내가 가장 깊이 깨달은 것은 ________________ 이다.

교사 TIP

- 아이들이 작성한 글과 그림을 모아 "우리 반 자아 정체감 보드"를 꾸며 보세요.
- 활동 중에는 "정체감은 남이 만들어 주는 것이 아니라, 내가 스스로 찾아가는 나만의 길이다."라는 메시지를 전해 주세요.
- 수업 마무리에는 아이들과 함께 "나는 나답게 살아가는 존재다!"라는 구호를 외치며 긍정적이고 따뜻한 분위기를 다져 보세요.

18. 관계 속에서 함께 이룬 성취

늦은 오후, 상담실에 들어온 한 아이가 환한 얼굴로 자리에 앉으며 말했습니다.

“선생님, 어제 반 친구들이랑 축제 준비를 했거든요. 무대 장식이 너무 많아서 혼자였다면 분명 지쳤을 텐데, 같이 하니까 힘든 줄 모르고 끝낼 수 있었어요. 다 마치고 나니까 땀은 났는데, 마음은 되게 뿌듯했어요.”

그 말에는 혼자가 아닌 ‘함께’에서 오는 특별한 기쁨이 담겨 있었습니다.

저는 고개를 끄덕이며 미소 지었습니다.

“그래, 바로 그게 관계 속 성취란다. 힘든 일을 혼자 했다면 지루했을 수도 있는데, 친구들과 함께했으니까 즐겁게 마무리할 수 있었던 거지. 결과보다도 그 순간의 기억이 오래 남을 거야.”

아이는 잠시 생각하다가 고개를 끄덕였습니다.

“…맞아요. 사실은 정말 고됐는데, 끝나고 친구들이랑 서로 ‘수고했다’고 하니까 갑자기 웃음이 나더라구요.”

우리는 흔히 성취를 개인의 점수나 상으로만 생각하지만, 진짜 성취는 때로는 함께한 경험 속에서 더 크게 빛납니다.

친구와 팀 프로젝트를 마무리했을 때,
반 전체가 힘을 모아 응원전을 준비했을 때,
동아리 발표회에서 무대를 꾸몄을 때

그 순간의 성취는 결과보다 "우리가 함께였다."는 사실에서 비롯되지요.

저는 아이에게 물었습니다.
"혹시 공부할 때도 친구랑 같이 해서 더 잘된 경험이 있니?"

아이는 웃으며 대답했습니다.
"네, 시험 전날 친구랑 전화로 서로 예상 문제를 내줬는데, 혼자 할 때보다 훨씬 집중이 잘 됐어요."

"그렇지. 혼자 했다면 지루했을 수도 있는데, 함께했으니까 더 집중할 수 있었던 거야."

심리학자 레프 비고츠키(Lev Vygotsky) 는 인간의 배움을 설명하면서 근접발달영역이라는 개념을 말했습니다. 혼자서는 아직 어려운 것도, 누군가와 함께라면 도전할 수 있다는 뜻이지요. 결국 우리는 관계 속에서 더 크게 배우고 자라납니다.

저는 아이에게 덧붙였습니다.
"네가 축제 준비나 공부를 같이 했을 때 더 잘할 수 있었던 건 우연이 아니야. 비고츠키는 원래 사람이 혼자보다는 함께할 때 더 크게 성장한다고 했단다. 친구와 서로 돕고 배우면서 혼자서는 닿지 못할 곳에 닿게 되는 거야."
아이는 눈을 반짝이며 말했습니다.
"…그럼 제가 느낀 뿌듯함이 단순히 협동심 때문이 아니라, 진짜 제 성장이기도 하네요."

"맞아. 관계 속 성취는 단순한 결과가 아니라, 네 안의 가능성을 키워주는 경험이야."

프랑스 철학자 샤를 페기(Charles Péguy) 는 이렇게 말했습니다.
"진정한 성취는 혼자가 아니라 함께 걸을 때 온다."

저는 아이에게 이 말을 들려주며 말했습니다.
"시험 점수나 기록은 시간이 지나면 잊히기도 하지만, 친구들과 함께 준비하며 웃고 울었던 기억은 오래 남아. 네가 꼭 기억해야 할 건 '누구와 함께했는가'야."

아이는 미소를 지으며 말했습니다.
"…작년에 우리 반이 체육대회에서 꼴찌였는데요, 이상하게 순위는 잘 기억 안 나요. 대신 그때 반 친구들이랑 목이 쉬도록 응원하던 순간은 아직도 생생해요."

"바로 그거야. 성취는 단순히 이기고 지는 문제가 아니라, 함께한 기억 속에서 더 오래 살아남는 거지."

가을 숲을 바라보면, 나무들이 각자 서 있는 것 같아도 땅속에서는 뿌리로 연결되어 있습니다. 서로 영양분을 나누고, 바람에 쓰러지지 않도록 붙잡아 주며 함께 자라납니다.

저는 아이에게 말했습니다.
"우리의 성취도 그렇단다. 겉으로는 혼자 서 있는 것 같아 보여도, 사실은 관계 속에서 서로 지지하고 힘을 나누며 성장하는 거야. 네가 축제 준비를 하며 웃을 수 있었던 것도, 보이지 않게 연결된 그 뿌리 덕분이지."

아이는 창밖을 바라보다가 미소 지었습니다.
"…그래서 혼자가 아니라 같이 했을 때 훨씬 더 행복했던 거군요."

"그렇지. 바로 그게 관계 속 성취의 힘이야."

성취는 혼자만의 결과로 완성되지 않습니다.
함께 손을 맞잡고, 마음을 나누며 쌓아 올린 성취는 훨씬 더 오래 남고, 더 깊은 울림을 줍니다.

여러분이 느낀 뿌듯한 순간은 단순한 결과가 아니라, 함께였기에 가능했던 성취입니다.
그리고 그 경험은 관계를 단단히 하고, 여러분을 더 깊고 넓게 자라나게 할 것입니다.
가을 숲의 나무들이 뿌리로 연결되어 서로를 지탱하듯, 우리의 삶도 관계 속 성취를 통해 더 단단하고 풍요롭게 자라납니다.

이제, 스스로에게 이렇게 물어보세요.

- 나는 최근에 혼자가 아닌 함께해서 더 기쁘게 느낀 성취는 무엇이었나요?
- 그 성취는 나와 다른 사람의 관계를 어떻게 바꾸어 놓았나요?
- 앞으로 나는 어떤 관계 속에서 성취를 키워 가고 싶나요?

마음 결 따라 쓰기

1. 마음 열기 질문

♡ 나는 누군가와 함께해서 성취를 경험했을 때 어떤 기분이 들었나요?

□ 혼자 할 때보다 더 큰 힘이 난다고 느꼈어요.

□ 서로 도와주며 성취하니 뿌듯했어요.

□ 나의 성취가 다른 사람에게도 기쁨이 된다는 걸 알았어요.

□ 함께라서 더 오래 기억에 남는 성취였어요.

□ 다른 느낌: ______________

2. 짧은 글쓰기 활동

① "나는 ____________ 상황에서 누군가와 함께 성취를 경험했어요."

② "그때 내 마음은 ____________________________________ 했어요."

③ "그 경험을 통해 관계 속에서 함께 이룬 성취는 ______ 라는 것을 깨달았어요.

3. 그림 활동

〈관계 속에서 함께 이룬 성취 그림〉

♡ 내가 누군가와 함께 성취를 이뤄냈던 순간을 그림이나 상징으로 표현해 보세요.

4. 함께하는 활동

<짝과 함께 관계 속 성취 이야기 나누기>

① 짝꿍에게 "나는 ____ 상황에서 누군가와 함께 성취를 경험했어."라고 말해 보세요.

② 이어서 "그때 나는 ____ 라는 점에서 특별한 기쁨을 느꼈어."라고 이야기해 보세요.

③ 짝꿍은 "네가 관계 속에서 그런 성취를 이루다니 정말 멋지다! 그 경험이 네 성장을 더 단단하게 지켜줄 거야."라고 응답해 주세요.

④ 활동 후, 내 마음은 ________________________

5. 마무리 성찰

① 나에게 관계 속에서 함께 이룬 성취는 ________________ 과 같다.

② 관계 속 성취를 떠올릴수록 내 마음은 ________________ 해진다.

③ 오늘 수업을 통해 내가 가장 깊이 깨달은 것은 ________________ 이다.

교사 TIP

- 아이들이 작성한 글과 그림을 모아 "우리 반 관계 속 성취 보드"를 꾸며 보세요.
- 활동 중에는 "성취는 혼자만의 결과가 아니라, 함께할 때 더 깊어지고 오래 남는다."라는 메시지를 전해 주세요.
- 수업 마무리에는 아이들과 함께 "나는 관계 속에서 배우며 함께 성취하는 사람이다!"라는 구호를 외치며 따뜻하고 긍정적인 분위기를 다져 보세요.

19. 책임이 담긴 나의 선택

늦은 오후, 한 아이가 상담실에 들어와 의자에 앉았습니다.
잠시 침묵을 이어가던 아이가 조심스럽게 입을 열었습니다.
"선생님, 저는 어떤 선택을 해야 할지 잘 모르겠어요. 혹시 잘못되면 어쩌죠?"

그 말에는 두려움과 혼란이 묻어 있었습니다.
저는 잠시 눈을 바라보며 차분히 말했습니다.
"선택 앞에서 불안한 마음이 드는 건 너무 자연스러운 일이야. 하지만 책임이 담긴 나의 선택이란, 정답을 찾는 게 아니라, 내가 내린 선택을 내 것으로 만들고 끝까지 감당할 수 있는 태도야."

아이는 고개를 끄덕이며도 다시 물었습니다.
"…근데 책임이라고 하니까 너무 무거운 말 같아요. 제가 잘못되면 전부 제 탓이 되는 것 같아서요."

"책임은 네 어깨를 짓누르는 짐이 아니야. 오히려 네 선택을 진짜로 네 것으로 만들어 주는 힘이지. 잘못될 수도 있어. 하지만 거기서 배우고 고치면, 그게 바로 책임이 담긴 나의 선택이란다."

덴마크 철학자 키르케고르(S ø ren Kierkegaard)는 자유 앞에서 느끼는 불안을 "어지럼"이라고 표현했습니다. 낭떠러지에 서 있을 때 아찔한 것은 떨어질 수 있기 때문이 아니라, 뛰어오를 수도 있기 때문이죠.

저는 아이에게 말했습니다.
"네가 지금 불안한 건 약해서가 아니라, 네 앞에 열려 있는 가능성이 많기 때문이야. 그건 잘못된 게 아니라, 오히려 네가 진짜 중요한 길 위에 서 있다는 신호야."

아이는 작게 웃으며 말했습니다.
"…그럼 불안은 제가 도망쳐야 하는 게 아니라, 오히려 시작의 신호일 수 있겠네요."

미국 심리학자 로런스 콜버그(Lawrence Kohlberg)는 사람이 성장하면서 선택의 기준이 달라진다고 설명했습니다.

어린 시절: "혼나지 않으려고."
청소년기: "남들이 하니까."
성숙한 단계: "내가 지키고 싶은 가치가 무엇인가."

저는 아이에게 물었습니다.
"네가 지금 고민하는 선택, 그 기준을 어디에 두고 싶니? 성적? 다른 사람들의 시선? 아니면 네가 진짜 지키고 싶은 가치?"

아이는 잠시 생각하다가 말했습니다.
"…저는 배려요. 제가 한 선택 때문에 다른 사람이 상처받는 건 싫어요."

"좋아. 그게 바로 네 원칙이 될 수 있어. 책임이 담긴 나의 선택은 완벽한 답을 찾는 게 아니라, 내가 지키고 싶은 가치를 중심으로 길을 정하는 것이야."

프랑스 철학자 시몬 드 보부아르(Simone de Beauvoir)는 이렇게 말했습니다.
"우리는 끊임없이 선택을 통해 스스로를 만들어 간다."

저는 아이에게 설명했습니다.
"시몬 드 보부아르(Simone de Beauvoir)는 선택이 단순히 하나의 사건이 아니라, 네가 어떤 사람이 되고 싶은지를 드러내는 과정이라고 했어. 네가 어떤 옷을 입듯, 네 선택은 네 정체성을 조금씩 짜맞추는 조각이야. 그리고 중요한 건, 그 선택은 나만이 아니라 타인의 자유와 행복까지 고려할 때 비로소 성숙해진다는 거야."

아이는 눈을 반짝이며 물었습니다.
"…그럼 제가 지금 내리는 작은 선택들도 결국 제가 어떤 사람이 될지를 정하는 거네요?"

"맞아. 그래서 책임이 담긴 나의 선택은 무겁지만 동시에 소중하지. 선택은 단순히 오늘을 결정하는 게 아니라, 내일의 너를 만들어 가는 힘이거든."

책임이 담긴 나의 선택은 거창한 선언이 아니라, 작은 습관에서 드러납니다.
심리학자 피터 골비처(Peter Gollwitzer)는 구체적인 상황(If)과 행동(Then)을 연결하여 실행력을 높이는 전략 If-Then 계획이라는 방법을 제안했어요.

"만약 시험 전날 SNS가 보고 싶어지면, 그러면 10분만 보고 휴대폰을 서랍에 넣는다."
"만약 친구가 놀자고 하면, 그러면 '30분만 정리하고 갈게'라고 답한다."

이처럼 구체적 상황-대응 문장을 정해두면, 순간 흔들릴 때도 책임을 지킬 수 있습니다.

가을 숲길은 여러 갈래로 나뉘어 있습니다.
어느 길을 택하든, 발자국을 남기는 건 결국 자기 자신이죠.

한나 아렌트(Hannah Arendt)가 말한 대로 선택은 세상에 남기는 나의 흔적이고,
로런스 콜버그(Lawrence Kohlberg)가 말한 대로 그 흔적은 내 가치에 기반해 있어야 하며,
시몬 드 보부아르(Simone de Beauvoir)가 말한 대로 선택은 나를 어떤 사람으로 만들어 가는 과정입니다.

아이는 창밖을 보며 말했습니다.

"…결국 중요한 건 완벽한 길을 찾는 게 아니라, 제가 어떤 사람이 되고 싶은지를 기준으로 책임지는 거네요."

"그래. 네가 책임 있게 내린 선택은, 그 자체로 이미 너를 성장시키고 있단다."

책임이 담긴 나의 선택은 완벽한 답을 찾아내는 일이 아닙니다.

불안을 두려움이 아니라 새로운 출발을 알리는 신호로 받아들이고,
남들의 시선이 아니라 내가 지키고 싶은 가치를 기준으로 길을 정하며,
그 모든 과정을 통해 조금씩 지금의 나를 넘어 더 성숙한 나를 만들어 가는 일입니다.

책임은 짐이 아니라, 내가 되고 싶은 '나'를 길러주는 힘입니다.

여러 갈래 숲길 앞에서 완벽한 길은 없습니다.
그러나 내가 책임질 수 있는 길을 걸어갈 때, 그 발자국 하나하나가 결국 더 성숙한 나를 만들어 갈 것입니다.

이제, 스스로에게 이렇게 물어보세요.

- 나는 최근 어떤 선택 앞에서 머뭇거렸나요?
- 그 선택에서 내가 진심으로 지키고 싶었던 가치는 무엇이었나요?
- 앞으로의 선택에서, 나는 어떻게 책임 있는 태도로 나를 지켜내고 싶나요?

마음 결 따라 쓰기

1. 마음 열기 질문

♡ 나는 스스로의 선택에 책임을 져야 했던 순간을 떠올릴 때 어떤 기분이 들었나요?

□ 부담스럽고 두려웠어요.

□ 내가 선택한 길을 지켜낸 것이 뿌듯했어요.

□ 선택의 결과를 받아들이니 마음이 단단해 졌어요.

□ 책임을 지니 다른 사람과의 신뢰가 깊어졌어요.

□ 다른 느낌: ______________

2. 짧은 글쓰기 활동

① "나는 ______________ 상황에서 중요한 선택을 했어요."

② "그때 내 마음은 ______________________________________ 했어요."

③ "그 경험을 통해 책임이 담긴 나의 선택은 ________ 라는 것을 깨달았어요."

3. 그림 활동

〈책임이 담긴 나의 선택 그림〉

♡ 내가 책임이 담긴 나의 선택을 했던 순간이나, 앞으로 책임 있게 선택하고 싶은 모습을 그림이나 상징으로 표현해 보세요.

4. 함께하는 활동

〈짝과 함께 책임이 담긴 나의 선택 이야기 나누기〉

① 짝꿍에게 "나는 ________ 상황에서 중요한 선택을 했어."라고 말해 보세요.

② 이어서 "그 선택에 책임을 지며 나는 _____ 라는 걸 배우게 됐어."라고 이야기 해 보세요.

③ 짝꿍은 "네가 스스로의 선택에 책임을 지다니 정말 멋지다! 그 태도가 앞으로 네 삶을 단단하게 지켜줄 거야."라고 응답해 주세요.

④ 활동 후, 내 마음은 ____________________

5. 마무리 성찰

① 나에게 책임이 담긴 나의 선택은 ____________ 과 같다.

② 책임이 담긴 나의 선택을 떠올릴수록 내 마음은 __________ 해진다.

③ 오늘 수업을 통해 내가 가장 깊이 깨달은 것은 ____________ 이다.

교사 TIP

- **아이들이 작성한 글과 그림을 모아 "우리 반 책임의 길 보드"를 꾸며 보세요.**
- **활동 중에는 "책임은 나를 무겁게 하는 짐이 아니라, 나를 성장하게 하는 힘이다."라는 메시지를 전해 주세요.**
- **수업 마무리에는 아이들과 함께 "나는 책임이 담긴 나의 선택으로 나답게 성장한다!"라는 구호를 외치며 긍정적이고 단단한 분위기를 다져 보세요.**

20. 삶의 균형 맞추기

늦은 저녁, 교실 불빛이 하나둘 꺼져 갈 무렵 상담실 문이 열렸습니다.
들어온 아이는 의자에 앉자마자 깊은 한숨을 내쉬며 말했습니다.
"선생님, 공부만 하다 보니 친구들이랑도 멀어지고… 제가 좋아하던 그림 그릴 시간도 없어졌어요. 다 버려야만 성공할 수 있는 걸까요?"

그 말은 단순한 푸념이 아니라, 마음 깊은 곳에서 터져 나온 절박한 질문처럼 들렸습니다.
저는 고개를 끄덕이며 차분히 대답했습니다.
"무언가를 이룬다고 해서 다른 걸 다 버려야 하는 건 아니야. 삶은 저울 같아서, 어느 한쪽으로만 기울면 오래 버틸 수 없거든. 균형을 찾을 때 오히려 더 멀리 갈 수 있어."

아이는 의아한 듯 눈을 크게 떴습니다.
"…근데 다들 성공하려면 하나만 붙잡고 다른 건 포기해야 한다고 말하잖아요."

"맞아, 세상은 종종 그렇게 말하지. 하지만 그건 반쪽짜리 진실이야. 잠시 몰입하는 시간은 필요하지만, 인생 전체를 오직 하나만 붙잡고 달리면 결국 지쳐 쓰러질 수밖에 없어. 균형은 사치가 아니라, 네 자신을 지켜내는 가장 기본적인 힘이란다."

미국 심리학자 코리 키즈(Corey L. M. Keyes)는 진정한 행복을 웰빙(Flourishing)이라고 불렀습니다. 그것은 단순히 스트레스가 없는 상태가 아니라, 삶의 여러 영역이 함께 자라나는 상태를 말합니다. 공부만 잘한다고 해서 행복할 수 없고, 관계가 무너지거나 취미가 사라지면 마음은 금세 메말라 버리기 마련이지요.

또 다른 심리학자 칙센트미하이(Csikszentmihalyi) 는 몰입(Flow)을 이야기했습니다. 내가 좋아하는 활동 속에 깊이 빠져드는 순간—그것이 공부일 수도, 음악일 수도, 그림일 수도 있습니다. 그런데 몰입은 억지로 생기지 않습니다. 균형 잡힌 삶 속에서 에너지가 회복될 때 비로소 자연스럽게 찾아오는 선물이지요.

저는 아이에게 물었습니다
"네가 좋아하는 게 그림이라고 했지? 그 시간은 단순한 여가가 아니야. 오히려 공부에 집중할 힘을 길러주는 또 다른 기둥이야. 네 삶을 지탱하는 중요한 자원이지."

아이는 잠시 제 얼굴을 바라보다가 고개를 끄덕였습니다.
"…그렇게 생각해 본 적은 없었어요. 전 그냥 공부 시간 뺏기는 거라고만 생각했거든요."
17세기 철학자 바뤼흐 스피노자(Baruch Spinoza)는 인간이 살아가려는 근본 힘을 코나투스(Conatus)라고 불렀습니다. 단순히 생존만이 아니라, 자신의 존재를 조화롭게 유지하고 확장하려는 힘을 뜻합니다.

저는 아이에게 설명했습니다.
"스피노자는 우리가 공부만, 혹은 관계만으로는 온전히 설 수 없다고 했어. 진짜 힘은 내가 가진 다양한 에너지가 균형을 이룰 때 나온다고 봤지. 네가 그림을 그리고, 친구와 웃으며 시간을 보내는 건 공부와 반대되는 게 아니라, 오히려 공부를 지탱하는 힘의 일부야."

아이는 잠시 생각하다가 조용히 말했습니다.
"…그럼 제가 좋아하는 것들을 버려야 하는 게 아니라, 잘 살려야 한다는 거네요."

"그렇지. 네 안의 여러 힘이 균형을 찾을 때, 너는 더 단단해질 수 있어."

저는 아이에게 작은 제안을 했습니다.
"오늘 집에 가서 네 일주일을 한번 떠올려 보렴. 공부, 친구, 취미, 휴식 중에 어느 부분이 지나치게 무겁고, 또 어느 부분이 너무 가벼운지 적어 보자. 큰 변화가 아니라, 균형을 조금만 조정해도 충분해."

아이는 곰곰이 생각하다가 말했습니다.
"…이번 주엔 하루도 그림을 안 그렸네요. 내일부터는 딱 20분만이라도 다시 그려봐야겠어요."

저는 환하게 웃으며 대답했습니다.
"좋아. 균형은 거창한 계획이 아니라 작은 조정에서 시작된단다. 네가 오늘 다시 색연필을 잡는 그 순간, 그것이 삶의 균형을 되찾는 첫걸음이야."

가을 들판을 떠올려 보세요. 곡식과 과일이 고르게 익어갈 때 우리는 '풍성하다'고 말합니다. 한쪽만 무르익으면, 들판은 금세 쓸쓸해지지요. 강물도 마찬가지입니다. 너무 빠르면 금세 말라버리고, 너무 느리면 탁해져 버립니다. 흐름이 균형을 찾을 때 강은 가장 아름답게 빛납니다.

우리의 삶도 그렇습니다.

균형 잡힌 삶은 단순히 시간을 나누는 기술이 아닙니다. 그것은 나를 지켜내고, 오래 걸어가기 위한 삶의 태도입니다.

심리학자 코리 키즈(Corey L. M. Keyes)는 정신적 웰빙(Mental Health Continuum: 번영-보통-쇠약)으로 미하이 칙센트미하이(Mihaly Csikszentmihalyi)는 몰입(Flow)으로 철학자 바뤼흐 스피노자(Baruch Spinoza)는 코나투스(conatus)라는 개념으로 모두 같은 이야기를 했습니다. 진짜 힘은 한쪽으로 치우치지 않고 조화를 이룰 때 생긴다고 말입니다.

그러니 오늘 하루를 돌아보며 자신에게 조용히 속삭여 보세요.

"나는 균형 속에서 더 멀리 걸어갈 수 있어. 공부도, 관계도, 취미도, 모두가 나를 지탱하는 힘이야. 작은 균형이 내일의 나를 더 단단하게 키워줄 거야."

이제, 스스로에게 이렇게 물어보세요.

- 나는 지금 어떤 영역에 지나치게 치우쳐 있나요?
- 나의 마음이 숨 쉴 수 있도록, 오늘 하루에 어떤 균형을 더할 수 있을까요?
- 내가 지키고 싶은 균형은 장차 어떤 모습으로 자라나게 할까요?

마음 결 따라 쓰기

1. 마음 열기 질문

♡ 나는 공부, 관계, 휴식, 취미 등 삶의 여러 부분을 돌아볼 때 어떤 기분이 드나요?

□ 한쪽에 치우쳐서 불안했어요.

□ 골고루 지낼 때 마음이 편안했어요.

□ 해야 할 일이 너무 많아 균형을 잃은 것 같았어요.

□ 작은 균형을 지킬 때 성취감이 들었어요.

□ 다른 느낌: ____________

2. 짧은 글쓰기 활동

① "나는 __________ 상황에서 균형을 잃었다는 걸 느낀 적이 있어요."

② "그때 내 마음은 ______________________________ 했어요."

③ "반대로 __________ 상황에서 균형을 잘 지켰을 때 마음이 편안했어요."

3. 그림 활동

〈균형 잡힌 삶 그림〉

♡ 내가 균형 잡힌 삶을 살고 싶은 모습을 그림이나 상징으로 표현해 보세요.

4. 함께하는 활동

〈짝과 함께 균형 잡힌 삶 이야기 나누기〉

① 짝꿍에게 "나는 ____ 상황에서 삶의 균형을 잃은 것 같았어."라고 말해 보세요.

② 이어서 "하지만 ____ 라는 방법으로 균형을 되찾았어."라고 이야기해 보세요.

③ 짝꿍은 "네가 스스로 균형을 찾아가다니 정말 멋지다! 그 습관이 네 삶을 더 튼튼하게 지켜줄 거야."라고 응답해 주세요.

④ 활동 후, 내 마음은 ____________________

5. 마무리 성찰

① 나에게 균형 잡힌 삶은 ____________________ 과 같다.

② 균형 잡힌 삶을 떠올릴수록 내 마음은 ________________ 해진다.

③ 오늘 수업을 통해 내가 가장 깊이 깨달은 것은 ________________ 이다.

교사 TIP

- **아이들이 작성한 글과 그림을 모아 "우리 반 균형의 나무"를 꾸며 보세요.**
- **활동 중에는 "균형은 모든 걸 완벽히 하는 것이 아니라, 내가 소중히 여기는 것을 놓치지 않게 지켜내는 힘이다."라는 메시지를 전해 주세요.**
- **수업 마무리에는 아이들과 함께 "나는 균형 잡힌 삶을 지켜가며 건강하게 성장한다!"라는 구호를 외치며 긍정적이고 따뜻한 분위기를 다져 보세요.**

21. 흔들림 속에서도 지켜낸 자기 확신

늦은 오후, 창밖의 햇살이 길게 드리우던 상담실. 한 아이가 의자에 앉아 조심스럽게 말했습니다.

"선생님, 다른 사람들은 다 자신감 있어 보이는데… 왜 저만 이렇게 흔들리는 걸까요?"

그 말에는 불안, 비교, 그리고 스스로에 대한 의심이 담겨 있었습니다. 그러나 동시에 그것은 많은 아이들이 속으로 품고 있는 공통된 질문이기도 했습니다.

저는 아이의 시선을 가만히 바라보며 미소를 지었습니다.

"흔들린다는 건 네가 약해서가 아니라, 네가 성장하고 있다는 표현이란다. 흔들림 속에서도 지켜낸 자기 확신은 흔들림이 전혀 없는 상태가 아니야. 오히려 흔들림 속에서도 다시 중심을 찾고 나를 믿는 힘이지."

아이는 제 대답을 곱씹듯 되뇌었습니다.

"…흔들려도 괜찮다는 뜻이군요."

"그렇지. 중요한 건 흔들리지 않는 완벽함이 아니라, 흔들린 뒤에도 다시 나를 믿을 수 있는 용기란다."

심리학자 칼 로저스(Carl Rogers)는 건강한 자기 확신을 자기 수용(Self-acceptance)에서 찾았습니다. 잘하는 부분만이 아니라 부족한 부분까지도 있는 그대로 받아들일 때, 비로소 우리는 안정적인 자신감을 가질 수 있습니다.

완벽을 향해 달려갈 때 오히려 불안은 커지지만, 불안전함까지 내 일부로 인정하게 되면, 마음은 더 단단해집니다.

또한 앨버트 반두라(Albert Bandura)는 자기 효능감(Self-efficacy)이라는 개념을 말했습니다. 이는 근거 없는 "난 잘할 거야."라는 자기 암시가 아닌, 실제로 작은 성취 경험이 쌓이면서 생기는 믿음이지요.

시험 문제 하나를 끝까지 풀어낸 순간, 발표를 무사히 마친 순간, 친구에게 따뜻한 말을 건네고 좋은 반응을 받은 순간… 이런 경험들이 쌓일수록 우리는 스스로를 더 신뢰하게 됩니다.

저는 아이에게 물었습니다.
"네가 최근에 끝까지 해낸 작은 성취는 뭐였니?"

아이는 잠시 머뭇거리다 대답했습니다.
"…어제는 수학 문제집에서 어려운 문제 하나를 끝까지 붙잡고 풀었어요. 솔직히 몇 번은 포기하고 싶었는데 끝내 해냈거든요."

"바로 그 경험이 너의 자기 확신을 키우는 시작이야. 흔들림 속에서도 지켜낸 자기 확신은 큰 성공에서 오는 게 아니야. 이렇게 작은 성취를 인정하고 마음속에 쌓을 때 비로소 단단해지는 거지."

프랑스 철학자 미셸 드 몽테뉴(Michel de Montaigne)는 인간을 누구보다 깊이 관찰한 사람이며, 그는 끊임없이 자기 자신을 성찰했고, 강점뿐 아니라 허점까지 솔직하게 기록했습니다. 몽테뉴는 이렇게 말했습니다.
"나 자신을 이해하고 받아들이는 것이 가장 큰 지혜다."

저는 아이에게 설명했습니다.
"몽테뉴는 완벽한 인간을 꿈꾸지 않았어. 오히려 부족한 나, 흔들리는 나를 정직하게 바라보는 태도에서 지혜가 시작된다고 했지. 흔들림 속에서도 지켜낸 자기 확신도 마찬가지야. 네가 가진 강점뿐 아니라 약점까지도 인정할 때, 네 마음은 더 깊어지고 흔들림에 휘둘리지 않게 되는 거야."

아이는 고개를 끄덕이며 말했습니다.
"…그럼 제가 불안해하는 것도 저의 일부라는 거네요."

"맞아. 그 불안조차 네 삶의 한 부분이야. 흔들림 속에서도 지켜낸 자기 확신은 불안과 흔들림을 없애는 게 아니라, 그것들을 껴안고 나답게 서는 거란다."

저는 아이에게 제안을 했습니다.
"오늘 집에 가면 종이에 네가 부족하다고 느끼는 점을 하나 적어 보렴. 그리고 그 옆에 이렇게 덧붙여 봐. '그렇지만 나는 여전히 소중하다' 이건 단순한 위로가 아니야. 네가 너 자신을 있는 그대로 받아들이려는 첫걸음이지."

아이는 웃으며 대답했습니다.
"…처음엔 좀 어색하겠지만, 해볼래요. 전에는 부족한 부분을 감추고 싶었는데, 이제는 조금 다르게 느껴져요."

"좋아. 네가 스스로를 받아들이는 순간, 네 마음은 더 자유로워질 거야. 자유로움 속에서 생기는 확신이 가장 오래가는 확신이란다."

가을 하늘을 떠올려 보세요.
어떤 날은 맑고, 어떤 날은 구름이 끼고, 또 어떤 날은 비가 내립니다.
하지만 하늘은 그 모든 변화를 품어내며 계절을 완성합니다.
우리의 마음도 똑같아요. 항상 맑을 수는 없지만, 흔들림과 불안을 포함해 나 자신을 껴안을 때, 마음은 더 깊어지고 성숙해지죠.

또 들판의 나무를 생각해 보세요.
바람이 불면 가지가 크게 흔들리지만, 그 뿌리는 그 흔들림 속에서 더 깊이 땅을 붙잡습니다. 흔들림 속에서도 지켜낸 자기 확신은 바로 이런 게 아닐까요. 흔들리지 않는 게 아니라, 흔들리면서도 무너지지 않는 힘 말이에요.

흔들림 속에서도 지켜낸 자기 확신은 결코 흔들림이 없는 상태가 아닙니다.
그것은 불완전한 나를 껴안고, 작은 성취를 내 마음에 쌓아가며, 다시 나 자신을 믿는 힘입니다.

심리학자 칼 로저스(Carl Rogers)는 자기 수용에서, 앨버트 반두라(Albert Bandura)는 작은 성취 경험에서 자기 확신의 뿌리를 찾았고, 철학자 미셸 드 몽테뉴(Michel de Montaigne)는 “나 자신을 이해하고 받아들이는 것”을 가장 큰 지혜라 했습니다.

그러니 흔들림이 찾아올 때 두려워하지 마세요.
그것은 오히려 여러분이 성장하고 있다는 표현입니다.
가을 하늘이 맑음과 흐림을 함께 품어내듯, 바람 속의 나무가 흔들리면서도 뿌리를 더 단단히 내리듯, 여러분의 흔들림도 결국은 더 깊은 자기 확신으로 이어질 것입니다.

이제, 스스로에게 이렇게 물어보세요.

- 나는 지금 어떤 부분을 받아들이기 어려워하나요?
- 불완전한 나까지도 껴안는다면, 나의 확신은 어떻게 달라질까요?
- 오늘의 작은 흔들림을 지나 내일을 살아갈 나에게 어떤 격려의 말을 건네주고 싶나요?

마음 결 따라 쓰기

1. 마음 열기 질문

♡ 나는 나 자신을 믿고 선택을 지켜낸 순간을 떠올릴 때 어떤 기분이 드나요?

□ 남의 시선보다 내 목소리를 따르니 마음이 단단해졌어요.

□ 작은 선택이었지만 스스로 해냈다는 뿌듯함이 있었어요.

□ 흔들렸지만 끝까지 지켜내니 자신감이 생겼어요.

□ 나답게 선택하고 행동하니 마음이 자유로웠어요.

□ 다른 느낌: ______________

2. 짧은 글쓰기 활동

① "나는 ______________ 상황에서 나 자신을 믿고 선택한 적이 있어요."

② "그때 내 마음은 ______________________________ 했어요."

③ "그 경험을 통해 자기 확신은 ____________ 라는 것을 깨달았어요."

3. 그림 활동

〈흔들림 속에서도 지켜낸 자기 확신 그림〉

♡ 내가 자기 확신을 느꼈던 순간, 또는 앞으로 자기 확신을 지키고 싶은 모습을 그림이나 상징으로 표현해 보세요.

4. 함께하는 활동

〈짝과 함께 자기 확신 이야기 나누기〉

① 짝꿍에게 "나는 ______ 상황에서 나 자신을 믿고 선택했어."라고 말해 보세요.

② 이어서 "그때 나는 ______ 라는 점에서 자기 확신의 힘을 느꼈어."라고 이야기 해 보세요.

③ 짝꿍은 "네가 자기 확신을 지키다니 정말 멋지다! 그 힘이 앞으로 너의 삶을 든든히 지켜줄 거야."라고 응답해 주세요.

④ 활동 후, 내 마음은 ______________________________

5. 마무리 성찰

① 나에게 흔들림 속에서도 지켜낸 자기 확신은 ______________ 과 같다.

② 자기 확신을 떠올릴수록 내 마음은 ______________ 해진다.

③ 오늘 수업을 통해 내가 가장 깊이 깨달은 것은 ______________ 이다.

교사 TIP

- **아이들이 작성한 글과 그림을 모아 "우리 반 자기 확신의 길 보드"를 꾸며 보세요.**
- **활동 중에는 "자기 확신은 남과 비교해 생기는 것이 아니라, 나 스스로의 길을 믿는 힘이다."라는 메시지를 전해 주세요.**
- **수업 마무리에는 아이들과 함께 "나는 흔들림 속에서도 지켜낸 자기 확신으로 나답게 성장한다!"라는 구호를 외치며 긍정적이고 힘찬 분위기를 다져 보세요.**

작별과 설렘이 함께하는 겨울

22. 학교와의 따뜻한 작별 인사

늦은 오후, 창밖의 햇살이 길게 드리우던 상담실.
한 아이가 의자에 앉아 조심스럽게 말했습니다.
"선생님, 이제 곧 졸업이라니 믿기지가 않아요. 그냥 마음이 텅 빈 것 같아요."

그 말 속에는 허전함과 두려움, 그리고 다가올 이별 앞의 떨림이 담겨 있었습니다.
저는 아이의 시선을 가만히 바라보다 미소 지었습니다.
"허전하게 느껴지는 건 네가 그만큼 이곳에서 진심으로 살아왔다는 결과란다. 빈 마음은 사라진 게 아니라, 앞으로 채워 넣을 자리야."

심리학자 칼 로저스(Carl Rogers)는 사람이 존중받을 때 가장 온전히 성장한다고 했습니다. 저는 그 말을 아이에게 쉽게 풀어 주었습니다.
"너는 여기서 충분히 사랑받고 자라왔어. 지금 느끼는 이 빈자리는, 사실은 새로운 길을 담아낼 여백이란다."

아이는 잠시 생각하다가 고개를 끄덕였습니다.
"…그렇게 보니까 조금은 덜 무서워요."

며칠 뒤, 또 다른 아이가 사진첩을 들고 상담실에 들어왔습니다.
"선생님, 졸업식 전에 사진들을 정리했는데요… 보면 볼수록 너무 아쉬워요. 다시는 이런 순간이 없을 것 같아서요."

저는 사진첩 속 웃음 가득한 얼굴들을 함께 바라보았습니다.
"그렇구나. 추억이 많을수록 아쉬움도 더 크게 다가오지."

심리학자 에릭 에릭슨(Erik H. Erikson)은 청소년기를 정체성을 세우는 시기라 했습니다. 저는 그 생각을 떠올리며 아이에게 말했습니다.
"이 사진 속 순간들은 끝난 게 아니라, 지금의 너를 만든 조각들이야. 추억은 네 안에서 살아 있어. 아쉬운 건 그만큼 네가 충실히 살아왔다는 뜻이지."

아이는 앨범을 덮으며 미소를 지었습니다.
"그렇다면 이 사진은 저를 붙잡는 게 아니라 지켜주는 거네요."

어느 날, 한 아이가 눈가가 젖은 채 상담실로 들어왔습니다.
"선생님, 자꾸 후회가 밀려와요. 그때 조금만 더 열심히 했으면… 용기 냈으면… 계속 그런 생각만 들어요."

저는 조용히 고개를 끄덕였습니다.
"후회가 드는 건 네가 더 잘 살고 싶다는 마음이 있기 때문이야."

프랑스 철학자 장 폴 사르트르(Jean-Paul Sartre)는 인간을 매 순간의 선택으로 만들어 가는 존재라 했습니다. 저는 그 생각을 아이의 언어로 바꿔 전했습니다.

"완벽한 선택만이 너를 만드는 게 아니야. 부족했던 순간, 후회스러운 선택도 앞으로 더 좋은 길을 찾게 하는 힘이 된단다."

아이는 눈을 닦으며 속삭였습니다.
"…그럼 후회도 의미가 있는 거네요."
"그럼. 후회는 네가 성장하고 싶다는 신호야."

졸업을 앞두고 또 다른 아이가 속내를 털어놓았습니다.
"선생님, 제일 두려운 건 친구들과 멀어질까 봐요. 매일 함께였는데, 이제는 다 다른 길로 가잖아요."

저는 아이의 마음을 받아주며 천천히 말했습니다.
"네 마음 충분히 이해해. 철학자 시몬 드 보부아르는 인간을 '함께 존재하는 존재'라고 했단다. 진심으로 맺은 관계는 거리가 멀어져도 쉽게 끊어지지 않아."

아이는 안도한 듯 고개를 끄덕였습니다.
"…그럼 자주 못 만나도 이어질 수 있다는 거네요."
"그렇지. 진짜 우정은 거리가 아니라 깊이로 이어지는 거야."

또 다른 날, 몇몇 아이들이 함께 상담실에 모였습니다.
"선생님, 고등학교는 그래도 익숙했는데, 이제 대학교나 사회는 너무 낯설어요. 잘할 수 있을지 걱정돼요."

저는 아이들의 눈빛을 바라보며 잔잔히 말했습니다.
"두려움은 아주 자연스러운 거야. 심리학자 엘리자베스 퀴블러 로스(Elisabeth Kübler-Ross)는 사람이 변화와 이별을 겪을 때 여러 단계를 거친다고 했어. 지금 느끼는 불안은 그 과정 중 하나일 뿐이지. 언젠가 새로운 길을 받아들이고 의미를 발견하게 될 거야."

그리고 철학자 알베르 카뮈(Albert Camus)의 이야기를 덧붙였습니다.
"카뮈는 삶이 때로는 부조리하게 느껴질 수 있어도, 그 안에서 의미를 만들어내는 건 결국 우리 자신이라고 했어. 두려움 속에서도 '나는 무엇을 위해 살아가고 싶은가?'라는 질문을 붙잡으면, 낯선 길은 두려움이 아니라 설렘이 될 수 있단다."
아이들의 얼굴에 조금은 가벼워진 미소가 번졌습니다.

졸업식 전날, 한 아이가 상담실에 조용히 들어와 말했습니다.
"선생님, 이제 정말 끝인가 봐요. 그런데 끝이라고만 생각하니 슬프기만 하진 않아요. 뭔가 다른 시작 같기도 해요."

저는 따뜻하게 고개를 끄덕였습니다.
"맞아. 이별은 끝이 아니라 다른 세계로 건너가는 다리야. 지금 너희는 새로운 문 앞에 서 있는 거야."

아이는 천천히 웃으며 대답했습니다.
"…그럼 이별도 괜찮을 수 있겠네요."
"그렇지. 이별은 새로운 만남으로 이어지는 문이니까."

학교와의 따뜻한 작별 인사은 슬픔과 기쁨, 후회와 희망이 함께 얽힌 순간입니다. 그러나 그 모든 감정은 살아 있다는 표현이지요.

겨울 하늘을 떠올려 보세요.
어떤 날은 눈처럼 맑고 투명하지만, 어떤 날은 흐리고 잔뜩 먹구름이 드리우며, 또 어떤 날은 차가운 눈발이 흩날립니다. 그러나 겨울 하늘은 그 모든 변화를 품어내며 계절의 깊이를 완성합니다.

우리의 마음도 그렇습니다. 언제나 밝고 평온할 수는 없지만, 흔들림과 불안, 그리고 고요한 쓸쓸함까지 품어 안을 때, 우리는 더 단단해지고 성숙해집니다.

또 들판의 나무를 떠올려 보세요.
바람이 불면 가지는 크게 흔들리지만, 뿌리는 오히려 더 깊이 땅을 붙잡습니다.
이별 앞에서 흔들리는 여러분의 마음도 마찬가지입니다.
흔들림은 약함이 아니라, 더 깊은 뿌리를 내리고 있다는 결과입니다.

학교는 떠나지만, 그 안에서 만난 기억과 관계, 그리고 배움은 언제나 여러분 속에 살아 있을 것입니다.

이별은 끝이 아니라, 더 넓은 세상으로 건너가는 시작입니다.
앞으로의 길이 햇살처럼 따스하게 펼쳐지기를.

이제, 스스로에게 이렇게 물어보세요.

- 나는 학교와의 마지막을 어떤 풍경으로 기억하고 싶나요?
- 그 기억 속에서 내가 가장 크게 자라나게 한 경험은 무엇이었나요?
- 이별을 안고 떠나는 지금, 나는 어떤 새로운 계절을 준비하고 있나요?

마음 결 따라 쓰기

1. 마음 열기 질문

♡ 나는 학교와의 따뜻한 작별 인사을 떠올릴 때 어떤 기분이 드나요?

□ 함께했던 추억이 떠올라 마음이 따뜻했어요.

□ 친구들과 헤어진다고 생각하니 아쉬웠어요.

□ 새로운 길로 나아간다는 생각에 설레었어요.

□ 감사한 마음을 더 전하고 싶었어요.

□ 다른 느낌: ________________

2. 짧은 글쓰기 활동

① "나는 ____________ 상황에서 학교와의 따뜻한 작별 인사을 실감했어요."

② "그때 내 마음은 ______________________________________ 했어요."

③ "그 경험을 통해 이별은 ______________ 라는 것을 깨달았어요."

3. 그림 활동

〈학교와의 따뜻한 작별 인사 그림〉

♡ 내가 학교와 이별하며 기억하고 싶은 장면이나 마음을 그림이나 상징으로 표현해 보세요.

4. 함께하는 활동

〈짝과 함께 학교와의 따뜻한 작별 인사 이야기 나누기〉

① 짝꿍에게 "나는 ____ 순간에 학교와의 따뜻한 작별 인사를 실감했어."라고 말해 보세요.

② 이어서 "그때 나는 ____라는 감정을 느꼈어."라고 이야기해 보세요.

③ 짝꿍은 "네가 그렇게 소중한 마음을 간직하다니 참 따뜻하다! 그 추억이 앞으로 너의 길을 밝혀줄 거야."라고 응답해 주세요.

④ 활동 후, 내 마음은 ________________________________

5. 마무리 성찰

① 나에게 학교와의 따뜻한 작별 인사는 ________________ 과 같다.

② 학교와의 따뜻한 작별 인사를 떠올릴수록 내 마음은 __________ 해진다.

③ 오늘 활동을 통해 내가 가장 깊이 깨달은 것은 ____________________ 이다.

교사 TIP

- **아이들이 작성한 글과 그림을 모아 "우리 반 학교와의 따뜻한 작별 인사 앨범"을 꾸며 보세요.**
- **활동 중에는 "이별은 끝이 아니라, 새로운 만남과 성장을 위한 출발이다."라는 메시지를 전해 주세요.**
- **수업 마무리에는 아이들과 함께 "나는 학교와의 추억을 품고, 새로운 길로 당당히 나아간다!"라는 구호를 외치며 따뜻하고 희망적인 분위기를 다져 보세요.**

23. 배움으로 이어진 나의 이야기

늦은 겨울 오후, 상담실 창가로 희미한 햇살이 흘러들었습니다.
한 아이가 조심스레 말했습니다.
"선생님, 이제 곧 졸업인데… 제가 그동안 뭘 배웠는지 잘 모르겠어요. 공부는 했지만, 머릿속에 남는 게 별로 없는 것 같아요."

저는 아이의 말을 가만히 듣고 고개를 끄덕였습니다.
"그럴 수 있지. 배움은 단순히 지식만 쌓는 게 아니니까. 어떤 건 기억에서 사라져도, 마음에 남아 너를 바꿔 놓는 것들이 있단다."

심리학자 장 피아제(Jean Piaget)는 배움을 단순한 지식 축적이 아니라, 새로운 경험이 기존의 생각 틀에 흡수되거나, 그 틀 자체를 바꾸는 과정이라고 했습니다.

저는 아이에게 이렇게 풀어 주었습니다.
"시험 끝나고 잊어버린 공식이나 단어들보다, 배움이 너를 바꾸는 순간이 훨씬 더 중요해. 예를 들어, 친구와 토론하면서 '아, 다른 생각도 있을 수 있구나' 하고 깨달은 순간, 그게 바로 배움의 흔적이야."

아이는 잠시 생각하다가 웃었습니다.
"…그렇다면 저도 배운 게 있네요. 예전엔 제 생각만 옳다고 했는데, 지금은 친구들의 의견을 들으려고 노력해요."

"그렇지. 그게 바로 네 안에 스며든 배움이란다."

며칠 뒤, 또 다른 아이가 상담실에 와서 말했습니다.
"선생님, 저는 공부하다가 자꾸 실패하는 것 같아요. 모르는 게 많고, 성적도 원하는 만큼 안 나와서요. 제가 뭘 배운 게 있긴 한 걸까요?"

저는 미소를 지으며 대답했습니다.
"실패도 배움의 일부야. 오히려 가장 중요한 스승이지. 철학자 존 듀이는 '우리는 실패에서 배우지 않는다. 실패를 성찰할 때 비로소 배운다'고 했단다. 중요한 건 넘어졌다는 사실이 아니라, 왜 넘어졌는지를 돌아보고 다시 일어나는 거야."

아이는 한숨을 쉬며 말했습니다.
"…넘어지면 그냥 끝이라고 생각했는데, 돌아보면 그게 배움이 될 수도 있군요."
"그럼. 네가 불안해도 괜찮아. 흔들림 속에서 단단해지는 게 진짜 배움이지."

한 아이는 이렇게 물었습니다.
"선생님, 혼자 책만 보면 더 잘 배울 수 있지 않나요?"

저는 고개를 저으며 답했습니다.
"혼자 배우는 것도 중요하지만, 진짜 배움은 타인과 만나면서 깊어져. 철학자 에마뉘엘 레비나스(Emmanuel Levinas)는 '타자의 얼굴을 마주할 때 비로소 책임과 이해가 시작된다'고 했어. 우리가 누군가의 이야기를 들을 때, 그 경험은 내 삶에 새로운 질문을 던져주지. 그것이 너를 성장시키는 배움이야."

아이는 고개를 끄덕이며 말했습니다.

"…그러고 보니, 친구들 이야기를 들으면서 제 생각이 많이 달라졌어요. 그게 배움이었네요."

겨울 하늘을 떠올려 보세요.
어떤 날은 맑고 투명하지만, 어떤 날은 잿빛 구름이 드리우고, 또 어떤 날은 차가운 눈발이 흩날립니다.
하지만 그 모든 변화가 모여 겨울을 완성합니다.

배움도 그렇습니다.
항상 환하고 뚜렷한 성취만 있는 게 아닙니다. 실패와 흔들림, 때로는 답답하고 막막한 순간들까지 함께 모여야 배움의 계절이 완성됩니다.

겨울이 봄을 준비하듯, 지금의 불완전한 경험도 다가올 성장의 밑거름이 됩니다.

졸업을 앞두고, 한 아이가 조용히 말했습니다.
"선생님, 그렇다면 배움으로 이어진 나의 이야기는 시험 범위를 다 외우는 게 아니라, 제가 살아온 시간을 돌아보는 거겠네요."

저는 미소 지으며 대답했습니다.
"맞아. 배움으로 이어진 나의 이야기는 머릿속에 지식을 차곡차곡 쌓는 게 아니야. 살아온 길을 돌아보며, 나를 어떻게 바꾸었는지 정리하는 거란다. 어떤 순간이 내 마음을 키워주었는지, 어떤 만남이 나를 달라지게 했는지를 살펴보는 거지."

아이는 작게 웃으며 속삭였습니다.

"…그럼 저도 배움을 정리해 볼래요. 저만의 작은 이야기로요."
배움은 교과서에 적힌 지식만이 아닙니다.
성적표에 숫자로 남는 결과만도 아닙니다.
배움은 흔들리고, 실패하고, 때로는 두렵고 막막했던 그 시간 속에서도 조금씩 우리를 바꾸는 과정입니다.

겨울 하늘이 맑음과 흐림, 눈발까지 품어내듯, 배움은 성공과 실패, 기쁨과 아쉬움을 함께 품어낼 때 더 단단해집니다. 겨울 나무가 앙상해 보여도 뿌리 속에서 봄을 준비하듯, 지금의 흔들림도 성장의 씨앗이 됩니다.

그러니 배움으로 이어진 나의 이야기란, 잊어버린 공식이나 단어들을 나열하는 것이 아니라, 그 속에서 내가 어떤 사람이 되어가고 있는지를 발견하는 것입니다.
그 정리가 끝날 때, 우리는 더 이상 어제의 내가 아닌, 조금 더 단단하고 넓어진 내일의 나를 맞이하게 됩니다.

겨울의 끝에서 봄을 기다리듯, 여러분의 배움도 그렇게 차분히 정리되어 새로운 시작으로 이어지기를 바랍니다.

이제, 스스로에게 이렇게 물어보세요.

- 나의 고등학교 시절 어떤 배움이 가장 깊이 마음에 남아 있나요?
- 지식이 아닌 경험으로서, 나를 자라나게 한 순간은 언제였나요?
- 지금의 배움을 정리하며, 앞으로 어떤 배움을 이어가고 싶나요?

마음 결 따라 쓰기

1. 마음 열기 질문

♡ 나는 지금까지의 배움을 돌아볼 때 어떤 기분이 드나요?

□ 내가 성장했다는 생각에 뿌듯했어요.

□ 배움 속에서 어려웠던 순간도 떠올라 감사했어요.

□ 더 배우고 싶다는 마음이 생겼어요.

□ 배움이 내 삶과 연결되어 있다는 게 신기했어요.

□ 다른 느낌: ________________

2. 짧은 글쓰기 활동

① "나는 ________________ 상황에서 중요한 배움을 얻었어요."

② "그때 내 마음은 ____ 했어요."

③ "그 경험을 통해 배움은 ________________ 라는 것을 깨달았어요."

3. 그림 활동

〈배움으로 이어진 나의 이야기 그림〉

♡ 내가 경험한 배움, 또는 앞으로 이어가고 싶은 배움의 모습을 그림이나 상징으로 표현해 보세요.

4. 함께하는 활동

〈짝과 함께 배움 이야기 나누기〉

① 짝꿍에게 "나는 _____ 상황에서 이런 배움을 얻었어."라고 말해 보세요.

② 이어서 "그 배움을 통해 나는 _____라는 걸 느꼈어."라고 이야기해 보세요.

③ 짝꿍은 "네가 그렇게 소중한 배움을 얻었다니 정말 멋지다! 그 경험이 너를 더 크게 성장시킬 거야."라고 응답해 주세요.

④ 활동 후, 내 마음은 ____________________

5. 마무리 성찰

① 나에게 배움은 ____________________과 같다.

② 배움을 돌아볼수록 내 마음은 ____________________ 해진다.

③ 오늘 수업을 통해 내가 가장 깊이 깨달은 것은 ____________________이다.

교사 TIP

- 아이들이 작성한 글과 그림을 모아 "우리 반 배움의 발자취 보드"를 꾸며 보세요.
- 활동 중에는 "배움은 성적이나 결과로만 남는 것이 아니라, 나를 자라게 하는 힘이다."라는 메시지를 전해 주세요.
- 수업 마무리에는 아이들과 함께 "나는 배움을 정리하며 더 큰 성장을 준비한다!"라는 구호를 외치며 긍정적이고 희망적인 분위기를 다져 보세요.

24. 아쉬움을 놓고 앞으로 걸어가기

늦은 겨울, 상담실 창가에 앉은 한 아이가 말했습니다.
"선생님, 자꾸 아쉬움만 남아요. 그때 더 열심히 했으면 좋았을 걸, 용기를 냈다면 달라졌을 텐데… 계속 그런 생각만 들어요."
그 눈빛에는 이미 지나가 버린 시간에 대한 미련이 고요하게 배어 있었습니다.

저는 아이를 바라보며 차분히 말했습니다.
"그런 마음이 드는 건 네가 그 시간을 진심으로 살았다는 결과란다. 하지만 지나간 장면을 붙잡고만 있으면 앞으로 나아갈 힘을 잃게 돼. 미련과 후회를 내려놓는 건 잊어버린다는 뜻이 아니라, 그 마음을 새로운 길을 향한 에너지로 바꾸는 거야."

심리학자 다니엘 카너먼(Daniel Kahneman)은 사람은 지나간 선택을 반복해서 떠올리며 "만약 그때…"라는 생각에 머무는 경향이 있다고 말했습니다. 이를 반추(Rumination)라고 부르지요.

저는 아이에게 이렇게 풀어주었습니다.
"네가 계속 '그때 그랬으면' 하고 생각하는 건 자연스러운 거야. 하지만 반추에만 머물면 발걸음이 묶이게 돼. 중요한 건 그 생각에서 어떤 교훈을 찾느냐야. 단순히 아쉬움으로 남길지, 아니면 앞으로의 나를 위한 이정표로 삼을지가 달라."

아이는 작게 고개를 끄덕이며 속삭였습니다.

"…그럼 후회도 그냥 버리는 게 아니라, 배움으로 바꿀 수 있겠네요."

"맞아. 후회는 버려야 할 쓰레기가 아니라, 잘 정리하면 내일을 비추는 거울이 될 수 있어."

며칠 뒤, 또 다른 아이가 상담실에 들어왔습니다.
"선생님, 저는 계속 지난 일들을 떠올리면서 마음이 무거워요. 아무리 생각해도 되돌릴 수 없다는 게 힘들어요."

저는 고개를 끄덕이며 차분히 말했습니다.
"엘리자베스 퀴블러 로스(Elisabeth Kübler-Ross)는 사람이 상실이나 변화를 겪을 때 부정, 분노, 타협, 우울, 수용의 단계를 거친다고 했단다. 후회도 마찬가지야. 끝내는 '받아들이는 단계'로 가야 마음이 자유로워져. 네가 했던 선택을 인정하는 순간, 새로운 가능성이 열린단다."

아이는 한숨을 내쉬며 속삭였습니다.
"…받아들인다는 게 쉽지는 않겠지만, 그게 자유로 가는 길이겠네요."

"그렇지. 내려놓음은 포기가 아니라, 새로움으로 향하는 첫걸음이지."

철학자 에픽테토스(Epictetus)는 이렇게 말했습니다.
"우리의 힘으로 통제할 수 있는 것과 통제할 수 없는 것을 구분하라."

저는 아이들에게 이렇게 풀어 주었습니다.
"이미 지나간 일은 네가 다시 바꿀 수 없어. 하지만 그 일을 어떻게 해석하고 기억할지는 네가 선택할 수 있지. 후회를 붙잡는 대신, 그 경험이 너를 더 단단하게 만들었다고 해석할 수도 있어."

또 다른 철학자 빅터 프랭클(Viktor Frankl)은 극한의 상황 속에서도 인간이 삶의 의미를 찾을 때 살아갈 힘을 얻는다고 했습니다.
"후회 속에서도 '나는 왜 살아가야 하는가?'라는 질문을 붙잡는다면, 그 순간조차 의미로 바꿀 수 있어. 의미를 발견하는 순간, 미련은 짐이 아니라 선물이 된단다."

겨울 하늘을 떠올려 보세요.
어떤 날은 맑고 투명하지만, 어떤 날은 잿빛 구름이 드리우고, 또 어떤 날은 눈발이 고요히 내립니다.
그러나 그 모든 변화가 모여 겨울을 완성합니다.

미련과 후회도 그렇습니다.
빛나는 순간뿐 아니라, 흔들리고 아쉬웠던 기억까지 모두 모여 지금의 나를 만든 것입니다.
겨울 나무가 앙상해 보여도, 그 뿌리는 눈 속에서 더 깊이 땅을 붙잡습니다.

우리의 마음도 후회를 껴안을 때, 오히려 더 깊이 뿌리내립니다.

저는 아이에게 작은 제안을 했습니다.
"오늘 집에 가면 종이에 네가 가장 후회하는 일을 하나 적어 보렴. 그리고 그 옆에 이렇게 써보는 거야. '이 경험을 통해 내가 배운 건 ____이다' 그 순간 후회는 짐이 아니라 배움으로 바뀌게 될 거야."

아이는 미소를 지으며 말했습니다.
"…한번 해볼래요. 후회가 꼭 부끄러운 건 아니라는 게 조금은 느껴져요."

"그래, 후회는 성숙으로 가는 길의 동반자야."

미련과 후회는 누구에게나 찾아옵니다. 하지만 그것을 어떻게 다루느냐에 따라, 짐이 될 수도 있고, 성장의 밑거름이 될 수도 있습니다.

겨울은 차갑지만, 그 속에서 봄을 준비합니다.
후회는 아프지만, 그 속에서 배움이 피어납니다.

겨울 하늘이 맑음과 흐림, 눈발까지 모두 품어내듯, 우리는 빛나는 순간과 아쉬운 기억 모두를 품어낼 때 더 단단해집니다. 미련과 후회를 내려놓는다는 것은 잊는 것이 아니라, 그것을 배움으로 정리해 새로운 길을 준비하는 것입니다.

겨울 끝자락에서 봄을 기다리듯, 지금의 후회 또한 새로운 시작을 위한 힘이 되기를 바랍니다.

이제, 스스로에게 이렇게 물어보세요.

- 나는 지금 어떤 미련이나 후회에 가장 많이 머물러 있나요?
- 그 경험에서 당신이 배운 가장 중요한 교훈은 무엇인가요?
- 오늘 그 짐을 내려놓는다면, 나는 어떤 가벼운 발걸음으로 내일을 맞이할 수 있을까요?

마음 결 따라 쓰기

1. 마음 열기 질문

♡ 나는 지나간 일에 미련이나 후회를 느꼈던 순간을 떠올릴 때 어떤 기분이 들었나요?

□ 더 잘할 수 있었을 것 같아 아쉬웠어요.

□ 자꾸 떠올라 마음이 무거웠어요.

□ 시간이 지나니 배움이 되었다고 느꼈어요.

□ 내려놓으니 오히려 마음이 편안해졌어요.

□ 다른 느낌: ________________

2. 짧은 글쓰기 활동

① "나는 ________________ 상황에서 미련이나 후회를 느낀 적이 있어요."

② "그때 내 마음은 ____ 했어요."

③ "그 경험을 통해 미련과 후회는 ______________ 라는 것을 깨달았어요."

④ "나는 그것을 내려놓으며 ________________ 라는 나의 강점을 발견했어요."

⑤ "앞으로는 ______________ 하며 미련과 후회를 성장의 힘으로 삼고 싶어요."

3. 그림 활동

<아쉬움을 놓고 앞으로 걸어가기 그림>

♡ 내가 미련이나 후회를 내려놓는 순간을 그림이나 상징으로 표현해 보세요.

4. 함께하는 활동

〈짝과 함께 미련과 후회 이야기 나누기〉

① 짝꿍에게 "나는 _____ 상황에서 미련이나 후회를 느꼈어."라고 말해 보세요.

② 이어서 "그때 나는 _____ 라는 방법으로 그 마음을 조금 내려놓았어."라고 이야기해 보세요.

③ 짝꿍은 "네가 후회를 배움으로 바꾸다니 정말 멋지다! 그 경험이 너를 더 단단하게 지켜 줄 거야."라고 응답해 주세요.

④ 활동 후, 내 마음은 ______________________________

5. 마무리 성찰

① 나에게 미련과 후회를 내려놓는 것은 ______________ 과 같다.

② 미련과 후회를 떠올릴수록 내 마음은 ______________ 해진다.

③ 오늘 수업을 통해 내가 가장 깊이 깨달은 것은 ______________ 이다.

교사 TIP

- 아이들이 작성한 글과 그림을 모아 "우리 반 내려놓기의 길 보드"를 꾸며 보세요.
- 활동 중에는 "미련과 후회는 나를 붙잡는 것이 아니라, 나를 성장으로 이끄는 발판이다."라는 메시지를 전해 주세요.
- 수업 마무리에는 아이들과 함께 "나는 미련과 후회를 내려놓고 더 자유롭게 성장한다!"라는 구호를 외치며 긍정적이고 희망적인 분위기를 다져 보세요.

25. 스스로에게 세우는 약속

겨울 햇살이 창밖에 길게 드리워진 상담실, 한 아이가 의자에 앉아 조심스럽게 고백했습니다.
"선생님, 다짐을 하면 며칠은 잘 지키는데, 금방 무너져요. 그래서 또 다짐하는 게 두려워요. 지키지 못할까 봐요."

저는 아이의 눈빛을 가만히 바라보며 부드럽게 말했습니다.
"다짐은 무너지지 않는 약속이 아니라, 다시 세울 수 있는 용기란다. 길을 가다가 발자국이 흐려지면 다시 찍으면 되지. 중요한 건 완벽하게 지키는 게 아니라, 다시 시작하는 힘을 잃지 않는 거야."

아이는 잠시 생각하다가 조용히 웃었습니다.
"…그럼 다짐은 실패하는 게 아니라, 계속 이어가는 거군요."

"맞아. 다짐은 무너짐 속에서도 다시 일어나는 힘이야."

심리학자 찰스 두히그(Charles Duhigg)는 『습관의 힘』에서 이렇게 말했습니다.
"사람은 강한 의지로만 변하지 않는다. 습관의 구조를 이해할 때 변화가 시작된다."

저는 아이에게 이렇게 풀어주었습니다.
"예를 들어 '매일 영어 단어 100개 외우겠다.'고 다짐하면 며칠은 열심히 하겠지. 그런데 금방 지치고 무너질 거야. 하지만 '오늘은 단어 5개만 외워 보자'라고 하면, 그건 훨씬 지키기 쉽지. 그 작은 행동이 쌓이면 어느새 큰 힘이 돼. 다짐은 큰 결심이 아니라, 습관이 되어야 오래가."

아이는 눈을 반짝이며 말했습니다.
"…그럼 저도 작은 것부터 다짐해야겠네요. 오늘은 10분만 공부하기 같은 걸로요."

"좋아. 작은 약속은 작아 보이지만, 그게 쌓이면 인생을 바꾸는 힘이 돼."

며칠 뒤, 또 다른 아이가 상담실에 들어와 말했습니다.
"선생님, 저는 다짐을 세워도 금방 마음이 산만해져요. 공부하려다가도 휴대폰을 보고, 친구랑 수다 떨다 보면 다짐은 잊어버려요."

저는 고개를 끄덕이며 시몬 베유(Simone Weil)의 철학을 떠올렸습니다. 그녀는 "진정한 주의(Attention)는 기도의 한 형태"라고 말했지요. 우리가 어디에 마음을 두느냐가 삶의 방향을 결정한다는 뜻입니다.

저는 아이에게 이렇게 풀어 주었습니다.
"다짐은 화려한 선언이 아니라, 오늘 내가 마음을 어디에 두는지의 선택이야. 네 마음이 휴대폰에 머무르면 그쪽으로 하루가 흘러가고, 네 마음이 공부에 머무르면 그쪽으로 하루가 쌓이는 거지. 베유는 주의를 어디에 두느냐가 곧 네가 어떤 사람이 되는지를 정한다고 했어. 다짐을 지키고 싶다면, 오늘 마음을 둘 자리를 스스로 정해 보렴."

아이는 고개를 끄덕이며 웃었습니다.
"…그럼 다짐은 미래의 목표보다 오늘 내가 집중하는 것과 더 관련 있군요."

"그렇지. 다짐은 내일의 꿈이 아니라, 지금 이 순간 내가 마음을 두는 선택이지."

상담실에 들어온 또 다른 아이가 한숨을 쉬며 말했습니다.
"선생님, 저는 늘 후회만 해요. 그때 조금만 더 노력했으면 좋았을 텐데, 왜 그러지 못했을까… 그런 생각만 들어요. 그래서 다짐을 세워도 또 무너질까 봐 두려워요."

저는 아이의 마음을 받아들이며 조용히 말했습니다.
"후회는 겨울 눈 같단다. 차갑고 무겁지만, 녹으면 봄을 준비하는 물줄기가 돼. 다짐은 후회를 묶어 두는 게 아니라, 그것을 새로운 시작으로 바꾸는 거야. 네가 후회를 인정하면서도 '이제는 다르게 해 보자.'고 다짐하는 순간, 후회는 짐이 아니라 길이 되지."

아이는 천천히 고개를 끄덕이며 속삭였습니다.
"…그럼 후회도 새로운 시작이 될 수 있겠네요."

"그래. 다짐은 후회를 덮는 게 아니라, 그 위에 길을 놓는 거야."

겨울 나무를 떠올려 보세요.
겉으로는 앙상하고 차갑지만, 그 뿌리 속에서는 봄을 준비하는 힘이 자라고 있습니다.
다짐도 마찬가지예요. 겉으로는 작고 보잘것없어 보여도, 마음 깊은 곳에서 조금씩 자라나 미래의 꽃을 피웁니다.

저는 아이들에게 이렇게 마음을 전합니다.

"큰 목표를 당장 이루겠다고 다짐하는 건 힘들어. 하지만 오늘의 작은 약속, 내일의 작은 실천이 쌓이면 그것이 너만의 봄을 맞이하는 시작이 돼. 겨울이 봄을 품고 있듯, 네 다짐도 미래를 품고 있단다."

자기 다짐은 화려한 선언이 아닙니다.
그것은 오늘 하루를 살아가는 나에게 건네는 작은 약속입니다.

찰스 두히그(Charles Duhigg)가 말했듯, 다짐은 의지로만 지켜지는 것이 아니라 습관으로 자리 잡을 때 힘을 얻고, 시몬 베유(Simone Weil)가 말했듯, 다짐은 먼 미래의 계획이 아니라 지금 내가 어디에 마음을 두느냐의 선택 속에 있습니다.

겨울 나무가 앙상해 보여도 뿌리 깊은 곳에서 봄을 준비하듯, 지금의 작은 다짐도 언젠가 큰 변화를 만들어냅니다. 오늘의 다짐이 내일의 나를 바꾸고, 그 다짐이 쌓여 내 삶의 길을 만들어갑니다. 당신의 겨울 끝자락의 고요 속에서 피어나는 작은 약속도, 봄의 첫 새싹처럼 단단히 자라나기를 바랍니다.

이제, 스스로에게 이렇게 물어보세요.

- **오늘 내가 지켜낼 수 있는 가장 작은 약속은 무엇일까요?**
- **내 마음이 산만해질 때, 다시 주의를 돌려야 할 곳은 어디일까요?**
- **어제의 후회를, 내일의 다짐으로 바꾸기 위해 나는 무엇을 할 수 있을까요?**

마음 결 따라 쓰기

1. 마음 열기 질문

♡ 나는 나 자신에게 다짐을 해 본 순간을 떠올릴 때 어떤 기분이 드나요?

□ 앞으로의 길이 분명해지는 것 같아 설레었어요.

□ 다짐을 하니 마음이 단단해지고 힘이 생겼어요.

□ 작은 다짐이지만 지켜내고 싶다는 책임감이 생겼어요.

□ 다짐 속에서 나의 가능성을 믿게 되었어요.

□ 다른 느낌: ________________

2. 짧은 글쓰기 활동

① "나는 ______________ 상황에서 나 자신에게 다짐을 세운 적이 있어요."

② "그때 내 마음은 ____ 했어요."

③ "그 경험을 통해 다짐은 _______________ 라는 것을 깨달았어요."

3. 그림 활동

〈나의 다짐 그림〉

♡ 내가 세운 다짐을 실천하는 나의 모습을 그림이나 상징으로 표현해 보세요.

4. 함께하는 활동

〈짝과 함께 다짐 이야기 나누기〉

① 짝꿍에게 "나는 ____ 상황에서 이런 다짐을 세웠어."라고 말해 보세요.

② 이어서 "그 다짐을 지키고 싶었던 이유는 ____ 이었어."라고 이야기해 보세요.

③ 짝꿍은 "네가 스스로 다짐을 세우다니 정말 멋지다! 그 다짐이 너를 더 크게 성장시켜 줄 거야."라고 응답해 주세요.

④ 활동 후, 내 마음은 ____

5. 마무리 성찰

① 나에게 자기 다짐은 ________________________ 과 같다.

② 자기 다짐을 떠올릴수록 내 마음은 ____________________ 해진다.

③ 오늘 수업을 통해 내가 가장 깊이 깨달은 것은 __________________ 이다.

교사 TIP

- **아이들이 작성한 글과 그림을 모아 "우리 반 다짐의 길 보드"를 꾸며 보세요.**
- **활동 중에는 "다짐은 단순한 말이 아니라, 나를 앞으로 이끄는 힘이다."라는 메시지를 전해 주세요.**
- **수업 마무리에는 아이들과 함께 "나는 오늘의 다짐으로 내일을 성장시킨다!"라는 구호를 외치며 힘차고 긍정적인 분위기를 다져 보세요.**

26. 두려움을 넘어서는 용기

겨울 햇살이 희미하게 스며든 상담실, 한 아이가 의자에 앉아 조용히 말했습니다.

"선생님, 이번에 제가 동아리 부장이 됐는데요… 친구들도 기대하고, 후배들도 다 저만 바라보는 것 같아요. 그런데 솔직히 너무 두려워요. 제가 잘못하면 다 실망할까 봐요."

저는 잠시 미소 지으며 아이의 말을 받아주었습니다.

"그 두려움은 네가 책임감을 느끼고 있다는 표현이야. 사실 아무런 부담을 느끼지 못한다면, 그 자리를 맡을 준비가 되었다고 말하기 어렵겠지. 중요한 건 '완벽하게 하겠다.'는 생각이 아니라, '지금 내가 할 수 있는 것을 하나씩 해보자.'는 태도야."

저는 심리학자 줄리안 B. 로터(Julian B. Rotter)의 통제 소재 이론을 떠올렸습니다.

"로터는 사람들의 태도를 이렇게 설명했어. 어떤 사람은 '내 인생은 내 선택에 달려 있다'고 믿고, 어떤 사람은 '결국 운이나 남이 정해준 대로 될 거야'라고 생각하지. 전자는 내적 통제, 후자는 외적 통제라고 해. 두려움이 커질수록 우리는 자꾸 외부에 책임을 돌리고 싶어져. 하지만 네가 할 수 있는 건 '최선을 다해 준비하고 선택하는 것'이지. 결과는 알 수 없지만, 그 순간의 태도만큼은 네가 통제할 수 있단다."

아이는 천천히 고개를 끄덕이며 말했습니다.

"…그러면 제가 잘하는지 못하는지보다, 제가 준비해서 내놓는 과정을 더 중요하게 생각해야겠네요."

"맞아. 그게 바로 도전의 본질이지. 완벽이 아니라 과정, 결과가 아니라 선택이란다."

며칠 뒤, 또 다른 아이가 상담실로 들어왔습니다. 얼굴에는 긴장과 두려움이 가득했습니다.
"선생님, 다음 주 축제에서 밴드 공연을 해요. 그런데 리허설 때 자꾸 틀려서 너무 불안해요. 무대에 오르면 손이 덜덜 떨릴 것 같아요."

저는 아이의 두려움을 공감하며 말했습니다.
"무대에 오르기 전에 느끼는 두려움은 누구나 경험하는 거야. 그런데 두려움을 어떻게 바라보느냐가 중요해. 철학자 José Ortega y Gasset(호세 오르테가 이 가세트)는 '나는 나와 나의 환경이다'라고 했어. 무대라는 환경이 네 마음을 압도할 수도 있어. 하지만 동시에 그 환경은 네가 성장할 수 있는 무대가 될 수도 있지. 어떤 환경이 될지는 네가 선택하는 거야."

저는 조금 더 구체적인 비유를 덧붙였습니다.
"무대를 '나를 두렵게 하는 곳'으로 보면 발걸음이 무거워지겠지. 하지만 '내가 준비한 노래로 친구들에게 마음을 전할 자리'로 보면, 그 무대는 두려움이 아니라 기회가 돼. 환경은 바뀌지 않지만, 네가 환경을 바라보는 시선이 바뀌면 환경은 달라져."

아이는 한동안 생각에 잠기더니 작게 웃었습니다.
"…그럼 무대가 무섭기만 한 곳은 아니네요. 제가 어떻게 보느냐에 따라 달라지는 거군요."

"그렇지. 두려움은 사라지지 않지만, 도전하는 순간 두려움은 새로운 의미를 가지게 된단다."

또 다른 날, 한 아이가 창가에 앉아 창밖의 눈을 바라보며 말했습니다.
"선생님, 학교에서 해외 교환 프로그램 지원서를 받는데요. 사실 가보고 싶어요. 그런데 영어도 부족하고, 새로운 환경에서 혼자 적응할 수 있을까 너무 두려워요. 그냥 신청하지 말까 생각 중이에요."

저는 아이의 마음을 이해하며 말했습니다.
"새로운 환경이 두렵게 느껴지는 건 아주 자연스러워. 하지만 가세트는 '인간은 환경 속에서 자기 자신을 만들어 간다'고 했어. 지금의 너는 한국에서 익숙한 환경 속에 있지만, 낯선 환경에 들어가면 지금까지 몰랐던 너의 모습을 발견할 수 있을 거야. 그 경험이 널 더 넓게 성장시키지."

저는 조금 더 쉽게 풀어주었습니다.
"영어가 부족하다고? 괜찮아. 중요한 건 언어 실력이 아니라, '내가 이 낯선 환경 속에서 어떻게 배우고, 어떻게 내 자리를 만들어 가는가'야. 도전은 완벽한 준비가 되어 있을 때 하는 게 아니야. 준비가 부족한 상태에서도 발걸음을 내딛는 게 진짜 도전이지."

아이는 눈빛을 반짝이며 말했습니다.
"…무섭지만, 그래도 해보고 싶어요. 편한 자리만 있으면 새로운 건 못 배우는 것 같아요."

"맞아. 바로 그 마음이 두려움을 넘어서는 첫걸음이란다."

한 아이가 깊은 한숨을 쉬며 상담실 문을 열었습니다.
"선생님, 저는 시험만 다가오면 너무 두려워요. 준비한 게 하나도 없는 것 같고, 혹시 망치면 어쩌나 하는 생각에 공부도 손에 안 잡혀요."

저는 차분히 웃으며 말했습니다.
"시험은 누구에게나 긴장되는 일이야. 하지만 시험이 두려운 건 '결과가 내 손에 달려 있지 않다'는 생각 때문일 수도 있어. 로터는 우리에게 이렇게 말했어. 결과가 불확실할 때, 중요한 건 내가 통제할 수 있는 부분에 집중하는 거라고. 공부한 시간, 노력한 태도, 끝까지 포기하지 않고 문제를 풀어내는 마음… 이런 것들은 네가 선택할 수 있지."

아이는 작게 고개를 끄덕였습니다.
"…결과는 알 수 없지만, 제가 어떻게 준비하느냐는 제 선택이라는 거네요."

"맞아. 성적은 순간의 수치지만, 그 과정을 어떻게 살아냈느냐는 네 삶 전체에 남는 거야."

상담실에 들어온 또 다른 아이가 말했습니다.

"선생님, 저는 친구랑 다투고 나면 먼저 다가가는 게 너무 두려워요. 혹시 제가 사과했는데도 친구가 받아주지 않으면 어쩌죠? 그래서 결국 거리를 두고 지내게 돼요."
저는 아이의 마음을 받아들이며 말했습니다.
"사과는 가장 큰 도전 중 하나야. 두려움은 '내 마음이 거절당할까 봐' 생기는 거지. 하지만 그럼에도 불구하고 먼저 다가가는 순간, 너는 이미 도전을 시작한 거야. 가세트가 말했듯, 너와 환경은 함께 너를 만들어 가. 친구와의 관계도 네가 선택하는 작은 행동 하나로 달라질 수 있어."

아이는 잠시 침묵하다가 말했습니다.
"…저도 이번에는 먼저 메시지를 보내 볼래요. 무섭지만, 그래도 하고 싶어요."
"그 용기가 바로 너를 성장시킬 거야."

겨울 들판을 걸어가는 모습을 떠올려 보세요.
눈 위의 첫 발걸음은 불안하고 흔들리지만, 발자국이 쌓이면 길이 됩니다.

도전도 그렇습니다. 두렵고 서툴지만, 작은 발걸음이 이어지면 그것은 곧 나만의 길이 됩니다.
겨울 나무가 앙상해 보여도 뿌리 깊은 곳에서는 봄의 싹이 자라고 있듯, 두려움 속에서 내딛는 도전의 걸음마다 이미 성장의 힘이 자라나고 있습니다.

줄리안 B. 로터(Julian B. Rotter)는 "삶은 내가 통제할 수 있다는 믿음에서 시작된다"고 말했습니다.

호세 오르테가 이 가세트(José Ortega y Gasset)는 “나는 나와 나의 환경이다.”라는 말로, 낯선 환경이 우리를 위협하는 공간이 아니라 성장을 키우는 무대가 될 수 있음을 보여주었습니다.
동아리 리더로서의 부담, 무대 위의 떨림, 새로운 선택의 불안, 시험과 실패에 대한 두려움, 관계에서 먼저 손 내미는 용기… 이 모든 것은 고등학생들이 실제로 경험하는 두려움이자 동시에 성장의 기회입니다.

겨울 끝자락의 차가운 들판에 찍힌 첫 발자국처럼, 두려움을 넘어 내딛는 도전의 발걸음은 아직 서툴고 불안할 수 있습니다. 그러나 그 발자국이 쌓이면 결국 길이 되고, 그 길 위에서 우리는 새로운 자신을 만나게 됩니다.
두려움은 막다른 벽이 아니라, 새로운 문 앞에서 느끼는 설레는 떨림입니다.

이제 그 문을 열고 발걸음을 내딛어 보세요.
그 길 끝에서 마주하게 될 당신은, 지금보다 더 단단하고 깊어진 모습일 것입니다.

이제, 스스로에게 이렇게 물어보세요.

- 지금 내가 가장 두려워하는 상황은 무엇일까요?
- 그 상황 속에서 오늘 당장 내가 선택할 수 있는 가장 작은 도전은 무엇일까요?
- 결과가 어떨든, 이 도전을 통해 나는 무엇을 배우고 싶은가요?

마음 결 따라 쓰기

1. 마음 열기 질문

♡ 나는 두려움을 느꼈지만 도전해 본 순간을 떠올릴 때 어떤 기분이 드나요?

- □ 처음엔 떨리고 무서웠지만 끝내 해내니 뿌듯했어요.
- □ 도전 속에서 나의 새로운 가능성을 발견했어요.
- □ 실패할까 걱정했지만 시도해 본 것만으로도 용기가 생겼어요.
- □ 두려움을 넘어섰더니 마음이 자유로워졌어요.
- □ 다른 느낌: ______________

2. 짧은 글쓰기 활동

① "나는 ____________ 상황에서 두려움을 느꼈지만 도전해 본 적이 있어요."

② "그때 내 마음은 ______________________________________ 했어요."

③ "그 경험을 통해 두려움은 _________, 도전은 _________ 라는 것을 깨달았어요."

3. 그림 활동

〈두려움을 넘어 도전하는 나의 모습 그림〉

♡ 내가 두려움을 이겨내고 도전했던 순간, 또는 앞으로 도전하고 싶은 모습을 그림이나 상징으로 표현해 보세요.

4. 함께하는 활동

〈짝과 함께 도전 이야기 나누기〉

① 짝꿍에게 "나는 ____ 상황에서 두려웠지만 도전했어."라고 말해 보세요.

② 이어서 "그 도전을 통해 나는 ____ 라는 걸 배웠어."라고 이야기해 보세요.

③ 짝꿍은 "네가 두려움을 넘어 도전하다니 정말 용감하다! 그 용기가 네 삶을 더 크게 열어 줄 거야."라고 응답해 주세요.

④ 활동 후, 내 마음은 ________________________________

5. 마무리 성찰

① 나에게 두려움을 넘어 도전하는 것은 ____________________ 과 같다.

② 도전을 떠올릴수록 내 마음은 ____________________ 해진다.

③ 오늘 수업을 통해 내가 가장 깊이 깨달은 것은 ____________________ 이다.

교사 TIP

- 아이들이 작성한 글과 그림을 모아 "우리 반 도전의 벽"을 꾸며 보세요.
- 활동 중에는 "두려움은 나를 막는 벽이 아니라, 내가 성장할 수 있는 문이다."라는 메시지를 전해 주세요.
- 수업 마무리에는 아이들과 함께 "나는 두려움을 넘어 당당히 도전하는 사람이다!"라는 구호를 외치며 용기와 자신감을 북돋아 주세요.

27. 효도, 책임 있는 자율에서 자라다

겨울의 공기는 유난히 차갑지만, 그 차가움 속에는 마음을 가만히 들여다보게 하는 힘이 있습니다. 교정 위에 흩날리는 마른 낙엽, 창문을 두드리는 바람, 그리고 조용히 고개 숙인 아이의 발걸음. 그날 상담실로 들어온 아이의 모습은 계절의 공기와 닮아 있었습니다. 말하지 않아도 이미 마음에 무언가 무거운 짐을 지고 있는 듯했지요.

아이의 어깨는 살짝 굽어 있었고, 두 손은 가방 끈을 꼭 잡고 있었습니다.
의자에 앉아 한참 동안 침묵하던 아이는 조용히 입을 열었습니다.
"선생님, 요즘 집에만 가면 답답해요. 엄마 아빠가 저를 너무 걱정하시는 건 알겠는데, '공부 좀 더 해라', '핸드폰 줄여라', '방도 좀 치워라'… 다 맞는 말씀인 건 아는데, 들으면 자꾸 화가 나고, 그러다 결국 짜증을 내 버려요. 그러고 나면 제가 너무 미안해요. 그런데도 계속 반복돼요."

그 말에는 억눌린 한숨이 섞여 있었습니다.
저는 잠시 아이의 눈빛을 바라보며 천천히 고개를 끄덕였습니다.
"네 마음이 얼마나 답답했을지 느껴져. 부모님 말씀 하나하나는 다 맞는 이야기인데, 너는 네가 스스로 하고 싶고 선택하고 싶은 마음이 있잖아. 그래서 부모님 사랑이 때로는 잔소리처럼 들릴 수 있는 거야."

아이는 제 말에 조금 안도했는지, 힘겹게 미소를 지었습니다.
하지만 곧 다시 고개를 숙이며 물었습니다.

"근데 선생님, 효도가 뭘까요? 부모님 말씀을 무조건 다 따라야 효도라면… 저는 정말 자신이 없어요."

저는 잠시 창밖을 바라보며 답했습니다
"효도는 무조건 따르는 게 아니야. 효도는 부모님의 마음을 이해하고, 네가 선택한 길에 책임을 지는 태도에서 자라나지."

아이는 고개를 갸웃하며 다시 물었습니다.
"효도가 꼭 순종이 아니라고요?"

저는 부드럽게 웃으며 철학자의 말을 빌려 설명했습니다.
"철학자 가브리엘 마르셀(Gabriel Marcel)은 '관계는 서로를 존중할 때 희망이 자란다.'고 했어. 부모님을 그저 잔소리하는 사람으로 보는 게 아니라, 한 사람의 삶을 살아가는 존재로 존중할 때, 관계 속에 새로운 희망이 생긴다는 것이지. 효도는 부모님의 말씀을 모두 따르는 게 아니라, 부모님을 존중하며 내가 선택한 길을 책임 있게 살아가는 거야."

아이는 눈을 크게 뜨며 말했습니다.
"그럼 부모님 말씀을 다 따르지 않아도… 효도가 될 수 있다는 거네요?"

"맞아. 중요한 건 태도야. 에릭 홈버거 에릭슨(Erik Homburger Erikson)은 청소년기의 가장 중요한 과제가 '정체성을 찾는 것'이라고 했어. 네가 부모님과 부딪히는 것도 결국 '나는 누구일까, 어떻게 살아야 할까'라는 질문 때문이지. 효도는 네가 부모님의 사랑을 이해하면서, 네 선택에 책임을 지는 과정이야. 그게 바로 효도지."

아이의 얼굴에 조금씩 빛이 돌아왔습니다.
"그러면 효도는… 엄마 아빠 말씀을 다 따르는 게 아니라, 제가 선택한 걸 책임지고, 부모님 마음을 존중하는 거군요."

저는 고개를 끄덕였습니다.
"그래. 예를 들어 부모님이 말씀하시기 전에 스스로 공부 계획을 세우고 지켜내는 것, 늦게 귀가했을 때 '걱정하셨죠?'라고 먼저 말하는 것, 집안일을 찾아서 도와드리며 '제가 할게요.'라고 말하는 것, 이 모든 게 효도의 모습이야. 부모님은 네 성적표보다, 네가 보여주는 책임 있는 태도에서 더 큰 안심과 기쁨을 느끼실 거야."

아이는 조용히 웃으며 말했습니다.
"오늘은 집에 가서 엄마 아빠께 먼저 제 할 일을 하고, '고마워요'라고 말해 볼래요. 그럼 부모님도 조금은 덜 걱정하시겠죠?"

저는 따뜻하게 웃었습니다.
"그럼. 부모님은 네가 스스로 책임 있게 행동하는 걸 보면서, 네가 성숙해졌다는 걸 느끼실 거야. 겨울 나무가 잎을 모두 내려놓고 뿌리를 깊게 내리듯, 네가 선택한 작은 책임이 부모님 마음에도 깊은 울림을 남겨 줄 거야."
효도는 이제 단순히 '부모님의 말에 순종하는 덕목'이 아닙니다.
고등학생이 된다는 것은, 부모님의 품을 떠나 조금씩 스스로의 길을 걸어가야 한다는 뜻입니다. 하지만 그 길 위에서 부모님을 무시하거나 배척하는 것이 아니라, 부모님을 존중하고 이해하는 태도를 품을 때, 효도는 새로운 얼굴로 자라납니다.

부모님의 노고를 헤아리는 이해, 부모님을 한 사람으로 존중하는 시선, 그리고 내 선택에 책임을 지는 성숙한 자율, 이 세 가지가 함께할 때, 효도는 더 이상 무거운 의무가 아니라 내 삶을 지탱하는 힘이 됩니다.

철학자 마르셀이 말한 '존중 속의 희망', 에릭슨이 강조한 '정체성 찾기' 이 두 사상이 만나는 지점에서 우리는 효도의 참된 의미를 발견합니다. 효도는 부모님을 향한 존중이자, 동시에 나 자신을 키워내는 성숙의 길입니다.

이제, 스스로에게 이렇게 물어보세요.

- 나는 부모님을 잔소리하는 사람으로만 보지 않고, 한 사람으로 존중하고 있을까요?
- 부모님과 다툴 때도, '그래도 난 부모님 곁에 있고 싶다'는 마음을 표현한 적이 있을까요?
- 효도를 순종이 아니라 '작은 행동으로 보여 주는 존중'이라고 생각한다면, 오늘 내가 할 수 있는 건 무엇일까요?

마음 결 따라 쓰기

1. 마음 열기 질문

♡ 나는 부모님을 위해 스스로 책임지고 한 행동이 있을 때 어떤 기분이 들었나요?

□ 뿌듯하고 마음이 가벼웠어요.

□ 부모님이 미소 지으시는 걸 보니 행복했어요.

□ 작은 일이지만 의미가 크게 느껴졌어요.

□ 힘들었지만 끝내고 나니 자랑스러웠어요.

□ 다른 느낌: ______________

2. 짧은 글쓰기 활동

① "나는 ____________________를 스스로 했을 때 책임감을 느꼈어요."

② "그 경험을 통해 효도는 ____________________라는 걸 알게 되었어요."

③ "앞으로는 ____________________하며 부모님을 존중하고 싶어요."

3. 그림 활동

〈책임 있는 자율로 피어나는 효도의 순간〉

♡ 내가 부모님께 보여주고 싶은 효도의 모습을 그림으로 표현해 보세요.

4. 함께하는 활동

〈짝과 효도의 경험 나누기〉

① 짝꿍에게 "나는 ____ 했을 때 부모님이 기뻐하셨어."라고 말해 보세요.

② 이어서 "그때 나는 ____라는 걸 깨달았어."라고 이야기해 보세요.

③ 짝꿍은 "네가 책임 있게 행동한 게 참 멋지다. 네가 자랑스러워."라고 응답해 주세요.

④ 활동 후, 내 마음은 ______________________________

5. 마무리 성찰

① 효도는 나에게 ____________________과 같다.

② 부모님을 존중하며 스스로 행동할 때, 내 마음은 ____________해진다.

③ 오늘 활동을 통해 내가 깨달은 것은 ____________________이다.

교사 TIP

- 아이들이 쓴 글과 그림을 모아 "책임 있는 자율의 효도 나무"를 꾸며 보세요.
- 활동 후, 함께 "효도는 책임 속에서 자라난다!"라는 구호를 외치며 마무리하면 긍정적인 에너지가 퍼집니다.
- 효도를 의무가 아니라 스스로 선택하고 책임지는 성숙한 태도로 바라보도록 안내해 주세요.

28. 새 출발이 주는 희망

겨울이 끝나면 언제나 봄이 찾아옵니다.
눈 덮인 들판은 텅 빈 것 같지만, 그 속에는 이미 보이지 않는 준비가 이루어지고 있습니다. 땅속에서는 씨앗이 겨울을 견디며 뿌리를 내리고, 햇살이 따뜻해지는 순간을 기다리고 있지요. 우리의 삶도 이와 같습니다. 겉으로는 제자리걸음 같아 보여도, 그 속에서는 새로운 출발을 위한 힘이 자라나고 있습니다.

상담실로 들어온 한 아이가 고개를 떨군 채 말했습니다.
"선생님, 저한테도 새로운 시작이 올까요? 요즘은 아무것도 잘 안 되는 것 같아서, 그냥 멈춘 것 같아요."

저는 아이의 눈을 바라보며 차분히 대답했습니다.
"그런 마음이 드는 건 자연스러운 거야. 하지만 멈춘 것처럼 보이는 지금도, 너의 안에서는 분명히 새로운 출발을 위한 힘이 자라고 있어. 겨울 땅속의 씨앗처럼 말이야."

아이는 고개를 들어 제 말을 곱씹었습니다.
"정말요? 제가 이렇게 불안한 것도 새로운 시작의 과정일 수 있을까요?"

"그럼. 불안은 네가 무언가 새로운 길을 준비하고 있다는 표현일 수 있어. 중요한 건 멈추지 않고, 내일을 향해 작은 걸음이라도 내딛는 거란다."

아이는 미소를 지으며 말했습니다.
"그렇게 생각하니까 마음이 조금 가벼워져요. 저도 언젠가 제 봄을 맞이할 수 있겠죠?"

"물론이지. 그리고 그 봄은 네가 만들어가는 가장 특별한 계절이 될 거야."

우리는 살아가면서 누구나 한 번쯤 넘어지고, 다시 일어설 수 있을까 고민하는 순간을 맞이합니다. 그럴 때 마음속에서 작은 목소리가 들려옵니다.

"나는 정말 다시 시작할 수 있을까?"

심리학자 칼 로저스(Carl Rogers)는 우리 안에는 이미 성장하고 치유할 수 있는 힘이 있다고 말했습니다. 그는 이를 자기실현 경향이라고 불렀습니다. 즉, 누군가가 내게 길을 대신 열어 주지 않아도, 내 안의 힘이 나를 다시 앞으로 나아가게 한다는 뜻이지요. 실패와 좌절은 끝이 아니라, 내 안의 가능성을 발견할 기회가 될 수 있습니다.

하지만 성숙은 나 혼자만의 결심으로 완성되지 않습니다.
철학자 에마뉘엘 레비나스(Emmanuel Levinas)는 진정한 성숙은 타인의 얼굴을 마주하는 순간에서 시작된다고 했습니다. 누군가를 존중하고, 책임 있게 바라보는 그 눈길 속에서 우리는 새로운 출발을 배웁니다. "나는 다시 시작할 수 있다."는 믿음에 더해 "나는 다른 이에게도 따뜻한 사람이 되고 싶다."는 다짐이 더해질 때, 우리의 길은 더욱 단단해집니다.

결국 다시 시작한다는 것은 단순히 나만을 위한 용기가 아니라, 함께 살아가는 세상 속에서 더 나은 내가 되겠다는 약속이기도 합니다. 그래서 우리는 매번 넘어져도, 서로의 눈을 바라보며 다시 일어설 수 있습니다. 그 순간, 새로운 시작은 이미 우리 안에서 자라나고 있는 것입니다.

겨울은 길고 춥지만, 그 겨울을 지나야만 봄이 옵니다.
고독은 무겁지만, 그 고독을 견디는 순간 내 안에서 성찰과 성숙이 자랍니다.
불안은 괴롭지만, 그 불안을 지나야 새로운 출발이 가능해집니다.

아이들이 지금 느끼는 흔들림과 결핍은 결코 실패가 아닌, 봄을 준비하는 겨울 땅과 같고, 별을 품기 위한 어두운 밤과 같습니다. 중요한 건 내 안에 이미 희망의 씨앗이 있다는 사실을 잊지 않는 것입니다.

한 아이가 이렇게 말했습니다.
"선생님, 저는 잘하는 게 하나도 없는 것 같아요. 그래서 새 출발이라는 말이 저한테는 어울리지 않는 것 같아요."

저는 아이의 손을 가만히 잡아주며 말했습니다.
"너는 이미 새로운 출발을 하고 있어. '나는 부족하다'고 느끼는 순간이 사실은, '나는 더 배우고 싶다'는 마음의 다른 표현이거든. 네가 지금 스스로를 돌아보고 있다는 것 자체가, 이미 봄의 씨앗을 뿌리고 있는 거야."

아이는 잠시 눈시울을 붉히더니, 조용히 속삭였습니다.

"그럼 저도 언젠가 제 안에서 꽃을 피울 수 있을까요?"

"그럼, 당연하지. 그 꽃은 너만이 피울 수 있는, 세상에서 단 하나뿐인 꽃일 거야."

새로운 출발은 멀리 있는 것이 아닙니다.
거창한 변화 속에서만 오는 것도 아닙니다.
오늘 내가 내딛는 작은 한 걸음, 내가 스스로에게 건네는 "괜찮아, 다시 해보자."라는 한마디가 곧 새로운 출발입니다.

겨울의 침묵 속에서 봄은 준비되고, 고독 속에서 성숙은 자라나며, 결핍 속에서 희망은 움트기 시작합니다. 아이들이 자기 안의 힘을 믿고, 다시 시작할 용기를 낸다면, 그들의 내일은 언제나 새롭게 빛날 것입니다.

이제, 스스로에게 이렇게 물어보세요.

- 나는 어떤 불안이나 어려움 속에서도 다시 시작하고 싶은 마음을 느낀 적이 있나요?
- 내 마음속 깊은 곳에 숨어 있는 희망의 씨앗은 무엇이라고 생각하나요?
- 오늘 내가 할 수 있는 작은 새로운 시작은 무엇일까?

마음 결 따라 쓰기

1. 마음 열기 질문

♡ 나는 새로운 시작을 앞두었을 때 어떤 기분이 들었나요?

- □ 설레고 두근거렸어요.
- □ 잘할 수 있을까 걱정이 되었어요.
- □ 새로운 가능성이 열리는 것 같아 희망이 생겼어요.
- □ 지난 시간을 돌아보며 감사한 마음이 들었어요.
- □ 다른 느낌: ______________

2. 짧은 글쓰기 활동

① "나는 ______________ 상황에서 새로운 출발을 경험했어요."

② "그때 내 마음은 ______________________________ 했어요."

③ "그 경험을 통해 새로운 출발은 __________, 희망은 __________라는 것을 깨달았어요."

3. 그림 활동

〈새 출발이 주는 희망 그림〉

♡ 내가 경험한 새로운 출발, 또는 앞으로 맞이하고 싶은 새로운 시작을 그림이나 상징으로 표현해 보세요.

4. 함께하는 활동

<짝과 함께 새로운 출발 이야기 나누기>

① 짝꿍에게 "나는 ____ 상황에서 새로운 출발을 경험했어."라고 말해 보세요.

② 이어서 "그때 나는 ____ 라는 점에서 희망을 느꼈어."라고 이야기해 보세요.

③ 짝꿍은 "네가 새로운 출발을 희망으로 바라보다니 참 멋지다! 그 마음이 앞으로 네 길을 밝혀 줄 거야."라고 응답해 주세요.

④ 활동 후, 내 마음은 ________________________________

5. 마무리 성찰

① 나에게 새로운 출발은 ____________________ 과 같다.

② 새로운 출발을 떠올릴수록 내 마음은 ________________ 해진다.

③ 오늘 수업을 통해 내가 가장 깊이 깨달은 것은 ____________________ 이다.

교사 TIP

- 아이들이 작성한 글과 그림을 모아 "우리 반 새로운 출발 보드"를 꾸며 보세요.
- 활동 중에는 "새로운 출발은 끝이 아니라, 또 다른 희망의 시작이다."라는 메시지를 전해 주세요.
- 수업 마무리에는 아이들과 함께 "나는 새로운 출발 속에서 희망을 키워가는 사람이다!"라는 구호를 외치며 힘차고 따뜻한 분위기를 다져 보세요.

당신의 속도로, 천천히

책장을 덮기 전, 오늘의 공기를 한 번 더 들이마십니다.
아침 교문 앞에서 스친 맑은 바람, 복도에 고이는 얕은 고요,
책상 위에 남아 있는 연필 자국이 작은 것들이 하루의 결을 만들었습니다.

저는 이 책을 쓰는 동안 여러분의 짧은 한숨,
조용한 결심, 망설임 끝에 내딛는 한 걸음을
곁에서 오래 바라보았습니다.

빠르게 정답을 맞히는 능력보다,
스스로를 설득할 수 있는 속도로 걸어가는
힘이야말로 성숙의 다른 이름임을, 계절을 건너며 함께 배웠습니다.

우리는 봄의 질문으로 길을 열었습니다.
내 안에서 조용히 빛나는 강점을 다시 적어 보고,
오늘의 나를 지탱해 줄 가치를 새로 다져 보았습니다.
롤모델을 떠올리되 그 사람의 발자국을 그대로 따르지 않고,
내 발에 맞는 보폭을 찾는 연습을 했지요.

실패가 먼저 인사를 건네던 날에는,
그 안에 남겨진 문장을 읽어내며 "끝까지"를 가능하게 하는
작은 동기를 마음속에 묶었습니다.

고독은 피해야 할 빈틈이 아니라,

나를 선명하게 비추는 좁은 골목이라는 것도 알게 되었습니다.

여름에는 체온이 오르는 순간들을 통과했습니다.
몰입은 우리를 지금 여기에 단단히 묶어 두었고,
불안은 그 옆에서 크기를 바꾸며 따라왔습니다.

시험과 경쟁은 점수만 말하지 않는다는 사실
준비의 과정, 회복의 속도, 서로를 대하는 방식으로도
많은 것을 가르친다는 사실을 배웠습니다.

지친 열정을 다독이는 기술,
한 박자 느리게 숨을 고르는 기술, 이기는 법뿐 아니라
함께 나누는 기쁨을 잊지 않는 태도도 이 계절의 숙제였습니다.

뜨거움은 오래 머물지 않지만,
그 열은 성숙으로 옮겨 붙어 우리 안에 불씨로 남습니다.

가을은 쌓이는 힘을 보여 주었습니다.
작은 성취들이 모여 흐름이 되고, 스스로 길을 열어가는
배움의 맛을 알게 되지요.

관계 속에서 함께 이룬 결과가 남겨주는 든든함,
흔들릴 때마다 스스로에게 묻는 질문

나는 무엇을 선택했고, 왜 그 선택을 사랑하는가.

정체성은 거울 앞의 선언이 아니라,
선택과 책임이 포개진 자리에서 조용히 자란다는 것도 배웠습니다.

완벽하지 않아도 괜찮습니다.
흔들림 속에서도 놓지 않은 작은 자기 확신이 다음 길을 넓혀 줍니다.

겨울에 이르러 우리는 마침표와 쉼표를 나란히 놓았습니다.
학교와의 따뜻한 작별 인사, 우정이 열어주는 다음 길,
배움으로 이어지는 나의 이야기.

고마움을 전하고 아쉬움을 조용히 내려놓으며,
보이지 않는 새 환경을 향해 두근거림을 품었습니다.

스스로에게 세우는 약속은 화려한 선언일 필요가 없습니다.
두려움에 이름을 붙이고도 한 걸음을 내딛는 담백한 다짐이면 충분합니다.

효도는 '해야 하는 일'이 아니라
책임 있는 자율로 자라난 마음의 다른 이름임을,
천천히 이해하게 됩니다.

이제 마지막 장을 덮으려는 이 순간,
저는 거창한 결심 대신 오늘 가능한 한 걸음을 권하고 싶습니다.

강점 하나를 메모로 남기고,
내 시간을 지키는 작은 장치를 책상 위에 놓아 보세요.

실패의 기록을 배움의 문장으로 바꿔 보고,
경쟁의 순간에도 나눌 기쁨을 잊지 않는 연습을 이어 가세요.

정답은 하나가 아니어도 괜찮습니다.
각자의 속도로 찾아낸 대답이 결국 가장 내 것이 됩니다.

함께 읽은 어른들께도 조용히 부탁드립니다.
"왜 그랬니?"보다 "어땠니?"를 먼저 묻는 물음,
결과보다 과정을 바라보는 눈,
서둘러 해결해 주기보다 스스로 답을 찾도록 기다려 주는 침묵
그 다정함이 아이들의 사계절을 따뜻하게 덮습니다.

믿어주는 시선은 긴 조언보다 오래 남고,
기다림은 때로 가장 강한 격려가 됩니다.

사계절은 끝이 아니라 순환입니다.
봄의 방향, 여름의 열정, 가을의 균형,
겨울의 다짐이 서로를 밀어 올리며 이어집니다.

이 책이 그 길 위에서 잠시 숨을 고를 자리,
주머니 속에서 꺼내 보는 작은 등불이 되기를 바랍니다.

서두르지 않아도 괜찮습니다.
당신의 속도로, 다음 계절을 향해 다정하게 걸어가 주세요.
저는 그 걸음이 만들어 낼 이야기를,
조금 떨어진 자리에서 오래 응원하겠습니다.

참고문헌

Bandura, A. (1977). Social learning theory. Prentice Hall.

Bandura, A. (1997). Self-efficacy: The exercise of control. W. H. Freeman.

Baumeister, R. F., & Leary, M. R. (1995). The need to belong: Desire for interpersonal attachments as a fundamental human motivation. Psychological Bulletin, 117(3), 497-529. https://doi.org/10.1037/0033-2909.117.3.497

Carver, C. S., & Scheier, M. F. (1998). On the self-regulation of behavior. Cambridge University Press.

Casey, B. J., Getz, S., & Galvan, A. (2008). The adolescent brain. Annals of the New York Academy of Sciences, 1124, 111-126. https://doi.org/10.1196/annals.1440.010

Collaborative for Academic, Social, and Emotional Learning. (2020). CASEL's SEL framework: Updated definition & competencies (2nd ed.). CASEL. https://schoolguide.casel.org

Council of Europe. (2019). Digital citizenship education handbook. Council of Europe Publishing. https://www.coe.int/en/web/digital-citizenship-education/handbook

Csikszentmihalyi, M. (1990). Flow: The psychology of optimal experience. Harper & Row.

Damon, W., Menon, J., & Bronk, K. C. (2003). The development of purpose during adolescence. New Directions for Child and Adolescent Development, 2003(101), 33-44. https://doi.org/10.1002/cd.66

Deci, E. L., & Ryan, R. M. (2000). The "what" and "why" of goal pursuits: Human needs and the self-determination of behavior. Psychological Inquiry, 11(4), 227-268. https://doi.org/10.1207/S15327965PLI1104_01

Duckworth, A. L., Peterson, C., Matthews, M. D., & Kelly, D. R. (2007). Grit: Perseverance and passion for long-term goals. Journal of Personality and Social Psychology, 92(6), 1087-1101. https://doi.org/10.1037/0022-3514.92.6.1087

Durlak, J. A., Weissberg, R. P., Dymnicki, A. B., Taylor, R. D., & Schellinger, K. B. (2011). The impact of enhancing students' social and emotional learning: A meta-analysis of school-based universal interventions. Child Development, 82(1), 405-432. https://doi.org/10.1111/j.1467-8624.2010.01564.x

Dweck, C. S. (2006). Mindset: The new psychology of success. Random House.

Erikson, E. H. (1968). Identity: Youth and crisis. W. W. Norton.

Fredrickson, B. L. (2001). The role of positive emotions in positive psychology: The broaden-and-build theory of positive emotions. American Psychologist, 56(3), 218-226. https://doi.org/10.1037/0003-066X.56.3.218

Gaffney, H., Ttofi, M. M., & Farrington, D. P. (2021). Effectiveness of school-based programs to reduce bullying perpetration and victimization: An updated systematic review and meta-analysis. Campbell Systematic Reviews, 17(2), e1143. https://doi.org/10.1002/cl2.1143

Goodenow, C. (1993). The psychological sense of school membership among adolescents: Scale development and educational correlates. Psychology in the Schools, 30(1), 79-90. https://doi.org/10.1002/1520-6807(199301)30:1

Gross, J. J. (1998). The emerging field of emotion regulation: An integrative review. Review of General Psychology, 2(3), 271-299. https://doi.org/10.1037/1089-2680.2.3.271

Kabat-Zinn, J. (2013). Full catastrophe living: Using the wisdom of your body and mind to face stress, pain, and illness (Rev. ed.). Bantam.

Lent, R. W., Brown, S. D., & Hackett, G. (1994). Toward a unifying social cognitive theory of career and academic interest, choice, and performance.

Journal of Vocational Behavior, 45(1), 79–122. https://doi.org/10.1006/jvbe.1994.1027

Masten, A. S. (2014). Ordinary magic: Resilience in development. Guilford Press.

Ministry of Education, Republic of Korea. (2021). 제2차 인성교육 종합계획 (2021–2025). https://www.moe.go.kr

Ministry of Education, Republic of Korea. (2022). 2022 개정 교육과정 총론. https://www.moe.go.kr

Ministry of Education, Republic of Korea. (2023). 학교폭력 사안처리 가이드북. https://www.moe.go.kr

OECD. (2021). Beyond academic learning: First results from the OECD Survey on Social and Emotional Skills (SSES). OECD Publishing. https://doi.org/10.1787/92a11084-en

Olweus, D. (1993). Bullying at school: What we know and what we can do. Blackwell.

Osterman, K. F. (2000). Students' need for belonging in the school community. Review of Educational Research, 70(3), 323–367. https://doi.org/10.3102/00346543070003323

Peterson, C., & Seligman, M. E. P. (2004). Character strengths and virtues: A handbook and classification. Oxford University Press.

Ryan, R. M., & Deci, E. L. (2017). Self-determination theory: Basic psychological needs in motivation, development, and wellness. Guilford Press.

Schonert-Reichl, K. A., Oberle, E., Lawlor, M. S., Abbott, D., Thomson, K., Oberlander, T. F., & Diamond, A. (2015). Enhancing cognitive and social-emotional development through a simple-to-administer mindfulness-based school program for elementary school children: A randomized controlled trial. Developmental Psychology, 51(1), 52–66. https://doi.org/10.1037/a0038454

Seligman, M. E. P. (2011). Flourish: A visionary new understanding of happiness and well-being. Free Press.

Steinberg, L. (2008). A social neuroscience perspective on adolescent risk-taking. Developmental Review, 28(1), 78-106. https://doi.org/10.1016/j.dr.2007.08.002

Steinberg, L. (2014). Age of opportunity: Lessons from the new science of adolescence. Houghton Mifflin Harcourt.

Steel, P. (2007). The nature of procrastination: A meta-analytic and theoretical review of quintessential self-regulatory failure. Psychological Bulletin, 133(1), 65-94. https://doi.org/10.1037/0033-2909.133.1.65

UNICEF. (2019). Comprehensive life skills framework: Rights-based and life-cycle approach to building skills for empowerment. UNICEF ROSA. https://www.unicef.org/rosa/reports/comprehensive-life-skills-framework

Wentzel, K. R. (1991). Relations between social competence and academic achievement in early adolescence. Child Development, 62(5), 1066-1078. https://doi.org/10.1111/j.1467-8624.1991.tb01589.x

Yeh, K.-H., & Bedford, O. (2003). A test of the dual filial piety model. Asian Journal of Social Psychology, 6(3), 215-228. https://doi.org/10.1046/j.1467-839X.2003.00122.x

Zimmerman, B. J. (2000). Attaining self-regulation: A social cognitive perspective. In M. Boekaerts, P. Pintrich, & M. Zeidner (Eds.), Handbook of self-regulation (pp. 13-39). Academic Press.

에필로그

당신의 사계절을 안아주며

늦은 오후, 창밖으로 겨울 햇살이 부드럽게 기울어 들어옵니다.
이 책을 함께 걸어온 길 위에는 웃음과 눈물,
다짐과 망설임이 포근히 쌓여 있습니다.

이제 책을 덮는 이 순간, 저는 다시 한 번 마음을 고요히 담아,
소중한 그대 한 사람 한 사람에게 따뜻히 인사를 건네고 싶습니다.

우리의 삶은 계절처럼 흘러갑니다.

봄은 언제나 새로운 시작의 설렘을 안겨 주었습니다.
조심스레 이름을 불러주며 다가갔던 기억 속에는
이미 존중과 배려의 씨앗이 피어나고 있었지요.

여름은 뜨거운 부딪힘과 성장이 깃든 시간입니다.
하고 싶은 것과 해야 하는 것 사이에서 길을 찾으며,
우리는 책임을 배우고,
서툴지만 솔직한 대화를 통해
서로의 마음을 이어주는 소통을 익혔습니다.

가을은 익어가는 계절입니다.
하루하루의 노력이 열매로 맺히고,
함께 어깨를 맞대며 협동의 기쁨을 알았습니다.
서늘한 바람 속에서 단풍이 저마다의 색을 드러내듯,
우리의 마음도 예절의 빛깔로 곱게 물들어 갔습니다.

겨울은 고요한 성찰의 계절입니다.
나무가 잎을 내려놓듯, 우리도 잠시 멈추어 자신을 돌아보았습니다.
아이와 함께 나눈 대화 속에서 효도의 마음이 깊어지고,
스스로를 솔직하게 바라보는 순간마다 정직의 뿌리가
단단히 내려앉았습니다.

그 모든 계절을 지나며 우리는 같은 마음을 품어 왔습니다.

사랑받고 싶고, 또 사랑하고 싶은 마음.
먼저 배려하면서도 돌봄을 바라는 솔직함.
존중받기를 바라면서도 존중하려는 용기.
때로는 이해받지 못해 서러워하면서도 끝내 이해하려는 노력.

그 속에서 이어진 작은 다짐과 공감이
우리를 더 깊고 따뜻한 사람으로 이끌어 주었습니다.

혹시 이 책의 어느 한 장면이 당신의 마음을 잠시 멈추게 했다면,
그것은 이미 성장하고 있다는 표현일 것입니다.

나무가 자라는 소리는 들리지 않지만,
어느새 키가 커 있듯 성장은 언제나 고요히 이루어집니다.

오늘의 작은 성찰은 내일의 선택을 바꾸고,
그 선택은 하루의 표정을 달리합니다.

그러니 기억하세요.
당신의 속도는 당신만의 것입니다.
느리다고 자책하지 않아도, 빠르다고 두려워하지 않아도 괜찮습니다.

중요한 것은 언제나 방향입니다.
햇살이 머무는 쪽, 강물이 흘러가는 쪽, 숲이 자라는 쪽,
그리고 존중과 책임, 배려와 소통, 협동과 예절, 효도와 정직이
꽃피는 쪽입니다.

이제 책을 덮기 전, 아주 짧은 마음 연습을 함께해 볼까요?
오늘 버텨낸 한 가지와, 고마웠던 한 사람,
그리고 내일 해보고 싶은 아주 작은 일을 떠올려 보세요.

그리고 조용히 자신에게 속삭여 주세요.
"나는 나의 속도로 자라고 있다.
나는 사랑받을 자격이 있고, 사랑할 능력이 있다.
나는 오늘보다 내일 조금 더 따뜻해질 수 있다."

당신의 사계절은 끝나지 않았습니다.
봄은 다시 설렘이 되어 찾아오고,
여름은 용기가 되어 길 위에서 함께 걸으며,
가을은 감사가 되어 마음을 채우고,
겨울은 희망이 되어 고요히 길을 지켜줍니다.

그리고 빛을 품은 당신의 마음에도, 언제나 다시 봄은 올 것입니다.

— 한 상담교사가, 당신의 내일을 믿으며 —

마음이 머무는
인성의 사계절

1판 1쇄 2026년 1월 26일

저자 오정윤
발행인 이경화

발행처 디자인21
주소 04560 서울특별시 중구 퇴계로 293-1 3층
전화 02-2269-6561(대)
팩스 02-2269-6568
e-mail 21publish@naver.com
블로그 https://blog.naver.com/publish21
인스타 https://www.instagram.com/21publish.co.kr
홈페이지 https://21publish.co.kr

등록번호 제1-1128호
등록일자 1991. 2. 12

ISBN 978-89-6131-204-2 03370

정가 35,000원